C Book | 3

司法試験&予備試験対策シリーズ

Civil Law

民法

I

総則

改訂新版

はしがき

☆改訂にあたり

　30年に及ぶデフレ景気・低成長の中、内外を問わず、政治・経済・社会の激動の時代が続いています。世界中、不安と重苦しさが充満する中、人々は生き方を求めて、未知の世界に踏むこまざるを得ない状況に立ち入っています。価値観が一変するこの新たな時代を生き抜くために、民法を「導きの星」のよすがとして学ぼうとお考えの皆様に向けて、いささかなりともお役に立てればと考え、民法（私法）の全体構造や、権利とは何かなどについて述べました。通常の「はしがき」とは体裁が異なりますが、ご辛抱、ご容赦を願います。

☆

　まず、物と所有権は常識的には同じ様なものとして用いられています。しかし、法律的に考える際には全く異なります。物は素粒子で構成されており、スーパーカミオカンデによってその中身を観測することができます。しかし、所有「権」は素粒子で構成されていません。その存在は、人間の頭脳の中のイメージに過ぎません。

　物とは別に、所有権を考え出し、その使用を始めた狙いは、2人以上の者が1つの物について争うときに、どちらにその物を渡すかを決める手段とするためです。争いは、目に見える物体それ自体にこだわっていては解決できません。所有権の帰属で解決します。争っている2人はともに「自分の物」だと言い争っているのです。そこで、所有権という一種の観念を基準として、その物の帰属者を決めるのです。これが所有権をはじめとする「権利」の体系である私法の役割であり、法や「権利」を学ぶ実益です。

　今も昔も、不安・紛争・テロの時代ですが、人類の願いは、常に「永遠の平和」です。それに資する手段の1つが法や「権利」を学ぶことにあります。人間の文化の進展とともに物・財物をめぐる争いは複雑・高度に発展します。それを解決するために、日々、無数の法や「権利」の束が生まれるのです。

　そして、法は最終的に紛争を解決する宿命を負っており、決断を強制する手段を持っています。強制力のない法は、道徳・モラル・倫理に過ぎません。強制力・損害賠償・刑罰（死刑・懲役・罰金等）を与えることの根拠となるものが法なのです。

☆法の世界へのご招待

　法は争いを解決する手段です。法は、あらゆる争いを、人と人の間で生じたことにします。犬が人に噛みついてケガをすれば、その犬とケガをした人の争いではなく、その犬の飼い主とケガをした人の争いとなります。そのため、その犬の飼い主を探すことになります（その犬が野犬であれば、責任を負う人がいないことになります）。この世の不都合を、誰かの人間の争いに転換して解決するのが法なのです。

　それでは、「＊　私法の全体構造図」（はしがきの最終頁参照）を見てみることにしましょう。これは、3つに分けて考えられます。

　1つ目は、「法が扱う対象」（下記1参照）は何かです。2つ目は、「法の主体は個人から複数人へ」（下記2参照）と拡大していることです。そして、3つ目は、「人・団体が他の人・団体との間で、財物をどのように交換するか」（下記3参照）です。

1　法が扱う対象

　　法が扱う対象は、所有権や制限物権（用益物権・担保物権）、債権などにとどまらず、知的財産権などへと拡大しています。現代では、ＡＩ（人工知能）なども発展しており、さらに法が扱う対象の拡大が予想されます。

2　法の主体は個人から複数人へ

　　法の主体は、個人から複数人（団体）へと拡大しています。団体には、一定の目的を共有する組合や会社などがあります。また、統治の団体である自治体（県・市・町・村など）、ひいては国家が作られ、国家の集合である国際連合へと発展していきます。

　　団体は、それ自体が権利の主体であり、外部的な関係では１人と同様に取り扱われます。その団体には代表者などが存在します。団体の内部関係は、当該団体が多数の人・集合で構成されているので、内部の意思をまとめるための機関が用意されています。この集団の外部関係・内部関係は、現代では、益々複雑に変化・発展しています。

3　ある人・団体が他の人・団体との間で、財物をどのように交換するか

　　ある人・団体と他の人・団体との間で、財物（権利）はどのように交換されるのでしょうか。まず、原則は、意思表示に基づいて財物（権利）が移転するというものです。すなわち、財物（権利）の移転の手段となるのは、当事者の合意（売買契約・賃貸借契約など）です。もっとも、法律そのものが財物（権利）の移転について定めている場合もあります。意思表示ではなく、法律による財物（権利）の移転です。この制度としては、時効取得や事務管理・不当利得・不法行為など、意外と広範囲にわたります。

☆１つ目の論点⇒法の対象の拡大

1　物から所有権・その他の権利へ

　　ロビンソン・クルーソーのように孤島に１人で生活しているときは、身の回りの全ては全て彼の物です。どのように利用しようとも、争いは生じないでしょう。１人の世界では法律はいまだ存在しません。しかし、この孤島にもう１人の人間が住めば、１つの物をめぐって争いが生まれます。この時点で、争いを解決するための工夫が必要となるのです。そして、暴力（自力救済）による解決は新たな暴力を生み、決して安全と平和が訪れることはありません。その安全と平和を確保するためのものが「法」なのです。

　　まず、人は所有権を発明しました。所有権を有する人は、所有権の目的物を侵害・妨害する人に対して、その排除を主張することができます。所有権絶対の原則の誕生です。

　　そして、人々が豊かな生活を築くことにより、益々権利の周辺は拡大していきます。人と人とが接触し、摩擦を起こす関係が増加するからです。その紛争を回避する基準となるものが、「法」（法規範・ルール）なのです。

2　所有権から制限物権（用益物権・担保物権）へ

　　次に、例えば土地などをめぐり争いが発生しますが、その土地の価値をどのように利用・支配するかによって、様々な権利（地上権・地役権などの用益物権や、質権・抵当権・非典型担保などの担保物権）が生まれていきます。紛争の相手方との利益調整上の必要などから、種々の権利が発明され、拡大していくのです。

3　物権から債権へ

　　かつては、金銭的な価値がないものは権利として保護に値しないとされていました。しかし、近代資本主義社会の発展のためには、このような限定をすることなく、契約自由の原則を広く認めるべきであると考えられました。その結果、民法399条は「債権は、金銭に見積もることができないものであっても、その目的とすることができる」と規定して、当事者が締結した契約を保護する方向へと進んだのです。

4　物権・債権から知的財産権へ

　　人の文化・社会が複雑に変化・拡大し、法律の数も増加しました。文化の発展により、人の接触・交流・争いの内実も輪郭も多様化します。そして、今日では、特許権・実用新案権・意匠権・商標権・著作権など、新たな権利が続々と誕生しています。特に、文芸・

美術・音楽などを保護する著作権まで権利が拡大するに至っているのです。

☆2つ目の論点⇒法の主体の拡大（個人から複数人へ）―

1　法人概念の発明

　1つ目の論点で学んだ権利の帰属主体となる地位・資格を権利能力といいます。人間は生まれた時からこの権利能力を有します。

　もっとも、自分1人ができることの範囲は限られており、目的を達成するためには、実現したい目的を共通にする複数人が協力・共同して、団体を創ることが必要不可欠です。そこで、団体も権利能力の帰属主体となることが必要となり、「法人」という権利能力者が発明されました。法人概念の発明は、近代社会の発展の偉大な発明といわれています。

2　法人の機関

　法人は、その目的の実現するために意思決定をし、決定した意思を外部に表明する必要があります。そのため、意思決定のための内部機関と、決定した意思を外部に表明するための外部機関が必要となります。

　意思決定のための内部機関としては、会社の株主総会や、社団法人の社員総会などがこれに当たります。多数の構成員の意見を1つのまとめるための機関です。

　また、決定した意思を外部に表明するための外部機関としては、会社の代表取締役や、社団法人の代表理事などがこれに当たります。団体の構成員がばらばらに行動してしまうと、相手方は誰の意見がその法人のものなのかが分からず、困ってしまいます。そこで、団体を代表して、対外的に権利関係を処理するための外部機関（代表機関）が必要となるのです。

　他にも様々な目的・役割を担った機関が存在しますが、詳しくは「C-Book　民法Ⅰ＜総則＞」の本文をご覧ください。

　そして、このような仕組みは、自治体・国家・国際団体などにも応用されます。つまり、どのような団体にも、その団体の目的、構成員の範囲、構成員相互の関係を定める各種の内部機関、団体の意思を外部に表明する外部機関が必要となるのです。

3　代理制度

　民法は、自分が法律行為をするのではなく他人に任せる制度として、代理制度（99条以下）を置いています（代理制度の詳細については、「C-Book　民法Ⅰ＜総則＞」の本文をご覧ください。）。これを応用して、今まで説明してきたように、法人に外部機関（代表機関）が設けられています。法人が対外的に活動した結果発生した法律効果は、法人の構成員ではなく、法人そのものに帰属します。

4　家族制度

　人の集団の中でも、家族は特殊です。家族は、血族子孫を誕生させる男と女との結合からスタートした団体ともいえます。法の誕生よりもはるかに古いでしょう。

　しかし、現在では家族という団体も国家・社会の基本単位をなすため、国家秩序たる法に組み込まれています。家族や親族は、国家・社会の根幹を支えていることから、親族に関する条文は、原則として強行法規とされています。現行の民法は、725条で親族の範囲を広く定めています（6親等内の血族、配偶者、3親等内の姻族）が、現在、日本人の家族慣習は大きく変容し、家族関係の希薄化が指摘されています。

　なお、民法は、相続についても規定しています。つまり、家族の誰かが死亡した場合には、その被相続人の遺産について新たな帰属者を決めなければなりません。その法が民法の中に規定されている「相続」法なのです。詳しくは、「C-Book　民法Ⅴ＜親族・相続＞」の本文をご覧ください。

☆3つ目の論点⇒財産権の移転を求める人・団体との関係

　衣食住等を自分の支配下に収めたいとき、人はどうするでしょうか。人類は、暴力によって生存を確保した長い歴史を持ちます。暴力で物体を取得するときは、権利性を問題とする必要はありません。物体それ自体を奪えばよいのです。しかし、現代の法治国家の下では、暴力による解決は否定されており、法を中心に解決されます。

　権利の移転は、次に2つの場合に分けられます。1つは、意思表示（売買契約・賃貸借契約などの当事者の合意）に基づいて権利が移転するというものです。もう1つは、意思表示ではなく、法律による権利の移転です。国家が法律によって権利の移転を定めた場合というわけです。

1　意思表示に基づく権利変動

　権利の移転の手段となるのは、当事者の合意です。すなわち、意思表示に基づく法律関係が原則となります。これを私的自治の原則と言います。個人間相互が納得し、利益を配分する合意がなされるわけですが、その様々な契約や法律構成を、民法で詳しく学んでいきます。

2　意思表示に基づかない権利変動

　上記1の場合以外の場合、つまり、当事者の意思表示に基づかない権利変動としては、時効取得や事務管理・不当利得・不法行為などが規定されています。これらは、当事者の意思表示がなくても、民法が定めた要件を具備することによって発生します。

　＊　私法の全体構造図

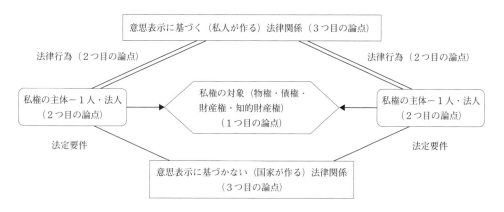

2022年1月吉日

LEC総合研究所　司法試験部
編著者代表　　　反町　勝夫

本書をお使いいただくにあたって

一 本書の効果的活用法

　本書は、民法<民法総則>について、司法試験・予備試験その他各種資格試験に合格するために必要・十分な知識や理解を得るための独習用教材として編集されました。そのため、本書には試験合格のために必須である基本的かつ最低限の知識・情報から、司法試験の論文式試験でも問われ得る応用的な知識・情報まで盛り込まれています。

　そこで、初めて本書をお使いいただくにあたっては、1回の学習で全ての事項を理解しようとせず、まずは「A」「B」ランクが付されている単元をしっかり読み込むことを推奨します。その中でも「A」ランクが付されている単元は特に重要なので、本書を一度読み終えた後再度戻り、繰り返し学習するとより効率的です。なお、「C」ランクが付されている単元は、重要度が比較的低いため、軽く目を通す程度の学習で十分です。

単元のランク

　　A：論文式試験・短答式試験を通して必ず理解しておく必要がある、きわめて重要度の高い単元です。
　　B：論文式試験・短答式試験を通して理解しておくと良い、基本的な単元です。
　　C：論文式試験・短答式試験を通して重要度が比較的低い単元です。

二 本書の構成

1 「これから学ばれる方へ」

　本書では、章のはじめに導入部分として「これから学ばれる方へ」のコーナーを設けています。これは、民法をより身近に感じていただくとともに、その章で学習する大まかな内容を、日常的な事例を用いて平易に説明したものです。民法を初めて学習する方や、民法に苦手意識をお持ちの方は、「これから学ばれる方へ」を読んでいただくと、民法の全体像をイメージすることができます。

2 各節の「学習の指針」

　本書では、各節の「学習の指針」を冒頭に設けています。「学習の指針」では節の構成を大まかに示していますので、体系的な理解に役立ててください。また、各節の内容を学習するにあたり、重要なポイントや必要な理解の程度を示しています。どこまで学習すれば良いのかとお悩みになったときは、「学習の指針」を参考にすると良いでしょう。

3 「問題の所在」、「考え方のすじ道」、「アドヴァンス」

　本書では、論点を具体的に捉え、的確な論証をすることができるように、「問題の所在」と「考え方のすじ道」を設けています。「問題の所在」では、何が争点となって判例があるのか、どうして学説が見解を対立させているのか、民法のどの条文のどの文言の解釈が問題となっているのか等を明示することにより、理解を深めることができるように工夫しています。特に、事案を多く設けることで、論文式試験を少しでも意識できるようにしました。そして、続く「考え方のすじ道」では、主として判例・通説に従った思考プロセスを分かりやすく展開しました。さらに、論点をより深く理解できるように、「アドヴァンス」において判例・学説を詳しく紹介しています。

4 「判例」、「One Point」

　司法試験・予備試験では、短答式・論文式試験を問わず、正確な判例の知識・理解が必要不可欠です。そこで、本文中において比較的詳細な「判例」の紹介をするとともに、欄外にも随所に「判例」を掲載しました。欄外に掲載した「判例」は、本文中の判例と比べて端的に要旨を述べたものとなっています。また、「One Point」は、試験上有用と思われる知識・情報を記載したもので、条文や判例・学説等の理解を促進・補完するものとなっています。

5 「考えてみよう！要件事実の世界」

　予備試験の法律実務基礎科目（民事）では、要件事実に関する知識・理解を問う問題が必ず出題されます。また、司法試験においても、要件事実に関する知識・理解を前提とした問題が出題されることがあります。そこで、「考えてみよう！要件事実の世界」では、主要なテーマに限定して、事例や要件事実の摘示例を記載しつつ、要件事実のポイントを比較的詳細に説明しています。

6 「先取り情報」、「法律相談室」

　民法では多くの条文・判例を学習しなければなりません。そこで、本書では、後に詳しく学ぶ事項を簡潔に説明した「先取り情報」を設けて、学習効率を高めています。また、「法律相談室」では、民法が日常的な法律問題や実際に起こり得る法律問題をどのように処理しているかについて述べています。気分転換に活用していただければ幸いです。

7 「論文式試験の過去問を解いてみよう」、「短答式試験の過去問を解いてみよう」

　「論文式試験の過去問を解いてみよう」では、旧司法試験の論文式試験の過去問とフローチャート及び答案構成を掲載しました。また、「短答式試験の過去問を解いてみよう」では、各章末に現行司法試験・予備試験の短答式試験の過去問を掲載し、簡単な解説と本文へのリンクを施したコーナーを設けました。その章や節で学習した知識や理解の確認に役立ててください。

8 　付録〜「論点一覧表」

　「論点一覧表」は、「問題の所在」が記載されているページやその他重要な論点を掲載したページを一覧化したものです。個々の論証をただ暗記するだけでは、論文式試験に適切に対応することができません。論文式試験に適切に対応し、問題を正しく処理するためには、問題の背景や制度趣旨、基本的知識・判例の理解を踏まえた学習が必要不可欠です。そこで、本書では、論点名と本文中の該当頁のみを一覧化するにとどめました。個々の論証をただ暗記するのではなく、当該論証が必要となる場面や問題の背景を正しく理解するように心掛けましょう。

本書に関する最新情報は、『LEC司法試験サイト』
（https://www.lec-jp.com/shihou/book/）にてご案内いたします。

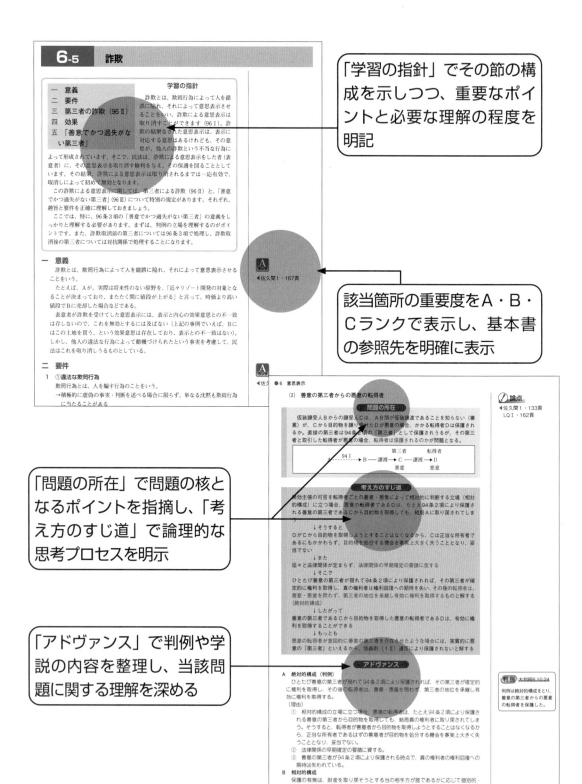

6-5　詐欺

| 一　意義 |
| 二　要件 |
| 三　第三者の詐欺（96Ⅱ） |
| 四　効果 |
| 五　「善意でかつ過失がない第三者」 |

学習の指針

詐欺とは、欺罔行為によって人を錯誤に陥れ、それによって意思表示させることをいい、詐欺による意思表示は取り消すことができます（96Ⅰ）。詐欺の結果なされた意思表示は、表示に対応する意思はあるけれども、その意思が、他人の詐欺という不当な行為によって形成されています。そこで、民法は、詐欺による意思表示をした者（表意者）に、その意思表示を取り消す権利を与え、その保護を図ることとしています。その結果、詐欺による意思表示は取り消されるまでは一応有効で、取消しによって初めて無効となります。

この詐欺による意思表示に関しては、第三者による詐欺（96Ⅱ）と、「善意でかつ過失がない第三者」(96Ⅲ) について特別の規定があります。それぞれ、趣旨と要件を正確に理解しておきましょう。

ここでは、特に、96条3項の「善意でかつ過失がない第三者」の意義をしっかりと理解する必要があります。まずは、判例の立場を理解するのがポイントです。また、詐欺取消前の第三者については96条3項で処理し、詐欺取消後の第三者については対抗関係で処理することになります。

一　意義

詐欺とは、欺罔行為によって人を錯誤に陥れ、それによって意思表示させることをいう。

たとえば、Aが、実際は将来性のない原野を、「近々リゾート開発の対象となることが決まっており、またたく間に値段が上がる」と言って、時価より高い値段でBに売却した場合などである。

表意者が詐欺を受けてした意思表示には、表示と内心の効果意思との不一致は存在しないので、これを無効とするには及ばない（上記の事例でいえば、Bにはこの土地を買う、という効果意思は存在しており、表示との不一致はない）。しかし、他人の違法な行為によって動機づけられたという事実を考慮して、民法はこれを取り消しうるものとしている。

二　要件

1　①違法な欺罔行為

欺罔行為とは、人を騙す行為のことをいう。

→積極的に虚偽の事実・判断を述べる場合に限らず、単なる沈黙も欺罔行為に当たることがある

●6　意思表示

(2) 善意の第三者からの悪意の転得者

問題の所在

仮装譲受人Bからの譲受人Cは、AB間が仮装譲渡であることを知らない（善意）が、Cから目的物を譲り受けたDが悪意の場合、かかる転得者Dは保護されるか。直接の第三者は94条Ⅰの「第三者」として保護されるが、その第三者と取引した転得者が悪意の場合、転得者は保護されるのかが問題となる。

　　　　　　　　　　第三者　　　転得者
A･････94Ⅰ─→B─譲渡→C─譲渡→D
　　　　　　　　　　善意　　　悪意

考え方のすじ道

無効主張の可否を転得者ごとの善意・悪意によって相対的に判断する立場（相対的構成）に立つ場合、悪意の転得者であるDは、たとえ94条2項により保護される善意の第三者であるCから目的物を取得しても、結局Aに取り戻されてしまう
　↓そうすると
DがCから目的物を取得しようとすることはなくなるから、Cは正当な所有者であるにもかかわらず、目的物を処分する機会を事実上大きく失うこととなり、妥当でない
　↓また
延々と法律関係が定まらず、法律関係の早期確定の要請に反する
　↓そこで
ひとたび善意の第三者が現れて94条2項により保護されれば、その第三者が確定的に権利を取得し、真の権利者は権利回復への期待を失い、その後の転得者は、善意・悪意を問わず、第三者の地位を承継し有効に権利を取得するものとする（絶対的構成）
　↓したがって
善意の第三者であるCから目的物を取得した悪意の転得者であるDは、有効に権利を取得することができる
　↓もっとも
悪意の転得者が意図的に善意の第三者を介在させたような場合には、実質的に悪意の「第三者」といえるから、信義則（1Ⅱ）違反により保護されないと解する

アドヴァンス

A　絶対的構成（判例）

ひとたび善意の第三者が現れて94条2項により保護されれば、その第三者が確定的に権利を取得し、その後の転得者は、善意・悪意を問わず、第三者の地位を承継し有効に権利を取得する。

（理由）
① 相対的構成の立場に立つ場合、悪意の転得者は、たとえ94条2項により保護される善意の第三者から目的物を取得しても、結局真の権利者に取り戻されてしまう。そうすると、転得者が善意者から目的物を取得しようとすることはなくなるから、正当な所有者であるはずの善意者が目的物を処分する機会を事実上大きく失うこととなり、妥当でない。
② 法律関係の早期確定の要請に資する。
③ 善意の第三者が94条2項により保護される時点で、真の権利者の権利回復への期待は失われている。

B　相対的構成

保護の有無は、財産を取り戻そうとする当の相手方が誰であるかに応じて個別的・相対的に判断されるべきである。

（理由）
① 具体的公平に合致する。
② 悪意者が、わら人形（善意者）を介在させて不当に保護を受けようとすることを防止できる。

論点
◀佐久間1・133頁
　LQⅠ・162頁

判例 大判昭6.10.24
判例は絶対的構成をとり、善意の第三者からの悪意の転得者を保護した。

右側の説明吹き出し：

「学習の指針」でその節の構成を示しつつ、重要なポイントと必要な理解の程度を明記

該当箇所の重要度をA・B・Cランクで表示し、基本書の参照先を明確に表示

A
◀佐久間1・167頁

A
◀佐久

「問題の所在」で問題の核となるポイントを指摘し、「考え方のすじ道」で論理的な思考プロセスを明示

「アドヴァンス」で判例や学説の内容を整理し、当該問題に関する理解を深める

援用の場合と同様の趣旨から、時効利益の放棄の効果も相対効であり、放棄できる者が複数ある場合には、1人の放棄は他の者に影響を及ぼさない。

ex. 主債務者が主債務の消滅時効の利益を放棄しても、保証人や物上保証人は主債務の消滅時効を援用することができる

四　時効完成後の債務の承認

問題の所在

時効完成後に、援用権者が時効完成を知らずに債務の存在を前提とする行為、たとえば弁済の猶予を求める、債務を一部弁済するなどの行為（これを自認行為という）をした場合、援用権者は後に改めて時効を援用することができるか。たとえば、Aから金銭を借り受けたBが、時効期間経過後になされたAの請求に対して、時効完成を知らず分割して返済する旨を申し出た場合、なおBは時効を援用することができるかが問題となる。

考え方のすじ道

債務者が時効完成後に債務の承認をすることは、時効による債務消滅の主張と相容れない行為であり、相手方においても債務者はもはや時効の援用をしない趣旨であると考えるのが通常であるから、その信頼を保護する必要がある
　　↓したがって
債務者は、時効完成後に債務の承認をした以上、たとえ時効完成の事実を知らなかったときでも、以後その債務についてその完成した消滅時効の援用をすることは、信義則上（1Ⅱ）許されないと解する

アドヴァンス

判例 最大判昭41.4.20／百選Ⅰ[第8版]〔43〕
「債務者は、消滅時効が完成したのちに債務の承認をする場合には、その時効完成の事実を知っているのはむしろ実例で、知らないのが通常であるといえるから、……消滅時効完成後に当該債務の承認をした事実から右承認は時効が完成したことを知ってされたものであると推定することは許されない」。
しかしながら「債務者が、自己の負担する債務について時効が完成したのちに、債権者に対し債務の承認をした以上、時効完成の事実を知らなかったときでも、爾後その債務についてその完成した消滅時効の援用をすることは許されないものと解するのが相当である。けだし、時効の完成後、債務者が債務の承認をすることは、時効による債務消滅の主張と相容れない行為であり、相手方においても債務者はもはや時効の援用をしない趣旨であると考えるであろうから、その後においては債務者に時効の援用を認めないのも一つの解するのが、信義則に照らし、相当であるからである。また、かく解しても、永続した社会秩序の維持を目的とする時効制度の存在理由に反するものでもない。」

＊1　時効利益の放棄は、債務者が時効完成を知って行うことが必要である（最判昭35.6.23）。したがって、援用権者が時効完成を知らずに自認行為（債務の存在を前提とする行為）をした場合に、時効利益の放棄があったと解することはできない。そこで、上記判例は、信義則上、時効援用権を喪失するという構成を採っている。
＊2　自認行為に該当するものとしては、①減額の申入れ、②借用証書の書換え、③一部弁済、④弁済期の猶予の申入れ等がある。
＊3　上記判例法理（最大判昭41.4.20／百選Ⅰ[第8版]〔43〕）は、既に経過した時効期間について消滅時効を援用し得る……

論点 で巻末の「論点一覧表」と本文をリンク

◀佐久間1・440頁
　LQⅠ・326頁

重要判例は枠で囲み、規範やキーワードを青字で表示

短答式試験
の過去問を解いてみよう

1　停止条件付法律行為は、当事者が条件が成就した場合の効果をその成就した時以前にさかのぼらせる意思を表示したとしても、条件が成就した時からその効果が生ずる。[司R元−4＝予R元−2]

2　停止条件付売買契約において、条件の成否が確定する前に故意に目的物を毀損した売主は、期待権を侵害された買主に対して損害賠償責任を負う。[司H19−4]

3　条件の付された権利は、その条件の成否が未定である間は、相続することができない。[司H24−6＝予H24−2]

●短答式試験過去問

×　127条1項・3項
　　前問
　⇒9−1　二(p.259)

×　条件成就の妨害がある場合には、期待権（128）の侵害があるとして、妨害者に不法行為による損害賠償責任が認められる（最判昭39.1.23参照）。
　⇒9−1　二(p.260)

×　条件の成否が未定である間における当事者の権利義務は、一般の規定に従い、相続することができる（129）。

端的な解説が付された短答式試験の過去問で復習し、理解を深める

論点一覧表

＊　「問題の所在」が記載されている箇所やその他重要な論点が掲載されている箇所を一覧化しました。「考え方のすじ道」が掲載されている論点には「○」マークを付しています。

巻末に「論点一覧表」を掲載、「考え方のすじ道」や重要論点が述べられている箇所にジャンプでき、当該論点の周辺知識を深めつつ直前期の整理が可能

論　点　名	考え方のすじ道	該当頁
民法序説		
私権の主体		
1　「既に生まれたものとみなす」(721、886、965) の意味	○	57
2　「善意」(32Ⅰ後段) は両当事者に必要か（失踪宣告取消しの遡及効の制限）	—	78
3　婚姻と失踪宣告の取消し	—	79
4　32条2項後段と704条の関係	—	80
5　目的による制限（「目的の範囲内」の意義）	○	90
6　「職務を行うについて」(一般法人78、197) の解釈	○	95
7　110条と一般法人法78条の適用関係		102

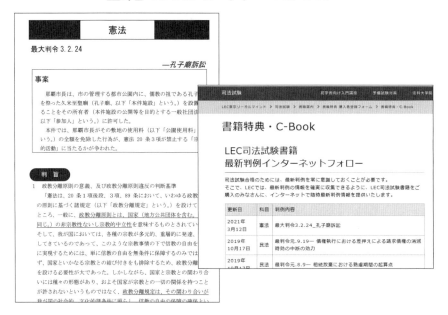

国家試験合格を目指す皆さんへ

　司法試験、予備試験、司法書士試験、公認会計士試験など、主要な国家試験には必ず民法が出題されます。C-Bookはこれらの国家試験受験生のニーズに応ずるべく編集されています。

　ここでは、それぞれの国家試験等で、どのように民法が出題されているかについて、略述しました。

◆　C-Bookで受ける「司法試験」

1　司法試験の概要

　司法試験は、裁判官・検察官・弁護士となるために必要な学力及びその応用能力を有するか否かを判定する試験です。短答式試験と論文式試験があり、両方の総合点によって合否が決せられます。短答式試験では基本的な条文・判例の知識や理解が試され、論文式試験では高度な事案分析能力・法的な論理的思考力が試されます。

2　司法試験におけるC-Book民法Ⅰ＜民法総則＞活用法

(1)　短答式試験対策

　司法試験短答式試験の民法では、民法総則から親族・相続まで満遍なく出題されるため、バランス良く正確に基本的な条文・判例に関する知識・理解の習得を積み重ねる必要があります。そこで、「短答式試験の過去問を解いてみよう」のコーナーを活用することで、現時点での自分の知識・理解のレベルを確認することができます。

(2)　論文式試験対策

　司法試験論文式試験は、長文の事例問題を短時間で整理・分析し、法的な論理的思考力を駆使して、的確に問題を処理し妥当な結論を導くための思考プロセスを記述するという過酷な試験です。正しく題意を読み解き、事例中の事実を摘示しつつ、設問に的確かつ具体的に答えるためには、条文・判例や民法上の制度について正確に理解していなければなりません。本書では、「問題の所在」、「考え方のすじ道」、「アドヴァンス」の3段階で、条文・判例や民法上の制度の理解を深めることができるように工夫しています。

ＬＥＣ司法試験サイト　　https://www.lec-jp.com/shihou/upper/

LEC　司法試験　検索

◆ C-Bookで受ける「予備試験」

1 予備試験の概要

　　予備試験は、法科大学院での教育課程を修了した者と同等の能力を有するか否かを判定する試験です。予備試験に合格し、その後に控えている司法試験に合格するためには、法科大学院での教育課程を修了したレベルに到達することが最低限の条件です。

　　そして、予備試験は、短答式試験・論文式試験の他、口述試験があり、司法試験のように連続して実施されるのではなく、それぞれ別日程で実施されます。短答式試験では、司法試験と同じく基本的な条文・判例の知識や理解が試され、例年では、全15問中11〜12問が司法試験と共通する問題となっています。論文式試験では、司法試験と比較して事例の分量がかなり少なく、論述すべき問題点の数も多くありませんが、その難易度自体は決して低くはありません。なお、口述試験では、2日間にかけて、法律実務基礎科目（民事・刑事）をメインとした出題がなされます。

2 予備試験におけるC-Book民法Ⅰ＜民法総則＞活用法

(1) 短答式試験対策

　　司法試験と同じく、予備試験においても民法総則から親族・相続まで満遍なく出題されます。したがって、学習すべき範囲は広範なものとなり、知識として正確に定着させる必要もあるため、学習のスピードを意識しつつ、繰り返し本書をお読みいただくのが望ましいでしょう。自分の知識・理解の定着度は、「短答式試験の過去問を解いてみよう」のコーナーで確認することができます。

(2) 論文式試験対策

　　司法試験と異なり、問題分の分量や論点数は決して多くありません。もっとも、合格するためには条文・判例の知識・理解が必要不可欠であり、これを設問に応じて正確かつ具体的にアウトプットする能力が求められます。その一助を担うのが、「問題の所在」、「考え方のすじ道」、「アドヴァンス」です。これらを一体として複数回お読みいただくことで、アウトプットを意識した学習が可能となります。

ＬＥＣ予備試験サイト　　https://www.lec-jp.com/shihou/yobi/

| LEC　予備試験 | 検　索 |

◆ C-Bookで受ける「司法書士試験」

1 司法書士概要

司法書士の業務には、登記・供託・裁判に関する事務・簡裁訴訟代理等関係業務等があります。このうち、最も大きな比重を占めているのが「登記に関する事務」で、業務全体の約9割を占めているといわれています。

2 司法書士試験の概要

司法書士試験は、筆記試験と口述試験に分かれています。近年、筆記試験は7月第1日曜日に実施されることが多く、午前の部（多肢択一式35問）と午後の部（多肢択一式35問、記述式2問）があります。民法は、午前の部で出題されます。

筆記試験合格者を対象に、10月中旬、口述試験が実施されます。

3 司法書士試験におけるC-Book民法Ⅰ＜民法総則＞活用法

⑴ 知識問題対策のために

司法書士試験の民法は毎年20問出題されます。出題範囲に関しては民法総則・物権・債権・親族・相続など満遍なく出題されます。

司法書士試験の民法は、条文や判例を中心として、基本的な知識からやや応用的な知識が身についているかどうかという点が問われます。学習にあたっては単元ごとにどのような条文があり、どのような趣旨・目的に基づいて規定されているか、判例がどのような問題に対してどのような処理をしたのかという点を学習するとよいでしょう。その上で、六法に掲載されている条文に目を通しながら、「短答式試験の過去問を解いてみよう」のコーナーで知識・理解を確認した後で、司法書士試験の過去問を解いていくとよいでしょう。

⑵ 司法書士試験情報収集のために

上記で司法書士試験の概要、本書の利用法について簡単に紹介いたしましたが、弊社の司法書士サイトでも受験情報や合格体験記など司法書士試験に関するさまざまな情報を提供しております。ぜひ、ご覧ください。

ＬＥＣ司法書士サイト　　https://www.lec-jp.com/shoshi/

LEC　司法書士　検索

◆ C-Bookで受ける「行政書士試験」

1 行政書士試験の概要

　行政書士試験は、毎年11月の第2日曜日午後1時から午後4時までの3時間で行われ、年齢、学歴、国籍等に関係なく受験することができます。試験科目は、①行政書士の業務に関し必要な法令等（46問、択一式及び記述式）と、②一般知識等（14問、択一式）です。

　また、内容については、①法令科目は、憲法、行政法、民法、商法及び基礎法学、②一般知識は、政治・経済・社会、情報通信・個人情報保護、文章理解の構成になっています。

2 行政書士試験におけるC-Book民法Ⅰ＜民法総則＞活用法

　民法は、例年、択一式9問・記述式2問の出題となっています。そして、＜民法総則＞の分野からは、択一式で1〜2問程度出題されるほか、記述式でも出題されることがあります。

　そこで、択一式の対策としては、「問題の所在」「アドヴァンス」「短答式試験の過去問を解いてみよう」を活用するとよいでしょう。「問題の所在」では、何が争点となって判例があるのか、民法のどの条文でどのような解釈問題が生じているのか等を明示し、より理解を深めることができるように工夫しています。また、「アドヴァンス」では判例・学説が整理されており、さらに詳しく学習することができます。各章末に掲載した「短答式試験の過去問を解いてみよう」は、手軽に知識・理解の確認や簡単なアウトプットが可能となります。

　記述式の対策としては、「考え方のすじ道」が判例・通説の立場から当該論点の思考プロセスや規範を明示していますので、「考え方のすじ道」を学習するとよいでしょう。

> ＬＥＣ行政書士サイト　　https://www.lec-jp.com/gyousei/

LEC　行政書士　検索

◆ C-Bookで受ける「公務員試験」

1 公務員試験の概要

　公務員は、国家公務員と地方公務員に大別されます。国家公務員は、中央官庁やその出先等の国家機関の職員です。専門職として裁判所職員、国税専門官等があります。地方公務員は、県庁、市役所、区役所等の職員です。試験区分は、学歴に応じて、大学院修了者を対象とした試験、大学卒業程度の人を対象とした試験、高校卒業程度の人を対象とした試験に分かれています。

2 試験内容紹介

　試験内容は、一次試験として教養科目と専門科目に関する「択一式試験」が実施され、一次試験又は二次試験で専門科目その他に関する「記述式試験」ないし「論文式試験」が実施されることが多いです。

　民法の出題数は試験種によって異なりますが、国家総合職や地方上級の法律職、裁判所職員のようにかなり出題数が多い試験種もあり、公務員試験における民法の重要度は高いといえます。

　二次試験では、人物試験（面接試験）が実施される場合もあります。これら一次、二次試験を突破すると「最終合格」となります。もっとも、公務員試験では「最終合格」イコール採用というわけではないことに注意が必要です。

3 公務員試験におけるC-Book民法Ⅰ＜民法総則＞活用法

⑴ 択一式試験対策

　択一式試験では、重要判例に関する出題が多くあります。本書では、重要判例のポイントには色をつけて強調しています。

　また、学説の内容をあらかじめ理解していないと正解を導くことが困難な問題が出題される試験もあります。本書では、「アドヴァンス」でどのような判例・学説があるのかを詳細に紹介していますので、これらを用いれば学説問題も十分に対応できるでしょう。

⑵ 記述式試験対策

　記述式試験の多くは、事例問題の形式で出題されます。この事例問題を解答するにあたり、重要な論点を理解していないことには十分な答案は作成できません。本書では、「問題の所在」「考え方のすじ道」で答案の骨組みを示し、さらに巻末に「論点一覧表」を掲載して、直前期の見直しもしやすいように工夫しています。

4 公務員試験情報収集のために

　上記で公務員試験概要、本書の活用法について簡単に紹介しましたが、公務員には様々な種類・試験があります。弊社の公務員サイトでは、公務員試験ガイドや公務員試験に役立つ様々な情報を提供しております。ぜひ、ご覧ください。

ＬＥＣ公務員サイト　　https://www.lec-jp.com/koumuin/

　ＬＥＣ　公務員　｜　検索

◆ C-Bookで受ける「公認会計士試験」

1 試験内容紹介

　公認会計士試験は、公認会計士となるのに必要な専門的学識を有するかどうかを判定するため、短答式と論文式による筆記の方法により行われており、短答式試験の合格者に対し論文式試験を実施し、これに合格した者が最終合格者となります。

　「短答式試験」では、企業法・監査論・管理会計論・財務会計論の4科目から出題され、試験時間合計300分で実施されます。

　「論文式試験」では、監査論・租税法・会計学・企業法の必須4科目と、選択科目である経営学・経済学・「民法」・統計学の4科目のうち1科目を受験することになります。試験時間は、合計780分です。

　このように、公認会計士試験においては、民法が「論文式試験」で出題されますが、その出題傾向・難易度は、旧司法試験の論文式試験に類似しているということができます。

2 公認会計士試験におけるC-Book民法Ⅰ＜民法総則＞活用法

　民法の論文式試験では、過去の出題のほとんどが事例形式の出題となっています。本書では、具体的な論点について「問題の所在」「考え方のすじ道」「アドヴァンス」を掲載しており、これらを読み込むことで、答案の骨格となる部分を論理的に学習することができるでしょう。

ＬＥＣ公認会計士サイト　　https://www.lec-jp.com/kaikeishi/

LEC　公認会計士　｜検索｜

CONTENTS

第1編　民法総則

第1章　民法序説

第 **2** 章 私権の主体

第 7 章　無効と取消し

第 9 章　条件・期限及び期間

第10章 時効

論点一覧表

INDEX（判例索引・事項索引）

参考文献表・文献略記表

佐久間毅『民法の基礎1　総則（第5版）』有斐閣　　　　　　　　　　　　　　　　（佐久間1・頁）

佐久間毅・石田剛・山下純司ほか・LEGALQUEST『民法I　総則（第2版補訂版）』有斐閣

　　　　　　　　　　　　　　　　　　　　　　　　　　　　　　　　　　　　　　（LQ I ・頁）

山田卓生・河内宏・安永正昭ほか『民法I　総則（第4版）』有斐閣　　　　　　　　　（S I ・頁）

平野裕之『民法総則』日本評論社　　　　　　　　　　　　　　　　　　　　　　　（平野・総則・頁）

四宮和夫・能見善久『民法総則（第9版）』弘文堂　　　　　　　　　　　　　　　（四宮＝能見・頁）

山野目章夫『民法概論1　民法総則』有斐閣　　　　　　　　　　　　　　　　　　　（山野目1・頁）

近江幸治『民法講義I　民法総則（第7版）』成文堂　　　　　　　　　　　　　　　　（近江I・頁）

潮見佳男『民法（全）（第3版）』有斐閣　　　　　　　　　　　　　　　　　　　　（民法（全）・頁）

道垣内弘人『リーガルベイシス民法入門（第3版）』日本経済新聞出版社　　（リーガルベイシス・頁）

筒井健夫・村松秀樹『一問一答　民法（債権関係）改正』商事法務　　　　　　　　（一問一答・頁）

潮見佳男『民法（債権関係）改正法の概要』一般社団法人　金融財政事情研究会　　　　（概要・頁）

日本弁護士連合会『実務解説　改正債権法（第2版）』弘文堂　　　　　　　　　　　（実務解説・頁）

債権法研究会『詳説　改正債権法』一般社団法人　金融財政事情研究会　　　　　　　　（詳説・頁）

潮見佳男・北居功・高須順一ほか『Before/After　民法改正』弘文堂　　　　　　　（B／A・頁）

司法研修所『新問題研究　要件事実』法曹会　　　　　　　　　　　　　　　　　　　（新問研・頁）

司法研修所『改訂　紛争類型別の要件事実―民事訴訟における攻撃防御の構造―』法曹会

　　　　　　　　　　　　　　　　　　　　　　　　　　　　　　　　　　　　　　（類型別・頁）

大島眞一『新版　完全講義　民事裁判実務の基礎［入門編］（第2版）』民事法研究会　　（大島・頁）

伊藤滋夫『新民法（債権関係）の要件事実Ⅰ　改正条文と関係条文の徹底解説』青林書院

　　　　　　　　　　　　　　　　　　　　　　　　　　　　　　　　　　　　　　（伊藤I・頁）

潮見佳男・道垣内弘人『民法判例百選I　総則・物権（第8版）』有斐閣

　　　　　　　　　　　　　　　　　　　　　　　　　（百選I［第8版］〔事件番号〕）

窪田充見・森田宏樹『民法判例百選II　債権（第8版）』有斐閣　　（百選II［第8版］〔事件番号〕）

水野紀子・大村敦志『民法判例百選III　親族・相続（第2版）』有斐閣

　　　　　　　　　　　　　　　　　　　　　　　　　（百選III［第2版］〔事件番号〕）

潮見佳男・道垣内弘人『民法判例百選I　総則・物権（第7版）』有斐閣

　　　　　　　　　　　　　　　　　　　　　　　　　（百選I［第7版］〔事件番号〕）

中田裕康・窪田充見『民法判例百選II　債権（第7版）』有斐閣　　（百選II［第7版］〔事件番号〕）

水野紀子・大村敦志『民法判例百選III　親族・相続』有斐閣　　（百選III［初版］〔事件番号〕）

『令和～年度　重要判例解説』有斐閣　　　　　　　　　　　　　　　（令～重判〔事件番号〕）

『平成～年度　重要判例解説』有斐閣　　　　　　　　　　　　　　　（平～重判〔事件番号〕）

我妻榮・有泉亨・清水誠・田山輝明

　『我妻・有泉コンメンタール民法（第7版）―総則・物権・債権―』日本評論社　　（我妻コンメ・頁）

第1編

［民法総則］

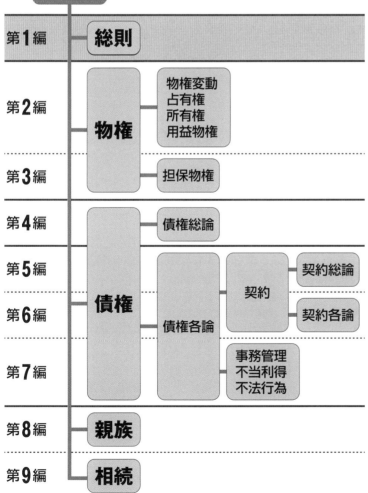

1-1 民法入門

一　民法とは何か

　民法とは、私法関係に適用される最も一般的な法律であり、私法の一般法と呼ばれています。これだけでは、具体的なイメージをもつことは難しいと思いますので、一つずつ説明していきます。

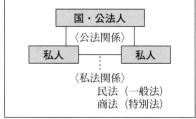

　まず、「私法」とは、人と人との関係についてのルールを定めた法のことをいいます。これを難しく表現すると、私人間の法律関係を規律する法となります。「法律関係」とは、一方の人が他方の人に権利を有し、他方の人がこれに対応して義務を負うという、権利義務の関係のことです。

　私達は、他の人と様々な関わり合いをもって生活しています。たとえば、洋服を購入したり、飲食店でランチを食べたり、電車に乗って大学や会社に通うなどです。このような関係の連続が私達の日常の生活ですが、これらは権利と義務に置き換えることができます。先程の洋服を購入する例では、洋服を着る権利（所有権）を得る代わりに、その対価となる代金をお店に支払う義務が生じる、といった具合です。このような権利義務の関係のことを、「法律関係」というわけです。

　そして、「私法」は私人間の法律関係についてのルールを定めた法のことですが、その対義語となるのは、「公法」です。「公法」とは、国家の組織や国家と国民の関係（公法関係）についてのルールを定めたもので、憲法・刑法などが挙げられます。

　次に、「一般法」とは、様々な分野に共通し、かつ一般的に適用される法律のことをいいます。対義語となるのは「特別法」であり、「特別法」とは、特定の分野について特別に規律した法律のことをいいます。たとえば、一般人が互いに物を売ったり買ったりする関係と、商売のプロである商人同士が物を売ったり買ったりする関係を比較すると、後者では特別の配慮（取引の迅速化など）が必要になります。そこで、まずは「特別法」（商法・会社法など）が優先的に適用され、「特別法」に規定がない場合に「一般法」が適用されることになります。

　以上を踏まえると、民法は、国と国民の関係についてではなく、対等な人と人との間に生じる権利・義務の関係について、特別法に規定がない場合に適用される法律ということになります。

二　民法のかたち

1　はじめに

　人は生まれ、生きて、そして死んでいきます。その過程で人は外界の何物かを摂取して生活しています。人にとって衣食住の大半は外界の存在物です。こ

の外界の存在物を人との関係で客体といいます。この客体に対して、人は主体といいます。この主体と客体との関係のうち、法律関係が生ずる場合があるので、これを権利の主体と権利の客体といいます。また、人は直接に他人と法律関係をもつ場合がありますし、客体を通じて他人と法律関係を形成する場合があります。

2　権利の主体と権利の客体

　主体といえば人間のことです。しかし、歴史上、たとえば古代ローマやギリシャでは征服した国の人々を奴隷として使用していました。このような場合は、同じ人間であっても、奴隷は権利の主体にはなれませんでした。人という主体と権利の主体とは違うのです。権利の主体はすぐれて歴史的な観念です。近代国家は自由な個人の活動を根本に据えて社会を作ってきましたので、近代国家は国民に対して、生まれた瞬間から権利の主体（これを権利能力者といいます）となることを認めました。このことを定めたのが、民法3条1項の「私権の享有は、出生に始まる。」という規定です。したがって、生まれた瞬間の赤ん坊も権利能力者です。

　権利の主体は人間の活動の必要上生まれた観念ですので、人間以外の場合にも権利の主体を認める必要があります。つまり、多数の人間が協力して活動を行う場合には人々とは別に権利の主体を認めるのが便利です。これを法人といいます。

　次に権利の客体について説明します。客体と権利の客体とは同じではありません。人間（自分と他人）以外のものはすべて客体といいます。そのうちで人間が自由に社会生活や経済活動を行う上で必要かつ有益で支配可能な客体を特に権利の客体といいます。たとえば、火星上に存在する岩石は客体ではありますが、（現在のところ）人間の生活にとって必要かつ有益とはいえず、また支配することもできないので権利の客体ではありません。

　以上より、赤ん坊も自動車やマンションを所有することができます。赤ん坊には車の運転やマンションに一人で生活することはできないのですが、法律は赤ん坊にこれらの物（権利の客体）を帰属（所有）させることを認めました。また、どんな人も火星上の物体を支配することはできず、火星上の岩石に何の影響力も行使できないので、これに対して所有権は発生しません。

3　法律関係

　権利の主体である人と法人が作る法律関係について説明します。まず、権利と義務の関係、次に債権と物権の関係です。

(1)　権利と義務

　民法は、市民社会における法律関係のすべてを、「権利」及びその裏返しとしての「義務」という概念を用いて表現しています。

　権利とは一定の利益を享受することができる法律上正当に認められた力をいいます。これによって、相手に対し「○○してくれ」とか「○○しないでくれ」と要求することができることになります。これに対して、相手方は権利に対応する義務を負うことになります。権利や義務は目に見えないものですが、法律が定めた約束ごととして機能します。

　たとえば、「XがY時計店と、ある時計を買う契約をした」という関係は、どういう法律関係になるのでしょうか。この場合、Xは、Yから時計を渡してもらう「権利」を有し、Yに代金を支払う「義務」を負うことになります。

Yの側からいえば、Xに時計の代金を請求する「権利」を有し、Xに時計を渡す「義務」を負うことになります。

(2) 債権と物権

前述のXやYの権利は、契約の相手方に約束したことを守らせる権利ですが、一般的にいうと、「ある人が、ある人に対して、特定の行為（時計の引渡しや代金の支払）を要求する権利」ということができます。こ

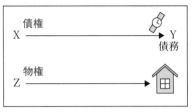

のような権利を「債権」と呼びます（「債権」に対応する相手方の義務を「債務」といいます）。

民法は、債権の他に「物権」という権利を設けています。これは、人が物に対して有する権利です。物権は物を排他的、直接的に支配することができる権利です。買った時計は誰に断ることなく使ったり、売ったりすることができますし、誰に対しても自分のものだと主張することができます。これに対して、債権は、特定の人に対する請求権ですから、前述のXはY時計店に対してのみ時計の引渡しを請求することができ、他の時計店に対しては同じ時計を渡してくれと請求することはできません。

(3) 法律関係の発生原因

それでは、法律関係はどのような原因によって発生するのでしょうか。のちほど詳しく説明しますが、ここではその典型的な発生原因を次の3つにまとめておきます。

① 人と人との間の合意（これを契約といいます）
② 人の一方的な意思の表示（これを単独行為といいます）
③ 法律上の定めがある場合

4 法律要件と法律効果

当事者*間に何らかの法律関係の発生原因があれば、それに応じて法律的な結果（債権や物権の発生・移転など）が生じるという関係は、法律的な要件と効果の関係といえます。そこで法律的な効果を発生させる原因を法律要件といい、それにより生じた法律的な結果を法律効果といいます。要約すると、**権利義務の変動（発生・変更・消滅）を生ぜしめる原因を法律要件、変動の結果を法律効果**といいます。

前述の時計の売買の例では、時計の売買契約という法律要件によって時計及び代金の引渡しに関する債権・債務の発生という法律効果が生じたということになります。

実際の訴訟の場を例にすると、XがY時計店と時計を買う約束をしたのに、Y時計店が時計を渡さない場合に、Xとしては最終的に訴訟で時計の引渡しを求めることになるでしょう。その時にXは売買契約という法律要件を主張し、その成立が認められた場合に時計の引渡請求権という法律効果が認められることになるのです。

法律要件は、私達の身の回りに起きる社会事象に基づく事実によって作られています。前述の例では①権利の客体については社会的な価値のある財産権であること、②お互いに「売ります」という意思の表示、「買います」という意思の表示があることが法律要件です。時計が①に該当しますし、XYの意思の表示が②に該当します。このように、法律要件は社会的事実によって作られていますので、裁判所などの第三者*がこの法律要件が存在したか否かを客観的に判断することができます。どのような法律要件事実が当事者間に存在した場合

*ある法律関係、たとえば売買契約をした人を当事者といいます。

*当事者であるXY以外の人をすべて第三者といいます。

にどのような内容の権利義務を当事者に認めることがいいのかという判断（これを立法者意思といいます）を定めたものが法律です。

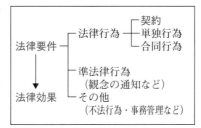

　他の科目に例を求めれば幾何学や経済学も同様です。幾何学ではX・Y・Zの条件が存在するならば、A・B・Cの結果が生ずるという形式になっています。経済学もこれこれの前提条件の場合、これこれの経済効果が生まれるというように論理を展開しています。法律の場合もこれと同様なのです。

　ただ法律の場合は、自然科学とは異なり、法律要件たる事実の存在によって必ずそこに記載されている効果が発生するわけではありません。法律は、当事者間にそのような法律効果を発生させるためにはそのような法律要件を要求しようという国民の意思の現れです。もちろん、この国民の意思は近代国家では国会という立法機関によって合法的に制定されなければなりません。法律の条文はこのような法律要件と法律効果の組合せです。ですから条文の集まりである法律は多数の法律要件・法律効果の集合体なのです。

三　民法の構成（パンデクテン）

　日本の民法典の構成は、ドイツの民法学の理論体系を参考に作られています。この構成の仕方は、「パンデクテン方式」といいます。この方式は、当時の主流であるドイツ哲学の発想に基づいて法律概念を体系化したものです。次の【民法の構成図】をみながら説明します。たとえば、占有権C_1・所有権C_2・制限物権C_3・担保物権C_4という個別的な物権関係すべてに共通の法律関係を物権総則B_1として定めています。同様に、物権・債権・親族・相続に共通の法律関係を民法総則Aとして定めています。したがって、占有権とは、C_1＋B_1＋Aより成り立ちます。しかし、占有権という章にはC_1だけしか規定していません。占有権の全体を理解するためには、C_1だけでは不足なのです。

　このようなパンデクテン方式は、条文の数と分量を少なくする点で合理的です。しかし、条文を実践的に利用する人にとっては占有権C_1のみをみても全体がわからずとても不便ですし、それが欠点です。民法の条文を勉強する場合、常にその前に共通項としてくくられている条文（〜総則）に留意して全体を把握するように注意して下さい。たとえば、売買は、D_2＋C_5＋B_2＋Aから成り立っていることに気を付けて下さい。

【民法の構成図】

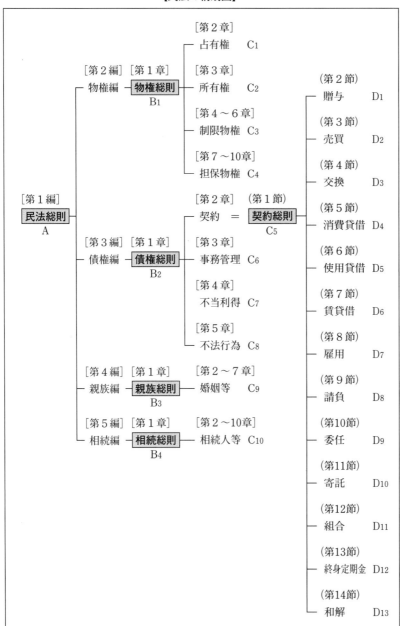

＊　民法はこのような構成になっていますが、実際の訴訟で争われて初めて、民法の規定が問題となることは意識しておきましょう。すなわち、訴訟において、所有権（C_2）が誰にあるのか、売買契約（D_2）が成立していたのかなどが争われたときに民法の解釈が問題となります。

1-2 民法の全体図

1-2-1 契約の意義

<table>
<tr><td>
一 はじめに
二 意思表示
三 契約と民法の規定・慣習との関係
</td><td>

学習の指針

民法の個々の規定を見る前に、民法の全体図を俯瞰しておきましょう。まずは、権利と義務を発生させる原因の1つである「契約」のイメージをつかんでおきましょう。
</td></tr>
</table>

この段階で覚える必要はありませんが、ここで触れる「意思表示」は、後述（⇒125頁以下）のように、本書で学ぶ民法総則の重要なテーマの1つとなっています。

一 はじめに

産業革命を経て成立した近代市民社会においては、主人公である市民が自由な意思を中心として経済活動や市民生活を形成した。この当事者の自由な意思は法律上は契約という概念として発展した。そして、資本主義社会は財産権の取引とその対価である金銭の貸借を重要な要素として成立しているので、売買と消費貸借が重要な契約となっている。そこで、これらを［事例Ⅰ］・［事例Ⅱ］と設定した上で、以下の論述に使用していく。

［事例Ⅰ］ AはBと、Bの所有する甲建物を5,000万円で売買する契約を結んだ。

［事例Ⅱ］ XはYと、Yに100万円を貸して1年後に110万円を返してもらう契約を口頭で結んだ。

二 意思表示

［事例Ⅰ］におけるBのAに対する「甲建物を売ります」という発言は、意思表示といわれる。同じくAのBに対する「甲建物を買います」という発言も意思表示である。BのAに対する「甲建物を売ります」という発言は、①Bの自己所有の甲建物をAに売ろうとする意思（効果意思）、②Bの自己所有の甲建物を売るとAに伝えようとする意思（表示意思）、③BのAに自己所有の甲建物を売ると伝えた（表示行為）の3段階を経て成立する。Aの発言についても同様である。このように、意思表示の構造は3つの要素に分析される。Bの心理においては、まず甲建物が不要になったとか金銭が必要になったとかいう「動機」が生じて、この動機に導かれて前述の効果意思・表示意思・表示行為につながっていく。この動機は通常Bの経済状態や生活上の必要に基づくもので、法律外の要素である。したがって、意思表示はこの動機を除外した効果意思から後

の要素のみで構成されるが、発端は動機にある。

三　契約と民法の規定・慣習との関係

　市民の自由な意思の合意である契約と民法の規定とはどのような関係にあるか。市民社会の法律関係は、第一に市民の自由な意思の合意によって形成される。しかし、他人に迷惑をかけたり社会の秩序を侵害する当事者の意思や行為は認められない。このような他人に迷惑をかけ社会秩序を侵害する意思や行為は、あらかじめ禁止しておかなければならない。これが民法に規定されている強行法規や公序良俗違反の定めである。具体的には、91条で強行法規を、90条で公序良俗違反を定めている。このように当事者の合意は、当事者で自由に決めることができるが、強行法規や公序良俗に反することはできないわけである。

　次に、当事者の合意である契約内容と民法のその他の規定（強行法規や公序良俗以外の規定を任意規定という）とが抵触した場合などはどうであろうか。当事者の合意といっても具体的には詳しくかつ明確に合意をしたかどうか不明な場合が多い。法律に精通していない一般人の場合は不完全な契約がなされることが多いであろうし、また後になって争いになった場合、意見が不一致になるのが一般である。そこで、このような場合に備えて民法は任意規定を定めて（民法の規定はほとんどがこの任意規定である）、当事者の契約の不備や不完全への対策を立てたのである。任意規定には、①当事者の契約を補充するもの（補充規定）や②当事者の契約の不明確を補うもの（解釈規定）などがある。

　当事者の契約の解釈においては、まず契約をした両当事者を含む社会の慣習が解釈規範として適用され、次に任意規定が適用される。本書では、民法の条文解釈技術を学ぶことを目的としていること、また慣習といっても個別具体的でありテキストの事例にはなじみにくいので、以下では慣習を省略して民法上の規定について解釈していく。

【契約内容の確定のプロセス】

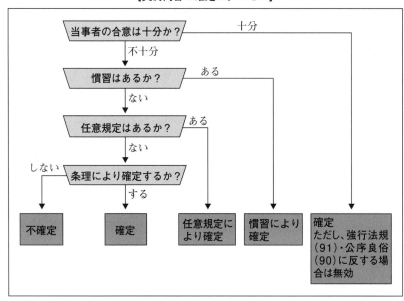

1-2-2　契約の成立と有効性

<table>
<tr><td>

一　契約の成立
二　契約の有効要件
三　効果帰属要件
四　契約の効力発生要件
五　有効な契約の効果

</td><td>

学習の指針

　契約はいつ成立し、どのような場合に有効となるのでしょうか。契約の成立については、後に『債権各論』で詳しく学ぶことになりますが、契約の有効要件については、主に『民法総則』で学ぶことになります。以下、後述

</td></tr>
</table>

（⇒14頁）の図表を参照しながら、契約の成立から契約の効果が発生するまでを確認してみてください。

一　契約の成立

　契約は、当事者間で申込みと承諾という意思表示が合致することにより成立する。

　[事例Ⅰ]でAが、「Bさんの甲建物を5,000万円で売ってください」と申し込み、これに対してBが、「わかりました、甲建物を5,000万円で売りましょう」と承諾すると、売買契約が成立することになる。つまり、契約の成立要件は、契約の意思表示が、①外形的に買主Aと売主Bが表示されていること（これを主観的合致という）、②取引客体が何かを外形的に判別できること（これを客観的合致という）、というきわめて外形的・抽象的・一般的なレベルで合意されていれば足りる。

　これに対して、Bが「建物を売ります」といい、Aは「自動車を買います」といった場合には、契約は不成立になる。なぜなら、契約の内容が外形的に建物と自動車とで不一致だからである。しかし、このようなことは現実にはほとんど争いにならず、又、争いになるとしてもほとんどは契約の有効要件の問題として争われるので、契約の成立要件はあまり論じられていない。

二　契約の有効要件

1　はじめに

　当事者間で契約が成立した場合、その契約の内容は約束したとおりに守られるものと考えるのが社会の常識である。したがって、契約が成立した場合、その契約は有効であると推定される。もし、例外的にその契約の合意に問題があれば（これを契約の無効・取消事由があるという）、その契約に拘束されたくない人がその問題点を主張して契約の無効や取消しを主張するべきである。そこで、契約が成立していることを前提として、次に契約の効力に与えるべき影響を考える要件を契約の有効要件という。この契約の有効要件は、契約の成立要件を参考にすることによって、次の3つに分けることができる。①契約の当事者についての有効要件、②契約の客体ないし内容についての有効要件、③契約をなす際の意思表示についての有効要件である。

2　契約の当事者についての有効要件

　契約の当事者についての有効要件は、権利の主体すなわち権利能力が備わっていることを前提として、権利能力者がさらにどのような要素を具備していれば契約の内容を有効と認めてよいかという段階で問題となる。この有効要件は、①意思能力があること、②行為能力があること、の2つである。この2つの有効要件は、契約の内容に応じた法律効果が発生したものとして当事者にその効

果を帰属させる要件ということができ、その意味においては、後述する効果帰属要件の一種ということもできる。しかし、この問題は有効要件として論ずるのが一般的であるため、それにならい有効要件として説明する。

① 意思能力

意思能力とは、自己の行為の結果を弁識するに足るだけの精神能力をいう。すなわち、自分の行為の利害得失を判断する知的能力であり、おおよそ7〜10歳程度の者の精神能力とされている。したがって、7歳に満たない子どもの他、重度の精神障害者や泥酔者のように、たとえ行為の意識はあっても最低限の判断能力も備えていない場合は、意思能力を欠くので、契約は無効である（3の2）。

② 行為能力

行為能力とは、自己の行為により法律行為の効果を確定的に自己に帰属させる能力をいう。これは、意思能力よりも程度の高い判断能力である。民法は、未成年者、成年被後見人、被保佐人、補助人の同意権に服する被補助人という類型を設け、これに当たる者について、画一的に（一人ひとりについて判断能力を調べて区別することをしないで）行為能力を制限している。行為能力を制限される者を制限行為能力者といい、それぞれについて保護者が用意されている。制限行為能力者が締結した契約は、その制限行為能力者自身や保護者がこれを取り消すことができる（120Ⅰ）。取り消された場合、契約は初めから無効であったものとみなされる（121）。

3 契約の客体ないし内容についての有効要件

契約の客体ないし内容についての有効要件は、契約の取引の目的物に問題があったり契約の内容に問題があったりするために、そもそも客観的に契約自体を有効とすることができない場合に問題となるものであり、その意味で客観的有効要件という。客観的有効要件は、意思能力や行為能力と異なり、契約が有効とされその効果が当事者に帰属することによる不利益の回避を目的とするものではないから、客観的有効要件については当事者の意思で有効とすることはできない。したがって、これに反する契約は無効となる。

この有効要件は、確定性・適法性・社会的妥当性の3つに分けて論ぜられる。

① 確定性

当事者が契約で合意した内容が不明確で内容が確定していない場合は、何が債務か、また債務者はどのような内容を履行すればよいかわからず、常に履行をめぐって争いになる。そこで、内容が確定していることが有効要件となる。問題は、どのようなことが定まっていれば内容が確定したと解することができるかである。一般に「誰が、誰に、何を、いつ、どこで、どのように」（「なぜ」を「誰」に入れ替えた5W1H）が確定していれば足りるが、これらが確定しているかどうかについて争いがある場合は、契約の解釈をしなければならない。

契約の解釈は、次の順序でなされる。まず、当事者が実際にどのような意思表示をし、どのような合意をしたのかを解釈する（狭義の契約解釈）。次に、合意内容が不十分であるときは、契約の補充的解釈を行う。すなわち、契約当事者を包む慣習→任意規定→条理・信義則（1Ⅱ）という手順で解釈する。さらに、当事者の意思表示が明確であり、そのとおり合意している場合であっても、合意どおりの法律効果を認めることが不当ないし不適切と判断される場合は、裁判所により合意の内容が修正されることがある（契約の修正的解釈）。

［事例Ⅰ］を少し変更して、ＡＢ間で、「Ｂが所有する財産を売却する」という内容の契約を締結したとすると、Ｂが数多くの財産を所有していれ

ば、B所有の財産のうち何をAに売却する物として契約したのか、契約の解釈によっても確定できない場合がある。このような場合には、契約内容が不確定であるから客観的有効要件を欠き、契約は無効となる。

　したがって、Aとしては、このように契約が無効となることがないように、契約内容を細かく定めて書面化して残しておく等訴訟になったときのために証拠を残しておくことが考えられる（実務上もそう行われていることが多い）。これにより、契約内容の確定性が担保されている。

② 適法性

　契約の内容は当事者の自由に委ねられている（契約自由の原則、521Ⅱ参照）。しかし、法令中の公の秩序に関する規定（強行法規）に反する意思を表示しても無効となる（91）。

③ 社会的妥当性

　契約の内容が個々の強行法規に違反していなくとも、「公の秩序又は善良の風俗」に反するときは無効となる（90）。

4　契約をなす際の意思表示についての有効要件

　当事者が意思表示を行った時点でその表示に対応する効果意思（真意）が欠けていたり、意思表示を形成する過程に瑕疵・欠陥があると、契約が無効とされたり、取消しの対象となることがある。これには、心裡留保、虚偽表示、錯誤、詐欺・強迫がある。以下、順次説明する。

① 心裡留保

　心裡留保とは、表意者が表示行為に対応する真意のないことを知りながらする単独の意思表示をいう（93Ⅰ）。［事例Ⅰ］でAが本当は甲建物を買う気がないのにBに売ってくれと言った場合などである。

　民法は、表意者があえてそのような表示をしたのだから、真意でないということを知らない相手方を保護すべきであるとして、意思表示は有効であるとしている（93Ⅰ本文）。ただし、相手方が真意を知っていた（法律上は悪意と呼ばれる）場合や、知ることができた（知らなかったことに過失がある）場合には、相手方を保護する必要はないから、意思表示は原則どおり無効となる（93Ⅰただし書）。

② 虚偽表示

　虚偽表示とは、相手方と通じてなす真意でない意思表示をいう（94Ⅰ）。［事例Ⅰ］でBが、債権者の追及を免れるため、売買を仮装して甲建物をAに売る場合などである。

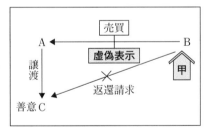

　虚偽表示は、真意を欠くから当然に無効となる。虚偽表示の事例で特に問題となるのは、AがさらにAB間の虚偽表示の事情を知らないCに甲建物を譲渡した場合である。この場合、民法は、善意の第二者を保護する必要から、BはCに対して家屋の返還を請求することはできないと規定している（94Ⅱ）。

③ 錯誤

錯誤とは、表意者の認識・判断と現実との間に食い違いがあり、その食い違いを表意者が知らないことをいう(95)。[事例Ⅰ]でAが買いたいと思っていた建物は、実はB所有の甲建物に隣接する別人所有の乙建物であった場合などである。

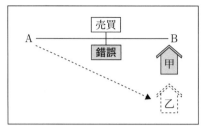

意思表示は、意思表示に対応する意思を欠く錯誤（95Ⅰ①）、又は表意者が法律行為の基礎とした事情についてのその認識が真実に反する錯誤（95Ⅰ②）に基づくものであって、その錯誤が法律行為の目的及び取引上の社会通念に照らして重要なものであるときは、取り消すことができる（95Ⅰ柱書）。

④ 詐欺・強迫

詐欺とは、何らかの方法によって他人を錯誤に陥れ、それによって意思表示をさせることをいう。また、強迫とは、他人に畏怖を与え、その畏怖によって意思表示をさせることをいう。

両者はともに、表示に対応する意思はあるものの、意思を形成する過程に瑕疵があることから、かかる意思表示は取り消しうるものとされている（96Ⅰ）。

5 無効と取消し

以上においてみてきたように、有効要件を満たさない場合の効果として、無効と取消しがある。無効と取消しにはいくつか違いがあるが、最も基本的な違いは次のとおりである。

無効は、特定人の行為を必要とすることなく、最初から当然に契約の効力が生じない。取消しは、特定人による取消しという行為があって初めて契約の効力が否定される。言い換えると、無効な行為は当然に法的保護に値しないのに対し、取消しの対象となる行為は、法的保護を受けるか否かが取消しをなしうる者（取消権者）の判断に委ねられている。それゆえ、取消しをなしうる行為は、取消権者の「追認」により確定的に有効とすることができる。

三 効果帰属要件

当事者間において契約が成立し、かつ有効要件を具備している場合、契約は有効に成立する。契約の効果は通常は当事者間に帰属する。これに対し、[事例Ⅰ]でAB間の売買契約は有効であることを前提にして、たとえばAがCの代理人としてBと契約を締結したとしよう。このような場合、AB間の有効な契約の効果はCに帰属しなければならない（代理制度）。そこで、代理人が契約した場合、その効果が本人に帰属するための要件を考える必要がある。

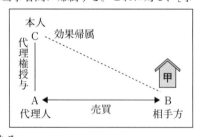

効果帰属要件は、①AB間において契約の成立要件・有効要件を具備した契約があること、②代理人Aが本人Cのためにすることを示して意思表示をしたこと（顕名）、③Aが有効な代理権を有していること、である。具体的には、代理人Aが③の代理権の範囲内で、①の契約を②の意思表示をして行うことが必要である。

③を欠く、すなわち代理権のないAの行為は効果帰属要件を欠くから本人C
に帰属しない。この場合、ＡＢ間では有効な売買契約が成立しているので単な
る無効とは異なり、無権代理人Aがこの契約の履行又は損害賠償の責任を負う
ことがある（117参照）。

また、②の意思表示がなければ、Bは契約の相手方をAだと思ってしまうだ
ろう。契約の相手方は契約の重要な要素であるから、AはBに代理行為である
旨を表示する必要がある。そこで、②がなければ原則としてCには効果帰属し
ないとされている。

四　契約の効力発生要件

契約が成立し、無効・取消原因もない場合、その効力は契約成立と同時に発
生するのが原則である。しかし、当事者の合意で、効力発生時期を遅らせたり、
あるいは、いったんは効果が発生するが、一定の事情によって事後的に効力が
消滅するものとすることができる。このような当事者間の合意の形態として、
条件・期限というものがある。

たとえば、Aが所有する時計についてAとBが○月×日を履行期として売買
契約を締結したが、Aが時計を渡してくれないとする。Bとしては訴訟におい
て売買契約の成立を主張して時計の引渡しを請求することとなるが、相手方が
履行期の合意の存在を抗弁として主張した場合には、改めて○月×日が来たこ
とを主張しなければ時計の引渡請求は認められない。また、Cがその所有する
家屋をDに対して貸し渡したが、返還時期が到来したのでDに対して明渡しを
請求する場合にも、返還時期の到来をCが主張することが必要である。

また、当事者の合意による条件や期限とは異なるが、似たものとして期間と
いう概念がある。期間の計算方法については、民法に定めがある（138 ～ 143
参照）。

【契約の成立から効力発生までのプロセス】

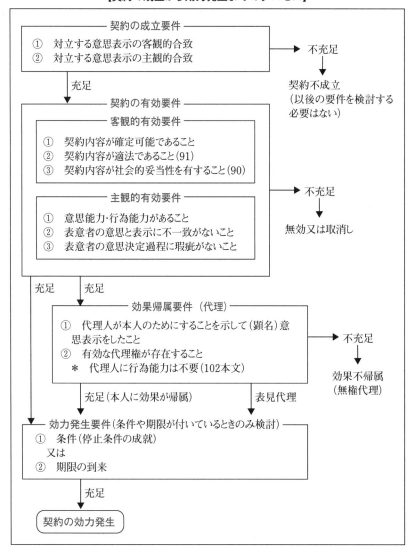

五 有効な契約の効果

　契約という法律要件が有効に効力を生じた場合、法律効果として、①債権（債務）の発生と②物権の移転の２つが問題となるが、［事例Ⅰ］の場合は①②ともに発生し、［事例Ⅱ］の場合は①のみの効果が発生する。

　［事例Ⅰ］の場合、ＡＢ間の売買契約により、①については、Ａに甲建物の所有権移転登記請求権が、Ｂに代金支払請求権が発生し、②については、甲建物の所有権がＢからＡに移転する。

　［事例Ⅱ］の場合、ＸＹ間の消費貸借契約においては、ＹがＸから100万円の金銭を受け取って初めて契約が成立する（このような契約を要物契約という。587条参照）。したがって、①について、Ｘに利息を含めた貸金返還請求権（Ｙからみると貸金返還債務）が発生するだけである。なお、［事例Ⅱ］にお

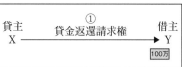

いて、XとYが口頭ではなく「書面」で100万円の消費貸借契約を締結した場合、YがXから100万円を受け取らなくても、合意のみによって消費貸借契約を成立させることができる（諾成的消費貸借契約、587の2参照）。この場合、①について、Yに100万円を借りる権利（Xに100万円を貸す債務）が発生し、YがXから100万円を受け取った後、Xに利息を含めた貸金返還請求権（Yからみると貸金返還債務）が発生する。

1-2-3　物権変動

	学習の指針

一　物権の意義
二　物権変動の意義と原因（意思主義）
三　物権変動の時期
四　対抗要件主義
五　不動産物権変動における対抗要件
六　動産物権変動における対抗要件

　契約が有効に成立した場合、その効果として、債権（債務）の発生と、契約内容によっては物権の変動が生じます。そこで、以下では、物権とは何か、物権変動の意義・原因やその時期、対抗要件とは何か、といった問題について概観していきます。
　物権変動に関する問題についても、後に『物権』で詳しく学ぶことになるため、今覚える必要はありませんが、民法の全体図を把握するため、一読しておきましょう。

　これまで契約の成立要件から契約の効力発生要件まで述べてきた。契約が目的物の所有権の移転を内容とするときは、その契約によって物権変動が生ずる。以下ではこの物権変動について説明する。なお、民法は所有権のみならず多数の物権を定めており（物権法定主義）、物権の種類についても簡単に説明する。

一　物権の意義

　民法は、物とは何かを定義している。そこで、物について説明し、次に所有権の客体となるための要件、物権法定主義と物権の種類、物権の効力について説明する。

1　物とは

　物権の権利の客体は、原則として物である。
　物とは有体物をいう（85）。有体物とは有形的に存在するもの、すなわち空間の一部を占めるものをいう。これに対して、無体物とは、精神的産物である権利をいう。
　金銭ももちろん物である。ただ、金銭は一般的には個性をもたず、一定額の価値を体現しているにすぎないという点で、通常の物とは異なる。たとえば、それ自体価値のある○○年の500円玉をコレクションの対象として取引する場合は、通常の物として扱われるが、一般的には交換「価値」として把握されるのである。
　物は不動産と動産に分類される。不動産とは、土地及びその定着物（86Ⅰ）をいい、不動産以外の物は、すべて動産とされる（86Ⅱ）。建物は土地の定着物であるが、日本の法制度では土地とは別個の不動産とされている。

2　物権法定主義と物権の種類

(1)　物権法定主義

　　物権は、法律で定められたものに限って認められ、それ以外は自由に創設することが認められていない（物権法定主義）。

　　これは、封建的な物権を否定し、近代的な所有権を確立するとともに、取引の安全を図ったものである。ただし、例外的に慣習法上の物権も存在している（水利権・温泉専用権・譲渡担保権）。

(2)　物権の種類

　　民法上の物権には、所有権、占有権、用益物権（地上権、永小作権、地役権、共有の性質を有しない入会権）、担保物権（留置権、先取特権、質権、抵当権）がある。

【物権の種類】

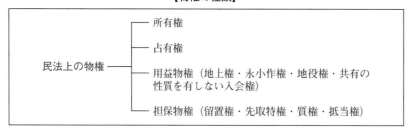

　(a)　所有権は、物（動産・不動産の区別を問わない）に対する全面的・包括的な支配を内容とする権利であり、物権法秩序の中心に位置している。

　(b)　占有権は、物の事実的支配状態の保護のために、占有という事実に基づいて認められる権利（法律効果）である。占有とは、自己のためにする意思で物を所持することをいう（180参照）。所有権や地上権が、物を現実に支配しているかどうかとは関係なく認められる権利で、いわば観念的なものであるのに対し、占有権は、物の現実の支配という事実状態に基づいて認められる権利である点で他の物権とは性質を異にする。

　　　占有権以外の物権を「本権」という。本権のうち所有権が物の全面的な支配を内容とするのに対し、用益物権や担保物権は、物の支配の権能が一面的・部分的なものにすぎず、制限物権と呼ばれる。

　(c)　用益物権として地上権・永小作権・地役権・共有の性質を有しない入会権がある。地上権とは、工作物又は竹木を所有するために他人の土地を利用する物権をいう（265）。永小作権とは、耕作又は牧畜のために他人の土地を利用する物権をいう（270）。地役権とは、一定の目的に従ってある土地の便益のために他人の土地を利用する物権をいう（280本文）。入会権とは、一定の地域の住民集団が山林原野などを共同で利用する慣習上の物権をいう。入会権には、共有の性質を有する入会権（263）と共有の性質を有しない入会権（294）があり、共有の性質を有しない入会権は、国有地などの住民集団以外が所有する土地を利用するもので、用益物権である。

　　　このように、用益物権はいずれも土地の利用のためにのみ認められる。

　(d)　担保物権として留置権・先取特権・質権・抵当権がある。これらは債務の履行を確保するためのものである。担保物権は、目的物の交換価値を支配する権利であって、債権者が債務の弁済を得られないときに、担保物のもつ価値から他の債権者に優先して弁済を受けることができるという優先弁済的効力を有する（ただし、留置権は留置的効力のみ）。

　　　それぞれの意義や特徴については、後述する（⇒31頁以下参照）。

3　物権の効力

物権の効力のうち特に所有権の効力について説明する。

⑴　所有権は物に対する全面的・包括的な支配権であるが、全く自由に行使できるわけではない。法令による制限の範囲内で行使できるにすぎない。

⑵　所有権をはじめとする物権は、物を直接的・排他的に支配する権利であるから、その円満な支配状態が第三者に妨げられたり、そのおそれがある場合には、第三者に対して侵害の除去または予防を請求することができる。この請求権を「物権的請求権」又は「物上請求権」という。

　物権的請求権には、「返還請求権」、「妨害排除請求権」、「妨害予防請求権」がある。

二　物権変動の意義と原因（意思主義）

　［事例Ⅰ］で説明したように売買契約の合意の成立要件から効力発生要件までを具備していれば甲建物の所有権という物権は、契約締結と同時にAに移転する。以下、この理論を説明する。

　物権変動とは、物権が発生・変更・消滅することをいう。これを物権をもつ主体の側からいえば、物権の取得・変更・喪失となる。

　物権変動の最も典型的な場面は、売買契約による所有権の移転（買主が売主から所有権を取得する場合）であるが、時効によって物権変動が生じる場合もある。時効とは、ある事実状態が一定期間継続することにより、それを尊重して、その事実状態に即した権利関係が確定しうるとする制度であり、取得時効と消滅時効の2種類がある。

　民法は、「物権の設定及び移転は、当事者の意思表示のみによって、その効力を生ずる。」（176）と規定しており、これを「意思主義」という。この「意思主義」とは、物権変動を生じるには意思表示のみで足り、登記や占有などの何らの形式や表象も必要としないとする立法例をいい、フランス民法がこれを採用している。これに対して、ドイツ民法においては物権変動の意思表示の他にさらに物権変動を生じるために一定の形式・表象を必要とする。このような立法例を「形式主義」という。

　ところで、民法176条の意思主義の解釈として、売買契約のような所有権の移転を内容とする場合に、たとえば［事例Ⅰ］において、AとBが甲建物の売買契約をすること（これを債権行為という）と区別して、

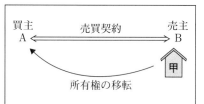

甲建物の所有権を移転する合意（これを物権行為という）も必要であると考えるべきであろうか。判例・通説は、物権行為の独自性を認めず、売買契約の効力として物権変動も生じると解している。ただし、債権行為が存在せず物権変動のみが問題となる場合、すなわち抵当権の設定のような場合には、物権の変動のみを目的とする契約が必要となる。物権行為という概念自体を認めることに異論はなく、その独自性の有無について争いがあるにすぎない。

三　物権変動の時期

　通説・判例は物権変動につき意思主義を採用し、さらに物権行為の独自性を否定するので、有効な契約が成立した時点で、物権変動が生じる。しかし、実際上は売主側に不利となる場合が多いので、有力説は、所有権の移転時期につ

いて①当事者間に移転時期について特約を定めた場合はそれによる、②特約がない場合は引渡し・登記・代金支払のいずれかがなされた時であるとする。この有力説は、実際の取引慣行や契約の際の当事者の合理的意思を根拠に、当事者の売買契約の解釈を行い所有権の移転時期を決定するものである。

四 対抗要件主義

　民法は、物権変動が意思表示のみによって生じるとする一方で、物権の得喪及び変更は、不動産に関しては「登記」(177)、動産に関しては「引渡し」(178)がなければ、「第三者」に対抗できないとしている（「第三者」の意義については後述する）。

　これは、目に見えない物権の変動という法律観念を、目に見える形で「公示」し、この公示手段を備えなければ、第三者に対し物権変動を主張できないとするものであり、「対抗要件主義」という。

　物権は、その排他性により、1つの物権が存在する物の上には、同じ内容の物権は成立し得ないため、ＡＣのうちいずれか一方への所有権の移転のみを正当化せざるを得ない。そのため、第三者に物権変動を主張するためには、登記などの「公示」手段を備えなければならないとして、取引の安全を図っているのである。

　たとえば［事例Ⅰ］においてＡＢ間で甲建物の売買契約がなされただけでなく、ＢＣ間でも甲建物の売買契約がなされた場合（このような状態を「二重譲渡」という）、Ａが、第三者であるＣに甲建物の所有権を主張するためには、甲建物の「登記」を備えなければならない。

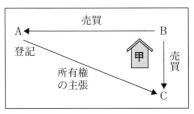

　なお、動産の場合は、「引渡し」＝占有の移転には観念的な方式も認められており、「公示」として不十分である。そのため、取引の安全のため「即時取得」という制度が定められている。このように、不動産と動産で制度的に異なる面があるため、以下において別々に説明する。

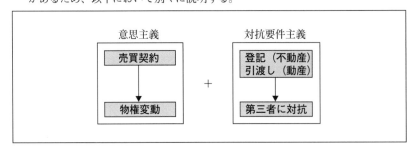

【不動産の二重譲渡と対抗要件主義】

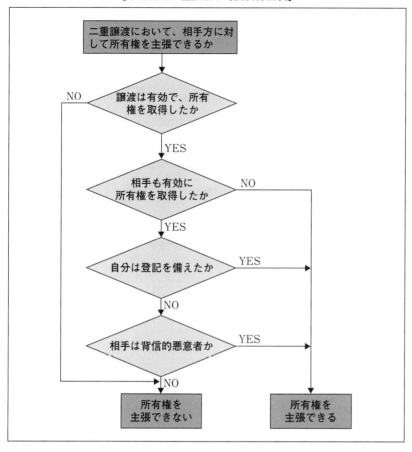

五 不動産物権変動における対抗要件

1 「登記」の意義

　不動産物権変動の対抗要件となる不動産登記とは、不動産に関する権利関係について、国家機関（法務省法務局）が一定の手続に従って登記簿に記録すること、またはその記録そのものをいう。登記は不動産の所在地を管轄する登記所に備えられている登記簿（電磁的記録も含む）に必要な登記事項を記録するように申請することによりなされる。登記の申請は原則として登記権利者と登記義務者とで共同でなされる（登記共同申請の原則）。

　［事例Ⅰ］では、登記義務者であるBと登記権利者であるAが共同して、BからAへの所有権移転の登記を申請することになる。その後、AがさらにCに対し建物を売却した場合も、同様にAからCへの所有権移転登記がされる。

2 登記が必要な「物権の得喪及び変更」とは

　「物権の得喪及び変更」の典型は当事者間の契約だが、これ以外に相続や取得時効などがある。また、売買契約が取り消されたり、解除された場合などのような物権の復帰的変動も「物権の得喪及び変更」に該当する。

　判例は、このような一切の不動産物権変動において登記が対抗要件になるとしている。

3 「第三者」の意義

　「第三者」とは、一般には、当事者及びその包括承継人（相続人など）以外の者をいい、177条における「第三者」とは、正確には「登記の欠缺（登記を

備えていないこと）を主張する正当な利益を有する第三者」をいう。たとえば単なる無権利者は、「正当な利益を有する第三者」に当たらず、この者に対しては、登記を具備していなくても物権を主張できる。

　それでは、第三者の主観面は考慮すべきであろうか。［事例Ⅰ］で、AB間で甲建物の売買契約がなされたことを知っていながら、Cが甲建物につきBと売買契約を結び、移転登記も備えた場合、登記のないAは、

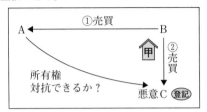

Cに対して、甲建物の所有権を主張できるかという問題である。Cのような「悪意の第三者」であっても、資本主義的な「自由競争原理」のもとでは、保護に値するとして、「正当な利益を有する第三者」に当たるとするのが判例・通説である。ただし、自由競争の範囲を超え、登記の欠缺を主張することが信義に反すると認められる者については、「第三者」に当たらない。たとえば、CがAに不当に高い価格で売りつけるためにBから甲建物を買い受けた場合などである。これを、「背信的悪意者排除論」という。なお、Cが背信的悪意者であるとしても、Cからさらに甲建物を譲り受けた者は、Aとの関係で背信的でない限り、「正当な利益を有する第三者」である。

六　動産物権変動における対抗要件

1　「引渡し」の意義

　動産物権変動の対抗要件となる「引渡し」とは、占有の移転をいう。

　この占有の移転には、⑴現実の引渡し、⑵簡易の引渡し、⑶占有改定*、⑷指図による占有移転の４種類がある。これら４種類の占有移転の原因は、当事者の合意である。⑴から⑷の占有は排他的ではなく、重畳的に認められ

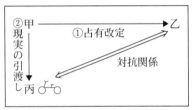

* 占有改定（183）
　物の譲渡後も譲渡人が引き続きその物を所持する場合になされる引渡しをいう。

る場合があるので、登記とは異なり、二重に引渡し（占有）がなされるケースがある。たとえば、甲が所有する自転車を、乙と丙に売却し、乙には占有改定で引き渡した後に、さらに丙に現実の引渡しをした場合、乙と丙のどちらも対抗要件を備えていることになる。この場合、178条との関係では先に対抗要件を備えた乙が優先する。

2　公信の原則

　日常頻繁に行われる動産の取引においては、より取引の安全を保護するため、「公信の原則」が採用されている。公信の原則とは、真の権利状態と異なる公示が存在する場合、その公示を信頼して取引した者に対し公示どおりの権利の取得を認めることをいう。民法は動産については占有に「公信力」を与え、「即時取得」（192）の制度を定めている。

　即時取得の要件について先の自転車の例で説明する。即時取得は、甲が自転車を引き渡して無権利者となった後に、①自転車を占有している無権利者甲から、丙が②甲との有効な取引行為により、③甲が所有権者でないことを過失なく知らず（善意・無過失）、④自転車の「占有を取得」した場合、その自転車につき取引による権利を取得することができるとする制度である。丙は占有取得時に善意・無過失であることが必要であり、以上の要件を満たせば、丙は自転車の所有権を取得できる。

　即時取得は、前主の無権利という瑕疵のみを治癒する制度であるから、甲丙間の契約は原則どおり成立・有効要件を具備していなければならない。

3　明認方法

　立木や未分離の果実のように土地に生育する物は、客観的にみてその土地の一部である。しかし、我が国においては、立木や未分離の果実が、土地に付着したまま土地とは独立して取引の対象となった慣行があるので、それらの所有権を公示する手段として「明認方法」が慣習上認められてきた。

　具体的には、立木を削って所有氏名を墨書したり、立札を立てたりすることが「明認方法」に当たる。

1-2-4　債務の履行（正常な場合）

一　債務の履行としての特定の問題 二　弁済の構造 三　債権（債務）の消滅〜相殺 四　双務契約の牽連性	**学習の指針** 　ここから、債務の履行に伴って生じる問題について触れていきます。目的物の特定や危険負担など、難解な内容も含まれていますが、現段階で理解する必要はありません。今は深入りせず、一読するにとどめておきましょう。

　契約が成立し、有効要件・効果帰属要件・効力発生要件の全てを満たした場合（後二者については定めがある場合に限る）、いよいよ契約の履行、すなわち債務の履行の問題となる。

一　債務の履行としての特定の問題

　まず、現実に債務を履行するためには債務の内容が特定していなければならない。給付の目的物の性質からみて契約時に既に特定している場合には問題ない。たとえば、特定の名画とか骨董品、売主が既に所有している建物などはこれ以外の物を考える余地がないので、初めから特定している。これを性質上の特定物という。これに対して、契約時に多数同じ性質のものが存在している場合（種類物）や売主が複数の建物を所有しており契約時にはそのうちのどれという意味で特定していなかった場合には、履行のための特定が必要となる。

　ここでの特定は、契約の有効要件としての確定性と同じ意味ではないことに注意を要する。すなわち、契約の有効要件としての確定性は、契約時においてどのような内容が合意されたかという問題であるのに対し、債務を履行する要件としての特定性は、履行期の到来時において現実に給付すべき行為との関係で具体的に定まる問題である。

　たとえば、契約時にビール1ダースを売買すると定めた場合について考える。契約の内容は確定しており、契約の有効要件は問題なく満たす。

　次に、どの程度の品質にするかについて当事者で合意しなかった場合、401条1項の規定により、給付すべきビール1ダースは中等の品質のものとなる。そして、債務の履行のための特定がされたというためには、当事者の合意による指定がないときは「債務者が物の給付をするのに必要な行為を完了」することが必要とされ（401Ⅱ）、債務者の履行すべき債務が持参債務（債権者の住所で履行すべき債務）である場合には、債務者が現実にビール1ダースを債権者の住所に届けたときに特定される。

二　弁済の構造

　債務は弁済によって消滅する（473）。弁済とは、債務の本旨に従って債務の

内容である一定の給付を実現する債務者の行為をいう。なお、「弁済」という言葉は、「履行」とほぼ同じ意味で使用されるが、「弁済」という場合の重点が債権の消滅という効果に置かれているのに対し、「履行」という場合の重点は、債務の内容を実現するという債務者の行為に置かれている。

弁済は、「債務の本旨」に従ってなされる必要がある。「債務の本旨」に従った弁済であるかは、契約で合意した内容に従った弁済であるかにより判断する。具体的には、「誰が、誰に、何を、いつ、どこで、どのように」（５Ｗ１Ｈ）により判断される。つまり、当事者間の具体的な合意により決定されるが、これが不十分である場合には、慣習や任意規定、条理・信義則により補充的に解釈される。下の図表は、５Ｗ１Ｈに関する民法上の原則と例外をまとめたものである。

【「債務の本旨」に従った弁済かどうかの具体的な判断】

５Ｗ１Ｈ	原　則	例　外
誰が（弁済をなす者）	債務者	第三者（474）
誰に（弁済受領者）	債権者	受領権者 受領権者としての外観を有する者（478）
何を（弁済の目的）	債権の目的（483）	
いつ（弁済の期日）	弁済期（412）	弁済期前（136 Ⅱ）
どこで（弁済の場所）	債権者の現在の住所（484 Ⅰ）	（特定物について）債権発生当時その物の存在した場所（484 Ⅰ）
どのように（弁済の方法）	善管注意義務（400）	自己の財産に対するのと同一の注意義務（659、940等）

以上について、［事例Ⅰ］で弁済を説明すると、ＡはＢの住所地に赴いて代金を支払わなければならない（484 Ⅰ）。なお、Ａの父親である第三者ＣがＡの債務をＢに支払うことも可能となる場合がある（474 Ⅰ）。また、代金は債権者Ｂのように弁済の受領権者に対して支払わなければならないが、弁済の受領権者以外の者であっても、取引上の社会通念に照らして受領権者としての外観を有するもの（必要な書類をすべて揃えているＢの代理人と自称する者など）に支払ったような場合には、例外的に弁済が有効となる場合がある（478）。

三　債権（債務）の消滅～相殺

弁済がなされると、債権は目的を達して消滅する。

このような債権が消滅する場合としては、弁済の他にもいくつかあるが、ここでは相殺のみについて説明する。

相殺とは、債権者と債務者が相互に同種の債権・債務を有する場合に、その債権と債務とを対当額において消滅させる一方的意思表示をいう（505 Ⅰ本文）。［事例Ⅱ］でＹがＸに車を売却して150万円の代金債権を有していた

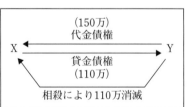

場合、ＹがＸに自己の110万円の貸金返還債務と相殺する旨の意思表示をすると、110万円の対当額につき両債務が消滅し、Ｙには40万円分の代金債権が残ることになる。このとき、相殺の意思表示をしたＹの債権（150万円）をＹからみて「自働債権」、相殺により消滅したＹの債務、すなわちＸの債権（110万円）をＹの方からみて「受働債権」（反対債権ともいう）という。

　相殺は、相殺する者にとっては、対当額において自己の債務を弁済するとともに自己の債権の弁済を受けた場合と同一な結果を生じさせるものである。そこで、特に銀行などの金融機関にとっては、相殺は、自己の債務を担保にして債権の満足を受けるという重要な担保的機能を果たしている。

四　双務契約の牽連性

　売買契約のように、契約の両当事者が相互に対価的な債務を負う契約を双務契約*という。双務契約には、一方の債務があるからこそ他方の債務があるという関係（牽連性）がある。そこで、民法は、同時履行の抗弁権と危険負担の制度を置いている。

*双務契約の対概念として片務契約がある。片務契約とは一方の当事者のみが債務を負うか、又は双方の当事者が債務を負担するけれども、それが対価的意義を有しない契約をいう。贈与・消費貸借・使用貸借等がある。

1　同時履行の抗弁権

　［事例Ⅰ］において、Bの建物引渡債務の履行期が到来している場合、Aは、Bが甲建物の引渡債務を履行しない限り、原則として代金の支払を拒むことができる。他方、Bも、Aが代金債務を履行しないときは、

原則として甲建物の引渡債務の履行を拒絶することができる。これを同時履行の抗弁権という（533）。仮に、一方当事者が先に履行することになれば、相手方の履行を請求するために訴訟を提起しなければならなかったり、相手方の無資力のリスクを負うことになる。同時履行の抗弁権は、このようなリスクを回避し、当事者間の公平を図るために認められた制度である。

　同時履行の抗弁権を有している間は、債務者は自己の債務について債務不履行にならないため、損害賠償責任を負わず、解除されることもない。

2　危険負担

(1)　契約成立時点では履行することが可能であった債務が、履行時に履行できない状態になることがある（これを後発的不能という）。この履行不能が、もし債務者の責めに帰すべき事由により生じたのであれば、債務者がその責任を負えばよいのであって、これは後述する債務不履行の問題である。

　これに対し、履行不能につき債務者に何らの責任がないのであれば、一方の債務が履行不能となった場合に、他方の債務の履行がどうなるのかという問題が生じる。これを「危険負担」という。

(2)　［事例Ⅰ］において、ＡＢ間の契約が成立後、履行期日の前日に隣家の失火により甲建物が延焼してしまった場合、B（債務者）の甲建物の引渡債務は履行不能となる。この場合、他方の債務であるA（債権者）の代金支払債務がどうなる

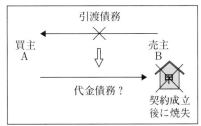

のかが問題となるところ、隣家の失火につきAに帰責事由がない限り、Aは代金支払債務の履行を拒絶することができる（536Ⅰ）。

　では、甲建物がAに引き渡された後に、隣家の失火により甲建物が延焼してしまった場合はどうか。この場合、隣家の失火につきAに帰責事由がなくても、買主であるAは代金の支払を拒むことができない（危険の移転、567Ⅰ）。

1-2-5　債務の履行（正常でない場合）

学習の指針

債権とは、ある人が、ある人に対して、特定の行為を要求する権利のことでした。ここでは、この債権の効力に基づき、債務者に債務の履行を強制する方法や、債務者が債務を履行しなかったために債権者に生じた損害の賠償にかかわる問題などを見ていきます。難解な箇所が続きますが、立ち止まらず、まずは最後まで通して読むことを心掛けましょう。

一　はじめに

当事者の意図するとおりスムーズに債務の履行がなされるのであれば何ら問題ない。しかし、現実には当事者の意思に反する正常でない事態がしばしば生じる。たとえば、［事例Ⅰ］で、Bが約束の期限を過ぎても、家屋の引渡しや登記の移転に応じてくれないとか、引き渡すべき家屋がBの過失で焼失してしまったといったケースである。このように債務者が契約内容どおりに債務の履行（債務の本旨に従った履行）をしない場合、債権者はどのような手段をとりうるだろうか。これは、債権の効力としてどのようなものがあるかという問題である。

二　現実的履行の強制（強制履行）

債務者が任意に債権の目的である給付をしない場合、債権者としては、最終的に民事訴訟を提起してその給付を求めることになる。しかし、仮に債権者が勝訴判決を得たとしても、それが実現できなければ債権者にとって意味がない。そこで、民法、民事訴訟法が予定するところを実現するために強制的に給付を実現することが可能となっており、これらの実現方法については民事執行法が規定している。

履行を強制する手段としては、次の3つがある。

① 直接強制：債務者の財産に対して実力行使し、債務者の意思を無視して債権の内容を実現する方法
② 間接強制：履行しなければ「1日につき○○円払え」という一種の制裁金を課すことにより、債務者の履行を経済的に強制するという方法
③ 代替執行：他人に代わりに行為をさせてその費用を債務者から取り立てる方法

三　債務不履行

1　はじめに

「債務の本旨」に従った履行がなされないことを債務不履行という。債務の本旨に従った履行か否かは、契約の有効要件によって確定した債務の内容（誰が、誰に、何を、いつ、どこで、どのように、すなわち5W1H）により判断される。

2　債務不履行の類型

債務不履行は、一般的に、以下の3つの類型に分類して説明される。

① 履行遅滞：履行が可能であるのに正当な理由なく履行しないまま履行期を徒過した場合

② 履行不能：債務の履行が契約その他の債務の発生原因及び取引上の社会通念に照らして不能である場合

③ 不完全履行：債務の履行として何らかの給付がなされたもののそれが不完全である場合

　不完全履行はこのように定義されるが、履行遅滞・履行不能のいずれにも属さないものはすべて不完全履行であると考えてよい。たとえば、購入したテレビを室内に設置した際に廊下の壁を傷つけたというケースのように、債務の履行過程において債権者に損害を与えた場合や、鶏の売買において、売主が給付した鶏の一部が病気であったため、買主の他の鶏にその病気が伝染したというケースのように、目的物の瑕疵が原因となって拡大損害が生じた場合が、不完全履行に当たる。

3　要件

　履行遅滞・履行不能・不完全履行それぞれの態様が生じた場合であっても、これらの債務不履行が「契約その他の債務の発生原因及び取引上の社会通念に照らして債務者の責めに帰することができない事由」（免責事由、415Ⅰただし書）によるものである場合には、債権者は損害賠償責任を負わない。そして、この免責事由は、「債務の発生原因」に即して判断されるため、契約の場合には、契約の趣旨に照らして判断される。

　なお、履行遅滞においては、債務者が債務の履行を遅滞している場合であっても、同時履行の抗弁権（533）等を有するために債務の履行をしないときは、債務者は債務不履行責任を負わない。この場合、「債務者が債務を履行しないことは違法ではない（同時履行の抗弁権によって違法性が否定される）」などと表現される。

4　効果〜債権者がなしうる手段①（損害賠償請求）

(1)　債権者は、債務不履行によって生じた損害を債務者に対し請求することができる（415Ⅰ）。

　　［事例Ⅰ］で、Bが甲建物を引き渡すのが期日より3か月遅れたため、その間Aが住居としてアパートを借りなければならなかった場合、Aは、そのために必要となった費用を損害としてBに請求できる。また、甲建物がBの失火により焼失してしまった場合、Aは建物の価額を損害としてBに請求できる。

(2)　損害を賠償する方法は、金銭によるのが原則である。

　　賠償金額がいくらとなるかは、極めて重要である。そのため、難しい問題がいくつもある。

　　まず、いかなる損害が賠償の対象になるか、すなわち賠償すべき損害の範囲が問題となる。この点について、判例・通説である相当因果関係説は、損害賠償の範囲について規定する416条の解釈について、債務不履行によって現実に生じた全損害のうち、当該場合に特有の損害を除き、そのような債務不履行があれば通常生じるであろうと認められる範囲の損害について賠償すべきであるとする。その趣旨は、一個の債務不履行と事実的因果関係（「あれなければこれなし」という関係）にある損害は無限に生じるおそれがあるため、当事者間の公平を図ろうとする損害賠償制度の目的から、社会通念上相当な損害に限定する点にあると解する。

　　この判例・通説の立場からは、416条の規定の解釈において、まず1項は通常の事情から通常生じる損害（通常損害）は当然に賠償すべきであることを定め、2項は「特別の事情」から通常生じる損害（特別損害）であっても、

債務者が債務不履行時にその特別事情（またはそれによる損害）を予見すべきであった場合は、これを賠償すべきことを定めたものと解する。

特別損害の例としては、［事例Ⅰ］で、Bの失火により建物が焼失してしまった場合にBが、AがCとの間に時価を超える6,000万円で建物を転売する契約を結んでいたことを予見すべきであったということができれば、Aは、Bに対して6,000万円を損害として請求できる。

> AがCに6,000万円で転売することを知っていた
> A ── 損害賠償請求権 ──→ B
> 6,000万円（建物価格＋転売利益）が損害
> 甲
> 焼失

次に、給付すべき目的物の価額は時とともに変動するものであるから、どの時点における価額をもって賠償額を算定すべきかが問題となる。判例は、原則として債務不履行時と解しているが、たとえば、不動産のように価格の騰貴・下落が激しい物について、最も高騰した時点の価格（中間最高価格）によって賠償請求できる場合を認めている。すなわち、目的物の価格が騰貴しつつあるという事情を「特別の事情」として、これにつき予見可能であれば騰貴時における価格を基準に損害賠償請求できるとする。ただし、価格がいったん騰貴しその後に下落する場合に、中間最高価格で損害賠償を求めるためには、中間最高価格の時点で転売その他の方法で確実に利益を収めたであろうという特別事情があり、その事情につき予見すべきであったことの主張・立証を要するとしている。

(3) 当事者間の公平の観点から、賠償額の調整がなされる場合がある。

まず、債務不履行によって、債権者が損害を被るだけではなく、利益を受けた場合は、損害から利益を差し引いた残額が賠償額となる。これを「損益相殺」という。次に、債務不履行による損害の発生・拡大に関して、債権者に過失があった場合、裁判所は、債権者の過失に応じて賠償額を減額する。これを「過失相殺」という。

5 効果～債権者がなしうる手段②（解除権の行使）

(1) 解除の意義

契約の解除とは、契約が締結された後に、その一方の当事者の意思表示によって、その契約が初めから存在しなかったのと同様の状態に戻す効果を生じさせる制度をいう。

解除制度は、債務者に対する責任追及手段である損害賠償制度とは異なり、当事者を契約の拘束力から解放するための手段として位置づけられている。そのため、債務不履行があった場合、債権者は、債務者に帰責事由がなくても、契約を解除することができる（541・542参照）。

(2) 解除権を行使するための手続要件

債務不履行を理由とする解除には、催告による解除（541本文）と無催告解除（542）の2つがある。

まず、催告による解除の手続要件は、①催告、②相当期間の経過、③解除の意思表示である。すなわち、債務者に対して債務の履行を促すために、債権者がその旨を通知することが必要となる（①催告）。次に、催告の後に債務者が態度を改めて（翻意して）履行する可能性があるため、②相当期間の経過が必要となる。債権者は、上記①②のプロセスを経た後に初めて、③解除の意思表示をすることができる。ただし、履行の催告をした後、相当期間が経過した時における債務者の債務の不履行がその契約及び取引上の社会通念に照らして「軽微」であるときは、契約を解除することができない（541ただし書）。

次に、無催告解除については、542条に列挙された類型に該当する場合に限り可能となる。この場合、①②のプロセスは不要であり、債権者は直ちに契約の全部又は一部を解除することができる。これは、債務不履行によって、もはや契約目的の達成が不可能となっている場合であり、催告をする意味がないからである。

(3)　解除の効果

① 未だ履行されていない債務は、履行する必要がなくなる。

② 既に履行された債務は、相互にこれを返還すべき義務を負う。

③ ①②によっても償われない損害が残る場合にはこれを賠償させる。

④ ①②③の効果により、第三者の権利を害することはできない。

(4)　解除の効果の法的構成～直接効果説（判例）

解除によって、契約は初めにさかのぼってなかったことになる（直接効果説）。したがって、未履行の債務は当然に消滅する（上記①の効果）。また、既に履行された債務については、なされた給付が、契約の遡及的消滅によって法律上の原因を欠いていたということになるため、「不当利得」（703以下）として返還すべきことになる（上記②の効果）。

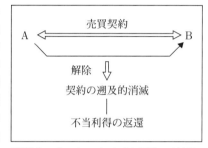

ただし、不当利得の返還範囲は「現存利益」に限られる（現に利益を受けている限度で返還すれば足りる）のに対し、解除の場合は、返還の範囲が「原状回復」（545Ⅰ本文参照）まで拡大されているという違いがある。

また、損害賠償については、契約が遡及的に消滅したとはいえ、実際に債務不履行により既に生じている損害は解除しただけでは填補されないから、損害賠償請求を認める必要がある（上記③の効果）。

(5)　解除と第三者

545条1項ただし書は、解除により第三者を害することはできないと定める。直接効果説の立場からは、この規定は、解除前にその契約に関与した第三者が、解除の遡及効により一方的に損害を被らないように、すなわち第三者を保護するために、遡及効を制限したものであると説明される。

四　受領遅滞

今までは債務者が約束どおりの履行をしない場合であったが、受領遅滞とは、債務者が債務の本旨に従った弁済の提供をしたにもかかわらず、債権者が受け取ることを拒む（受領拒絶）か、又は受け取ることができないため（受領不能）に履行が遅延している状態をいう。たとえば、期日に約束の物を持って行ったのに置き場所がないからといって受け取ってくれないとか、支払をしようと思うのに居所を教えてくれないといった場合である。

この場合、債務者の目的物保管義務が、善管注意義務（400）から自己の財産に対するのと同一の注意義務（413Ⅰ）に軽減される。また、受領遅滞の結果増加した履行の費用は、債権者の負担となる（413Ⅱ）。さらに、受領遅滞中に当事者双方の責めに帰することができない事由によってその債務の履行が不能となったときは、その履行の不能は、債権者の責めに帰すべき事由によるものとみなされる（413の2Ⅱ、567Ⅱ参照）。

五 担保責任（契約不適合責任）

　売買契約を例にすると、民法は、売主が買主に目的物を引き渡し、又は権利を移転したが、それが契約の内容に適合しなかった場合、買主に追完請求権（目的物の修補、代替物の引渡し又は不足分の引渡しによる履行の追完の請求のこと。562）、代金減額請求権（563）、損害賠償請求権（415、564参照）、解除権（541・542、564参照）を認めている。すなわち、売主は、買主に対して、売買契約に基づき、種類・品質・数量に関して契約内容に適合した物や権利を供与すべき義務を負っており、売主がかかる義務に違反して契約内容に適合しない物や権利を供与した場合、売主は債務不履行責任を負うこととなり、買主による追完請求等に応じなければならない。

　このように、562条が買主の追完請求権を一般的に規定したことによって、改正前民法下で肯定されていた特定物のドグマ（特定物売買においては、当事者がその物の個性に着目して取引をした以上、売主の履行義務はその物自体を給付することに尽きており、その物に瑕疵があったとしても売主は債務不履行責任を負わないという考え方）は、改正民法下では否定されることとなった。

　契約内容の不適合の種類としては、引き渡された目的物が種類、品質、又は数量に関して契約の内容に適合しないものである場合（562～564）と、売主が買主に移転した権利が契約の内容に適合しないものである場合（権利の一部が他人に属する場合においてその権利の一部を移転しない場合を含む）（565）がある。

　[事例Ⅰ]において、甲建物に雨漏り等の欠陥があって十分に使用できなかった場合、民法は、買主Aに追完請求権・代金減額請求権・損害賠償請求権・解除権を与え、買主の保護を図っている。

1-2-6　債務の履行の確保

　一　債務（債権）の履行の
　　　確保の必要性
　二　責任財産の保全
　三　債権の担保

学習の指針

　ここでは、債権者が債権を確実に回収できるようにするために民法が定めている各種方法を見ていきます。いずれの項目も、債権法や物権法の知識があることを前提とした、応用的な項目となるため、まずは一読するにとどめ、これらを学んだ後にもう一度読み直すとよいでしょう。

一 債務（債権）の履行の確保の必要性

　[事例Ⅱ]でXがYに110万円の支払を請求しても、Yが任意に110万円を支払わなかった場合には、債権者であるXが自ら債権を回収しなけ

れば、Xは110万円の支払を受けることができない。ここで、Xが訴えを提起して勝訴判決を得ても、Yの手元に110万円に相当する財産がなければ、強制執行も空振りになってしまうおそれがある。

　そこで、民法は債権者の債権の保全（債務者の責任財産の保全）をするための制度として、①債権者代位権と②詐害行為取消権を規定した。これらは、債権者の事実上の債権回収手段として用いられている。また、債権者としては、あらかじめ債権の担保として、債務者に保証人を立てるよう求めたり（③人的担保）、債務者の財産に担保権を設定する（④物的担保）などして、優先的に

弁済を受けられるよう手立てを講じておくこともできる。以下、順次説明する。

二　責任財産の保全

1　責任財産の保全総説

　責任財産の保全とは、債務者が債務を履行しない場合に、強制執行の準備として債務者の責任財産を確保することをいう。民法上、「債権者代位権」と「詐害行為取消権」がある。

　保全の対象となる財産は債務者自身の財産であるから、差押えがなされない限り、その管理や処分は債務者の自由である。しかし、民法は、その原則に対する例外として、一定の範囲で、強制執行の準備のために、債権者が債務者の財産管理権に介入することを認めた。

2　債権者代位権

　［事例Ⅱ］で、Xが履行期に110万円をYから取り立てようとしたとする。Yは、Zに対する100万円の金銭債権をもっているが、他に何らめぼしい財産をもっていない。Xとしては、YがZから債権を取り立てて、そのお金で自分に支払ってくれることを望むが、Yとしては結局Xに回収されてしまうので、自ら債権を取り立て

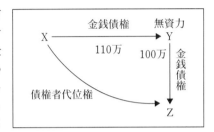

るようなことはしない。

　このような場合、Xは自己の債権を保全するため、債務者Yの有する債権を、あたかもX自身が権利者であるかのように行使して、Zに対して、100万円を支払うよう請求することができる。

3　詐害行為取消権

　［事例Ⅱ］で、Yが唯一の財産である車をZに非常に安い価格で売ってしまったとする。Yはこのような処分をすることによって無資力となり、その結果XのYに対する債権が満足を得られなくなるおそれが生じる。このような場合、Xは債務者Yの行為を取り消して、債務者の責任財産を回復することができる。

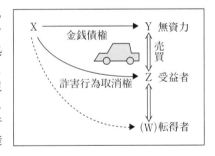

三　債権の担保

1　債権者平等の原則

　債権者代位権・詐害行為取消権という制度によって責任財産の保全を図ったとしても、いざ強制執行の段階になると、必ずしも債権者が十分に満足を得られるとは限らない。それは、強制執行において一般債権者が責任財産から弁済を受ける際には、

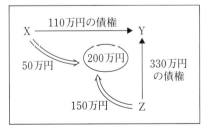

差し押さえた財産を競売した代金から、債権額に按分した配当が受けられるにすぎないという「債権者平等の原則」があるからである。

　［事例Ⅱ］で、Xの他に債権者ZがYに対して330万円の債権を有していた場合、Yが債務を弁済しないので、XがYの唯一の財産である車に対して強制執

行し、車が200万円に換価されたとすると、その200万円はXとZで、それぞれの債権額110万円と330万円に按分して分配される。よって、Xは50万円しか満足を得ることができない。

Xにしてみると、自己の債権全額について優先的に弁済を受けたいと思うはずである。そこで、債権者は、金銭債権について一般債権者に先んじて債権を回収するための手段として「担保」を設定するのが通常である。担保には、債務者以外の第三者の一般財産から弁済を受ける「人的担保」と、債務者又は第三者の特定財産の換価代金から優先的に弁済を受ける「物的担保」の2種類がある。

2 人的担保～保証債務・多数当事者の債権債務

人的担保として、保証制度と、機能的にみて多数当事者の債権債務関係がある。

(1) 人的担保の典型例は保証である。債権者に対して債務者が負担する債務を主たる債務という。保証人は債権者と保証契約を締結し、保証人は債権者に対して主たる債務と同一内容の債務を負担する。[事例II]で、ZがYのために保証人となった場合、YがXに弁済できないときは、ZはYの債務と同一内容の債務を自らXに弁済しなければならない。

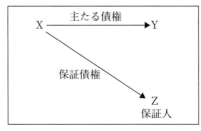

(2) 保証債務は、主たる債務の存在が前提となる。これを「付従性」という。付従性により、主たる債務が成立していなかったり、その契約が取り消されたりしたときは、保証債務も効力を生じず、主たる債務が弁済等で消滅したときは、保証債務も消滅する。

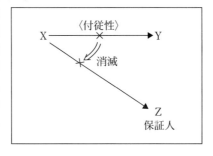

(3) **多数当事者の債権債務関係**

多数当事者の債権債務関係とは、2人以上の者が同一の給付につき、債権者又は債務者となる場合をいう。民法は、分割債権・債務、不可分債権・債務、連帯債権・債務の3類型に分けて、多数当事者間の法律関係について規定している。今日の社会関係、たとえば家族関係、相続人間、共同事業者、同一の事故の多数の被害者間に発生する債権債務関係を正しく理解する上では、これらの多数当事者の債権債務関係に関する知識・理解が必要となる。ここでは、人的担保としての機能を有する連帯債務のみを説明する。

連帯債務とは、数人の債務者が、同一内容の給付について各々独立に全部の給付をなすべき義務を負い、そのうちの一人が給付をすれば他の債務者も債務を免れる多数当事者の債務関係をいう。平たくいえば、各自が全部の給付義務を負うものが連帯債務であり、これにより債務の弁済の確実性を高めることができるという点で、人的担保としての機能を果たしている。

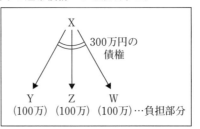

3 物的担保

物的担保とは、特定の物を換価した代金から優先的に弁済を受ける担保をい

う。

　民法上、抵当権・質権・留置権・先取特権という４つの担保物権が規定されているが、抵当権が典型である。

　担保物権は、特定の債権を担保するために存在するものであるから、その被担保債権の発生や消滅に従う。この性質を「付従性」という。また、被担保債権が譲渡され第三者に移転すれば、担保物権も同様に移転する。この性質を「随伴性」という。さらに、被担保債権の全額の弁済を受けるまでは、担保物全部に対して権利を行使できる。この性質を「不可分性」という。

(1)　**抵当権**

(a)　抵当権は、債権者が、債権の担保として債務者又は第三者から占有を移転せずに提供を受けた不動産等につき、他の債権者に先立って自己の債権の弁済を受けることができる約定担保物権である（369～398の22）。

　　抵当権者は、抵当不動産の占有を抵当権設定者（抵当不動産を提供して債権者と抵当権設定契約を締結した者。債務者以外の第三者が抵当権設定者の場合は、その第三者を物上保証人という）の下にとどめたまま、抵当不動産の価値を支配し、他の債権者に優先して弁済を受けることができる。

(b)　民法上、抵当権の目的物は「不動産」と「地上権及び永小作権」のみである。

　　［事例Ⅱ］で、貸金債権を担保するため、ＸとＹの間でＹ所有の建物への抵当権設定契約を結んだとしても、Ｙはその家屋に住み続けることができ、また、ＸとＺとの間で、Ｙに対する貸金債権を担保するため、Ｚ所有の建物への抵当権設定契約を結ぶこともできる。

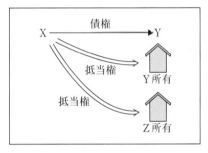

(c)　抵当権は、目的となった不動産に付加して一体となっている物（付加一体物）にも及ぶ（370本文）。たとえば、土地に対する立木・庭石、建物に対する増築建物・付属建物にも抵当権の効力が及ぶ。

(d)　担保目的物の「交換価値」を支配する抵当権は、担保されている債権の履行がなされない場合に、競売手続に従って競落した者が支払った代金から抵当権者が優先的に満足を受けるという形で実現される。

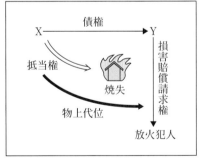

　　また、抵当目的物が滅失・損傷したような場合に、設定者が受けることのできる「金銭その他の物」に対しても、効力を及ぼすことができる。これを担保権の「物上代位性」という。

　　先の例でＹの建物が放火により焼失したときは、Ｙは犯人に対して不法行為に基づく損害賠償請求権を取得する。Ｘはこの損害賠償請求権に対して物上代位して、抵当権の効力を及ぼすことができる。

(2)　**質権**

　質権は、債権者がその債権の担保として債務者又は第三者から受け取った

物（質物）を債務の弁済があるまで占有し、弁済がない場合にはその物につき他の債権者に先立って自己の債権の弁済を受けることができる**約定担保物権**である（342～366）。

　質権は、質物の占有を質権者に移転する点で、**非占有担保である抵当権と異なる**。このため、質権は、「優先弁済的効力」に加え、債務が弁済されるまで質権者が目的物を留置できる効力（「留置的効力」）を有する。そのため、債務者たる質権設定者は目的物を利用することができない。これによって、債務者に弁済を間接的に強制することができる。

　質権の目的物は、動産が典型であるが、不動産や権利（債権、株式、特許権等）も含まれる。

(3)　留置権

　留置権は、当事者間の公平の観点から、特定の債権を担保するために、一定の要件を満たす場合に、法律上当然に成立する担保物権（法定担保物権）である（295）。債務が完済されるまで目的物を留置することにより、債務者に債務の

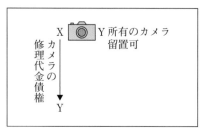

弁済を間接的に強制する「留置的効力」を有する。たとえば、YがXにカメラの修理を頼んだ場合、XはYが修理代金を払うまでカメラを留置しておくことができる。

(4)　先取特権

　先取特権も、法律の定める一定の債権について、債務者の財産から優先的に弁済を受けることができるように、法律上当然に成立する**法定担保物権**である（303～341）。公平の観念、社会政策的見地、当事者の意思の推測などを趣旨とする。

　先取特権は、優先弁済権の目的となる物の種類に着目して次の３つに分けられる。

　①債務者の総財産を目的とした「**一般の先取特権**」、②債務者の特定の動産を目的とした「**動産の先取特権**」、③債務者の特定の不動産を目的とした「**不動産の先取特権**」である。

(5)　非典型担保

　民法上規定がないが、実際上の必要から**譲渡担保、仮登記担保、所有権留保**などが行われている。譲渡担保は、譲渡担保設定者が担保物を利用して営業を続ける必要がある場合などに利用されている。仮登記担保は、仮登記担保法が定められている。

1-2-7 　契約以外の債務の発生事由

<table>
<tr><td>一</td><td>はじめに</td></tr>
<tr><td>二</td><td>事務管理</td></tr>
<tr><td>三</td><td>不当利得</td></tr>
<tr><td>四</td><td>不法行為</td></tr>
</table>

学習の指針

　ここでは、事務管理・不当利得・不法行為によって生じる債権（これを「法定債権」といいます）について見ていきます。法定債権は、民法の規定によって発生するという特性上、契約から生じる債権とは異なった特徴をもっています。法定債権については、後に『債権各論』で学ぶことになりますが、その際には、契約から生じる債権との異同や法定債権発生の要件、根拠となる条文の趣旨などを意識して学習するとよいでしょう。

一　はじめに

　これまでの説明は、私人間の法律関係（権利義務関係）が第一に私的自治の原則（契約自由の原則）に従って形成されることから、当事者間の自由な意思に基づく契約（特に売買契約）を中心に説明してきた。

　もっとも、私人間の法律関係は、当事者間の自由な意思に基づくものだけでなく、民法の規定によって発生することもある。これを**法定債権**といい、民法は、①**事務管理**、②**不当利得**、③**不法行為**を定めている。

　これらの法定債権は、法律の規定に基づいて発生するものであるから、法律が個別的にその要件・効果を定めている。これらの制度を理解し、解釈する際には、それぞれの制度趣旨やその役割・機能に留意しなければならない。

二　事務管理

　たとえば、隣人の長期海外出張中に隣人が居住する家屋の屋根が暴風雨で壊れたのをたまたま見つけたため、隣人に頼まれたわけではないが修繕してあげたというような場合には、事務管理が成立する。**事務管理**とは、**義務なくして他人のために**その事務（仕事）を管理（処理）することをいう（697）。

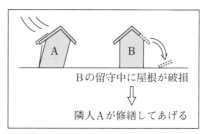

B の留守中に屋根が破損

⇩

隣人 A が修繕してあげる

　個人主義に基づけば、他人の生活への干渉はなるべく排除すべきであり、余計な世話を焼いた者はその費用も自分自身で負担すべきことになる。他方、相互扶助・社会的連帯の重要性と協調性を重視すれば、困っている人がいれば積極的に助けてあげるべきであり、親切にしてもらった人としても、必要な費用を返還し、親切に報いるべきだということになる。

　民法は、このような個人主義と相互扶助の原則を調整する見地から、事務管理の規定を設けた。

三　不当利得

1　[事例Ⅰ]で、売買契約が無効であったり取り消されたりした場合、既に引き渡した建物、支払った代金をそのままにしておいたのでは、契約が無効であったことや取り消したことの意味がなくなってしまう。そこで、これを元の持ち主に

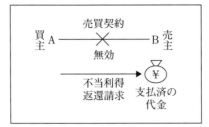

戻し、契約が初めからなかった状態に回復することが必要であり、そのために何らかの法律的手段が必要である。

　そこで、民法は、法律上正当な原因がないのに他人の財産又は労務により利得を得て、逆に、その他人が損失を被る場合に、その是正を図る制度として不当利得制度を規定した（703、704）。損失を被っている者は利得を得ている者に対して、その利得を返還せよと請求できる。

2　不当利得制度の趣旨は公平の理念にある。すなわち、形式的には正当視される財産的価値の移動が、正義・公平の理念からみて支持し得ない場合、その調整を行うものである。

3　不当利得の要件は、次のとおりである。
　　①　他人の財産又は労務によって利益を受けたこと（「受益」）
　　②　そのために他人に損失を与えたこと（「損失」）
　　③　受益と損失の間に因果関係があること
　　④　法律上の原因がないこと

4　当事者の合意や民法の各条文の適用・類推などにより法律構成が可能であれば、それによる法的処理が先行し、これらの法的処理ができない場合に初めて不当利得の条文の適用が問題となる（不当利得の補充性）。その意味で、「法律上の原因なく」の意味は、「当事者の合意や民法上の定めがない場合」と解すればわかりやすい。

5　不当利得の効果は、法律上の原因がないことを知らなかった善意の受益者は、「現存利益」を返還すれば足り、法律上の原因がないことを知っていた悪意の受益者は、利益の全額に利息を付けて返還しなければならないというものである。

四　不法行為

1　民法は、ある人が有する権利や利益が、他の人から違法に侵害され、その結果、損害が生じた場合、一定の要件のもとで金銭賠償を請求する債権（賠償すべき債務）が発生することを認めた。この不法行為制度の社会的な機能は極めて大きく、私的な喧嘩から交通事故、公害、薬害、さらには名誉毀損に至るまで、広範な領域で重要な役割を演じている。

2　不法行為責任とは、故意又は過失により他人の権利又は法律上保護される利益を侵害した場合、これによって発生した損害を賠償する責任を負うことをいう（709）。その者に責任能力があること、故意又は過失行為と損害の発生との間に因果関係が存することを要する。

3　以上の説明は、一般的不法行為に関する説明であるが、不法行為には特別の要件で不法行為の成立が認められる「特殊の不法行為」も存在し、以下の類型がある。
　　①　責任無能力者の監督者責任（714）
　　②　使用者責任（715）
　　③　工作物責任（717）

④　動物占有者の責任（718）

⑤　共同不法行為（719）

　①②は、ある人が他人に損害を加えた場合、その加害者を監督すべき地位にある者（監督義務者・使用者）に損害を賠償させるものである。③④は、ある物から他人に損害が生じた場合に、その物を支配管理する者（占有者又は所有者）に損害を賠償させるものである。⑤は、不法行為が複数の者により生じた場合、複数の加害者に連帯して損害を賠償させるものである。

4　不法行為の効果は、被害者に損害賠償請求権が発生することである。金銭賠償が原則である。

　損害には、精神的損害と財産的損害があり、精神的損害に対する賠償請求権を特に「慰謝料請求権」という。

1-2-8　家族法（身分法）

一　はじめに
二　親族法
三　相続法

学習の指針
　ここでは、家族法と呼ばれる、人の身分にかかわる関係を規律する分野について見ていきます。多くは『親族・相続』で学ぶ内容ですが、親権や後見制度については、『民法総則』でも学ぶことになります。

一　はじめに

　これまでの説明は、主として講学上、財産法と呼ばれる分野についてのものであった。財産法と呼ばれる分野は、「第2編物権」（物権法）と「第3編債権」（債権法）をあわせたものである。

　これから説明するのは、講学上、家族法（身分法）と呼ばれる分野である。家族法は、「第4編親族」（親族法）と「第5編相続」（相続法）をあわせたものである。

二　親族法

　民法典は、第4編親族編において、親族の関係について定めている。民法上、親族とは6親等内の血族、配偶者、3親等内の姻族をいい（725）、血族関係は出生及び養子縁組により、配偶者関係（夫婦関係）は婚姻により、姻族関係は婚姻を媒介として夫婦の一方と他方の血族との間に、それぞれ生じる。

　親族法は、夫婦の関係においては、①婚姻の成立から解消（離婚）までを、親子の関係においては、②実子・養子、及び③親権*を、親族全体においては、保護を要する者に対する④後見・保佐・補助、及び⑤扶養を、それぞれ規定している。

三　相続法

　民法典は、第5編相続編において、相続に関するルールを定めている。相続とは、自然人の財産法上の地位を、その者の死後に特定の者に継承させることをいい、相続の対象となる財産の従来の主体を「被相続人」、その者から財産上の地位を承継する者を「相続人」と呼ぶ。相続は、死亡によって開始する（882）。被相続人は、遺言によって、誰が何を相続するのかを自己の意思で定めることができる（遺言自由の原則）。

　相続法は、①法定相続人に関する事項、②相続の効力、③相続の承認・放棄

＊親権とは、父母の養育者としての地位・職分から流出する権利義務を総称したものをいう。具体的には、身上監護権、居所指定権、懲戒権などである。

の制度などを規定するとともに、④遺言に関する定めや、⑤配偶者居住権、⑥遺留分制度*などを規定し、相続人の生活保護の観点から、被相続人の遺言の自由を一定の範囲で制約している。

*遺留分制度とは、相続人のために必ず相続財産の一定部分を保障する制度をいう。

1-3 民法の指導原理と私権

1-3-1 民法の指導原理

| 一 民法の指導原理 | 学習の指針 |
| 二 指導原理の修正 | |

ここからいよいよ、『民法総則』の具体的な内容を学んでいくことになります。まずは、民法全体に共通する指導原理について確認します。民法の基礎となる部分であるため、原則の内容に関しては、口頭で説明できる程度に理解しておきましょう。

一 民法の指導原理

B
ランク

1 民法の指導原理とは

① 権利能力平等の原則

② 所有権絶対の原則

③ 私的自治の原則（契約自由の原則）

④ 過失責任の原則

2 沿革

以上の原則は、西欧において、近代市民革命を通して成立してきたものである。すなわち、近代市民革命以前の封建社会においては、個人的生活関係も封建的な身分的階層秩序や土地所有によって支配されていた。近代市民革命はこのような内容をもつ封建制を廃止することを目的としていた。

そこで、

① 特権的階層を否定して、すべての個人は自由平等に活動することができるとした。

② これらの個人に何らの封建的拘束も受けない自由な所有権を承認した。

③ 個人的生活関係の形成は、封建的秩序によるのではなく、個人の意思に委ねられるべきであるとした。

これによって成立したのが、前述の民法の指導原理である。

3 内容

(1) 権利能力平等の原則

すべての自然人は、国籍・階級・職業・年齢・性別等によって差別されることなく、平等に権利・義務の主体となることができるという原則をいう。

個人について他人の支配に属さない自主独立の地位を保障するものであり、封建的身分制からの個人の解放を意味する。

(2) 所有権絶対の原則

所有者に封建的な拘束を免れさせて、所有物を自由に扱うことを認める原則をいう。

自由平等という近代法の大原則は、人を身分・土地・権力から解放したが、

土地をも身分・権力から解放した。すなわち外界の物を全面的に使用・収益・処分しうる所有権を考え出したのである。これによって市民は自らの創意・工夫によって生産関係と流通過程において飛躍的な発展を図ることができるようになった。

(3)　私的自治の原則（契約自由の原則）

すべての個人は、自由な意思に基づいて自律的に法律関係を形成することができ、反面、自由な意思によらなくては、権利を取得し、義務を負わされることはないという原則をいう。

私的自治の原則は、所有権絶対の原則とあいまって、自由主義経済社会の発展の礎となってきた考え方である。そして、私的自治の原則を具体化したものとして、契約自由の原則がある。

契約自由の原則とは、個人の契約関係は、契約当事者の自由な意思によって決定され、国家はこれに干渉してはならないとする原則をいう。

契約自由の原則は、一般的に、①締結の自由（契約を締結するかどうかについての自由）、②相手方選択の自由（どのような相手方と契約をするかについての自由）、③内容決定の自由（どのような内容の契約をするかについての自由）、④方式の自由（どのような方式による契約をするかについての自由）を含むとされている。

521条が、上記の契約自由の原則のうち、①締結の自由、③内容決定の自由を明文で定めるとともに、これらの自由が法令の制限に服することを明示している。また、522条2項も、④方式の自由について、明文で定めるとともに、かかる原則が法令の制限に服することを明示している。なお、②相手方選択の自由については、特に明文で定められていないが、①締結の自由に含めて考えられている。

(4)　過失責任の原則

自己の行為により他人に損害が生じたとしても、故意又は過失がある場合にのみ責任を負うとする原則をいう。

この点、私的自治の原則（契約自由の原則）が、法律関係の自由な創設を認めるものであるのに対し、過失責任の原則は、自己の行為について十分注意すれば責任を負わされることはないという意味で、人々の社会における自由な行動を裏側から支えようとするものである。

過失責任の原則は、主として不法行為責任（709参照）について妥当する原則である。

二　指導原理の修正

以上の指導原理は、近代市民革命以降の近代社会の原則であるが、今日では、資本主義の高度化により2つの側面から変容を受けている。第一は、資本主義の普遍化・一般化により、企業法たる商法の理念が一般市民法たる民法の体系の中に浸透してきたことであり、これを「民法の商化」という。第二は、資本主義の高度化により、経済的弱者保護のために、民法自体の中にも憲法の福祉主義の影響がみられることであり、これを「民法の社会化」という。

1　民法の商化

民法の商化とは、資本主義の進展とともに、企業に関する商法が、市民法体系において主導権を握るようになり、民法もその影響を受けるようになったということを意味する。

(1)　表示主義の尊重

私的自治は当事者の真意に基づく法律効果を原則とするが、取引の円滑化

のために、表示行為の社会通念上の意味が重視されるようになった。

(2) 財産に関する動的安全の保護

取引においては静的安全の保護が原則であるが、取引の安全を保護し、流通を促進するため、人が従来享有している利益よりも取引上の活動を保護する場面も生じた（動的安全の保護）。その最も顕著なものが「公信の原則」である。

2 民法の社会化

民法の社会化とは、憲法の福祉主義の影響を受けて、弱者保護を図るという観点である。すなわち、近代市民社会においては、一で述べたような原則が採用された結果、人々の自由な経済取引が保障されることとなり、資本主義が発展したが、同時に多くの経済的弱者をも生じさせることになり、富の不平等という新しい問題をもたらした。

この結果、従来の自由・平等の内容も実質的なものとして捉え直さなくてはならなくなり、憲法においては、国家が福祉政策を行うことによって積極的に経済的弱者を保護しなくてはならないという福祉主義が採用され、民法自体の内部においても指導原理の社会化が進行した。

(1) 人間像の修正

かつての資本主義は、様々な身分階級に属する人間（具体的人間像）を打破し、法の下にすべての人間が自由かつ平等であるという理念（抽象的人間像）を前提としていた。しかし、現代の資本主義の下では、知識・経験・資力などの点で現実には様々な格差が存在しており、当事者間の力の不均衡という現実を直視して、法によって不均衡を是正する必要性が生じた。そこで、借地借家法、利息制限法、消費者契約法等により、当事者間の格差を前提にして弱者救済を図ることとしている。

(2) 所有権絶対の原則の修正

憲法29条が規定するように、財産権の内容は公共の福祉に適合するように法律で定めるべきものとされている。これを受けて、206条は所有権の内容は法令の制限内で認められることを定めている。さらに、各種の特別法（利用権保護のための借地借家法や環境保護のための大気汚染防止法等）により、所有権の内容・行使に制限が加えられている。

(3) 私的自治の原則の修正

(a) 契約自由の原則の修正

経済的強者が定める約款に国家的監督を加えたり、一定の場合に契約締結を強制するなどして、社会的弱者の保護を図っている。

たとえば、利息制限法で利息の上限を定めたり、消費者契約法でクーリングオフ制度が設けられたりしている。

(b) 過失責任の原則の修正

現代の高度の危険性を有する企業活動により一般市民が犠牲になることを防止するため、特に不法行為法において無過失責任や代位責任、挙証責任の転換等を定め、民法自体が修正されているほか、特別法による修正もなされている（自動車損害賠償保障法、製造物責任法等）。

1-3-2　私権

> 一　私権の意義と種類
> 二　私権の公共性

学習の指針

ここでは、私権の意義と種類について学習した上で、私権の公共性を規定する民法1条について学びます。私権の種類が羅列してありますが、丸暗記する必要は全くありません。なお、信義誠実の原則（1Ⅱ）と権利濫用の禁止（1Ⅲ）については、民法の学習を進める過程でしばしば用いる概念ですので、基本的な知識として説明できるようにしておきましょう。

一　私権の意義と種類

1　私権の意義

　私権とは、私法上の権利、すなわち個人的生活関係において個人が私的利益を享受する地位をいい、公法上の権利である公権と対比される概念である。さしあたり、民法上の権利と理解しておけば足りる。

2　私権の種類

（1）　私権の内容（権利者の享受する利益）による分類

- (a)　**人格権**：人の人格的利益（**ex.**　身体、自由、名誉）を目的とする私権
- (b)　**身分権**：身分法上の地位（**ex.**　親、夫婦）に基づいて認められる権利
- (c)　**財産権**：権利の内容が財産的価値を有するもの

（2）　私権の作用（権利者のなしうる行為）による分類

- (a)　**支配権**：権利者の意思だけで権利の内容を実現することができる権利
  - **ex.**　所有権
- (b)　**請求権**：他人に対してあることを請求することができる権利
  - **ex.**　債権、物権的請求権
- (c)　**形成権**：権利者の一方的意思表示により法律関係の変動を生じさせることができる権利
  - **ex.**　取消権、解除権
- (d)　**抗弁権**：他人の権利の行使を妨げる効力をもつ権利
  - **ex.**　同時履行の抗弁権、保証人の催告・検索の抗弁権
- (e)　**管理権**：財産的事務の処理をなす権利

（3）　私権の効力による分類

- (a)　**絶対権**：権利の効力が一般人に対して及ぶもの
  - **ex.**　物権
- (b)　**相対権**：特定の相手方に対してのみ及ぶにすぎないもの
  - **ex.**　債権

判例　最大判昭61.6.11
百選Ⅰ[第8版]〔4〕

名誉を違法に侵害された者は、損害賠償（民法710条）又は名誉回復のための処分（同法723条）を求めることができるほか、人格権としての名誉権に基づき、加害者に対し、現に行われている侵害行為を排除し、又は将来生ずべき侵害を予防するため侵害行為の差止めを求めることができる。

二　私権の公共性

　債権や物権などの私権は、これらの権利者が全く自由に行使できるというものではない。民法の明文上の制約として、1条1項から3項までの3つがある。

1　公共の福祉（1Ⅰ）

　1条1項は、「私権は、公共の福祉に適合しなければならない。」と規定している。「公共の福祉」とは、社会共同生活の全体としての向上・発展を意味する。すなわち、私権は個人の利益を実現するものであるが、社会の中で実現されるものである以上、私権の内容及び行使は、社会共同の利益と調和するものでなければならない。1条1項はこうした私権の社会性を宣言したものである。

ex. 自己の所有地を公道の拡張のために提供しなければならないこともあり
うる（もちろん、相当の補償を受けることができる（憲29Ⅲ））

2 信義誠実の原則（1Ⅱ）

(1) 意義

1条2項は、「権利の行使及び義務の履行は、信義に従い誠実に行わなけ
ればならない。」と規定している。信義誠実の原則（信義則）とは、当該具体
的事情のもとにおいて、相互に相手方から一般に期待される信頼を裏切るこ
とのないよう誠意をもって行動すべきという原則である。

(2) 妥当範囲

信義則は、私的取引関係における相互の信頼関係を要求するものであり、
当初は緊密な関係に立つ債権者・債務者間を規律する債権法を支配する原則
であった。その後、それ以外の領域（物権法・家族法・訴訟法など）におい
ても、社会的接触関係に立つ者同士（契約関係に入ろうとする者同士、夫婦
関係、相隣関係など）の関係を規律するものとして適用されるようになった。

(3) 機能

(a) 法律行為、特に契約の解釈基準としての機能

当事者間にどのような内容の契約が生じるかを決定(解釈)するに当たり、
信義則がその解釈基準となることがある。

> **ex.** 約款の解釈に当たり、消費者保護の見地から制限解釈をする（最判
> 昭62.2.20／百選Ⅰ［第8版］〔20〕）

(b) 社会的接触関係に立つ者の間の規範関係を具体化する機能

> **ex.1** 契約準備段階の過失　⇒『債権各論』
> **ex.2** 賃貸借契約の解除の制限（信頼関係破壊の法理）⇒『債権各論』
> **ex.3** 雇用契約における安全配慮義務

(c) 法に明文のない場合や、形式的な法適用によって不都合が生じる場合の準則となる機能

ア 禁反言の原則

自己の行動に矛盾した態度をとることは許されないとする原則をいう。

イ クリーン・ハンズの原則

自らに非のある者は、他人の責任を追及することができないとする原
則をいう。

ウ 事情変更の原則

契約締結後の事情の変化等により、従来の契約を維持することが著し
く信義公平に反するようになった場合に、契約内容の改訂または解除を
請求することができるとする原則をいう。

エ 権利失効の原則

長期間にわたり権利を行使しない場合には、その権利を失効させ、も
はや権利としての効果を生じさせないとする原則をいう。

【信義則の機能に関する判例の整理】

社会的接触関係に立つ者の間の規範関係を具体化する機能	契約準備段階の過失	契約準備段階に入ったものは、信義則の支配する厳密な関係に立つから、相互に相手方の人格、財産を害しない信義則上の義務を負うとし、損害賠償責任を認めた	最判昭59.9.18／百選Ⅱ[第8版]〔3〕
	信頼関係破壊の法理	増改築禁止特約がある場合でも、増改築が土地の通常の利用上相当であり、賃貸人に著しい影響を及ぼさないため、当事者間の信頼関係を破壊するおそれがあると認めるに足りないときは、賃貸人は解除権を行使できない	最判昭41.4.21
	安全配慮義務	国が公務員に対し負っている安全配慮義務は、ある法律関係に基づいて特別な社会的接触関係に入った当事者間において、当該法律関係の付随義務として信義則上認められる	最判昭50.2.25／百選Ⅱ[第8版]〔2〕
明文のない場合、形式的な法適用では不都合が生じる場合の準則となる機能	禁反言の原則	抵当に入れた建物の所有者が敷地の賃借権を放棄しても、抵当権者には対抗できない	大判大11.11.24
		賃貸人の承諾により、転貸借が適法に成立した場合、賃貸人と賃借人とが原賃貸借契約を合意解除しても賃貸人は解除をもって、転借人に対抗できない	大判昭9.3.7
		第三者への転貸が予定されていたサブリース契約において、収益が思うように上がらなかったので、不動産所有者（賃貸人）と賃借人が原賃貸借契約を期間満了により更新せず終了させた場合、所有者が転借人・再転借人に対して明渡請求することが認められないケースがある	最判平14.3.28／百選Ⅰ[第8版]〔3〕
		消滅時効完成後に時効完成を知らないで債務承認をした者の時効援用は認められない	最大判昭41.4.20／百選Ⅰ[第8版]〔43〕
	事情変更の原則	事情の変更により当事者に解除権を認めるには、事情変更が客観的に観察して信義則上当事者を契約に拘束することが著しく不合理と認められることを要する	最判昭30.12.20
	権利失効の原則	解除権を有する者が、久しくこれを行使せず、相手方がその権利はもはや行使されないものと信頼する正当の事由を有するに至ったため、その後にこれを行使することが信義則に反すると認められるような特段の事由がある場合、解除は許されない	最判昭30.11.22

3 権利濫用の禁止（1Ⅲ）

⑴ 意義

　1条3項は、「権利の濫用は、これを許さない。」と規定している。権利濫用の禁止とは、外形上は正当な権利の行使のようにみえるが、具体的・実質的にみると権利の社会性に反し、権利の行使として是認することが妥当でない行為を禁止することをいう。

(2)　要件（判定の基準）

　　　「権利の濫用」かどうかは、権利を行使する者の主観的態様（害意など）と、行使される権利がその社会的機能からみて保護に値するか否かという客観的基準（権利行使によって得られる権利者の利益と、相手方または社会全体に及ぼす損害との比較衡量によるということ）を総合して判断される。

> **判例**　宇奈月温泉事件（大判昭10.10.5／百選Ⅰ【第8版】〔1〕）
>
> 事案：　Xは、宇奈月温泉を経営するY会社が、他人の土地2坪程をかすめて引湯管を設けているのに目を付け、その土地を買い受けてYに不当に高額な価格での買取を要求したが拒否された。そこで、XがYに対し引湯管の撤去を請求した。
>
> 判旨：　所有権の侵害による損失はいうに足らず、侵害の除去が著しく困難であり、それができるとしても莫大な費用を要すべき場合において、当該除去請求は単に所有権の行使たる外形を有するにとどまり、真に権利救済を目的とするものではないのであって、社会観念上所有権の目的に違背してその機能として許されるべき範囲を逸脱するものであり権利の濫用にほかならない。

> **判例**　最判平25.4.9／平25重判〔1〕
>
> 事案：　本件建物は、繁華街に位置する建物であり、A商事が所有していた。Yは、本件建物の地下1階部分（本件建物部分）でそば屋を営業し、遅くとも、平成8年9月までには本件建物部分について賃借権を得ていた。Yは、営業開始以来、A商事の承諾を得て、本件店舗の営業のために、本件建物の地下1階への入口である1階部分の外壁等に看板等を設置していた。平成22年1月、A商事は、本件建物をBに売却し、同年4月、BはXに本件建物を転売した。その際、作成された売買契約書には、本件建物の賃借権の負担等はXに承継されること、本件建物に看板等があることが明記されていた。
>
> 　　Xは、Yに対し、所有権に基づく本件建物部分の明渡し、賃料相当額の損害金の支払、本件看板等の撤去を求めて訴えを提起した。原審は、本件建物部分の明渡し及び損害金の支払請求は棄却したものの、本件看板等の撤去請求については、本件建物部分の賃借権には本件看板等の設置権原が含まれておらず、Xの撤去請求が権利濫用に当たる事情もないことから、これを認容した。
>
> 判旨：　「本件看板等は、本件建物部分における本件店舗の営業の用に供されており、本件建物部分と社会通念上一体のものとして利用されてきた……。Yにおいて本件看板等を撤去せざるを得ないこととなると、本件建物周辺の繁華街の通行人らに対し本件建物部分で本件店舗を営業していることを示す手段はほぼ失われることになり、その営業の継続は著しく困難となることが明らかであって、Yには本件看板等を利用する強い必要性がある。」
>
> 　　「他方、上記売買契約書の記載や、本件看板等の位置などからすると、本件看板等の設置が本件建物の所有者の承諾を得たものであることは、Xにおいて十分知り得たものということができる。また、Xに本件看板等の設置箇所の利用について特に具体的な目的があることも、本件看板等が存在することによりXの本件建物の所有に具体的な支障が生じていることもうかがわれない。」

> したがって、「上記の事情の下においては、XがYに対して本件看板等の撤去を求めることは、権利の濫用に当たる」。

(3) 効果

(a) 権利本来の効力は認められない。

ア　他人の形式的な侵害行為を排除することはできない。
ex.　宇奈月温泉事件

イ　形成権（解除権など）の場合、その行使によって生じるはずの法律関係は発生しない。

(b) 正当な範囲を逸脱して他人に損害を与えたときには、不法行為として損害賠償責任を負う場合もある。

判例　**信玄公旗掛松事件（大判大8.3.3／百選Ⅰ[第8版](2)）**

事案：　Xは、武田信玄が旗をかけたと言い伝えられる由緒ある松樹（後に樹齢の鑑定によりこの言い伝え自体が真実でないことが判明）を所有していたところ、Y（国）により松樹付近に鉄道の本線及び回避線が敷設された。Xは煤煙による松樹の枯死をおそれて線路の位置変更等をYに申し入れていたが、受け入れられず、結局松樹が枯死してしまったため、XはYに対し不法行為に基づく損害賠償を求めて訴えを提起した。

判旨：　権利の行使に当たる行為であっても、社会観念上被害者において認容すべきものと一般に認められる程度を超えた場合には、権利行使の適当な範囲にあるものとはいえず、不法行為が成立するとした。

(c) 権利の濫用が著しいときは、権利を剥奪される場合がある。もっとも、この効果は、特別の規定がある場合に限定される。

ex.　親権の喪失（834）

＊　なお、権利濫用の禁止や信義誠実の原則（信義則）は、一般条項（⇒121頁参照）であり、その要件も不明確なので、民法の他の条文などによる救済が不可能な場合に、補充的に最後の手段として使うべきものである。

4　信義則（1Ⅱ）と権利濫用の禁止（1Ⅲ）の関係

　かつては、信義則（1Ⅱ）と権利濫用の禁止（1Ⅲ）の適用場面は異なるものとして、これを区別する見解があった。

　しかし、これらの適用領域を区別する実益はないこと、判例（最判平8.6.18等）も「信義誠実の原則に反し権利の濫用として許されない」などと判示していることから、現在では、ある問題について、いずれの原則が適用されるかについて特にこだわる必要はないものと解されている。

5　私権の実現

　私権を有する者は、義務者に対して、義務の履行を要求し、権利を侵害する者に対しては、その侵害を排除し、または損害賠償を請求することができる。しかし、このように私権を実現するために他人の協力を必要とする場合に、その他人が協力しない限り、裁判所に対して協力を求めなければならない。自分の力で権利の内容を実現するいわゆる自力救済（たとえば、自分の更地の上に知らない間に他人が建物を建ててしまったとき、それを壊して取り払ってしまうこと）は原則として許されない（自力救済の禁止）。これを認めると社会の秩

序は保たれないからである。

　もっとも、判例（最判昭40.12.7）は、自力救済は「法律に定める手続によったのでは、権利に対する違法な侵害に対抗して現状を維持することが不可能又は著しく困難であると認められる緊急やむを得ない特別の事情が存する場合においてのみ、その必要の限度を超えない範囲内で、例外的に許される」としている。

1-4　要件事実入門

学習の指針
一　要件事実論とは 二　要件事実の基礎

　本格的に『民法総則』を学習する前に、要件事実論について、簡単に解説します。要件事実論には、実体法（民法）の学習が進んでいないと理解することが難しい部分があります。そのため、以下の説明でわからない部分があったとしても、あまりこだわらず、とりあえず先に進むと良いでしょう。

一　要件事実論とは

Bランク

　要件事実論とは、民法をはじめとする実体法の要件事実を確定するとともに、その主張・立証責任の分配を行うものをいう。

　まず、要件事実とは、一定の法律効果を発生させる要件に該当する具体的事実をいう。民法や商法といった実体法は、大別すると、「要件」と「効果」を定めており、実務上、その「要件」（法律要件）に該当する具体的事実が要件事実であると解されている。そして、その要件事実の存在が認められれば、「効果」が発生する。

　実際の裁判では、紛争を法律にあてはめて、その紛争に関係した人がどのような権利又は義務をもっているのかを決めることで、紛争を解決する。

[事例1]

> Xは、路上を散歩していたところ、Yから因縁をつけられ、顔面を殴打された上、腹部を足蹴にされ、全治2週間の大怪我を負った。Xは、治療費として約50万円を支出したため、Yに対して、その治療費の支払を求めて訴えを提起した。

　[事例1]は、「故意又は過失によって他人の権利又は法律上保護される利益を侵害した者は、これによって生じた損害を賠償する責任を負う。」と定める民法709条にあてはまる。そこで、裁判所は、「Yは、Xに対して、Xの被った損害を賠償する義務を負う（Xは、Yに対して、Xの被った損害の賠償を請求する権利を有する）」と判断し、そのような内容の判決をすることで、紛争が解決・処理されたと考える。

　このように、紛争を解決するにあたって人々の権利義務を判断するためにあてはめる法律を実体法という。実体法には民法のほかにも商法、消費者契約法といった様々な法律が含まれる。そして、前述のとおり、実体法は大きく分けると「要件」及び「効果」を定めており、その「要件」に該当する具体的事実が要件事実である。[事例1]では、Yによる殴打・足蹴によってXは大怪我を負い、約50万円を支出したという具体的事実が709条の要件事実であり、かかる事実が認定されることによって、Yの損害賠償責任という「効果」が発生することとなる。

　ところで、[事例1]において、Yによる殴打・足蹴によってXは大怪我を負い、約50万円を支出したという具体的事実は、誰が主張し、立証しなければならないかが問題となる。この主張・立証責任の分配に関する問題については、実務上、法律要件分類説と呼ばれる立場に従って処理されているが、法律要件分類説を理解するためには、以下に述べる要件事実の基礎を理解する必要がある。

二　要件事実の基礎

1　要件事実の意義

[事例2]

> 　Xは、令和4年3月1日、Yから、Yの所有する甲土地を、3000万円で買った。
> 　その後、Xが代金を支払ったにもかかわらず、Yが甲土地を渡さないことから、Xは、Yに対して、甲土地の引渡しを求めて裁判所に訴えを提起した。

(1)　要件事実の趣旨

　[事例2]の紛争は、Xが売買契約に基づく土地の引渡請求権をもっているかどうかを判断することで解決される。Xが売買契約に基づく土地の引渡請求権をもっていると判断されれば、裁判所は請求認容判決をし、逆にXがこれをもっていないと判断されれば、裁判所は請求棄却判決をする。

　このように、民事訴訟において、裁判所は、原告が主張した一定の権利又は法律関係の存否について判断する。この「一定の権利又は法律関係」のことを、訴訟物という。[事例2]の訴訟物は、売買契約に基づく土地の引渡請求権であり、[事例1]の訴訟物は、不法行為に基づく損害賠償請求権である。

　これらの訴訟物は、いわば観念的な存在であり、目には見えない。そこで、裁判所は、実体法が定める効果発生の要件に該当する具体的事実があるかどうかを判断することによって、その権利が発生しているかどうかについて判決をすることになる。

　そして、実体法の多くは、権利の発生・障害・消滅・阻止という法律効果の発生要件（法律要件）を規定しており、繰り返しになるが、かかる一定の法律効果（権利の発生・障害・消滅・阻止）を発生させる法律要件に該当する具体的事実を、要件事実という。裁判所による訴訟物の存否の判断は、要件事実の存否とその組み合わせによって行われる。すなわち、ある権利の発生要件に該当する事実の存在が認められた場合、その発生障害要件、消滅要件又は行使阻止要件のいずれかに該当する事実が認められない限り、現にその権利が存在し、行使できるものと判断される。

【権利の発生】

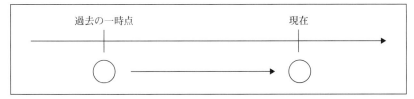

　過去の一時点で権利の発生要件（555など）に該当する事実があり、権利が発生すれば（○）、この権利は現在も存在する（○）ものとして扱われる。このような扱いは、権利の継続性（権利関係不変の公理）などと呼ばれている。

　たとえば、買主Aと売主Bとの間で売買契約が成立（555）することによって、AのBに対する目的物の引渡請求権が発生し、これが現在も存在するも

のとして扱われる。

【権利の発生障害】

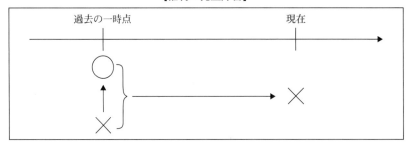

　過去の一時点で権利の発生要件に該当する事実があっても、権利の発生時点で、その権利の発生障害要件（95ⅠⅡなど）に該当する事実があれば、権利が発生しないことになる（×）ため、現在も権利はない（×）ものとして扱われる。

　たとえば、買主Aと売主Bとの間で売買契約が成立（555）したが、Aが目的物の種類について錯誤に陥っており（95ⅠⅡ）、AがBに対して売買契約を取り消す旨の意思表示（123）をした場合には、取消しの遡及効（121）により、AのBに対する目的物の引渡請求権は当初から発生していなかったことになるため、現在も存在していないものとして扱われる。

【権利の消滅】

　過去の一時点で権利が発生しても（○）、後にその消滅要件に該当する事実が生じれば、その時点で権利が消滅し（×）、現在も存在しない（×）ものとして扱われる。

　たとえば、買主Aと売主Bとの間で売買契約が成立（555）し、BがAに目的物を引き渡した場合（弁済、473）、AのBに対する目的物の引渡請求権は消滅し、現在も存在していないものとして扱われる。

【権利の行使阻止】

　過去の一時点で権利が発生し（○）、現在もその権利は存在するが、その行使阻止要件に該当する事実があれば、権利を行使できない（△）。

　たとえば、買主Aと売主Bとの間で売買契約が成立（555）することによって、AのBに対する目的物の引渡請求権が発生し、これが現在も存在するものとして扱われるところ、Bが、Aの代金支払と引き換えでなければ目的物を引き渡さないとの主張（同時履行の抗弁権、533本文）をすれば、Aは目的物の引渡しを請求できない。

(2) **要件事実の決定と主張・立証責任**

(a) 民事訴訟では、原告と被告が対立して、互いに自己の主張をし、裁判所がいずれの主張が正しいのかを判断する。そして、事実の存否が争われたときは、証拠によってこれを判断しなければならない。このとき、裁判所は、当事者である原告や被告が主張していない事実を判決の基礎としてはならず、また、当事者が提出していない証拠を勝手に探し出して取り調べることは、原則として許されないとされている。言い換えれば、訴訟資料の収集・提出は当事者の権能かつ責任であり、これを、民事訴訟法上、**弁論主義**という。

弁論主義の下では、ある法律効果の発生要件に該当する事実が弁論に現れないために、裁判所がその要件事実の存在を認めることができず、その法律効果の発生が認められないという一方の当事者の受ける訴訟上の不利益又は危険が生じる。この不利益又は危険のことを、**主張責任**という。また、要件事実の存否が争われる場合に、証拠によってこれが立証できなければ、当該法律効果の発生は認められない。このように、訴訟上、ある要件事実の存在が真偽不明に終わったために当該法律効果の発生が認められないという一方の当事者の受ける訴訟上の不利益又は危険を**立証責任**という。

(b) **法律要件分類説**

要件事実が何か、その主張・立証責任はいずれに分配されるかについては、実体法規の解釈によって決められるとした上で、権利を発生させるもの（売買、555等）、発生を障害するもの（錯誤、95 I II 等）、消滅させるもの（弁済、473等）、行使を阻止するもの（同時履行の抗弁権、533本文等）に分類し、その法律効果の発生によって利益を受ける当事者に主張・立証責任があるとする立場（**法律要件分類説**）に従うのが実務である。

(3) **要件事実の機能**

先に述べたとおり、要件事実論とは、民法をはじめとする実体法の要件事実を確定するとともに、その主張・立証責任の分配を行うものをいう。そして、要件事実は、一定の法律効果（権利の発生・障害・消滅・阻止）を発生させる法律要件に該当する具体的事実であり、これを主張し、立証するのは、法律効果の発生によって利益を受ける当事者である。

このような要件事実論の考え方を前提に、裁判所は、判決に必要な要件事実を明らかにすることで、要件事実以外の事実を立証の対象から除き、事案を的確に把握して、早期に争点を整理（民訴164 〜 178参照）することが可能となる。

そうすると、要件事実として挙げるべき事実は、「必要最小限の事実」であるべきことになる。できるだけ証拠調べの手間を減らすことは、訴訟経済上も、迅速な紛争解決の観点からも有効である。

2 要件事実の原則と注意点

(1) **請求の趣旨、訴訟物、請求原因**

(a) **請求の趣旨の意義**

訴えの提起は、訴状を裁判所に提出して行う（民訴133 I）。そして、訴状には、当事者及び法定代理人のほか、請求の趣旨及び請求原因を記載しなければならない（民訴133 II）。請求の趣旨とは、訴訟における原告の主張の結論となる部分であり、原則として、原告が勝訴した場合の訴訟物についてされる判決の主文に相応するものをいう。

たとえば、**[事例1]** では、「被告は、原告に対し、50万円を支払え。」と記載し、**[事例2]** では、「被告は、原告に対し、別紙物件目録記載の土

地を引き渡せ。」などと記載する。

(b)　訴訟物の意義

　　訴訟上の請求は、一定の権利又は法律関係の存否を主張する形式を採る。その内容である一定の権利又は法律関係を訴訟物という。

　　繰り返しになるが、民事訴訟では、裁判所が原告の主張する訴訟物の存否について判断するところ、訴訟物である権利・法律関係の存否は直接認識することができない。そして、実体法が権利・法律関係の発生・障害・消滅・阻止という法律効果の発生要件について規定していることから、実体法の定める法律効果の発生要件を基礎づける具体的事実（要件事実）の存否を通じて、裁判所は訴訟物の存否を判断する。そうすると、訴訟物の個数やその捉え方が異なると、訴訟における審判の対象や、当事者の主張・立証の在り方も異なってくることになる。

(c)　請求原因の意義

　　請求原因とは、原告の請求を理由づける事実であり、より明確にいえば、訴訟物である権利又は法律関係を発生させるために必要な最小限の事実をいう。原告が主張・立証責任を負う事実と考えればよい。

　　なお、「請求原因」は、「要件事実」のうち、訴訟物である権利又は法律関係の発生原因事実のことである。

(2)　必要最小限の原則

［事例３］

　　Ｘは、令和４年３月１日に、Ｘが所有していた甲土地をＹに代金3000万円で売り渡し、同日、Ｙに対して甲土地を引き渡した。
　　支払日は令和４年５月１日と定めたが、その日を過ぎてもＹは支払わないので、Ｘは、代金3000万円をＹに支払って欲しいと考えている。

　　555条は、「売買は、当事者の一方がある財産権を相手方に移転することを約し、相手方がこれに対してその代金を支払うことを約することによって、その効力を生ずる。」と規定している。この規定によれば、売買契約の成立によって代金支払請求権が直ちに発生するから、代金支払請求権の発生に必要最小限の事実は、「売買契約の締結」となる。

　　そのため、売買契約の本質的要素として、原告は、「目的物」及び「代金額又はその決定方法の合意」を主張する必要があり、この２つの事実が代金支払請求権の要件事実となる。

　　他方、代金支払時期の合意や、売主が目的物を所有していたこと、目的物を引き渡したこと、売買代金が未払いであることなどは、いずれも売買契約の本質的要素ではなく、代金支払請求権の要件事実ではない。すなわち、「代金支払時期の合意」は、法律行為の付款であって成立要件ではない。また、他人物売買（561）も有効であるから、「売主が目的物を所有していたこと」も売買契約の本質的要素ではない。さらに、「目的物を引き渡したこと」は、相手方（買主）が同時履行の抗弁権（533本文）を主張してきた際に再抗弁として主張すれば足りるものであるし、「売買代金が未払いであること」は、むしろ相手方（買主）が「売買代金を支払ったこと」（弁済、473）を抗弁として主張すべき事実であると考えられている。

　　［事例３］の事実は、

　　①令和４年３月１日（契約の日時）
　　②Ｘが所有していた（売主の目的物所有）
　　③甲土地を（目的物）
　　④代金3000万円で（代金額）

⑤Yに対して甲土地を引き渡した（目的物の引渡し）

⑥支払日は令和4年5月1日と定めた（代金支払時期）

⑦その日を過ぎてもYは支払わない（代金の不払）

という7つに分かれる。このうち、要件事実として原告の主張が必要な事実は、以下の3つである。

---

①契約の日時：債権は非排他的であり、同一内容の契約が複数成立し得るので、売買契約を特定するために、契約の日時を明確にしておく必要がある。

③売買目的物：555条では、「売買は、当事者の一方がある財産権を相手方に移転することを約し……」と規定している。

④代金額：555条では、「売買は、……相手方がこれに対してその代金を支払うことを約する……」と規定している。そのため、代金額を規定するか、又は代金額の決定方法が確定していることを要する。

したがって、原告は、売買契約に基づく代金支払請求の要件事実として、

Xは、Yに対して、①令和4年3月1日、③甲土地を、④代金3000万円で売った。

と主張することになる。

(3)　要件事実の特定性と具体性

当事者が、多種多様な社会的事実の中から要件事実として一定の事実を主張するにあたっては、その事実を他の事実から区別できるように特定し、かつ具体的に示す必要がある。

(4)　請求原因に対する認否

通常の民事訴訟では、まず、原告が訴状において請求原因を主張し、被告が答弁書と呼ばれる書面をもって、原告が主張した請求原因に対して認否を行うとともに、抗弁を主張する。

(a)　認否の態様

当事者の一方（原告）が一定の事実を主張した場合、その相手方（被告）の対応としては、認める（自白）、否認、不知（知らない）、沈黙のいずれかとなる。

このうち、不知は事実を争ったものと推定され（民訴159Ⅱ）、沈黙は弁論の全趣旨から争っていると認められるとき以外は、自白したものとみなされる（擬制自白、民訴159Ⅰ）。

このように、当事者の一方が主張する事実について、その相手方が認否をしなければならない理由は、証拠調べの必要があるかどうかを判断するためである。すなわち、当事者間で争いのない事実(当事者が自白した事実)は、弁論主義の下では、証拠によって認定する必要がないのみならず、裁判所も当事者の自白に拘束され、自白した事実に反する事実を認定することも許されない（裁判上の自白、民訴179）。そのため、当事者の一方が主張する事実について、その相手方が認める（自白）との対応を示した場合には、その事実の存否を証拠調べ手続で明らかにする必要はないことになる。逆に、相手方が否認・不知の対応を示した場合には、後の証拠調べ手続で当該事実の存否を明らかにする必要がある。

なお、裁判所にとって顕著な事実は証明の対象とはならない（民訴179）。顕著な事実とは、世間一般の人に知れ渡っている公知の事実（歴史上の出来事、震災等）や、裁判官としての職務の遂行上当然に知りえた事実（裁判官自らが行った判決、公告された破産手続開始決定等）である。

【認否の態様】

認める（自白）	自白した事実は、証拠によって認定する必要がない。 さらに、裁判所も自白に拘束され、自白した事実に反する事実を認定することも許されない（裁判上の自白、民訴179）
否認	否認した事実は、証拠によってのみ認定される
不知（知らない）	その事実を争ったものと推定される（民訴159Ⅱ）
沈黙	弁論の全趣旨から争っていると認められるとき以外は、自白したものとみなされる（擬制自白、民訴159Ⅰ）
顕著な事実	証拠によって認定する必要がないので認否は不要

(b)　否認と抗弁

　　原告の主張する請求原因に対して被告が争う場合、その争い方としては、2つある。1つは、上記のとおり、請求原因を否認する争い方であるが、もう1つは、抗弁を主張する争い方である。

　　抗弁とは、請求原因の主張立証によって発生する法律効果の発生を障害・消滅・阻止する事実の主張であり、被告が主張・立証しなければならない事実の主張である。このように、抗弁は、①請求原因から生じる法律効果を妨げること、②被告に主張・立証責任があること、③請求原因と両立することに特色がある。言い換えれば、抗弁は、原告が主張する事実を前提にしながら、これに基づく法律効果の発生を妨げる事実の主張ということができる。これに対し、単に請求原因の事実と両立しない事実を主張したり、請求原因の事実を認めないと主張することは、抗弁ではなく「否認」であり、請求原因と両立する抗弁とは明確に区別される。

【請求原因と否認・抗弁】

請求原因	原告が主張・立証する要件事実（主要事実のこと）
否認	原告の請求原因を認めないこと、請求原因と両立しない
抗弁	被告が主張・立証する要件事実、請求原因と両立する

3　ブロック・ダイアグラム

(1)　ブロック・ダイアグラムとは

　　要件事実を図解して整理したものをブロック・ダイアグラムと呼ぶ。ブロック・ダイアグラムを見れば、当該訴訟における当事者の攻撃防御方法の構造が理解できるようになっている。

　　Ｋｇは請求原因を指し、Ｅは抗弁を指す。そして、Ｒは再抗弁（抗弁に対する抗弁であり、抗弁の効果を覆滅し、請求原因の効果を復活させる効果を有する事実の主張）を指す。さらに、Ｄは再々抗弁（Ｒの効果を覆滅させるもの）を、Ｔは再々々抗弁（Ｄの効果を覆滅させるもの）を指す。なお、訴訟物をＳｔｇ、請求の趣旨をＡｎｔと記載することもある。

(2)　認否の記載

　　下記**【ブロック・ダイアグラムの一例】**のように、ブロック・ダイアグラムの小ブロックの中には、具体的な要件事実の内容を要約して記載する。そして、これらのかたまり1つ（大ブロック）が一定の権利の発生・障害・消滅・阻止という法律効果を発生させる主張となる。認否は、小ブロックごとに記載することになっており、「認める」は「○」、「否認」は「×」、「不知」は「△」と記載し、顕著な事実（民訴179）については「顕」と記載する。

【ブロック・ダイアグラムの一例】

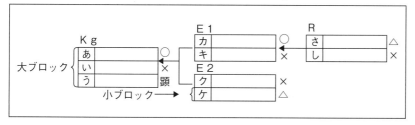

2 私権の主体

●2-1 自然人　●2-2 法人

これから学ばれる方へ

　皆さんが本屋でこの本を注文したとすると、皆さんは本屋に対して本の引渡しを請求する権利をもち、他方で、代金を支払う義務を負います。当たり前のことのようですが、実はこれは、皆さんには権利をもったり義務を負ったりする「資格」があることを前提とする話なのです。

　たとえば、この土地の所有者は、あの赤ん坊です、ということがあったとします。登記記録を見に行くと、実際に赤ん坊の名前が記載されているのです。これに対して、この土地の所有者は、あの犬です、だとか、あの猫です、などということはありえません。登記記録に「ポチ」「タマ」などと記載されていることはないのです。これは、赤ん坊には所有権者となる「資格」があるのに対して、犬や猫にはそのような「資格」がないからです。

　このような、権利・義務の主体となる「資格」を、「権利能力」といいます。民法は、すべての人間は、いったん生まれさえすれば、身分・性別・年齢・職業・宗教などによる差別なく、権利能力を有するとしています。そのため、赤ん坊でも所有権者となれるのです（もちろん、その赤ん坊が3歳くらいになって、自分の土地を仲のいい友達にあげたい、などといったとしても、それをそのまま認めるわけにはいきませんが、このことは、意思能力や行為能力の問題として扱われます）。

　権利能力が認められる人間のことを、民法では「自然人」といいます。権利能力が認められるものには、「自然人」のほかに、「法人」があります。

　「法人」というのは、団体（又は財産の集合体）で、法律によって権利・義務の主体となることを認められたものをいいます。たとえば、私達の周りには、生協、デパート、学生自治会、クラブ、町内会、労働組合など様々な団体があります。私達がこのような団体と取引をするときに、団体のメンバー全員を相手にしなければならないとすると、誰がメンバーなのか調べなければならず、不便で仕方がありません。そこで、団体自体を相手にして契約すること等を可能にするため、「法人」という概念が認められているのです。

2-1　自然人

2-1-1　権利能力

<table>
<tr><td>一　意義
二　権利能力の始期
三　権利能力の終期</td><td>**学習の指針**
　権利能力とは、私法上の権利・義務の帰属主体となる地位・資格をいいます。すべての自然人は生まれてから死ぬまで常に権利能力を有しています</td></tr>
</table>

（権利能力平等の原則）。
　権利能力の始期については、例外的に胎児に権利能力が認められる３つの場合と、その場合の法律構成が試験対策上重要です。停止条件説を正しく理解するようにしましょう。

一　意義

　権利能力とは、私法上の権利・義務の帰属主体となる地位・資格をいう。

　民法は、個人である人間（自然人）と法人に権利能力を認めている。権利能力が認められなければ、そもそも権利を有し、義務を負うことができない。もっとも、権利能力が認められても、その者に権利・義務が帰属しうることを意味するだけであり、その者が売買や贈与といった行為を有効に行うには、権利能力とは別に意思能力（３の２）（⇒57頁参照）や行為能力（⇒58頁参照）が必要となる。

　３条１項は、「私権の享有は、出生に始まる。」と規定している。この規定は、私権を享有する主体について何も述べていないが、民法第１編第２章「人」に置かれていることから、「人」（自然人）が私権を享有する主体であると解される。

　そして、３条１項には、①権利能力の始期は、「出生」時であること、②すべての自然人が平等に権利能力を有すること（権利能力平等の原則）という２つの意味がある。②の意味が導かれるのは、権利能力が認められるために必要なのは「出生」という事実だけだからである。

二　権利能力の始期

1　原則

　自然人は、出生時から権利能力を取得する（３Ⅰ）。

　→ここにいう「出生」とは、生きて母体から完全に分離することをいう（全部露出説、通説）

　（理由）
　① 基準は明確であることが望ましい
　② 私法上権利の主体たりうるためには、独立の存在であることが必要である

◀佐久間１・17頁

　このほかに、胎児の母体からの一部露出時を基準とする一部露出説、独立して呼吸を開始した時を基準とする独立呼吸説などがあります。刑法では一部露出説が判例・通説です。

2　例外：胎児についての特則

(1)　胎児はまだ出生していないので、権利能力を有しないのが原則である。しかし、やがて人となることが予定されながら、生まれるのがわずかに遅いという単なる偶然によって、一切の権利を否定されるというのは均衡を失する。

　たとえば、夫婦の間に最初の子どもが生まれる日の前日に、夫が交通事故にあって即死したとする。胎児は権利能力を有しない、という原則からすれば、生まれてきた子どもは夫が死んだ時には胎児であったから夫の財産を相続できず、妻と夫の両親がそれぞれ3分の2、3分の1ずつを相続することとなる（900②）。

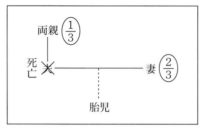

　しかし、仮に事故の後も夫が虫の息で生き延び、子が生まれた直後に死亡したとすると、夫が死亡した時にはもう子は出生していたのだから、妻と子がそれぞれ2分の1ずつ相続することとなる（900①）。

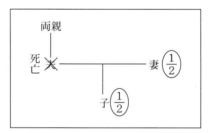

　子どもは生まれる前でも母親のお腹の中で生きているのに、生まれるのがわずかに遅いか早いかという偶然の事情でこのような差がつくのは、均衡を失するというわけである。

　そこで、民法は以下の3つの場合に、胎児も出生したものと「みなす」ことにして（出生の擬制）、例外的に胎児の権利能力を肯定し、胎児の保護を図っている。

　　①　不法行為に基づく損害賠償請求（721）
　　②　相続（886）
　　③　遺贈（965）

　もっとも、例外的に胎児の権利能力を肯定するのは、出生したときに不利益を受けないようにするためであるから、胎児が死体で生まれた場合には、この出生の擬制はなされない（886Ⅱ・965参照。なお、不法行為については、この種の規定は置かれていないが、同様と解されている）。

　　→胎児は「既に生まれたものとみなす」といっても、実際にそうなるのは胎児が出生した場合のみ

　＊　胎児を認知できる旨の規定については（783Ⅰ前段）、父の側から認知することを認めたものであり、胎児側からの認知請求を認めたものではないので、権利能力の例外ではない。

(2)　「既に生まれたものとみなす」（721、886、965）の意味

◀佐久間 1・18頁
　LQ I・29頁

論点

論文・司法H26

問題の所在

　胎児が出生した場合、胎児である間に生じた事件について損害賠償請求の主体となることができ、また、胎児中に死亡した被相続人の財産を相続し、あるいは遺贈を受けることができる。これに対して、死産の場合には損害賠償請求できず、また、相続することも遺贈を受けることもできない。
　では、胎児の間に、母が胎児を代理して損害賠償請求や示談・遺産分割などをすることができるか。胎児の法律上の地位と関連して問題となる。

考え方のすじ道

現行法上、胎児の財産を管理する法定代理人制度は存在しない
　↓また
仮に、胎児である間に権利能力を認め、胎児に法定代理人を付けることも可能であるとすると、その法定代理人が胎児の利益を適切に図らなかった場合であっても、その危険は胎児が負わなければならず、妥当でない
→胎児である間に権利能力を認めたとしても、必ずしも胎児の利益保護につながるとはいえない
　　　↓そこで
胎児である間は権利能力を認めず、無事に出生した場合に、胎児であった時にさかのぼって権利能力があったものとして扱うべきである（停止条件説、判例）
　↓とすれば
胎児である間は、権利・義務の帰属主体となることができず、権利・義務の帰属主体が存在しない以上、法定代理人を付けることもできない
　↓よって
母は胎児を代理して損害賠償請求や示談・遺産分割などをすることはできない

アドヴァンス

A　停止条件説（判例）
　胎児である間は権利能力はないが、無事に出生すると相続の開始や不法行為の時にさかのぼって権利能力を取得するとする見解。
　　→胎児には権利能力がなく、法定代理人がいたとしてもその行為の効果を帰属させることができないため、胎児に法定代理人を付けることはできない
　（理由）
　①　現行法上、胎児の財産を管理する法定代理人制度は存在しない。
　②　仮に、胎児である間に権利能力を認め、胎児に法定代理人を付けることも可能であるとすると、その法定代理人が胎児の利益を適切に図らなかった場合であっても、その危険は胎児が負わなければならず、妥当でない。
B　解除条件説
　胎児である間でも生まれたものとみなされる範囲内ではいわば制限的な権利能力があり、死産の場合にはさかのぼって権利能力がなかったことになるとする見解。
　　→胎児である間も権利能力があるので、胎児に法定代理人を付けることができる（ただし、不法行為に基づく損害賠償請求・相続・遺贈の3つの場面のみ）
　（理由）
　①　死産の事例がかつてより格段に少なくなっている今日では、配偶者と胎児とに相続させ、胎児が生きて生まれなかった場合に相続関係を改める方が適当である。
　②　配偶者と胎児が相続人である場合に、胎児中は権利能力がないものとしてまず配偶者と直系尊属に相続させ、胎児が生まれた後に相続を回復させることは法律関係を複雑にする。
　③　胎児に法定代理人を付けることによって、遺産の分配に参加させることが可能になる。

判例 大判昭7.10.6／百選Ⅰ【第6版】〔3〕

事案： X1はAと事実上の婚姻
をし、同棲していたとこ
ろ、AがY社の被用者の運
転する電車に衝突し、死亡
した。A死亡当時、X1は
Aの子を懐胎し、臨月であ
った。X1及びAの実父そ
の他の親族は、Y社との交

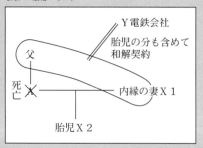

渉の末、胎児であるX2の分も含めて、Y社が1000円を交付する
こと、今後一切Yに対し何らの請求もしないことを約定し（和解契
約締結）、1000円の交付を受けた。その後、X1はX2を出生し、
X1X2はそれぞれ、Yに対し、A死亡による財産上の損害と慰謝
料の賠償を求め、出訴した。

判旨： 胎児の権利能力について、「X2は……Yと和解の交渉を為したる
際、未だ出生せずX1の胎内に在りたるものにして、民法は胎児は
損害賠償請求権に付き既に生れたるものと看做したるも、右は胎児
が不法行為のありたる後生きて生れたる場合に、不法行為に因る損
害賠償請求権の取得に付きては、出生の時に遡りて権利能力ありた
るものと看做さるべしと云ふに止まり、胎児に対し此の請求権を出
生前に於て処分し得べき能力を与へんとするの主旨にあらざる」と
判示した。

また、胎児に法定代理人を付することができるかにつき、「我民法
上出生以前に其の処分行為を代行すべき機関に関する規定なきを以
て、前示……の交渉は之を以てX2を代理して為したる有効なる処
分と認むるに由なく」と判示した。

☞ **ONE POINT**
本判決のいう「出生の
時に遡りて」は、「懐胎
時又は不法行為時に
遡って」あるいは「出生
の時に（懐胎時又は不
法行為時に）遡って」の
意味だと解釈されてい
ます。

☞ **One Point ▶停止条件と解除条件**

　停止条件とは、一定の事情が生じた場合に初めて効力が発生する、というもので
す。たとえば、「試験に受かったら、時計をあげよう」というような場合を挙げるこ
とができます。したがって、停止条件説というのは、無事に生まれるという事情が
生じて初めて胎児中の権利能力が認められるという考えです。
　これに対して、解除条件とは、今すぐに効力を発生させるが、将来一定の事情が
発生した場合に効力が失われる、というものです。「時計をあげるけれど、受から
なかったら返してくれ」というような場合です。解除条件説、というのは、胎児の
間も権利能力が認められるが、死産の場合には胎児中の権利能力はなかったものと
されるという考えです。

⑶　出生の証明と戸籍
　　戸籍法49条により出生後14日以内に届け出ることが義務付けられている。
　　しかし、権利能力の取得は、出生という事実によって決せられるのであって、
　　戸籍上の記載によっては左右されない。

三　権利能力の終期

1　自然人の権利能力が消滅するのは、死亡した時である。
　　失踪宣告によって死亡が擬制される（31）が、これは一定期間生死不明な者
　　の従来の住所・居所を中心とする権利関係を確定するものであって、その者が生

存していれば権利能力がこれによって消滅するわけではない。

> **cf.** 法人の権利能力の終期は、清算結了（一般社団法人及び一般財団法人に関する法律207条）である

2 同時死亡の推定（32の2）

⇒75頁参照

2-1-2 意思能力

	学習の指針
一 意義	意思能力とは、自己の行為の結果を弁識するに足るだけの精神能力をいいます。意思能力のない者の行為は、私的自治の原則から、無効となります。
二 効果	

次節で学ぶ行為能力との違いをしっかり理解して下さい。

一 意義

　意思能力とは、自己の行為の結果を弁識するに足るだけの精神能力をいう。すなわち、自分の行為の利害得失を判断する知的能力であり、おおよそ7〜10歳程度の者の精神能力とされている（もっとも、これは一般的な基準にすぎず、意思能力の有無は、問題となる法律行為の重要性や内容の複雑性を考慮して、個別具体的に判断される）。

> →7歳に満たない子どものほか、重度の精神障害者や泥酔者のように、たとえ行為の意識はあっても最低限の判断能力も備えていない場合（意思無能力者）は、意思能力を欠くので、法律行為は無効である（3の2）

二 効果

　法律行為の当事者が意思表示をした時に意思能力を有しなかったときは、その法律行為は無効となる（3の2）。なぜなら、法律行為による権利義務の変動は、自己の意思に基づいてのみ行われなければならない（私的自治の原則）が、法律行為の当事者が意思表示をした時に意思無能力であれば、その意思表示は有効な「意思」に基づくものとはいえないからである。

　また、意思無能力による無効は、表意者本人の保護を目的とする制度でもあることから、意思無能力による無効を主張することができるのは、意思無能力者たる表意者側のみであり、相手方は無効を主張することができないと解されている（相対的無効）。

> →意思無能力者は、現に利益を受けている限度において返還すれば足りる（121の2Ⅲ前段）

判例 大判明38.5.11
百選Ⅰ[第8版][5]

本判決は、意思無能力者がした手形振出行為につき、その行為者側からの意思無能力を理由とする無効主張を認容した。

2-1-3　行為能力

<table>
<tr><td>

一　意義

二　未成年者

三　成年被後見人

四　被保佐人

五　被補助人

六　制限行為能力者の相手方の保護

七　行為能力制度の問題点

八　任意後見制度

</td><td>

学習の指針

　行為能力とは、自らの行為により法律行為の効果を確定的に帰属させる能力をいいます。

　行為能力制度とは、一般的・恒常的に能力不十分とみられる者を一定の形式的基準で画一的に定め、行為当時に具体的に意思能力があったか否かを問わず、一律に法律行為を取り消すことができるとする制度です。この制度の趣旨は、①意思無能力であったことの立証の困難性を救済して意思無能力者

</td></tr>
</table>

を保護し、他方、②意思能力のない者を定型化することにより相手方の注意を喚起して取引の安全を図る点にあります。

　未成年者、成年被後見人・被保佐人・被補助人をあわせて制限行為能力者といいます。

　行為能力制度は、短答式対策として重要ですので、まず趣旨をおさえて、条文を中心にしっかりと学習しましょう。

一　意義

1　意義

　行為能力とは、自らの行為により法律行為の効果を確定的に自己に帰属させる能力をいう。

2　行為能力制度

(1)　意義

　行為能力制度とは、一般的・恒常的に能力不十分とみられる者を一定の形式的基準で画一的に定め、行為当時に具体的に意思能力があったか否かを問わず、一律に法律行為を取り消すことができるとする制度をいう。

(2)　趣旨

　法律行為の当事者が意思表示をした時に意思能力を有しなかったときは、その法律行為は、無効である（3の2）

　　　↓しかし

①　意思能力がなかったことの立証は困難であるから、意思無能力であったことの立証の困難を救済し意思無能力者の保護を図る必要がある

②　意思無能力の立証がされると、相手方の取引安全を害するから、意思能力のない者を定型化することにより注意を喚起し、相手方の取引の安全を図る必要がある

③　意思能力を有する者でも、取引の複雑な利害関係や仕組みに対処する能力を有せず、取引社会の通常人と比べ能力的に劣る者も存在するから、このような者も保護する必要がある

　　　↓そこで

一定の形式的基準で画一的に定める行為能力制度を設けた

(3)　**制限行為能力者とその保護者**

制限行為能力者が、

①　未成年者（5Ⅰ本文）である場合、その保護者は「法定代理人」（「親権者」（818、824）又は「未成年後見人」（838①、859））である。

②　成年被後見人（8）である場合、その保護者は「成年後見人」である。

③　被保佐人（12）である場合、その保護者は「保佐人」である。

④　被補助人（16）である場合、その保護者は「補助人」である。

(4)　**効果**

(a)　未成年者・成年被後見人の行為は、原則として取り消すことができる（5Ⅱ、9）。また、被保佐人・被補助人の行為についても、一定の場合には取り消すことができる（13Ⅳ、17Ⅳ）。ただし、取り消すことができる行為は、追認（122）や法定追認（125）によって、確定的に有効とすることができる。

(b)　取消しの効果は、遡及的無効である（121）。

もっとも、制限行為能力者保護の見地から、制限行為能力者は、「現に利益を受けている限度」（現存利益）において返還すれば足りる（121の2Ⅲ後段）。

→取り消すことができる行為によって得た利益を必要な出費に充てた場合には、現存利益が存在するものと認められる

∵　本来であれば自己の財産から支出することにより自己の財産が減少するところ、取り消すことができる行為によって得た利益をその支出に充てることで、自己の財産の減少を免れたという利益が現存するため

ex.　受領した金銭を他人に対する弁済や必要な生活費に充てた場合、現存利益としてこれを返還しなければならない（大判昭7.10.26）

cf.　受領した金銭を遊興費として浪費した場合、現存利益はないから、これを返還する必要はない

【制限行為能力者が制限される行為の種類、保護者の種類・権限】

	制限される行為の種類	保護者の種類	保護者の権限			
			代理権	同意権	追認権	取消権
未成年者	以下の特定の行為以外は、単独で有効な行為を行うことができない ① 単に権利を得、又は義務を免れる行為（5Ⅰただし書） ② 処分を許された財産の処分（5Ⅲ） ③ 許された営業に関する行為（6Ⅰ）	親権者又は未成年後見人	○ （824、859Ⅰ）	○ （5Ⅰ）	○ （122）	○ （5Ⅱ・120Ⅰ）
成年被後見人	日常生活に関する行為以外は、単独で有効な行為を行うことができない	成年後見人	○ （859Ⅰ）	×	○ （122）	○ （9本文・120Ⅰ）
被保佐人	保佐人の同意を要する行為（13ⅠⅡ）以外は、単独で有効な行為を行うことができる	保佐人	× ただし、876の4Ⅰ（＊1）	○ ただし、13ⅠⅡ（＊2）	○ （122）	○ （13Ⅳ・120Ⅰ）
被補助人	補助人に同意権が付与された行為（17Ⅰ）以外は、単独で有効な行為を行うことができる	補助人	× ただし、876の9Ⅰ（＊1） 審判により、いずれか一方又は双方の権限が付与される（15Ⅲ）	× ただし、17Ⅰ（＊3）	○ （122）	○ （17Ⅳ・120Ⅰ）

＊1　特定の法律行為について保佐人又は補助人に代理権を付与する旨の審判
＊2　保佐人の同意を要する範囲（＝追認権・取消権の範囲）は、13条1項・2項による
＊3　特定の法律行為（13Ⅰ列挙事由に限る）について補助人の同意を要する旨の審判

3　各種「能力」概念の整理

　権利能力とは、いわば取引をする「市民社会」に入る資格のことである。この権利能力という会員証がなければ、対等の個人が互いに交渉して取引を行う市民社会に入ることはできない。

　そして、取引は契約によってなされるが、契約は相対する意思表示の合致によって成立する。そこで、十分な意思表示ができる状態にない者は、取引に参加させるべきではない。この十分な意思表示ができる状態が意思能力である。

　ただ、意思能力があったとしても、自分の行為の意味や相手の出方、自分にとって有利か不利かといったことがある程度判断できなければ、悪賢い人に食い物にされかねず、せっかくの財産も失ってしまいかねない。そこで、未成年者等、取引社会の通常人と比べ能力的に劣った者については、本人を保護するため、取引に一定の制限をする必要が生ずる。これが、行為能力制度である。

【各種「能力」概念の整理】

	意義	適格	能力を欠く者の行為の効力
権利能力	私法上の権利・義務の帰属主体となる地位・資格	自然人・法人	権利・義務が帰属しない
意思能力	行為の結果を弁識するに足るだけの精神能力	具体的行為ごとに判断する（7～10歳程度の能力）	無効（3の2）
責任能力	不法行為の面で自己の行為の責任を弁識するに足る精神能力	具体的行為ごとに判断する→判例上は、意思能力より少し高く設定されている（11～12歳程度の能力）	不法行為責任を負わない（712、713）ただし、714条参照
行為能力	自らの行為により法律行為の効果を確定的に自己に帰属させる能力	未成年者・成年被後見人・被保佐人・補助人の同意権に服する被補助人につき制限される（5、9、13、17）	取り消すことができる

【制限行為能力者制度に関する条文の全体像】

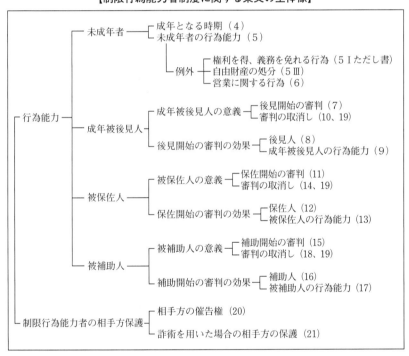

二　未成年者

1　意義

未成年者とは、満18年に満たない者をいう（4参照）。

☞ One Point ▶成年年齢が20歳から18歳に引き下げ

平成30年6月13日、成年年齢の引き下げを内容とする民法の一部を改正する法律（平成30年法律第59号）が可決・成立し、同月20日公布されました。

成年年齢に関する法律は212本、政令37本、府省令99本の計348本あり、民法の成年年齢が18歳になれば、212本の法律のうち6～7割が見直しの対象になるとみられています。

そして、民法上の規定は、具体的に、次のように改正されました。①成年年齢が20歳から18歳に引き下げられ（改正4条）、②婚姻適齢が男女ともに18歳となり（改正731条）、③婚姻による成年擬制（改正前753条）が廃止されました。また、④未成年者の婚姻についての父母の同意に関する規定（改正前737条）も廃止されました。なお、⑤養親となる者の年齢に関する792条の「成年に達した者」という文言は、「20歳に達した者」に改められています（804条も同趣旨の改正あり）。

この法律の施行日は、令和4年（2022年）4月1日とされています。

2 能力の範囲

⑴ 未成年者が法律行為をするには、法定代理人の同意が必要である（5Ⅰ本文）。これに反する行為は、取り消すことができる（5Ⅱ）。

⑵ 例外

次の行為は、未成年者でも単独で行うことができる。

【未成年者の行為能力制限の例外】

行為	条文	具体例	注意点
単に権利を得、又は義務を免れる行為	5条1項ただし書	負担のない贈与を受ける、債務の免除を受ける契約をする行為	債務の弁済を受けること、負担付贈与を受けること、相続の承認・放棄は、取り消すことができる行為と解されている
処分を許された財産の処分	5条3項	旅行費、勉学費（前段）、小遣銭（後段）	全財産の処分を許すことはできない（通説）
許された営業に関する行為	6条1項	資金の借入、店舗の購入、店員の雇入	・営業の許可は、特定の営業についてなされなければならない ・1個の営業の一部や、すべての営業を許可することはできない

* 家族法上の行為については、特別の定めがある場合は5条の適用はない。

ex. 嫡出でない子の認知（780）、遺言（満15歳に達した者）（961）

3 法定代理人

⑴ 法定代理人となるのは、通常は親権者（818、819）である。親権を行う者がないとき、又は親権を行う者が子の財産を管理する権限を有しないときは、家庭裁判所によって選任された後見人（未成年後見人）が法定代理人となる（838、840）。

また、制限行為能力者である未成年者に親権を行使させるのは子の福祉に反するため、このような場合について、親権代行者の定めが規定されている（833、867Ⅰ）。

ex. 未成年のBが子Cをもうけた場合、Cの親権は、Bの親権者であるAによって行われる

⑵ 法定代理人は、同意権（5Ⅰ）・代理権（824、859）を有する。

同意は黙示でもよく（判例）、内容を予見しているなら包括的に与えてもよい。また、同意は法律行為をする前に（少なくとも同時に）なされている必

要がある。事後の同意は追認となる。

＊　婚姻中の父母がいる場合、未成年者の法律行為に同意を与えるには、父母が共同して行わなければならない（親権共同行使の原則、818Ⅲ）。そのため、父母双方の同意が必要となるが、他方の親権者の意思に反しても、それが夫婦共同の名義でされた場合には、同意は有効となる（825本文）。ただし、相手方が悪意の場合には無効となる（825ただし書）。

三　成年被後見人

1　意義

(1)　成年被後見人とは、精神上の障害により事理を弁識する能力を欠く常況にある者で、家庭裁判所によって後見開始の審判を受けた者（7）をいう。

後見開始の審判の対象となる者は成年者に限られていない（7）。後見の場合の行為能力の制限は未成年のそれよりも大きいことから、親権者が存在し、又は未成年後見人が選任されている未成年者であっても、後見開始の審判をして成年後見人を付する実益がある。もっとも、この制度は、もっぱら成年者のための制度といえることから、成年後見制度と呼ばれている。

「精神上の障害により事理を弁識する能力を欠く常況にある」とは、行為の結果を弁識するに足るだけの精神能力（事理弁識能力、意思能力と同義）を欠くのを普通の状態としていることをいう。

ex.　重度の精神病者、老人認知症

(2)　後見開始の審判は、以下の要件を備えるとき、家庭裁判所によってなされる。家庭裁判所は、審判の要件を備えるときは、必ず審判しなければならない。

① 実質的要件：精神上の障害により事理を弁識する能力を欠く常況にあること

② 形式的要件：本人、配偶者、4親等内の親族、未成年後見人、未成年後見監督人、保佐人、保佐監督人、補助人、補助監督人、検察官から家庭裁判所への請求があること（7）

後見の原因がなくなったときは、家庭裁判所は、本人、配偶者、4親等内の親族、後見人（未成年後見人・成年後見人）、後見監督人（未成年後見監督人・成年後見監督人）、検察官の請求により、後見開始の審判を取り消さなければならない（10）。また、成年被後見人について、保佐開始の審判又は補助開始の審判を受けるための請求がなされる場合、これらの資格を2つ以上兼ねることはできないため、家庭裁判所は、まず、その者についての後見開始の審判を取り消さなければならない（19）。取消しによって、後見開始の審判は将来に向かって解消する。

2　成年被後見人の能力の範囲

(1)　成年被後見人の行為は取り消すことができる（9本文）。ただし、日用品の購入その他の日常生活に関する行為は、取消しの対象とされない（9ただし書）。

日常生活に関する行為以外の行為は、成年後見人が成年被後見人を代理して行い、成年被後見人が成年後見人の同意を得て行った行為も、常に取り消すことができる（成年後見人には同意権がない）。

（理由）

① 成年後見人の事前の同意によって行動させても、期待どおりに行動するとは限らない

② 取消しを制限しても、意思無能力による無効を主張されるかもしれないという相手方の不安を除去できない

(2)　例外として、一定の身分法上の行為は単独でできる。ただし、意思能力や

事理弁識能力を回復していることが必要である（973 I 参照）。

 ex. 婚姻（738）、協議上の離婚（764）

3 成年後見人

（1）後見開始の審判により後見が開始し、後見人が置かれる（8、838②）。

（2）後見人は、①成年被後見人の資力に応じた療養看護（858 I）をなし、②財産管理、財産に関する法律行為について本人を代理する（859 I）。成年後見人には同意権はない点に注意が必要である。

四　被保佐人

1 被保佐人の意義

（1）被保佐人とは、精神上の障害により事理を弁識する能力が著しく不十分である者で、家庭裁判所によって保佐開始の審判を受けた者をいう（11）。

 後見開始の審判の申立てをした者が、鑑定の結果、保佐開始の審判の申立てに変更することも許される。

 ∵ 成年被後見人と被保佐人とは事理弁識能力の程度に差があるにすぎない

（2）保佐開始の審判について、11条本文に規定する原因が消滅した場合、家庭裁判所は、本人、配偶者、4親等内の親族、未成年後見人、未成年後見監督人、保佐人、保佐監督人又は検察官の請求に基づき、取り消さなければならない（14）。また、被保佐人について、後見開始又は補助開始の審判を受けるための請求がなされる場合、これらの資格を2つ以上兼ねることはできないため、家庭裁判所は、まず保佐開始の審判を取り消さなければならない（19）。

2 被保佐人の能力の範囲

（1）被保佐人は、重要な財産上の行為（13 I）を単独ですることはできず、保佐人の同意が必要となる。日常生活に関する行為（13 I ただし書）・その他の財産行為は単独で有効になしうる。保佐制度の目的は、重要な財産の減少・消費の防止にあるからである。

 被保佐人が同意を得ないで13条1項に列挙されている行為を行ったときは、これを取り消すことができる（13IV）。取消権者には、被保佐人自身のほか、保佐人も含まれる。

 保佐人が被保佐人の利益を害するおそれがないにもかかわらず同意をしないときには、家庭裁判所は、被保佐人の請求により、保佐人の同意にかわる許可を与えることができる（13III）。保佐人の権限濫用を防止する趣旨に基づく規定である。

（2）**保佐人の同意を要する行為**

 保佐人の同意を要する行為については、13条1項各号が列挙している。また、13条1項列挙事由以外にも、家庭裁判所は、保佐人の同意を要する事項を定めることができる（13II本文）。

 13条1項各号のうち、特に注意すべき事項について説明する。

 ① 貸金の返済を受ける行為は、1項1号の「元本を領収」に当たる。

  cf. 利息・賃料を領収する場合には、同意は不要である

 ② 約束手形の振出は1項2号の「借財」に当たる。

  また、時効利益の放棄・時効完成後の債務の承認をするには、1項2号が類推適用され、保佐人の同意が必要である。

  cf. 時効更新の効力を生じる承認をするには、同意は不要である（152 II、大判大7.10.9 参照）

③　不動産賃貸借の合意解除等は1項3号の「不動産その他重要な財産に関する権利の得喪を目的とする行為」に当たる。

④　訴えの提起、上訴、訴えの取下げ・裁判上の和解等（民訴32Ⅱ参照）は1項4号の「訴訟行為」に当たる。

> **cf.**　被保佐人を被告として提起された訴訟に応訴する場合には、同意は不要である（民訴32Ⅰ）

⑤　1項各号に掲げる行為を制限行為能力者（未成年者、成年被後見人、被保佐人及び17条1項の審判を受けた被補助人）の法定代理人として行うには、保佐人の同意が必要である（13Ⅰ⑩）。

> **ex.**　被保佐人Aが1項各号の行為を制限行為能力者Bの法定代理人（親権者等）として行うには、自己の保佐人Cの同意が必要である
>
> ∵　制限行為能力者である本人（B）が法定代理人（A）を直接選任するわけではない以上、その法定代理人が制限行為能力者であることのリスクを本人に引き受けさせる根拠はなく、本人を保護する必要がある

＊　なお、保佐人の同意を得た場合であっても、その同意にかかる法律行為を必ず行わなければならないわけではない。

3　保佐人

(1)　保佐開始の審判があると、被保佐人に保佐人が付される（12）。保佐開始の審判は、本人、配偶者、4親等内の親族、後見人、後見監督人、補助人、補助監督人又は検察官の請求によりなされる（11本文）。

保佐人には同意権があり（13Ⅰ）、一定の重要な行為に同意をすることで、被保佐人の不完全な管理権を補充する役目を有する。

(2)　保佐人には代理権はない。もっとも、被保佐人の申立て又は同意を要件として、当事者等が申し立てた特定の法律行為について家庭裁判所が保佐人に代理権を付与することができる（876の4）。

(3)　保佐人は同意権を有するので、取消権が認められ（120Ⅰ）、追認権も認められる（122）。

五　被補助人

1　被補助人の意義

被補助人とは、精神上の障害により事理を弁識する能力が不十分である者で、家庭裁判所によって補助開始の審判を受けた者（15）をいう。

> **ex.**　軽度の認知症・知的障害・精神障害等の状態にある者

補助の原因がなくなった場合には、家庭裁判所は、本人、配偶者、4親等内の親族、未成年後見人、未成年後見監督人、補助人、補助監督人又は検察官の請求に基づき、補助開始の審判は取り消されなければならない（18Ⅰ）。また、被補助人について後見開始の審判又は保佐開始の審判を受けるための請求がなされる場合、これらの資格を2つ以上兼ねることはできないため、家庭裁判所は、まず補助開始の審判を取り消さなければならない（19）。

2　被補助人の能力の範囲

(1)　補助の場合には、補助人に①同意権（17Ⅰ）のみを付与する場合、②代理権（876の9Ⅰ）のみを付与する場合、③同意権と代理権の双方を付与する場合という3つの選択肢がありうる。そこで、①〜③のいずれを選択するかにより、被補助人の能力の範囲にも差異が生じる。

(2)　まず、補助人に同意権が付与された場合（①又は③）、被補助人の行為能力は制限され、補助人の同意なく特定の行為をすることができなくなる。また、補助人の同意なく行われた場合、その行為は取り消すことができる（17

Ⅳ)。もっとも、この補助人の同意を要する特定の行為は、13条1項各号に列挙された行為の一部に限られ（17Ⅰ）、それ以外の行為は単独で有効になしうる。

　　また、補助人が被補助人の利益を害するおそれがないにもかかわらず同意をしないときには、家庭裁判所は、被補助人の請求により、補助人の同意にかわる許可を与えることができる（17Ⅲ）。これは、補助人の権限濫用を防止する趣旨に基づく規定である。

(3)　次に、代理権のみが付与された場合（②）、被補助人の行為能力は制限されない。したがって、かかる場合の被補助人は、全ての行為を単独で有効になしうる。

3　補助人

(1)　補助開始の審判があると、被補助人に補助人が付される（16）。補助開始の審判は、本人、配偶者、4親等内の親族、後見人、後見監督人、保佐人、保佐監督人又は検察官の請求によりなされる（15Ⅰ）。本人以外の者の請求により補助開始の審判をするには、本人の同意が必要である（15Ⅱ）。

　　補助人の権限は、後述のとおり、本人等の請求及び家庭裁判所の審判により、個別に定まる。これは、本人の能力を尊重しつつ、必要な限度で本人に財産管理等を行わせる趣旨によるものである。

(2)　補助人には同意権・代理権の一方又は双方を付与しなければならない（15Ⅲ）。いずれも、15条1項本文所定の本人、配偶者、4親等内の親族、後見人、後見監督人、保佐人、保佐監督人、検察官又は補助人もしくは補助監督人の請求によりなされる（17Ⅰ、876の9Ⅰ）。本人以外の請求による場合には本人の同意を要する（17Ⅱ、876の9Ⅱが準用する876の4Ⅱ）。

　　補助人に付与できる同意権・代理権の範囲は、13条1項各号に列挙された行為の一部に限られ、13条1項各号の全ての行為について同意権又は代理権を付与することはできない。13条1項各号の全ての行為について同意権や代理権を付与したい場合には、補助ではなく保佐の制度を利用すべきだからである。

　　13条1項各号の行為の、どの部分について同意権又は代理権を付与するかは、本人等の請求及び家庭裁判所の審判により定まる。

(3)　補助人には同意権・代理権のいずれかが付与されていることから、取消権（120）、追認権（122）が認められる。

【制限行為能力者の精神能力の程度による分類】

精神上の障害により事理を弁識する能力を欠く常況にある者	精神上の障害により事理を弁識する能力が著しく不十分である者	精神上の障害により事理を弁識する能力が不十分である者
成年被後見人 ↓ 日常生活に関する行為以外は、単独で有効な行為を行うことができない	被保佐人 ↓ 保佐人の同意を要する行為（13ⅠⅡ）以外は単独で有効な行為を行うことができる	被補助人 ↓ 補助人に同意権が付与された行為（17Ⅰ）以外は、単独で有効な行為を行うことができる

六　制限行為能力者の相手方の保護

1　制限行為能力者と取引をした相手方は、取引を確定的に有効なものとすることはできず、制限行為能力者側から取り消されるかもしれないという不安定な立場に置かれる。制限行為能力制度は、基本的には、取引の安全を多少犠牲にしても制限行為能力者の財産を保護しようとする制度であるため、民法は相手

方の利益のために、以下の制度を設けている。

① 相手方の催告権（20）
② 詐術を用いた場合の取消権の排除（21）
③ 法定追認（125）
④ 取消権の短期消滅時効（126）

2 相手方の催告権（20）

(1) 意義・趣旨

制限行為能力者の相手方は、その行為が取り消されるかどうかがわからない不安定な状態にある。そこで、相手方は、制限行為能力者側に対して、一定の期間を定めて、追認をするかどうかの確答を促す（催告する）ことによって、法律関係をすみやかに確定することができることが定められている。これを催告権という。

(2) 要件

①催告の受領能力（98の2）があり、取消し・追認をなしうる者（120、122）に対し、②1か月以上の期間を定めて確答を促すこと。

＊ 後見人が後見監督人の同意を得て追認をなす場合（826、864）など「特別の方式を要する行為」（20Ⅲ）については、1か月以上の期間内にその方式を具備した旨の通知を発しないときは、その行為を取り消したものとみなす（20Ⅲ）。

なお、保佐監督人・補助監督人が選任されている場合において、保佐人・補助人が追認するには保佐監督人・補助監督人の同意を得なければならない旨のルールはない（864条は876条の3第2項・876条の8第2項に準用されていない。下記【20条の構造】参照）。

(3) 効果

催告を受けた者が単独で追認できる場合に返事をしなければ追認を擬制し、単独で追認できない場合は取消しを擬制する。

【20条の構造】

	催告の時期	催告の相手方	制限行為能力者の行為の効力	条文
未成年者成年被後見人	行為能力者となった後	本人	単独で追認しうる行為→追認	1項
	制限行為能力者である間	法定代理人	単独で追認しうる行為→追認	2項
			後見監督人の同意を要する行為→取消し	3項
被保佐人被補助人（＊）	行為能力者となった後	本人	単独で追認しうる行為→追認	1項
	制限行為能力者である間	本人	保佐人・補助人の同意を要する行為→取消し	4項
		保佐人補助人	単独で追認しうる行為→追認	2項

＊ 被補助人については、補助人の同意を要する旨の審判がなされた場合（17Ⅰ）に限る。

【確答がない場合の催告の効果】

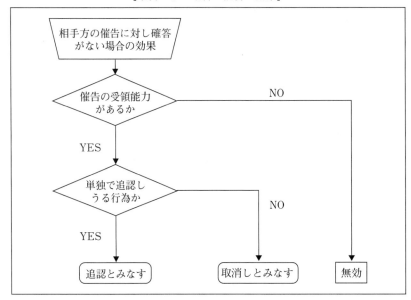

3　詐術を用いた場合の取消権の排除（21）

(1)　意義・趣旨

　制限行為能力者が、自分が行為能力者であると相手方に誤信させるために「詐術」を用いた場合は、制限行為能力者はその行為を取り消すことができない。

　これは、①このような場合に制限行為能力者に取消権を認めてこれを保護することは適当でない、②制限行為能力者を行為能力者と信じた相手方を制限行為能力者側の取消権にさらすのは取引の安全を害する、という趣旨によるものである。

(2)　要件

(a)　「行為能力者であることを信じさせるため」詐術を用いたこと

　ex.　自分は21歳だと偽って未成年者が高価なパソコンを買う場合

　法定代理人・保佐人・補助人の同意があったと誤信させようとした場合もこれに準ずる。

　ex.　親の同意があると偽って未成年者が高価なパソコンを買う場合

(b)　「詐術」を用いたこと

　単に制限行為能力者たることを黙秘していた場合、すなわち、制限行為能力者であると相手が気付いておらず自分から制限行為能力者だということを述べなかった場合は「詐術」に当たらない。

　（理由）

　　①　制限行為能力者が法定代理人等の同意を得ずに法律行為をする場合、自己が制限行為能力者であることを黙秘するのは当然である。

　　②　単なる黙秘も詐術に当たるとすれば、制限行為能力者保護のために取消権を与えた趣旨が失われる。

　しかし、黙秘が他の言動などとあいまって、相手方を誤信させ、又は誤信を強めた場合は「詐術」に当たる（最判昭44.2.13／百選Ⅰ［第6版］〔6〕）。

(c)　相手方が、行為能力者であること（同意を得たこと）を「信じた」こと

　詐術があっても、相手方が制限行為能力の事実を知っていた場合には、相手方を保護する必要はないので、取消権は排除されない。

判例　最判昭44.2.13
百選Ⅰ［第6版］〔6〕

「無能力者であることを黙秘していた場合でも、それが、無能力者の他の言動などと相俟って、相手方を誤信させ、または誤信を強めたものと認められるときは、なお詐術に当たるというべきであるが、単に無能力者であることを黙秘していたことの一事をもって、右にいう詐術に当たるとするのは相当でない」とした。

(3)　効果

詐術を用いた制限行為能力者は、行為能力の制限を理由とする取消しができなくなる（21）。法定代理人等の取消権も消滅する。

21条によって否定されるのは、行為能力の制限を理由とする取消しのみであるため、他の理由による無効や取消しを主張することは可能である。

なお、詐術を用いた制限行為能力者の相手方は、詐欺取消し（96Ⅰ）を主張することはできない。なぜなら、制限行為能力者による詐術は、法律行為の内容に関するものではないため、相手方の意思に瑕疵はないからである。

4　法定追認（125）　⇒179頁参照

5　取消権の期間制限（126）　⇒181頁参照

取消権は、追認することができる時から5年、行為の時から20年が経過すれば消滅する。

七　行為能力制度の問題点

1　定型化のメリット

① 制限行為能力者の定型化により、後見登記等（後見登記等に関する法律によって創設）を調べれば制限行為能力者か否かがわかるので、取引の安全が図られる。

② 制限行為能力者自身も、行為能力が制限されていることをその都度立証する必要がないので、便利である。

2　定型化のデメリット

通常の大人程度の判断能力をもった16、17歳の青年が、取引の主体としての資格を認められず、経済活動が制約されてしまう。

なお、生活必需品契約(衣類を買う、食料を買う、医者にかかる等の契約)や、電気の利用・自動販売機への硬貨の投入・バスの乗車といった大量かつ定型的な契約については、9条ただし書により有効に締結できる。

八　任意後見制度

今まで見てきた後見・保佐・補助の制度は、既に事理弁識能力が衰えてしまった者を対象としたものであるのに対し、任意後見制度は、本人の自己決定権の尊重という観点から、判断能力を十分に有する者が、自分の判断能力が低下する状況に備えて、あらかじめ後見人の候補者（任意後見受任者）を定めておくものである（「任意後見契約に関する法律」）。

1　任意後見契約は、法務省令で定める様式の公正証書によってしなければならない（法3）。

2　任意後見契約（法2①）を締結しても、本人は行為能力を失わない。

任意後見契約が効力を生ずるのは、本人、配偶者、4親等内の親族又は任意後見受任者の請求により、家庭裁判所が任意後見監督人を選任した時からである（法4Ⅰ、2①参照）。家庭裁判所が任意後見監督人を選任するのは、本人の利益を保護するためである。

なお、任意後見契約に関する法律には、同意を得なければならない行為であって、その同意を得ないでしたものは、取り消すことができる旨定める民法13条4項に相当する規定は存在しない。

→本人が任意後見人の同意を得ないでした行為であっても、制限行為能力を理由にこれを取り消すことはできない

3　任意後見制度は、任意後見人を公的に監督しつつ、できるだけ本人の自己決定権を尊重しようとするものである。したがって、家庭裁判所は、「本人の利益

のため特に必要があると認めるとき」（法10Ⅰ）を除き、任意後見契約と競合する後見開始の審判等をすることはできない。

2-1-4 住所

　住所とは、各人の生活の本拠であり（22）、どこで債務を履行したらよいか（484Ⅰ）、相続はどこで始まるか（883）、どこの裁判所に訴えたらよいか（民訴4）、などを決める基準となる。

　居所とは、人の一時的な居住の場所をいう。住所が知れない場合には、居所を住所とみなす（23Ⅰ）。日本に住所を有しない者は、その者が日本人又は外国人のいずれであるかを問わず、日本における居所をその者の住所とみなす。ただし、準拠法を定める法律に従いその者の住所地法によるべき場合は、この限りでない（同Ⅱ）。

　ある行為につき、仮住所を選定したときは、その行為に関しては、その仮住所を住所とみなす（24）。

2-1-5 不在者

一　意義	**学習の指針**
二　財産管理人	

　ここでは、住所・居所を去った「不在者」が残した財産について、誰も管理する人がいないときに選任される「財産管理人」について見ていきます。短答・論文ともに出題可能性がかなり低いため、一読する程度でよいでしょう。

一　意義

　不在者とは、従来の住所又は居所を去って容易に帰ってくる見込みのない者をいう。生死不明である必要はない。

　本人が住所地を長い間離れて行方不明になると、その間、その人の財産を管理する必要が生ずる。そのため、25 〜 29条は不在者の財産の管理について規定している。

二　財産管理人

1　財産管理人（不在者財産管理人）の選任

(1)　財産管理人のない場合

　不在者が財産管理人を置かなかった場合等には、家庭裁判所が利害関係人又は検察官の請求により、「必要な処分」（25Ⅰ）として、財産管理人の選任等を命ずることができる。ただし、その後本人により財産管理人が置かれた場合は、家庭裁判所は、その財産管理人、利害関係人又は検察官の請求により、選任の命令を取り消さなければならない（25Ⅱ）。

(2)　財産管理人がある場合

　不在者自身が自ら財産管理人を置いたときであっても、その不在者の生死が明らかでないときは、家庭裁判所は、利害関係人又は検察官の請求により、財産管理人を改任することができる（26）。財産管理人の監督が本人に

よって行われなくなることで、財産管理が適切にされなくなるおそれがあるためである。

2　財産管理人の権限

(1)　家庭裁判所が選任した財産管理人

家庭裁判所が選任した財産管理人（選任管理人）は法定代理人であり、選任の審判で別段の定めがされない限り、保存行為及び利用・改良行為のみ行うことができる（103①②）。もっとも、必要がある場合には、家庭裁判所の許可を得て、管理財産の売却・贈与、遺産分割等、その範囲を超える行為をすることができる（28前段）。

家庭裁判所が選任した不在者の財産管理人は、不在者を被告とする訴訟において、家庭裁判所の許可を得ることなく、応訴や控訴・上告することができる（応訴につき大判昭15.7.16、控訴・上告につき最判昭47.9.1）。

(2)　不在者自身が選任した財産管理人

不在者自身が選任した財産管理人（委任管理人）は任意代理人であり、その権限の範囲は不在者との間の委任契約の内容に従う。この財産管理人は、不在者が生死不明になった場合には、必要があれば、家庭裁判所の許可を得て、不在者が定めた権限を超える行為をすることができる（28後段）。

3　報酬

(1)　家庭裁判所が選任した財産管理人

家庭裁判所は、不在者の財産の中から、相当な報酬を財産管理人に与えることができる（29Ⅱ）。

(2)　不在者が選任した管理人

報酬の有無は委任契約に従う。そのため、特約がなければ無報酬となる（648Ⅰ）。

2-1-6　失踪宣告

学習の指針

失踪宣告とは、不在者の生死不明が一定期間継続した場合に、一応その者の死亡を擬制して、法律関係を確定する制度をいいます。

不在者の生死不明の状態が継続しているときに、そのまま放置しておくと、その者をめぐる法律関係が確定しないので、その家族や債権者などの利害関係人にとって非常に不都合です。そこで、民法は、一定の条件のもとに裁判所が失踪宣告をすると、その者を死亡したものとみなして、不在者をめぐる法律関係を安定させることにしたのです。

失踪宣告の要件・効果・取消しに関する論点は、特に短答式対策として重要ですので、きちんと整理しておきましょう。

一　意義

失踪宣告とは、不在者の生死不明が一定期間継続した場合に、一応その者の死亡を擬制して、法律関係を確定する制度をいう。

不在者の生死不明の状態が長く続いた場合、その者をめぐる法律関係が確定

しないので、身内などの利害関係人にとって不都合なことがある。たとえば、残された財産を管理してきた子がいつまでたっても相続できない、残された配偶者が再婚しようとしても不在者との婚姻を解消しないとできない、などの場合がこれに当たる。

そこで民法は、一定の条件の下に裁判所が失踪の宣告をすると、その者を死亡したものとみなして、不在者をめぐる法律関係を安定させることにした。

二 失踪宣告の要件（30）

失踪宣告は、利害関係人の請求に基づいて、家庭裁判所の審判によりなされる。そして、不在者の生死不明の原因により、①普通失踪と②特別失踪の2つに区別される。

① 普通失踪（30 I）

生死不明の原因が明らかにされなくても、不在者の生存が確認された最後の時から7年が経過したときは、失踪宣告がなされる。これを普通失踪という。

ex. 父が家出をしてその生死が7年間わからない場合

② 特別失踪（30 II）

危難に遭遇した者（戦地に臨んだ者、沈没した船舶の中に在った者等）の生死が、その危難の去った時（戦争が止んだ時、船舶が沈没した時等）から1年が経過しても明らかでないときは、失踪宣告がなされる。これを特別失踪という。

ex. 墜落した飛行機に搭乗していた者の生死が、飛行機が墜落してから1年間わからない場合

＊ 「利害関係人」とは、失踪宣告がされることによって直接に権利を得、又は義務を免れる者をいい、配偶者・推定相続人・生命保険金の受取人等がこれに当たる。なお、検察官はこれに当たらない（∵近親者の感情に配慮）。

【普通失踪と特別失踪の相違】

	普通失踪	特別失踪
失踪期間	7年（30 I）	1年（30 II）
起算点	生存が確認された最後の時	危難の去った時
死亡の認定時期	失踪期間の満了時（31前段）	危難の去った時（31後段）

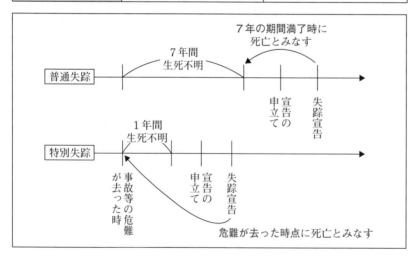

三 失踪宣告の効果（31）

1 失踪宣告を受けた者は、死亡したとみなされる（死亡擬制）。死亡したとみなされるので、相続が開始し（882）、婚姻が解消され、配偶者は再婚できるようになり、保険金も支払われる。

しかし、**失踪者本人の権利能力が消滅してしまうわけではなく**、失踪者が他所で生存していれば、そこで物を買う（売買契約を締結する）など法律関係を形成できるのは当然である。

死亡擬制の効果が生ずる時期は、普通失踪と特別失踪で異なる（前頁図表参照）。

2 失踪宣告は、失踪者が生きていることが判明したり、失踪宣告による死亡時とは異なるときに死亡したことが判明した時点で当然に失効するのではなく、失踪宣告の取消し（32）という手続をとって初めて失効する。

四 失踪宣告の取消し（32）

1 意義

失踪宣告がなされたが、本人が生きていたことが明らかになったり、失踪宣告によって死亡したとみなされたのと異なる時期に死亡したことがわかった場合には、失踪宣告を取り消して事実に沿った扱いをする必要がある。これが失踪宣告の取消しである。

2 要件

失踪宣告の取消しは、以下の要件が備わった場合に、家庭裁判所が審判によって行う。

① 「失踪者が生存すること」（32Ⅰ前段）、又は宣告によって死亡したとみなされる時と「異なる時に死亡したこと」（32Ⅰ前段）

② 「本人又は利害関係人の請求」（32Ⅰ前段）

3 効果

初めから失踪宣告がなかったものとして扱われる。すなわち、失踪宣告（死亡）を原因として生じた権利義務の変動は生じなかったことになる（失踪宣告取消の遡及効）。たとえば、失踪者Aを死亡したとみなしてなされた相続は無効であり、相続人Bは取得した財産をAに返還しなければならず、Bから相続財産を譲り受けたCも、その権利を取得できない。

4 取消しの効果の制限

失踪宣告取消までの間になされたすべての財産移転行為が無効となると、第三者に不測の損害を与えるおそれがある。そこで、失踪宣告取消の遡及効を一定の場合に制限するため、32条1項後段と同条2項ただし書が設けられている。

(1) 善意の行為の有効（32Ⅰ後段）

失踪宣告によって変動を生じた法律状態を前提としてなされた善意の行為は、宣告の取消しによって無効にならない。

ex. 失踪者Aの財産を相続したBがこの財産をCに売却した場合、Aが生きていることをB・Cが売却当時知らなければ（善意）、この売却は、Aが復帰して失踪宣告の取消しがあっても、無効とはならない

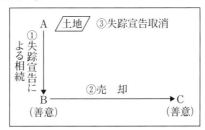

(a)　「善意」（32 I 後段）は両当事者に必要か

論点

　　32条1項後段は「善意」とのみ規定するが、処分行為が契約である場合、契約の両当事者とも善意であることを要するのか。たとえば、失踪者Aの土地を相続したBが、この土地をCに売却したが、その後、Aが現れて失踪宣告が取り消された場合、Cが善意であっても、Bが悪意であればCは土地をAに返還しなければならないのかが問題となる。

ア　両当事者とも善意を要するとの見解（大判昭13.2.7）

　　（理由）

　　悪意者の処分という不正行為の効力を否定しつつ、失踪者の利益を保護することができる。

イ　財産行為に関しては権利を取得する者が善意であればよいとする見解

　　（理由）

　　取引の安全を保護する32条1項後段の趣旨にかなう。

👉 One Point ▶ 絶対的構成と相対的構成

　　善意の権利取得者Cからの転得者Dが悪意の場合、転得者Dは有効に権利を取得しうるかについて、絶対的構成（善意者は確定的に権利を取得し、悪意の転得者はそれを承継する）と相対的構成（善意の転得者に対する関係では処分行為は無効とする）とが対立しています。絶対的構成によればDは悪意であっても土地を取得できるのに対し、相対的構成によれば、悪意であるDは土地を取得できないことになります。

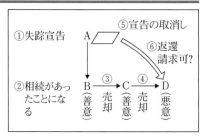

(b)　婚姻と失踪宣告の取消し

論点

　　残留配偶者が善意で再婚した後に失踪宣告が取り消された場合、32条1項後段が適用されるか。家族法上の行為である婚姻にも適用されるのかが問題となり、以下のような学説の対立がある。

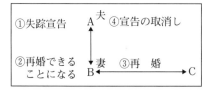

ア　適用肯定説（かつての通説）

　　双方が善意の場合、32条1項後段の適用により後婚が有効となる。

　　→32条1項後段の適用がない場合、失踪宣告の取消しによって前婚が復活するから、重婚状態となり、後婚は取り消しうる（744）

イ　適用否定説（現在の有力説）

　　32条1項後段の適用はなく、常に後婚のみを有効とすべきである。

　　（理由）

　　婚姻においては当事者の意思と現にある事実状態を尊重すべきだから、32条1項後段の適用によって善意・悪意で決するのは妥当でない。

👉 One Point ▶ 婚姻と失踪宣告の取消し

　　そもそも前婚は長期の生死不明を理由に離婚ができる（770 I ③）くらいですから、前婚よりも、後婚を一定範囲で保護する必要があります。両説の対立は、後婚をどのように保護するかの違いにあります。

(2) 32条2項ただし書と704条の関係

失踪宣告によって直接に財産を得た者（**ex.** 相続人、受遺者）は、失踪宣告の取消しがあると、その財産を返還する義務を負うが（32Ⅱ本文）、その返還義務の範囲は「現に利益を受けている限度」（現存利益）で足りる（32Ⅱただし書）。

なお、32条2項ただし書は、文言上は受益者の善意・悪意を区別していないため、たとえ受益者が悪意であっても現存利益の返還で足り、その意味で703条・704条の特則であるように読める。

しかし、32条2項の返還義務の法的性質は不当利得である以上、受益者が悪意である場合には704条が適用され、全部の利益に利息を付して返還しなければならず、現存利益の返還で足りるのは、受益者が善意である場合に限られると解するのが通説である。通説の立場によると、32条2項ただし書は、特に必要のない規定ということになる。

論点

2-1-7 同時死亡の推定

数人の者が死亡し、どちらが先に死亡したか明らかでない場合の取扱いを定めたのが同時死亡の推定（32の2）である。これは、どちらが先に死亡したかで相続に大きな差が生じることがあるために設けられた規定である。

同時死亡の推定がはたらくのは、①飛行機事故や船の沈没など、共同の危難によって数人の者が死亡した場合が典型例である。その他、「数人の者が死亡した場合において、そのうちの1人が他の者の死亡後になお生存していたことが明らかでないとき」（32の2）という文言には、②Aが船舶の沈没で、Bが飛行機事故で死亡したが、いずれも死亡時期が不明な場合や、③Aは国内で死亡して死亡時期が明確であるが、Bは外国で死亡して死亡時期の証明ができない場合も含まれる。

もっとも、本条が適用されるのは、死亡が確実な者の間での死亡時期についてであり、前提となる死亡自体が不明な場合には、まず失踪宣告等で死亡の事実を確定することを要する。

同時死亡の推定が認められると、利害関係人が一方の死亡の時と他方の死亡の時とが異なることを証拠を挙げて証明しない限り、双方は同時に死亡したものと取り扱われる。よって、本来なら被相続人・相続人の関係に立つ者同士の間でも相続は起こらず、遺言者と受遺者の間でも遺贈は効力を生じない（994Ⅰ参照）。

ただし、同時死亡の場合でも、代襲相続は認められる（887条は、被相続人の子が相続の開始「以前」に死亡したとき、と定めており、「以前」には同時も含まれるため）。

C
ランク

先取り情報

代襲相続とは、相続人になるはずだった者が相続開始前に死亡し、または相続権を失った場合（祖父が亡くなれば父が相続するはずだったのに、父が先に亡くなった、というような場合）、その者の子がこれにかわって相続すること（祖父が亡くなったとき、その財産を、父を飛び越して子が相続するということ）をいいます（887Ⅱ、889Ⅱ）。

ex. 船が水没し、乗っていた甲一家4人のうち、甲とその息子が死亡し、妻と娘が救出された場合

→甲の財産について、息子は相続人とならず、妻・娘はそれぞれ2分の1を相続する

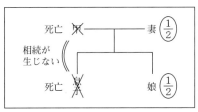

息子の子（孫）がいる場合、その孫は代襲相続によって相続人となり、妻は２分の１、娘は４分の１、孫は４分の１を相続する（887Ⅱ、901）。

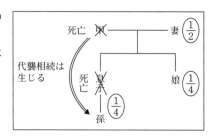

☞ **One Point ▶** 「推定する」と「みなす」の違い

　同時死亡の推定に関する32条の２は、「同時に死亡したものと推定する。」と規定しているのに対し、失踪宣告の効力に関する31条は、「死亡したものとみなす。」と規定しています。この「推定する」と「みなす」には、重要な法律上の違いがあります。

　まず、「推定する」という規定は、当事者の意思や事実の存否が明らかでない場合等に、ある事柄について法律が一応の判断を下すときに用いられます。このとき、反対の事実（32条の２に即すると、同時に死亡したものでないことが明らかになった場合等）が証明されれば、下された一応の判断は覆ることになります。

　これに対し、「みなす」という規定は、ある事柄の取扱いを法律が一律に決定する場合に用いられます。この場合、その決定が事実に合致しているかどうかは問われず、「推定する」と異なり、反証を一切認めません。したがって、反対の事実が証明されたとしても、それだけで覆ることはなく、別途、法律が定める手続（31条に即すると、失踪宣告の取消しに関する32条所定の手続）をとらなければなりません。

2-2　　法人

2-2-1　　法人総説

一　意義	**学習の指針**
二　法人の本質	

　法人とは、自然人でなくして、権利義務の主体となりうるものをいいます。法人制度は、団体の名で、相手方と契約や訴訟をし、不動産を登記したりすることを可能にする法技術です。

　ここでは、法人の意義とその種類を把握しておけば十分です。法人学説は法人実在説のみ理解すれば足り、法人の設立等は読み飛ばしても構いません。

一　意義

1　法人の意義

　法人とは、自然人以外で、権利義務の主体となりうるものをいう。

　我々の周りには、生協・スーパー・学生自治会・町内会など、様々な団体が存在している。そして、たとえばスーパーと売買契約をするというように、我々はこれらの団体を相手に取引をしている。団体は構成員の集まりなのだから、団体を相手に取引するということは、構成員すべてを相手に取引している、ということである。

　しかし、たとえば、団体が不動産を購入するとして、そのための契約を全構成員の名でしなければならなかったり、その不動産の登記を全構成員の名でしなければならなかったりするのでは、非常に不便である。

　そこで、団体があたかも自然人のように自らの名において契約の当事者となり、構成員とは全く独立に自分の財産を所有することを認めることが、団体にとっても相手方にとっても便利である。法人制度は、団体の名で、相手方と訴訟や契約をしたり、団体の名で不動産登記をしたりすることを可能にする法技術なのである。

【法人の意義】

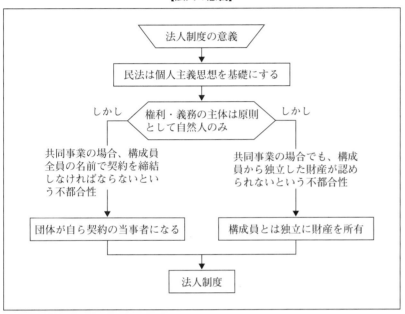

2 法人の種類

(1) 社団法人・財団法人

　社団法人とは、人の集団を基礎とする法人をいう。そして、その集団を構成する人を社員という。

　　ex. 株式会社、一般社団法人

　財団法人とは、財産を基礎とする法人をいう。たとえば、ある人が自分の財産をがん研究の振興のために使ってもらいたいと考えた場合、その財産自体に法人格を与えて財団法人を設立し、その理事に財産を運用してもらうことができる。財団法人に社員は存在しない。

　　ex. 一般財団法人、相続財産法人

(2) 営利法人・非営利法人

　営利法人とは、事業により獲得した経済的利益を社員に分配すること（営利）を目的とする法人をいう。

　　ex. 株式会社

　非営利法人とは、営利を目的としない法人をいう。財団法人には社員が存在しない以上、財団法人は非営利法人しかあり得ない。

　　ex. 一般社団法人・一般財団法人、ＮＰＯ法人

　営利・非営利は、社員への経済的利益の分配の有無で区別されるから、ある法人が事業により経済的利益を獲得しても、それを社員に分配することを目的としていなければ、その法人は非営利法人である。非営利法人も活動の

☞ ONE POINT
一般的な用語では、「社員」とは会社の従業員（使用人）を意味しますが、ここにいう「社員」とは、社団法人の構成員のこと（株式会社では株主）であり、従業員のことではありません（会社の従業員は、会社との間で労働契約を締結した者にすぎません）。

原資が必要であるから、非営利法人が収益事業を営むことは、決して背理ではないと解される。

　なお、一般社団法人・一般財団法人のうち、公益目的事業を行うことを主たる目的とする法人であり、法に基づく公益認定を受けたものは、公益法人（公益社団法人・公益財団法人）となり、様々な税制上の優遇措置を受けることができる。

3　法人の設立

　民法33条1項は、「法人は、この法律その他の法律の規定によらなければ、成立しない。」と規定している。これを法人法定主義という。

∵　取引安全の保護、法的安定性の確保という観点からすれば、法人の権利能力を認めるには一定の条件を満たしていることが必要である

　法人の設立を認める方法には、以下の図表のように、様々なものがある。

【法人設立の諸主義】

種類	意義	具体例
当然設立	法律上当然に法人とされる場合	相続財産法人
準則主義	一定の要件を充足すれば自動的に設立が認められる場合（＊）	株式会社 一般社団法人・一般財団法人
認可主義	法律の定める要件を具備して主務官庁の認可を申請すれば必ず認可を得ることができ、その認可により設立が認められる場合	各種の協同組合 学校法人
認証主義	法律の定める要件を具備していることを主務官庁が確認（認証）することによって設立が認められる場合	宗教法人 ＮＰＯ法人
特許主義	設立のためには特別の法律による特許が必要である場合	日本銀行 独立行政法人

＊　株式会社は、その本店の所在地において設立の登記をすることによって成立する（会社49）

　一般社団法人・一般財団法人も、その主たる事務所の所在地において設立の登記をすることによって成立する（一般社団法人及び一般財団法人に関する法律［以下、一般法人］22、163）

二　法人の本質

1　法人学説

◀LQ I・59頁

　法人の本質が何であるかに関して、従来、様々な法人学説が論じられてきた。いずれの説も、歴史的にそれぞれの時代の価値判断と政策的判断から主張されたものであった。しかし、現在では、目指されるべき社会像は何か、その実現のために自然人以外にどのようなものを権利主体と認めるのが適当なのか、その際には自然人と異なるどのような規制が必要となるのか、といったことを直接論じるべきであるとされており、法人の本質に関する議論に意味はないと一般に解されている。したがって、これから説明する法人学説に関する記述は、そのような議論があったということを把握しておくだけで十分であり、法人実在説のみを理解して先に進むことを推奨する。

（1）　法人擬制説

　権利義務の主体となりうる実体は本来自然人に限るべきであり、法人は法が特に権利義務の帰属主体を擬制したものであるとする見解。

（2）　法人否認説

　団体などをめぐる法律関係をその実質に則して把握しようとするときには、突き詰めたところ、個人または財産のほかに法人の実体なるものはなく、法

人は法律関係における権利義務の帰属点としてのみ認められる観念上の主体であるとする見解。

(3) 法人実在説

法人は、実質的に法的主体たりうる実体を有するところの1つの社会的実在であると考える見解。

2 法人学説の意義

法人の本質についての理解の差異が、用語の使い方や説明の差異となって現れる場合がある。

(1) 法人擬制説・法人否認説

①法人は、自ら行為をすることはありえず、理事という「代理人」の法律行為によって権利義務を取得し、②法人の不法行為責任は、理事の不法行為という他人の行為について法人が賠償責任を負わされているのだ、と考える。

(2) 法人実在説

①法人の理事は法人の機関（手足）であり、理事の行為が法人の行為であって（このことを、理事は法人を「代表」する、と表現する）、②理事の不法行為は法人の不法行為となる、と考える。

2-2-2　法人の機関

| 一　一般社団法人の機関 |
| 二　一般財団法人の機関 |

学習の指針

法人が活動するためには、機関が必要となります。すなわち、基本的な意思を決定する機関、業務を執行する機関、法人を代表する機関が必要となります。ここでは、それぞれの名称とその役割を一通りおさえておけば十分でしょう。

一　一般社団法人の機関

B ランク

1　概要

一般社団法人は社員のある法人であるから、基本的な意思決定機関である社員総会（一般法人35）が必ず設置される。また、法人の業務を執行する理事も必ず設置される（一般法人60Ⅰ）。

その他、定款の定めにより、理事会・監事・会計監査人を置くことができる（一般法人60Ⅱ）。

2　社員総会

社員総会は、社員全員からなる一般社団法人の根本的な意思を決定する機関である。その権限は、理事会が設置されているかどうかで異なる。

(1) 理事会非設置一般社団法人の場合

社員総会は、一切の事項について決議することができる（一般法人35Ⅰ）。

(2) 理事会設置一般社団法人の場合

社員総会は、一般法人法の定める事項と定款に定められた事項についてのみ決議することができる（同Ⅱ）。理事会が設置される場合、社員が多数存在するものと考えられるため、意思決定の機動性を確保するべく、社員総会の権限が限定されている。

＊　なお、社員総会といえども、社員に剰余金を分配する旨の決議をすること

はできない（一般法人35Ⅲ）。この決議を認めてしまうと、一般社団法人の非営利性に反するからである。

3　理事・理事会

理事は、一般社団法人の業務を執行する機関であるが、そのあり方については、理事会が設置されているかどうかで異なる。

(1)　理事会非設置一般社団法人の場合

定款に別段の定めがない限り、理事が業務を執行する（一般法人76Ⅰ）。1人でも2人以上でもよい。理事が2人以上選任されたときは、業務執行については、定款に別段の定めがない限り、理事の過半数により決定する（同Ⅱ）。

理事は、一般社団法人を代表する（一般法人77Ⅰ本文）。ただし、他に代表理事等を定めた場合は、この限りでない（同ただし書）。

理事が2人以上選任されているときは、**各自が代表権を有する**（同Ⅱ）。

(2)　理事会設置一般社団法人の場合

理事は、3人以上でなければならない（一般法人65Ⅲ）。そして、全員の理事によって理事会が構成される（一般法人90Ⅰ）。理事会は、業務執行の決定、理事の職務執行の監督、代表理事の選定・解職を行う（同Ⅱ）。理事会設置一般社団法人では、代表理事が必ず選任され（同Ⅲ）、その代表理事が法人の業務を執行し（一般法人91Ⅰ①）、法人を代表する（一般法人77Ⅰ）。

4　監事・会計監査人

監事は、理事の職務の執行を監査する権限及び会計監査権限を有する機関である（一般法人99Ⅰ・124Ⅰ）。理事会又は会計監査人を置く場合には、監事を必ず置かなければならない（一般法人61）。

会計監査人は、その名のとおり、会計監査権限を有する機関である（一般法人107Ⅰ）。

二　一般財団法人の機関

1　概要

一般財団法人には社員は存在しない。したがって、社員総会も存在しない。社員総会に似た機関として、**評議員及び評議員会が設置される**（一般法人170Ⅰ）。

また、一般社団法人と異なり、**理事会及び監事が必ず設置される**（一般法人170Ⅰ）。

このように、一般財団法人では、一般社団法人と比べて機関設計に関する自由が制限されている。これは、一般財団法人には社員が存在しないため、法人の適正な管理・運営に向けた社員による意思決定・監督が期待できないからである。

2　評議員・評議員会

一般社団法人においては、法人の根本的な意思決定機関は社員総会であるのに対し、一般財団法人においては、法人の根本的な意思は設立者により、根本規則である定款で定められる。もっとも、一般財団法人にとって必要となる意思決定（理事・監事の選任・解任等）を事前に定款ですべて行っておくことは不可能である。そこで、評議員及び評議員会は、そのような意思決定を行い、設立者によって定められた意思を実現する役割を担う。

評議員は、3人以上でなければならない（一般法人170・173Ⅲ）。そして、全員の評議員によって評議員会が構成される（一般法人178Ⅰ）。

評議員会は、一般法人法の定める事項と定款に定められた事項についてのみ

決議することができる（一般法人178Ⅱ）。

3　理事・理事会

　一般社団法人と異なり、理事会は必置の機関となっている。

　理事は、3人以上でなければならない（一般法人177・65Ⅲ）。そして、全員の理事によって理事会が構成され（一般法人170Ⅰ・197・90Ⅰ）、代表理事が選任される。理事及び理事会の権限は、いずれも、理事会設置一般社団法人における理事及び理事会の権限と同様である。

4　監事・会計監査人

　一般社団法人と異なり、監事は必置の機関となっている。監事及び会計監査人の権限は、いずれも、一般社団法人における監事及び会計監査人の権限と同様である。

【一般社団法人・一般財団法人の機関の整理】

	権限	社団	財団
社員総会	根本的な意思決定機関	必要的	（＊1）
理事	対外的代表権・業務執行権	必要的	必要的
理事会	業務執行の決定・理事の職務執行の監督・代表理事の選定・解職	任意的	必要的
監事	職務執行の監査・会計の監査	任意的（＊2）	必要的
会計監査人	会計の監査	任意的（＊3）	任意的（＊3）

＊1　一般財団法人では、社員がいないことから評議員及び評議員会が置かれる（これらは必要的）。
＊2　理事会又は会計監査人が置かれる場合は必要的（一般法人61）。
＊3　大規模一般社団法人及び大規模一般財団法人では必要的（一般法人62、171）。

2-2-3　法人の能力

一　法人の権利能力
二　理事の代表権の制限と取引の相手方の保護
三　法人の不法行為責任

学習の指針

　法人は権利能力を有し、構成員から独立して法人の名において権利を取得し、義務を負担することができますが、法人の権利能力は、①性質による制限、②法令による制限、③目的による制限(34)を受けます。特に、③目的による制限が試験対策上重要です。「目的」によって何が制限されるのか、「目的の範囲内」かどうかはどのように判断されるのかについて、正しく理解しておきましょう。

　また、法人の理事がその職務を行うにつき不法行為をなした場合、法人が相手方に対して賠償責任を負うことになっています（一般法人法78条、197条）。ここでは、一般法人法78条、197条によって法人が不法行為責任を負うのはどのような場合かということについて、正確におさえておきましょう。

一　法人の権利能力

1　意義

　法人は、その法人格の取得によって、権利能力を付与され、権利義務の主体となることが認められる。

　具体的には、

① 構成員から独立して法人の名において権利を取得し義務を負担する

② 法人自身の名において登記する

◀佐久間1・355頁

③　法人の財産は構成員や代表者の財産から区別された独立した財産であり、法人を取引主体とする契約から生じた債権債務についても構成員や代表者には帰属せず、法人のみに帰属する

ことが可能となる。

2　権利能力の制限

(1)　性質による制限

法人は、その性質上、家族法上の権利義務の主体（婚姻・養子縁組の当事者となること等）や、肉体の存在を前提とする権利義務の主体（生命・身体の自由の享有主体や雇用契約上の被用者となること等）にはなり得ない。

(2)　法令による制限

法人の権利能力（法人格）は法により与えられるものであるから、法令によって個別的に制限されることがある（34）。

ex.　清算法人の権利能力は清算の目的の範囲内でのみ認められる（一般法人207）

(3)　目的による制限（34）

民法34条は、「法人は、法令の規定に従い、定款その他の基本約款で定められた目的の範囲内において、権利を有し、義務を負う。」と規定している。

法人の「目的」によって何が制限されるのかについて、以下のように学説上争いがある。

論点

◀佐久間1・356頁
　LQ I・78頁

問題の所在

34条によれば、法人は「目的の範囲内」で権利を取得し、義務を負担する。では、「目的の範囲」を超えた理事の行為の効力につきどのように解すべきか。法人の「目的」によって何が制限されるのかということと関連して問題となる。

考え方のすじ道

34条は、文言上「権利を有し、義務を負う」と規定している
　　　　↓また
法人は社会的に有用な一定の目的のために権利義務の主体たる地位を認められたものである
　　　　↓したがって
法人の「目的」によって権利能力が制限されると解する（権利能力制限説）
　　　　↓よって
「目的の範囲」を超えた理事の行為は、絶対的に無効である
→相手方が表見代理（110）の成立を主張したり、法人側がこの行為を無権代理として追認（113）する余地はない
　　　　↓もっとも
このように解すると、たとえ相手方が理事の行為は「目的の範囲内」であると正当な理由をもって信じたとしても、保護されないことになり、取引の安全を害する
　　　　↓そこで
理事の行為が「目的の範囲内」かどうかを判断するに当たっては、次のように緩やかに解すべきである
　　　　↓すなわち
「目的の範囲内」の行為とは、定款に明示された目的自体に限られず、その目的を遂行するために直接または間接に必要な行為一切を含み、その行為が目的を遂行するために必要かどうかは、その行為が目的遂行上現実に必要であったかどうかを問わず、行為の客観的な性質に即し、抽象的に判断されるべきである（判例）

アドヴァンス

A　権利能力制限説（判例）

　法人の目的によって権利能力が制限される。

→相手方が表見代理（110）の成立を主張したり、法人側がこの行為を無権代理として追認（113）する余地はない

（理由）

①　34条の文言（「権利を有し、義務を負う」）からは、権利能力の制限と解するのが素直である。

②　法人は一定の目的を実現するために法人格を認められるものであるから、権利義務の帰属もその目的の範囲内で認められればそれでよい。

（批判）

①　不法行為や債務不履行をすることを目的とする法人はおよそあり得ないため、法人が不法行為責任や債務不履行責任を負うことの説明に窮する。

②　目的の範囲外の行為の効果がおよそ法人に帰属し得ないとすると、相手方の信頼を不当に害し、取引の安全を脅かすおそれがある。

B　行為能力制限説

　法人の目的によって行為能力（法人が法律行為をする資格）が制限される。

→目的の範囲外の行為であっても追認により有効とすることが可能

（理由）

　上記A説（権利能力制限説）に対する批判①。

（批判）

①　行為能力とは、自らの行為により法律行為の効果を確定的に自己に帰属させる能力であり、本来、個人を想定して構築された概念であるから、ここでの問題を「行為能力」を用いて論ずることには無理があり、端的に代理権の制限の問題として論じるべきである。

②　法人に追認権を認めると、法人は有利な行為だけを追認して利益を得、不利な行為は追認せずに不利益を免れることができ、不当である。

C　代表権制限説

　法人の目的によって法人の理事の代表権（代理権）が制限される。

→相手方が表見代理（110）の成立を主張したり、法人側がこの行為を無権代理として追認（113）することが可能

（理由）

①　法人の取引行為は理事等の代表（代理）によって行われるから、法人のすることができない行為とは、理事等が代表することができない行為である。したがって、34条の「目的の範囲」は、理事の代表権（代理権）の範囲を画するものである。

②　上記A説（権利能力制限説）に対する批判①。

（批判）

①　上記B説（行為能力制限説）に対する批判②と同じ批判が妥当する。

②　34条には、法人とその構成員をはじめとする利害関係者を保護する趣旨もあるから、無効とされるべきときは、取引の相手方の利益を害することとなっても、その取引を無効とすべきである。

3　「目的の範囲内」（34）の判断

　これまでみたように、「目的の範囲内」か否かは、理事の法律行為の効力に大きな影響を与える。そこで、「目的の範囲内」か否かの判断が重要となる。この判断は、営利法人（会社）の場合と非営利法人の場合で若干異なる。

(1)　営利法人（会社）の場合

　判例（最大判昭45.6.24／百選Ⅰ［第6版］〔8〕）は、取引安全の見地から「目的の範囲」を緩やかに解し、34条の「目的」は、定款等に定められた目的自体と同一ではなく、その目的たる事業を遂行するのに必要な行為を広く含むものとし、その範囲を画するにあたって、「行為の客観的な性質に即し、抽象的に判断」すべきであると解している。

 判例　最大判昭45.6.24
百選Ⅰ［第6版］〔8〕

八幡製鉄事件
政治献金は会社の定款所定の目的の範囲内かが争われた事案で、政治献金も、客観的・抽象的に判断して会社の社会的役割を果たすためになされたものと認められる限りにおいて、目的の範囲内の行為といえるとした。

【「目的の範囲内」に含まれるとされた例～営利法人】

判例上、「目的の範囲内」と認められた事案	
代理・周旋・仲立・信託等を目的とする会社の金銭の貸付	大判大5.11.22
機械類を販売する会社の機械製作の引受	大判昭5.9.11
鉄道会社の石炭採掘権の取得	大判昭6.12.17
銀行の抵当権実行による漁業権の取得	大判昭13.6.8
銀行が取引先のために物上保証人になること	最判昭33.3.28
会社が政党に政治資金を寄付すること	最大判昭45.6.24／百選Ⅰ[第6版]〔8〕

(2)　**非営利法人の場合**

　　これに対して、一般に、非営利法人に対しては、営利法人よりも厳格に目的の範囲が判断されるが、この場合でも、実質的にみて目的の遂行に必要と判断されれば、目的の範囲内とされる。

　　もっとも、非営利法人の中でも特に公的性格が強い法人（税理士会、司法書士会等）に関しては、実質的にみて目的の遂行に必要かどうかにかかわりなく、目的の範囲外と判断されやすい。これは、営利法人の典型例である会社のように目的の範囲を広範に解すると、公益目的の達成が阻害される可能性があり、また、当該団体が加入を強制される強制加入団体である場合には脱退の自由が制限されている構成員の権利（思想・信条の自由等）を保護する必要があるからである。

　ex.　強制加入団体である税理士会が政党などの政治資金規正法上の政治団体に寄付することは、目的の範囲外である（最判平8.3.19／百選Ⅰ[第8版]〔7〕）

　cf.　非営利法人かつ強制加入団体の行為を目的の範囲内と判断した判例（最判平14.4.25）は、司法書士会が大震災により被災した他の司法書士会に対し復興支援のために寄付をした行為について、目的の範囲内であると判断した

☞ One Point ▶員外貸付の返済義務

　　組合員以外の者に対する金銭の貸付（員外貸付）が目的の範囲外で無効となったとしても、貸金返済債務ではなく、不当利得返還債務（704）となって残存します。もっとも、返済時期や利息などに違いが生じてきます。

判例　最判昭41.4.26　百選Ⅰ[第6版]〔7〕

農業協同組合の理事長が組合員以外の者に対し、定款に違反していることを知りながら組合の目的事業と全く関係のない土建業の人夫賃の支払のため金員を貸し付けた事案で、目的の範囲内に属しない、と判示した。

【「目的の範囲内」に含まれないとされた例～非営利法人】

判例上、「目的の範囲内」と認められなかった事例	
生糸の加工・販売を目的とする同業組合が、組合員のためまゆを買い入れその代金債務を引き受けた行為	大判大元.9.25
信用組合の員外貸付	大判昭8.7.19
信用組合の債務引受	大判昭16.3.25
農業協同組合の員外貸付	最判昭41.4.26／百選Ⅰ［第6版］〔7〕
労働金庫の員外貸付	最判昭44.7.4／百選Ⅰ［第8版］〔84〕
「博愛慈善の趣旨に基づき病傷者を救治療養すること」を目的とする財団法人が、国民健康に関する新事業を行うため、認可を得ない段階で敷地・建物・備品を売却した行為	最判昭51.4.23
税理士会が政党などの政治団体に対して金員を寄付する行為	最判平8.3.19／百選Ⅰ［第8版］〔7〕

二 理事の代表権の制限と取引の相手方の保護

◀佐久間1・365頁

1 理事の代表権の範囲（包括代理権）

理事等の法人の代表者は、原則として、法人の事務一切につき権限を有する（一般法人77ⅠⅣ・197）。したがって、理事は、原則として、法人の法律行為一切に関する代表権（包括代理権）を有する。

2 理事の代表権の制限

理事は包括代理権を有するが、これを制限する主なものとしては、①定款（法人の組織活動の根本規範）・総会決議等による法人内部での制限、②法令による制限（利益相反取引にかかる代表権の制限）がある。

⑴ 定款・総会決議等による法人内部での制限

法人は、定款の定めや社員総会の決議によって、理事の代表権に制限を加えることができる。たとえば、特定の行為をするには理事会の決議を要する、といった制限が考えられる。このような制限が認められるのは、法人に団体自治が認められているためである。

定款・総会決議等による制限に反してなされた理事の行為は、無権代理行為となる。もっとも、かかる制限を知らなかった第三者の保護が問題となる（⇒下記3 取引の相手方の保護）。

⑵ 法令による制限（利益相反取引にかかる代表権の制限）

理事等の法人の代表者は、一般に、①自己又は第三者のためにする法人との取引、②法人が代表者以外の者との間でする、法人と代表者との利益が相反する取引についても、その代表権を法律上制限されている（一般法人84Ⅰ②③・197）。これは、代表者が法人の利益を犠牲にして自己又は第三者の利益を図ることを防止する趣旨によるものである。

一般社団法人・一般財団法人の理事が利益相反取引をするには、社員総会等において、当該取引につき重要な事実を開示し、その承認を受けなければならない（一般法人84Ⅰ柱書・197）。かかる制限に反してなされた理事の行為は、無権代理行為となると解されている。

3 取引の相手方の保護

⑴ 善意の第三者の保護

法人内部での制限について、外部の第三者がこれを知ることは容易ではなく、また原則として代表者は包括代理権を有するのであるから、法人内部で

の制限について善意の第三者が保護されないのでは、法人をめぐる取引の安全を著しく害することになる。そこで、法人内部での制限について善意の第三者の保護が問題となる。

この点、一般法人法77条5項・197条（77条5項準用）は、理事の「権限に加えた制限は、善意の第三者に対抗することができない」と規定している。この規定は、①第三者の過失の存否を問わない点、及び②「善意」は定款・総会決議等による代表権の制限について知らないことと解されている点で、表見代理（権限外の行為の表見代理、民110）と比べて、相手方がより厚く保護されている。

> ∵ 理事の包括代理権は法人の円滑な取引の促進に資するものであり、これに対する相手方の信頼を厚く保護すべきであるし、法人の取引に際して、相手方に定款や社員総会等の決議の調査を要求することは、円滑な取引の妨げになり妥当でない
>
> ＊ なお、法令による制限は、理事の「権限に加えた制限」（一般法人77Ⅴ・197）に含まれない。

(2) 代表権の制限を知っていた第三者の保護

法人内部での制限について悪意の第三者であっても、理事の代表権が制限されていない（理事の代理権が存在する）と信じた第三者の保護が問題となる。

> ex. 理事が法人所有の土地を売買するには理事会の承認を要する旨の定款の定めがあることを相手方が知っていた場合において、理事が理事会の承認を得たことを偽装したために、相手方が理事会の承認の存在を無過失で信じたケース

この点、一般法人法77条5項・197条（77条5項準用）は、理事の包括代理権に対する信頼を特に保護する規定であるのに対し、権限外の行為の表見代理に関する民法110条は、特定の行為についての代理権の存在を信じた相手方を保護する規定であり、保護の対象が各々異なる。したがって、一般法人法77条5項・197条（77条5項準用）による保護を受けられなくても、民法110条の適用により保護されるものと解されている。

判例（最判昭60.11.29／百選Ⅰ［第8版］〔31〕）は、理事が当該具体的行為につき理事会の決議等を得て適法に代表権を有するものと信じ、かつ、このように信じるにつき正当な理由があるときは、その相手方は民法110条の類推適用により保護される旨判示した。

判例 最判昭60.11.29／百選Ⅰ［第8版］〔31〕

事案： Y漁業協同組合の理事長AからY所有の土地を買い受けたXが、Yに対し土地の移転登記を請求した。Yの定款には、固定資産の処分については理事会の承認が必要である旨の定めがあり、Xはこの規定を知っていたが、理事会の承認があったものと信じていた。

判旨： 第三者が一般法人法77条5項にいう「善意であるとはいえない場合であっても、第三者において、理事が当該具体的行為につき理事会の決議等を得て適法に漁業協同組合を代表する権限を有するものと信じ、かつ、このように信じるにつき正当の理由があるときには、民法110条を類推適用し、漁業協同組合は右行為につき責任を負うものと解するのが相当である」とした。

なお、法令により代表権が制限されている場合についても、理論的には、相手方に正当な理由があれば、表見代理の成立が認められる（最判昭34.7.14／行政百選Ⅰ［第7版］〔12〕）。もっとも、「法の不知はこれを許さず」の原

則からすると、ここでの「正当な理由」が認められることは考えにくい。

　他方で、法令上の制限は相手方が知っているべきだという前提に立ったとしても、相手方が法令上の要件を満たしているものと信じ、そのように信じることにつき正当な理由がある場合には、民法110条類推適用により相手方を保護しうる（最判昭39.7.7参照）。

> **判例**　**最判昭34.7.14／行政百選Ⅰ[第7版]〔12〕**
> 事案：　Ｙ村議会は、一般会計の歳入調整のため250万円の借入れをなすことができる旨を決議し、これを受けて村長がＸ組合からＹ村名義で50万円を借り入れ、右金員を受領した。しかし、弁済期到来後も返済がないため、ＸがＹ村に対して返済を求めた。
> 　　　　地方自治法170条によると、地方公共団体の現金の出納・保管は会計管理者の専権に属し、長は現金を出納する権限を有しないとされている。
> 判旨：　収入役（現行法の会計管理者に相当）が現実に金員を受領していない以上、ＸとＹ村との間には消費貸借は成立していないとした上で、「普通地方公共団体の長自身が他よりの借入金を現実に受領した場合は、民法110条所定の『代理人がその権限を越えて権限外の行為をなした場合』に該当するものとして、同条の類推適用を認めるのが相当であ」るとし、110条類推適用の余地を認めた。

三　法人の不法行為責任

1　総説

◀佐久間1・372頁

法人が不法行為責任を負う場合には、大別して2つある。
① 法人が代表者や被用者等の他人の不法行為について責任を負う場合
② 法人が他人の行為を介さずに、直接不法行為責任を負う場合

(1) **①法人が代表者や被用者等の他人の不法行為について責任を負う場合**

　この場合について、一般法人法78条・197条（78条準用）は、法人は「代表理事その他の代表者がその職務を行うについて第三者に加えた損害を賠償する責任を負う」と規定している。

　法人がこのような責任を負う根拠としては、報償責任の原理（他人を利用して利益を得ている者は、他人の利用による損失をも負担すべきであるという考え方）、あるいは、危険責任の原理（他人を利用することにより社会的な危険を増大させているのであるから、他人の利用による損失をも負担すべきであるという考え方）にあると解されている。

　一般法人法78条・197条（78条準用）については、後に詳しく説明する（⇒下記2以下）。

(2) **②法人が他人の行為を介さずに、直接不法行為責任を負う場合**

　この場合については、法人が土地所有者として土地工作物責任（民717Ⅰ）を負う場合等がある。

　また、公害事件のように、法人の違法な活動によって被害が発生したことは明らかであるが、法人の組織内の誰にどのような故意・過失による行為があったのかを特定することが困難である場合には、他人の行為を介さずに、法人そのものを加害行為者とする見解が有力に主張されている。なお、この問題については、不法行為一般の問題（民法709条の問題）として扱われるのが通常である。

2　一般法人法78条・197条の責任の要件

① 法人の代表機関の行為であること

② 職務を行うにつき第三者に損害を与えたこと

③ 代表理事（その他の代表者）の行為が一般的不法行為（民709）の要件を具備すること

→故意又は過失に基づいて他人の権利を違法に侵害するものであること

⑴ 「代表理事その他の代表者」（一般法人78・197）の解釈（要件①について）

  (a)　「代表者」に含まれるもの

    理事、仮理事、清算人。

  (b)　「代表者」に含まれないもの

    被用者、監事、代表機関の選任した任意代理人（判例）、支配人（判例）。

    →ただし、これらの者による不法行為の場合にも、法人が民法715条による使用者責任を負うことはあり得る

⑵ 「職務を行うについて」（一般法人78・197）の解釈（要件②について）

問題の所在

　一般法人法78条・197条は、法人は、代表理事その他の代表者がその「職務を行うについて」第三者に加えた損害を賠償する責任を負うと規定している。では、「職務を行うについて」とはどのような意味か。条文上明らかでなく問題となる。

考え方のすじ道

【取引的不法行為の場合】

その行為が職務行為に属するか否かは相手方から見て不明確であるから、相手方の信頼を保護する必要がある

    ↓そこで

「職務を行うについて」とは、行為の外形から見てその職務行為に属するものと認められる場合をいうものと解する（外形理論、判例）

→行為者の主観的な態様を問わない

    ↓もっとも

相手方が、その行為が職務行為に属さないことについて悪意であった場合、かかる相手方の信頼を保護する必要はない

    ↓また

相手方が重過失によって知らなかった場合も、悪意と同視することができる

    ↓したがって

相手方が、その行為が職務行為に属さないことについて悪意又は重過失である場合には、たとえ行為の外形から見てその職務行為に属するものと認められる場合であっても、当該法人は一般法人法78条・197条に基づく責任を負うことはない（判例）

【事実的不法行為の場合】

「職務を行うについて」という要件は、代表者という他人の行為のうち、法人が責任を負うべき行為の範囲を画するものである

    ↓そして

法人が一般法人法78条・197条の責任を負う根拠は、他人を利用することにより社会的な危険を増大させているのであるから、他人の利用による損失をも負担すべきであるという危険責任の原理にあると解する

    ↓したがって

代表者の行為が、社会通念上、職務行為に関連して行われた場合には、「職務を行うについて」の要件を満たすものと解する

　論点

◀佐久間1・374頁
　LQⅠ・94頁

判例 大判大9.10.5等

判例は、715条の場合と同様に、外形理論を採用している。すなわち、内部的には正当な職務の範囲とはいえない場合であっても、行為の外形上代表機関の行為と認められる場合のほか、職務行為と社会通念上相当な牽連関係に立ち、法人の目的のためになされたと認められる行為をも含むとする。ただし、（旧法下の）理事の行為が外形上その職務行為に属する場合であっても、相手方がその職務行為に属さないことを知っていたり、又は知らないことについて重過失がある場合は、法人は責任を負わないとしている。

【法人の不法行為の法律構成】

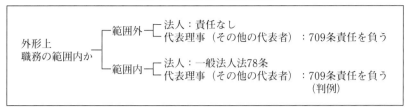

3　取引的不法行為における一般法人法78条・197条と民法110条の関係

　市町村長が、地方自治法などの法律で定められた権限を超えて、私益を図る目的をもって市町村名義で取引行為を行った場合のように、理事等の代表者の無権代理行為（取引的不法行為）が一般法人法78条等の要件を満たすときには、権限外の行為の表見代理に関する民法110条との適用関係が問題となる（なお、実務上は原告の選択した方が審理されることになるため、この問題は理論上の問題である）。

　この問題については、以下のような見解がある。

①　民法110条のみが適用されるとする見解（一般法人法78条適用排除説）
　　∵　取引行為による権限外の行為については、取引法理である民法110条により解決すべきであり、不法行為に関する一般法人法78条によるべきではない

②　いずれも適用されるが、まずは民法110条の適用を優先すべきであるとする見解（民法110条優先適用説）
　　∵　表見代理の成立によって契約の効果が実質的に法人に帰属するのであれば、損害賠償責任を問題とする余地はない

③　いずれも適用されるが、相手方はいずれを主張してもよいとする見解（選択的適用説）
　　∵　相手方が表見代理による保護（契約の履行）を求めない場合に、損害賠償による保護を否定する理由はない

　上記①（一般法人法78条適用排除説）の見解に対しては、相手方に過失があった場合でも一般法人法78条の要件を満たすはずであるが、①の見解では一般法人法78条に基づく不法行為責任を追及することができず妥当でない、との批判がなされている。

　上記②（民法110条優先適用説）の見解に対しては、民法110条の表見代理が成立する場合、法人の責任を契約の履行責任に固定してしまうのは妥当でない、との批判がなされている。

　上記③（選択的適用説）の見解に対しては、取引安全の保護の見地からすれば、取引行為については可能な限りその効力の維持を図るべきであるから、法人への効果帰属を否定する一般法人法78条の適用よりも、まずは取引行為を有効とする民法110条の適用を優先すべきである、との批判がなされている。

4　代表理事その他の代表者の個人責任

　一般法人法78条・197条により法人が不法行為責任を負う場合、不法行為をした理事等の代表者個人も民法709条に基づく不法行為責任を負う（最判昭49.2.28）。

2-2-4　法人の消滅

・　法人の解散・清算

1　法人の解散

　一般社団法人の解散事由は、①定款で定めた存続期間の満了、②定款で定めた解散事由の発生、③社員総会の決議、④社員が欠けたこと、⑤合併による法人の消滅、⑥破産手続開始の決定、⑦解散を命ずる裁判である（一般法人148）。

　一般財団法人の解散事由は、①定款で定めた存続期間の満了、②定款で定めた解散事由の発生、③法人の目的である事業の成功の不能、④合併による法人の消滅、⑤破産手続開始の決定、⑥解散を命ずる裁判、⑦貸借対照表上の純資産額が300万円未満となった場合である（一般法人202）。

2　法人の清算

　一般社団法人及び一般財団法人の清算事由は、①解散した場合、②設立の無効の訴えの請求を認容する判決が確定した場合、③設立の取消しの訴えの請求を認容する判決が確定した場合である（一般法人206）。

　清算終了後の残余財産の帰属については、定款に従い（一般法人239Ⅰ）、定款により帰属が定まらない場合は社員総会又は評議員会の決議による（同Ⅱ）。残余財産の帰属者として社員を指定することは禁じられていない。

　定款や、社員総会又は評議員会の決議によっても定まらない場合、残余財産は国庫に帰属することとなる（同Ⅲ）。

2-2-5　権利能力なき社団

一　意義	学習の指針
二　社団と組合 三　権利能力なき社団の要件 四　権利能力なき社団の効果	権利能力なき社団とは、その実体が社団であるにもかかわらず法人格をもたない団体には、できるだけ社団法人に近い扱いをすべきではないかとの考えから生まれた概念です。 　権利能力なき社団として認められるための要件と、権利能力なき社団の財

産の帰属形態（権利・義務は各構成員に総有的に帰属する）をおさえた上で、個々の論点を理解していきましょう。

一　意義

　権利能力なき社団とは、社団の実体を有するが法人格を与えられていない団体をいう。たとえば、町内会や自治会、大規模の同窓会などのように、法人格を得ていないが実質的には法人と同様の組織を有し、構成員から独立して行動している団体がこれに当たる。

二　社団と組合

　権利能力なき社団の問題の前提として、民法が設けている団体に関する制度を理解しなければならない。それは、「社団法人」という制度と「組合」という制度である。

　伝統的な通説は、両者の区別について、「社団法人」は法人格を与えられるにふさわしい団体（社団）であり、「組合」は法人格を与えられるにふさわしく

ない団体である、と考えている。具体的には、以下のような違いがある。

【社団と組合の相違】

	社団	組合
団体と構成員との関係	構成員から独立した団体（独立的存在）	構成員から独立しない人の集合体（独立性なし）
構成員の個性・人数	希薄・多人数	濃厚・少人数
行為	代表機関が行う	構成員全員が共同して行う
財産の帰属	総有（分割請求不可）	合有（分割請求可）
団体の債務	構成員は負担せず	構成員も負担する

　このように考えると、法人格を与えるのにふさわしい団体（社団）でありながら法人格を得ていない団体、すなわち権利能力なき社団が存在することになる。そして、権利能力なき社団には、法人格を取得していないからといって「組合」の規定を適用するのは妥当でなく、その「社団」としての実質に沿った取扱いをするため、法人規定を適用しようとするのが、問題の視点である。

三　権利能力なき社団の要件

　判例（最判昭39.10.15／百選Ⅰ［第8版］〔8〕）によれば、権利能力なき社団といいうるためには、以下の要件が必要である。
① 団体としての組織を備えていること
② 多数決の原則が行われていること
③ 構成員の変更にもかかわらず団体そのものが存続していること
④ その組織において代表の方法、総会の運営、財産の管理その他団体としての主要な点が確定していること

四　権利能力なき社団の効果

1　権利能力なき社団の対内関係（組織に関する事項）

　団体の組織に関する事項（社員の資格、社員総会の運営方法、代表方法等）については、法人の組織に関する規定の類推適用が認められることがある（最判昭55.2.8参照）。法人の組織に関する一般法人法の規定は、法人格のいかんにかかわらず、団体としての処理方法を規定したものと考えられるためである。

2　権利能力なき社団の対外関係（財産関係に関する事項）

　権利能力なき社団自体は、権利義務の帰属主体となることができない。したがって、形式的には、権利能力なき社団をめぐる権利義務は構成員全員に帰属するものと考えざるを得ない。問題は、それがどのように帰属するかである。

(1)　財産の帰属形態

　権利能力なき社団自体は法人格を有しない以上、その社団自体に財産が帰属すると考えることはできないから、その財産は構成員全員に共同帰属すると解さざるを得ない。もっとも、経済的・実質的には、その財産は社団の目的のために存在し利用されているから、社団自体に帰属しているとみるべきであり、実際上も構成員の個人財産と区別されている。したがって、このような実態をできる限り反映すべきである。

　そこで、権利能力なき社団の財産は、構成員全員に総有的に帰属するものと解されている（総有説、最判昭32.11.14等）。総有とは、社団の財産は構成員全員が共同で所有するとしつつ、**各構成員はその財産について持分を有さず、社団の定めに従って財産を使用・収益できるにとどまる**、というものである。

　このように解することによって、権利能力なき社団が存続する間、実質的

に社団自体に財産が帰属しているのと同様の状態にすることができる。下記
3つ（(2)～(4)）の具体的な効果は、構成員全員に総有的に帰属するという財
産の帰属形態を前提とするものである。

　　ただし、下記「(5)　**不動産の公示方法**」については、法人と同様の扱いが
認められていないことに注意すべきである。

(2)　**権利能力なき社団の取引**

　　権利能力なき社団の代表者が団体の名において行った行為の効果は、構成
員全員に総有的に帰属する（最判昭39.10.15／百選Ⅰ［第8版］〔8〕等）。

　　→実質的に、代表者による権利能力なき社団の代表（代理）が認められる
　　　のと同様となる

　　＊　組合においても、「組合の代理」（670の2）が認められているので、
　　　効果の帰属形態が異なるにすぎない。

(3)　**団体財産に対する構成員の権利**

　　各構成員には、権利能力なき社団の財産（構成員全員の総有財産）につい
て持分がない。

　　→各構成員は、社団の財産の分割請求権や持分の譲渡・処分、脱退による
　　　払戻請求権、解散時の残余財産分配請求権といった、持分を前提とする
　　　権利も有しない（最判昭32.11.14参照）

(4)　**団体債務に対する構成員の責任**

　　上記のとおり、権利能力なき社団の代表者が団体の名において行った行為
の効果は、構成員全員に総有的に帰属するところ、これは債務にも及ぶ。

　　→「権利能力なき社団の代表者が社団の名においてした取引上の債務は、
　　　その社団の構成員全員に、一個の義務として総有的に帰属するととも
　　　に、社団の総有財産だけがその責任財産となり、構成員各自は、取引の
　　　相手方に対し、直接には個人的債務ないし責任を負わない」（最判昭
　　　48.10.9／百選Ⅰ［第8版］〔9〕）

(5)　**不動産の公示方法**

　(a)　**不動産の登記名義**

問題の所在

　　権利能力なき社団の財産は、構成員全員に総有的に帰属する。そうだとすれば、
社団の不動産についても、構成員全員の共同所有名義の登記がされなければなら
ないはずである。しかし、これでは構成員の変動があった場合の手続が煩雑であ
るし、構成員数の多い社団では実際上登記が不可能となる。

　　そこで、社団名義の登記や、肩書付きの代表者個人名義の登記（「A社団代表
者B」名義の登記）を認めることはできないか。

考え方のすじ道

登記官は形式的審査権しか有しないことから、登記申請人が権利能力なき社団た
る実質を備えているかどうかを審査できない
　　　　↓そのため
社団名義の登記を認めると、登記官はすべて申請どおり受理せざるを得なくな
り、虚無人名義の登記の多発を許すことになる
　　　　↓しかし
このような事態は、無効な登記の発生を防止し、不動産取引の安全を図ろうとす
る不動産登記法の趣旨に反する
　　　　↓また
強制執行や滞納処分の潜脱手段とされるおそれもある

> ↓よって
> 社団名義の登記は認められないと解する
> 　　　　↓また
> 肩書付きの代表者個人名義の登記も、実質上社団名義の登記を認めることとなり、上記不都合が妥当するから、認められないと解する
> 　　　　↓もっとも
> 常に構成員全員の共同所有名義の登記を要求するのは現実的でない
> 　　　　↓そこで
> 代表者は、構成員全員からの受託者たる地位において、不動産につき自己名義で登記することができると解する

■ アドヴァンス ■

判例　最判昭47.6.2

　社団の資産たる不動産について、社団の代表者個人の名義で所有権の登記をすることが行われているが、「これは、不動産登記法が社団自身を当事者とする登記を許さないこと、社団構成員全員の名において登記をすることは、構成員の変動が予想される場合に常時真実の権利関係を公示することが困難であることなどの事情に由来するわけであるが、本来、社団構成員の総有に属する不動産は、右構成員全員のために信託的に社団代表者個人の所有とされるものであるから、代表者は、右の趣旨における受託者たるの地位において右不動産につき自己の名義をもって登記をすることができる」。

　登記簿上、社団の代表者である旨の肩書を付した記載を認めるべきであるとの主張に対しては、「かような登記を許すことは、実質において社団を権利者とする登記を容認することにほかならないものであるところ、不動産登記法は、権利者として登記せらるべき者を実体法上権利能力を有する者に限定し、みだりに拡張を許さないものと解すべきであるから、所論のような登記は許されない」。

(b)　**代表者が交代した場合**

　　代表者が交代すると、新代表者名義への所有権移転登記をする必要がある。この場合において、旧代表者がこれに応じないときは、新代表者のほか、権利能力なき社団も、旧代表者に対し、新代表者名義への所有権移転登記手続をするよう請求することができる（最判平26.2.27／民訴百選〔第5版〕〔10〕）。

3　不法行為による責任

　権利能力なき社団の代表者が、職務を行うにつき不法行為を行った場合には、一般法人法78条を準用して社団の不法行為責任を肯定するのが通説である。

☞ One Point ▶民事訴訟上の当事者能力

　権利能力なき社団の総有財産をめぐり争いが生じた場合、権利能力なき社団の名で訴え、あるいは訴えられることができるのかが問題となります。この点について、民事訴訟法29条は、「法人でない社団又は財団で代表者又は管理人の定めがあるものは、その名において訴え、又は訴えられることができる。」と規定しています。

> 　現在90歳のAは、2年前からしばしば事理弁識能力を欠く状態になった。絵画の好きなAは事理弁識能力を欠いている時に、画商Bの言うままに、Bの所有する甲絵画を500万円で売買する契約をBと締結し、直ちに履行がされた。
> 　この事案について、以下の問いに答えよ。
> 　1　Bに甲絵画を800万円で購入したいという顧客が現れた場合に、Bの方からAに対して甲絵画の返還を請求することができるか。
> 　2　AB間の売買契約が履行された後、Aを被後見人とし、Cを後見人とする後見開始の審判がされた。AB間の甲絵画の売買契約に関するCによる取消し、無効の主張、追認の可否について論ぜよ。

[問題点]

1　意思無能力者の法律行為の効力
2　意思無能力を理由とする無効の主張適格

[フローチャート]

● 設問1

```
┌─────────────────────────┐
│ AB間の売買契約の効力が問題 │
└─────────────────────────┘
            │
┌─────────────────────────┐
│ Aが意思無能力であるため無効 │
└─────────────────────────┘
            │
      ╱─────────────╲
     ╱ 契約相手方による無効 ╲
     ╲  主張の可否        ╱
      ╲─────────────╱
       YES        NO
        │          │
┌──────────┐ ┌──────────┐
│ Bは返還請求 │ │ Bは返還請求 │
│ できる    │ │ できない   │
└──────────┘ └──────────┘
```

● 設問2

```
┌─────────────────────────────┐
│ 取消し：売買契約時に後見開始の審 │
│ 判が確定していない以上、       │
│ 取消しの要件を満たさない      │
└─────────────────────────────┘
            │
      ╱─────────────╲
     ╱ 成年後見人による無効 ╲
     ╲  主張の可否        ╱
      ╲─────────────╱
       YES        NO
        │          │
┌──────────┐ ┌──────────┐
│ Cによる   │ │ Cによる   │
│ 無効主張可 │ │ 無効主張不可 │
└──────────┘ └──────────┘

      ╱─────────────╲
     ╱ 成年後見人による追認 ╲
     ╲  の可否           ╱
      ╲─────────────╱
       YES        NO
        │          │
┌──────────┐ ┌──────────┐
│ Cによる   │ │ Cによる   │
│ 追認可    │ │ 追認不可   │
└──────────┘ └──────────┘
```

[答案構成]

一 設問1について

1 Bは、Aが意思無能力であったため契約が無効であると主張して甲絵画の返還を請求することができないか

→ 意思能力を欠いた状態でなされた法律行為は無効（3の2）

→ 意思無能力とは事理弁識能力を欠いた状態をいうところ、Aは契約当時事理弁識能力を欠いており、意思無能力であったといえる

→ AB間の売買契約は無効

2 契約が無効であるとしても、Bは当該無効を主張できるか

この点、無効は絶対的なものとして誰からでも主張できるとも思える

↓しかし

① 意思無能力による無効はあくまで表意者本人の保護を目的とするもの

② 本問のように、相手方にたまたま利益がある場合に無効主張させることは、表意者保護の趣旨に反する

→ 無効主張が許されるのは、表意者に限られるというべき

二 設問2について

1 まず、9条による取消しはできない

→ 売買契約時には、成年後見開始の審判が確定していないため、取消事由が認められない

→ Cは取消権を行使できない

2 次に、Cは無効の主張ができるか

この点、意思無能力を理由とする無効は、表意者本人の保護を目的とするものであることからすると、本人にのみ無効主張適格を認めれば足りるとも思える。

↓しかし

成年後見人は、成年被後見人保護のために財産管理権や代表権を認められており（859）、いわば表意者側の人間といえる

→ 表意者に準じて、成年後見人も無効の主張ができるというべき

3 さらに、Cは追認ができるか

この点、意思無能力を理由とする無効は、表意者本人保護を目的とするものであり、本人以外の者による追認を許すべきでないとも思える

↓しかし

① 成年被後見人が単独で行った行為について、成年被後見人には追認する権限が認められている（122）ので、成年後見人が、成年被後見人保護の観点から有効とするべきと考えた行為については、本人による追認がなくても効力を認めるべき

② 成年後見人による追認を認めた方が法律関係の早期確定に資する

→ 表意者本人に準じて、成年後見人も追認ができるというべき

1 　胎児の父が他人の不法行為によって死亡した場合、胎児の母は、子の出生前であっても、その代理人として子の固有の慰謝料請求権を行使することができる。[司H23－30＝予H23－12]

2 　意思能力が欠けた状態で契約を締結した者は、後見開始の審判を受けていなくても、その契約の無効を主張することができる。[司H25－2＝予H25－1]

3 　未成年者が、法定代理人から営業の許可を得た後、法定代理人の同意を得ないで当該営業に関しない行為をした場合には、その行為は取り消すことができない。[司H21－1]

4 　未成年後見人が選任されている未成年者については、後見開始の審判をして成年後見人を付することはできない。[司H18－20]

5 　成年被後見人が建物の贈与を受けた場合、成年被後見人は、当該贈与契約を取り消すことができない。[司H18－20]

×　721条、大判昭7.10.6／百選Ⅰ[第6版]〔3〕参照。停止条件説によれば、出生までは権利能力がないため、胎児を代理して損害賠償請求することはできない。
⇒2－1－1　二（p.55）

○　3条の2、大判明38.5.11／百選Ⅰ[第8版]〔5〕参照
⇒2－1－2　二（p.57）

×　営業を許された未成年者は、その営業に関しては、法定代理人の同意なく、単独で有効な行為をなしうる（6Ⅰ）が、当該営業と無関係な行為については、原則どおり法定代理人の同意が必要となる（5Ⅰ本文）。
⇒2－1－3　二（p.62）

×　7条は、後見開始の審判の請求権者に「未成年後見人」を挙げている。そのため、未成年後見人が選任されている未成年者についても、後見開始の審判をして成年後見人を付することができる。
⇒2－1－3　三（p.63）

×　成年被後見人の法律行為は、「日用品の購入その他日常生活に関する行為」を除き、取り消すことができる（9ただし書）。不動産の贈与は「日常生活に関する行為」とはいえないため、取り消すことができる。
⇒2－1－3　三（p.63）

6　契約を締結した成年者がその後に後見開始の審判を受けたとき、成年後見人は、その契約の当時、既にその成年者につき後見開始の事由が存在していたことを証明して、その成年者のした契約を取り消すことができる。［司H 24－2］

× 成年被後見人として行為能力が制限されるのは後見開始の審判（8）があった時からであり、審判前に後見開始事由が存在したとしても、それを理由に取り消すことはできない。
⇒2－1－3　四(p.64)

7　後見開始の審判は本人が請求することはできないが、保佐開始の審判は本人も請求することができる。［司H 21－1］

× 後見開始の審判、保佐開始の審判ともに、その請求権者には本人が含まれている（7、11）。
⇒2－1－3　三(p.63)
　　　　　四(p.65)

8　保佐人の同意を得なければならない行為について、被保佐人の利益を害するおそれがないにもかかわらず保佐人が同意をしないとき、被保佐人は、家庭裁判所に対し、保佐人の同意に代わる許可を請求することができる。［司H 24－1］

○ 13条3項参照
⇒2－1－3　四(p.64)

9　被補助人について後見開始の審判をする場合、家庭裁判所は、その者に係る補助開始の審判を取り消さずに後見開始の審判をすることができる。［司H 24－1］

× 後見開始の審判をする際に、本人が被補助人である場合には、家庭裁判所は本人に係る補助開始の審判を取り消す必要がある(19Ⅰ)。
⇒2－1－3　五(p.65)

10　補助開始の審判がされる場合においても、補助人は当然に代理権を付与されるわけではない。［司H 20－3］

○ 補助人の代理権は補助人に代理権を付与する旨の審判（876の9Ⅰ）によって付与されるものである（15Ⅲ）。
⇒2－1－3　五(p.66)

11　未成年者は、その契約を取り消すことができることを知って契約を締結したときでも、その契約を取り消すことができる。［司H 24－2］

○ 制限行為能力者の取消権が排除されるのは、「詐術」（21）を用いた場合のみである。契約を取り消すことができることを知っていたのみでは、「詐術」（21）には当たらない。
⇒2－1－3　六(p.68)

12　制限行為能力者が、自己を行為能力者であると信じさせるために相手方に対して詐術を用いて法律行為をした場合は、その意思表示が錯誤に基づくものであって、その錯誤が法律行為の目的及び取引上の社会通念に照らして重要なものであるときでも、錯誤による取消しを主張することはできない。［司H 24－2改］

× 21条により禁じられるのは行為能力の制限を理由とする取消しのみであり、これによって錯誤取消し（95Ⅰ柱書）の主張が禁じられることはない。
⇒2－1－3　六(p.69)

13 任意後見契約が登記されている場合に後見開始の審判をすることができるの
は、本人の利益のために特に必要があると裁判所が認めるときに限られる。[司H
18－20]

○ 任意後見契約が登記されている場合には、家庭裁判所は、本人の利益のために特に必要があると認めるときに限り、後見開始の審判等をすることができる（任意後見契約に関する法律10Ⅰ）。
⇒2－1－3 ハ(p.70)

14 Aには妻Bとの間に子としてCとDがいて、Cには妻Eとの間に子としてFと
Gがいる場合において、Aが死亡した時、Cは既に7年間生死が明らかでなく、
Aの死亡後Eの請求により家庭裁判所が失踪の宣告をし、この審判が確定した場
合には、Aの相続人はBDFGである。[司H22－35改]

○ 30条1項、31条参照。Aの死亡時にCは死亡していたこととなり、FGが代襲相続することとなる。相続人は、B（890）、D（887Ⅰ）、FG（887Ⅱ）である。
⇒2－1－6 二(p.72)
⇒2－1－7 (p.75)

15 代表理事その他一般社団法人を代表する者を定めていない場合には、各理事
は、単独で一般社団法人を代表する。[司H25－7]

○ 一般法人法77条1項・2項参照
⇒2－2－2 一(p.80)

16 一般社団法人が理事会を設置した場合には、必ず監事を置かなければならな
い。[司H25－7]

○ 一般法人法61条参照
⇒2－2－2 一(p.80)

17 権利能力なき社団の成立要件は、団体としての組織を備え、多数決の原理が行
われ、構成員の変更にかかわらず団体そのものが存続し、その組織において代表
の方法、総会の運営、財産の管理等団体としての主要な点が確定していることで
ある。[司H20－4]

○ 最判昭39.10.15／百選Ⅰ［第8版］〔8〕参照
⇒2－2－5 三(p.91)

18 権利能力なき社団が取得した不動産については、権利能力なき社団名義で所有
権の登記をすることはできず、権利能力なき社団の代表者たる肩書を付した代表
者名義で所有権の登記をすることができるにすぎない。[司H20－4]

× 権利能力なき社団に属する不動産の登記について、判例（最判昭47.6.2）は、肩書付きの登記をすることはできないとしている。
⇒2－2－5 四(p.93)

これから学ばれる方へ

　私権の客体とは、所有権の対象となる客体は何か、という問題です。民法ではこれを「物」と呼びます。

　たとえば、皆さんはこの本に対する所有権をもっていますが、ここでいう所有権の客体は、この本という「物」です。本は「物」に当たるから、皆さんはこの本に対する所有権をもつことができるのです。

　「物」に当たるものは他にもいろいろあります。六法全書も「物」に当たりますし、土地や建物も「物」に当たります。とはいえ、六法全書と土地・建物とでは、財産としての重要性や扱い方にずいぶんと違いがあります。そこで、民法は「物」を様々に分類し、それに応じた規定を設けています。

3-1　物の意義

<table>
<tr><td>一　意義
二　所有権（物権）の客体
　の要件</td><td>**学習の指針**
　民法上の「物」とは、有体物である
と規定されています（85）。この分野
では、所有権（物権）の客体となるた
めの要件について理解しましょう。</td></tr>
</table>

一　意義

1　民法は、「物」を有体物に限定している（85）。

（趣旨）

　所有権の客体を、全面的な支配に適する物に限定する趣旨である。

2　有体物とは、液体・気体・固体であり、空間の一部を占めて有形的存在を有するものをいう。

ex.　土地、建物、宝石

　これに対し、無体物（熱、光、電気などのエネルギーや債権・著作権などの権利）は「物」（85）に含まれない。もっとも、電気のように管理可能な状態に置かれるものは、「物」に準じて扱われる（大判昭12.6.29）。

　「物」に関する他の規定を、必要に応じて、無体物に類推適用することも85条に反しないと考えられている。

ex.　従たる権利

＊　なお、権利の上に物権が成立する場合（転抵当権（376Ⅰ）・転質権（348）・権利質（362）等）もある。

二　所有権（物権）の客体の要件

　所有権の客体である「物」となるためには、以下の要件が必要となる。

①　有体性（有体物であること、85）

②　支配可能性・非人格性

　　所有権の客体は、排他的支配が可能なものでなければならない。したがって、星や海は、有体物であっても、所有権の客体とはならない（ただし、海は一定の要件を満たせば所有権の客体となり得る。最判昭61.12.16参照⇒101頁）。また、誰でも自由に利用できる大気等も「物」とはいえない。

　　∵　所有権は、その客体である「物」に対する他人の利用を排除することができる権利であるから、権利を侵害されたかどうかを判断できないような客体や、排除を請求することができないような状況にある客体については、「物」として認める意味がない

　　さらに、生きている人の身体も所有権の客体とはなり得ない。すなわち、「物」となるためには、非人格性が必要である。

　　∵　現代法では、人の身体に対して排他的支配は認められていない

　　＊　なお、人体から分離された血液・臓器等は、一応所有権の客体となり得るものの、法律上自由な取引が禁じられている。

③　特定性

　　所有権の客体である「物」は、特定していなければならない。

　　→ビール１ダースについての所有権は、どの１ダースかが決まらないと成立しない

∵　所有権は他人の干渉を排除する排他的な支配権であるから、物が特定していなければ、何に対して支配が及んでいるのかが分からない

cf.　集合物譲渡担保　⇒『**担保物権**』

④　独立性・単一性

「物」は、独立した物でなければならず、物の一部であってはならない（独立性）。また、個々の物の集合体は原則として「物」として扱われない（単一性）。これらは、一物一権主義（⇒『**物権**』）に基づくものである。

3-2　不動産と動産

―　不動産（86Ⅰ）
二　動産（86ⅡⅢ）
三　不動産と動産の区別の意味

学習の指針

　物は、不動産と動産に分けることができます。不動産とは、土地及びその定着物のことをいい（86Ⅰ）、不動産以外の物は、すべて動産とされています（86Ⅱ）。土地の定着物とは何かについては、具体例とともにしっかりとおさえておきましょう。

　不動産と動産は、様々な局面で異なる取扱いを受けます。たとえば、不動産についての公示手段は「登記」（177）であるのに対して、動産は「引渡し」（178）とされています。また、登記には公信力が認められないのに対して、動産の占有には即時取得（192）により公信力が認められています。

B
ランク

―　不動産（86Ⅰ）

不動産とは、土地及びその定着物のことをいう。

1　土地

土地とは、一定の範囲の地面及びその上下（空中・地中）に及ぶ立体的存在をいう（207）。地面のみならず、湖沼・河川も「土地」の概念に含まれる。また、地中の岩石・土砂は、土地の構成部分をなすものであり、土地と別個の物ではない。

土地は、人為的に区分され、その一筆ごとに登記される。あくまでも人為的な区分であるため、一筆の土地（登記記録上一個の物とされている土地）の一部について譲渡したり時効取得することも可能である。

＊　判例（最判昭61.12.16）は、海について、「海は、……いわゆる公共用物であって、……そのままの状態においては、所有権の客体たる土地に当たらない」としつつ、「海も、……その性質上当然に私法上の所有権の客体となりえないというものではなく、国が行政行為などによって一定範囲を区画し、他の海面から区別してこれに対する排他的支配を可能にした上で、その公用を廃止して私人の所有に帰属させることが不可能であるということはできず、……かかる措置をとった場合の当該区画部分は所有権の客体たる土地に当たる」としている。

2　土地の定着物

土地の定着物とは、土地に固定されており、取引観念上継続的に固定されて使用されるものをいう。

土地の定着物は、すべて不動産であるが、①土地の一部という意味で不動産とされるものと、②土地とは別の不動産とされるものとがある。

判例 大連判大13.10.7
百選Ⅰ[第8版][10]
本判決は、土地は所有者の行為により区分することが可能であり、一筆の土地の一部といえども標識などで区分し譲渡することは可能であるとして、登記を経ていないといえども当事者間では権利移転の効力を有する、と判示した。

①土地の一部とされるものは、土地所有権に含まれる。たとえば、樹木、取り外しの困難な庭石、石垣などである。

＊　未分離の果実

未分離の果実は、本来は土地の定着物として土地所有権に吸収されるが、土地から独立させて取引することもできる。

たとえば、蜜柑・桑葉等は本来土地の定着物であるが、成熟すれば独立して所有権の対象となり、明認方法によって所有権を第三者に対抗することができる。この場合、判例は、これら未分離の果実を独立の動産に準じて取り扱っている。

では、②土地とは別の不動産とされるのは、どのような物だろうか。

(1)　建物

建物は土地から独立した定着物であり、常に独立した別個の不動産とされる。そのため、土地を売り渡したときに地上の建物の所有権は必ずしも移転しない。

民法には、土地と建物を別個の不動産とする旨を直接規定する条文はなく、370条が間接的に規定しているにとどまるが、不動産登記法は土地と建物を別個の不動産として扱っている。

(a)　建物が独立した不動産となる段階

建築中の建物は、①当初の建築材料は動産であり、②途中で土地の定着物として土地の一部となるが、③一定の段階で建物としての独立性が出てくると、土地とは別の不動産になる。では、③建物になるのはどのような段階からだろうか。

この点、判例（大判昭10.10.1／百選Ⅰ［第8版］〔11〕）は、屋根をふき荒壁をつけた段階から建物といえるとしている。雨風をしのぐことができて、抽象的にであれ何らかの形で建物としての使用可能性が認められれば、不動産とみて差し支えないとの解釈を採用していると考えられる。

(b)　建物が増築された場合に、増築部分が独立の建物になるか。

この点、判例は、物理的構造からだけでなく、取引・利用上の観点からも判断すべきであり（最判昭39.1.30）、増築部分を除くと既設部分が経済上の独立性を失うときは、増築部分を独立の建物とすることはできないとする（最判昭31.10.9）。

(2)　立木

立木は、土地の構成部分として土地と一体化した不動産であり、原則として独立の不動産ではない（最判昭40.8.2）。

→土地の所有権は原則として立木にも及び、土地に設定された抵当権の効力は、原則として立木にも及ぶ（370本文）

＊　伐採された立木（伐木）は、土地とは独立した「動産」となる。したがって、不動産の一部である伐採前の立木では認められなかった即時取得（192）も、伐木であれば認められる。

もっとも、立木に関する法律（立木法）によって登記された立木（樹木の集団）は、土地とは別個独立の不動産となり、土地と分離して所有権の移転や抵当権の設定が可能となる。

また、立木法による登記がなくても、明認方法（土地とは独立してその所有者を公示するもの）が施されれば、その立木は土地とは別個独立の不動産となる。ただし、明認方法は簡易な公示方法であり、技術上の限界があるため、所有権についてのみその公示が可能であり、抵当権等の担保権設定行為の公示に用いることはできない。

> **判例**　大判昭10.10.1
> 百選Ⅰ［第8版］〔11〕
>
> 未完成建物といえども、不動産登記法に基づき登記できれば、不動産である。そして、登記できる場合とは、屋根及び周壁を有し土地に定着する一個の建造物として存在すれば足り、床天井は必要ではない。

二 動産（86ⅡⅢ）

1 意義

動産とは、不動産以外のすべての物をいう（86Ⅱ）。

ただし、自動車・航空機など、登記・登録することによって不動産とほぼ同様の法的扱いを受ける動産もある。

＊ 商品券・入場券・乗車券等は、動産ではなく無記名証券（証券上に特定の権利者名が表示されておらず、その所持人が権利者としての資格を有する証券、520の20）として扱われる。

2 金銭

金銭は、通常の物としての個性をもたない交換価値そのものとして存在する特殊な動産である。そのため、通常の物として取り扱われる場合（封金されている場合や、記念硬貨・古銭等）を除き、金銭は、特段の事情のない限り、その占有者の所有に属する（最判昭39.1.24／百選Ⅰ［第8版］〔77〕）。

→動産の物権変動に関する規定（意思主義（176）・対抗要件としての引渡し（178）・即時取得（192））は適用されない

したがって、金銭の占有者は、その占有を取得するに至った経緯・権原を問わず金銭の所有者となり、盗難被害者や遺失者であっても、金銭の所有権に基づく物権的請求権を行使することはできない。もっとも、盗難被害者・遺失者には不当利得返還請求権（703・704）が認められる。

三 不動産と動産の区別の意味

【不動産と動産の相違】

		不動産	動産
公示方法・対抗要件		登記（177）	引渡し（178）
公信力		登記に公信力はない ただし、94条2項類推適用の法理により第三者が保護され得る	占有に公信力が認められている（即時取得、192）
その上に成立する物権	先取特権	客体となる	客体となる
	質権	客体となる	客体となる
	抵当権	客体となる	客体とならない
	用益物権	客体となる	客体とならない
無主物		国庫に帰属する（239Ⅱ）	占有者が所有権を取得する（無主物先占、239Ⅰ）

3-3　主物と従物

<table>
<tr><td>一</td><td>はじめに</td></tr>
<tr><td>二</td><td>従物の要件</td></tr>
<tr><td>三</td><td>他人の所有物でも従物といえるか（従物の要件③について）</td></tr>
<tr><td>四</td><td>従物の取扱い</td></tr>
<tr><td>五</td><td>従たる権利</td></tr>
</table>

学習の指針

　従物とは、独立の物でありながら、客観的・経済的には他の物（主物）に従属してその効用を助ける物をいい、従物は原則として主物の処分に従うとされます（87Ⅱ）。ここでは、従物の要件を、制度趣旨と関連づけて理解するように心掛けましょう。

一　はじめに

1　意義

　従物とは、独立の物でありながら、客観的・経済的には他の物（主物）に従属して、その効用を助ける物をいう。このような従物は、主物の法律的運命に従わせることが望ましいので、「従物は、主物の処分に従う」こととされている（87Ⅱ）。

　たとえば、畳・建具は、家屋とは独立の物であるが、客観的・経済的にみて、家屋の効用を助けている。そこで、家屋（主物）を売った場合、畳・建具（従物）も売られたことになる。このようなことは売買の当事者がきちんと決めておくのが普通だが、決めていないときこの規定がはたらく（任意規定）。

　ex.　刀に対して鞘は従物であり、母屋に対して物置は従物である

【従物の具体例】

主物	従物	判　例
湯屋営業用建物	畳、造作、湯屋営業用道具、煙突	大連判大8.3.15
母屋	納屋、便所、湯殿	大判大7.7.10
料理店	庭に配置された石灯籠、五重塔	大判昭15.4.16
宅地	石灯籠、取り外しのできる庭石	最判昭44.3.28／百選Ⅰ［第8版］〔85〕
ガソリンスタンド用建物	地下タンク、洗車機	最判平2.4.19

判例 大判昭5.12.18

建物の内部と外部を遮断するのに役立っている建具などは建物の構成部分であり、それに至らない障子・襖・畳等は従物であると判示した。

2　制度趣旨

　従物制度の趣旨は、主物の経済的効用を助けている従物を主物の法律的運命に従わせることが、①当事者の合理的意思に合致するし、②社会経済上の需要にも適合するという点にある。

二　従物の要件

◀LQⅠ・115頁

① 継続的に主物の効用を助けること
② 主物に付属すると認められる程度の場所的関係にあること
③ 主物と同一の所有者に属すること
　→他人の所有物でも従物といえるか（87条の適用範囲）が問題になる
④ 独立性を有すること

三　他人の所有物でも従物といえるか（従物の要件③について）

◀LQ I・115頁

　　AがBに対して自己所有の家屋を売却したところ、その家屋にはC所有のクーラーが備え付けられていたという場合、C所有のクーラーも処分されたこととなるか。87条1項は、主物と同一の所有者に属することを従物の要件の1つとしているが、主物の所有者以外の者の所有に属する物についても、87条2項を類推適用して主物の処分に従わせることができるかが問題となる。

　　この点、87条の趣旨は、従物を主物の法律的運命に従わせることが当事者の合理的意思に合致する点にあるだけでなく、それが主物の経済的効用を高め、社会経済上の需要にも適合する点にある。

　　そうすると、たとえ主物の所有者以外の者の所有に属する物であっても、それが主物の経済的効用を高め、社会経済上の需要に適合するという関係は生じ得るから、87条2項を類推適用して、従物関係を認めるべきである。したがって、上記の場合においては、C所有のクーラーも処分されたこととなる。

　　もっとも、上記の場合において、BがC所有のクーラーの所有権を取得するには、Cの追認を得るか、即時取得（192）の要件が満たされる必要があることに注意を要する。

四　従物の取扱い

1　原則：従物は主物の処分に従う（87 II）

⑴　「処分」とは、売買による所有権の移転や抵当権の設定など、権利・義務を生じさせるすべての法律行為をいう。

⑵　主物について対抗要件を具備すれば、その対抗力は従物にも及ぶ。

⑶　主物である不動産に対する抵当権の効力は、従物である動産にも及ぶ（最判昭44.3.28／百選 I［第8版］〔85〕）。　⇒『担保物権』

2　例外：当事者の反対の意思表示により排斥することができる

∵　87条2項は任意規定である

五　従たる権利

◀LQ I・116頁

問題の所在

　　Aが所有する土地の賃借人Bは、借地上に所有する建物をCに売却したが、この場合建物の買主Cは土地賃借権をも取得するだろうか。

　　87条は、有体物（85）たる従物に関する規定であるが、賃借権のような無体物にも類推適用されるかが問題となる。

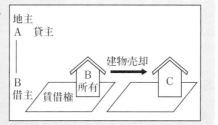

地主　貸主
A
B　借主　賃借権　B所有　　　建物売却　→　C

考え方のすじ道

87条の趣旨は、従物を主物の法律的運命に従わせることが当事者の合理的意思に合致する点にあるだけでなく、それが主物の経済的効用を高め、社会経済上の需要にも適合する点にある
　　　　↓そして
権利のような無体物であっても、その権利が他の物と結合して経済的効用を高める関係にある場合（従たる権利）には、同一の法律的運命に従わせることが社会経済上の需要に適合する
　　　　↓よって
従たる権利については87条2項が類推適用され、主物の処分に従うものと解する
　　　　↓そして

建物所有には土地賃借権が不可欠であるから、土地賃借権は建物の従たる権利といえる

→建物の買主Cは、87条2項類推適用により土地賃借権をも取得する

アドヴァンス

・ **肯定説（判例・通説）**
87条2項は、従たる権利についても準用される。
（理由）
87条2項の趣旨は、従物を主物と同様の法律的運命に従わせることによって、社会経済的利益を全うさせるという点にあるが、かかる趣旨は従たる権利の場合にも妥当する。
＊ この見解によれば、たとえば借地上の建物を譲渡した場合には、特約がない限り譲受人は借地権をも取得することになるが、このように取得した借地権を土地所有者に対抗できるかどうかは別問題である。

判例 最判昭40.5.4
百選I［第8版］〔86〕

借地上の建物に設定された抵当権が実行された事案について、抵当権の効力は敷地の賃借権にも及び、賃借権は競落人に移転するとした。

判例 大判大10.11.15

元本債権について転付命令があった場合について、将来の利息債権も差押債権者に移転するものとした。

3-4 　元物と果実

```
一　元物・果実の意義（88）
二　天然果実
三　法定果実
```

学習の指針

元物とは、果実を産出する物をいい、果実とは、物より生ずる経済的収益たる物をいいます。果実は、物の用法に従い収取する産出物である天然果実と、物の使用の経済的対価として受くべき金銭その他の物である法定果実とに分けられます（88）。これらの果実は「収取する権利を有する者」に帰属します（89I）。天然果実・法定果実の概念及び具体例、収受権者は、様々な事例問題で頻出する概念なので、整理して覚えておきましょう。

一　元物・果実の意義（88）

「元物」とは、果実を産出する物をいう。
「果実」とは、物の用法に従い、かつ物の本体を害することなく産出される経済的収益をいう。
「果実」は、①天然果実、②法定果実の2種類に分類される。

二　天然果実

1　意義（88I）

「物の用法に従い収取する産出物」を天然果実という。
ex. りんご等の果実、動物の子、畑の野菜、地中から出てきた筍

2　帰属（89I）

天然果実は、「その元物から分離する時に、これを収取する権利を有する者に帰属する」。
ex. 母犬が子を宿した状態でAからBに売却され、その後に生まれた子犬は、

　　出生時における母犬の所有者であるBに帰属する

三　法定果実

1　意義（88Ⅱ）

「物の使用の対価として受けるべき金銭その他の物」を法定果実という。

ex.　利子、不動産を利用させた場合の地代・家賃

2　帰属（89Ⅱ）

法定果実は、「これを収取する権利の存続期間に応じて、日割計算によりこれを取得する」。

ex.　A所有のオフィス用マンションの1室が賃料月額30万円で甲に賃貸されていたところ、このマンションが6月11日からBの所有となった場合、6月分の賃料については、Aが10万円、Bが20万円を取得する

＊　元物そのものの利用による利益（**ex.**　居住の利益）を使用利益という。果実の収益権・返還義務に関する規定（89Ⅱ、189、190）はこれに類推すべきと解されている（大判大14.1.20）。

1 土地の構成部分となって土地の所有権に吸収される物は、土地の定着物にあたる。[司H18－31改]

○ 定着物とは、現に土地に固定されており、取引観念上も土地に継続的に固定されて使用されるものをいう。
⇒3－2 一(p.101)

2 判例によれば、建物は、屋根瓦を葺き荒壁を塗り床及び天井を張る等して初めて独立した不動産となる。[司H19－7]

× 判例（大判昭10.10.1／百選Ⅰ[第8版]〔11〕）によれば、屋根瓦を葺き荒壁を塗っていれば、床及び天井を備えなくても独立した不動産に当たる。
⇒3－2 一(p.102)

3 土地の所有者が所有する、石灯籠、取り外しのできる庭石などは宅地の従物にあたる。[司H18－31改]

○ 87条1項参照。判例（最判昭44.3.28／百選Ⅰ[第8版]〔85〕）によれば、石灯籠、取り外しのできる庭石等は、宅地の従物に当たる。
⇒3－3 一(p.104)

4 Aが、Cに賃料毎月月末支払の約定で賃貸している家屋を、月の途中でBに贈与した場合、AB間に特段の合意がなければ、当該月の賃料は日割りによってA及びBに分配される。[司H21－3]

○ 89条2項参照。月の途中で賃貸家屋の贈与があった場合、特段の合意のない限り、当該月の賃料は日割りとなる。
⇒3－4 三(p.107)

4 法律行為総説

これから学ばれる方へ

　「法律行為」という概念は、民法で学ぶ上で非常に重要な概念であるにもかかわらず、きわめて抽象的でわかりにくいものです。そこでまずは、具体的な事例から話を始めましょう。

　たとえば、Ａさんが、自分の土地をＢさんに売却する、という契約を結んだとしましょう。この契約によって、ＢさんはＡさんに対して「土地を引き渡せ」と要求する権利をもち、ＡさんはＢさんに対して「代金を支払え」と要求する権利をもつことになります。このような権利が生ずるのは、ＡさんとＢさんの合意によるもので、お互いに思ったとおりの結果だ、といえます。

　さて、話をかえます。Ｃさんが、マイカーでの家族旅行からの帰りに、不注意で運転を誤って通行人のＤさんを負傷させたとしましょう。この事故によって、ＤさんはＣさんに「損害賠償を支払え」と要求する権利をもつことになります（このことは、709条に定められており、「不法行為」といいます）。

　この場合、Ｃさんは損害賠償を支払おうと思ってＤさんを負傷させたわけではありません。Ｃさんが不注意でＤさんを負傷させたという「事実」によって、損害賠償請求権が発生するのです。

　では、話を「法律行為」に戻します。「法律行為」とは、当事者の意思どおりに権利が発生したり、移転したり、消滅したりする、その原因となるものをいいます。つまり、「契約」は法律行為に含まれるけれども、「不法行為」は法律行為に含まれない、ということになります。「契約」＝法律行為、「不法行為」≠法律行為、と覚えておきましょう。

　実は、「法律行為」という概念には、「契約」だけでなく、「単独行為」「合同行為」というものも含まれるのですが、法律行為に関する民法の規定は、「契約」に置き換えて理解しても、ほとんど問題ありません。法律行為の定義や分類を理解するのが難しければ、それは後回しにして、さしあたりは「法律行為」＝「契約」と考えて先に進んでもよいでしょう。

4-1 序論

| ー 法律要件と法律効果 |
| 二 法律行為 |
| 三 準法律行為 |

学習の指針

　民法の規定は、一定の事実を原因として、権利・義務が変動（発生・変更・消滅）する、という形で定められています。ここで、権利・義務が変動する原因を「法律要件」、権利・義務の変動を「法律効果」といいます。

　次に、「法律行為」とは、契約など、意思表示（一定の法律効果に向けられた意思の外部への表明）を要素とする法律要件のことをいいます。そして、法律要件を構成する個々の要素を「法律事実」といいます。

　ここでは、以上の概念を整理して理解することが重要です。また、準法律行為については、短答式対策として具体例までおさえておきましょう。

一　法律要件と法律効果

B
ランク

1　意義

　権利・義務は一定の事実を原因として変動（発生・変更・消滅）する。

```
――― 私法法規 ―――
法律要件　→　法律効果
　　　　　　（私権の変動）
```

　→私法法規は、一定の原因（法律要件）があれば、一定の私権の変動（法律効果）が生じる、という形で存在する

　　ex. 売買契約という法律要件によって、①代金債権の発生、②所有権の移転、③引渡請求権の発生、という法律効果が発生する

　法律要件とは一定の権利・義務が変動する原因のことをいい、法律効果とは法律要件が充足されたときに与えられる効果をいう。この権利変動、すなわち権利の発生・変更・消滅には次のような態様がある。

【権利変動の態様】

権利の発生（取得）	権利の変更	権利の消滅
① 原始取得 　**ex.** 先占・拾得・時効取得・即時取得 ② 承継取得 　・包括承継（＊） 　　**ex.** 相続 　・特定承継（＊） 　　**ex.** 売買	① 主体の変更 　**ex.** 他の主体による権利の承継取得 ② 内容の変更 　**ex.1** 目的物の数量の増減 　**ex.2** 物の引渡債権が損害賠償債権に変わること ③ 作用の変更 　**ex.** 登記の具備による対抗力の取得	① 絶対的消滅 　**ex.** 物の滅失による所有権の消滅 ② 相対的消滅 　**ex.** 売買により買主に移転することで消滅する売主の所有権

＊　包括承継・特定承継は、前主の権利を包括的に承継するかどうかで区別される。たとえば、相続は、前主の権利を包括的に承継するので、包括承継である。他方、売買は、前主の特定の権利のみを承継するので、特定承継である。

LEC東京リーガルマインド　C-Book民法Ⅰ〈総則〉改訂新版

2 法律事実

法律要件を構成する個々の要素を法律事実という。たとえば、契約の場合、申込みと承諾という意思表示が法律事実である。

二 法律行為

1 意義

法律行為とは、意思表示（一定の法律効果の発生を欲する意思を外部に表明する行為）を要素とし、意思表示に対応する私法上の権利の変動という法律効果を生じさせる法律要件をいう。

法律行為は、①意思表示を要素とする点に特徴があり、②権利・義務の変動原因ではあるが、抽象的な概念であって、具体的な権利・義務の変動原因そのものではない（後述するとおり、様々な分類がある）。そして、③法律要件の一種である。

2 法律行為の分類　⇒112頁参照

三 準法律行為

1 意義

準法律行為とは、意思的・精神的な要素が含まれているが、その意思に従って法律効果が認められるのではなく、法が独自の観点から法律効果を認めるものをいう。

→意思表示を要素としない点で法律行為と異なる

準法律行為には、意思の通知と観念の通知がある。

(1) **意思の通知：一定の意思（意欲）の通知**

→意思内容がその行為から生ずる法律効果以外のものに向けられている点で意思表示と異なる

たとえば、債権者が債務者に対して債務を履行するよう求める行為は、債務を履行せよという意思を通知するものであるが、その意思内容は時効の完成猶予としての催告の効果に向けられたものではない。

> **ex.** 制限行為能力者の相手方の催告（20）、無権代理行為の相手方の催告（114）、時効の完成猶予事由としての催告（150Ⅰ）、弁済受領の催告やその拒絶（493ただし書）、契約解除のための催告（541）

(2) **観念の通知：ある事実を通知すること**

たとえば、債務者が債務の存在を認める旨の表示（承認）は、債務の存在という事実を通知するものであり、これには時効の更新という法律効果が付与されている（152Ⅰ）が、債務者には時効の更新という効果を発生させるという意思はない。

> **ex.** 社員総会招集の通知（一般法人39Ⅰ）、代理権を与えた旨の表示（109）、時効更新事由としての承認（152Ⅰ）、債権譲渡の通知・承諾（467Ⅰ）

4-2 法律行為の分類

<table>
<tr><td>

一 意思表示の態様による
分類
二 発生する効果の種類に
よる分類
三 意思表示の方式による
分類（要式行為と不要式
行為）
四 その他の分類

</td><td>

学習の指針

　法律行為の分類には、様々な方法が
ありますが、意思表示の態様による分
類が最も重要です。単独行為・契約・
合同行為については、具体例も含めて
しっかりと理解しておきましょう。
　その他の分類の仕方については、他
の分野での問題を理解する際の前提と
なる場合もありますので、特に債権行
為・物権行為、要式行為・不要式行為
の意味を確認しておきましょう。

</td></tr>
</table>

一 意思表示の態様による分類

B
ランク

1 単独行為：単一の意思表示だけで成立する法律行為

(1) **相手方のある単独行為**

成立するためには相手方が意思表示を受領することを要する単独行為をい
う。

ex. 追認（113Ⅱ）、追認の拒絶（113Ⅱ）、取消し（123）、相殺（506Ⅰ前段）、
債務の免除（519）、契約の解除（540Ⅰ）

(2) **相手方のない単独行為**

成立するためには特定の者が受領することを要しない単独行為をいう。

ex. 遺言（960以下）

＊ 遺言の代表例である遺贈についてみるに、遺贈は相手方（受遺者）の
ある単独行為のようにも思える。しかし、受遺者は単に遺言において財
産を取得する者として指名されるだけであり、遺贈の成立には、その意
思表示が受遺者に対してされることを要しない。したがって、受遺者が
遺贈の意思表示を受領したかどうかにかかわらず、遺贈者の死亡によ
り、財産は受遺者に当然に帰属する。

2 契約：2つ以上の対立する意思表示の合致により成立する法律行為
→法律行為の中で最も重要

ex. 売買（555）、贈与（549）、賃貸借（601）

3 合同行為：同一の方向・目的に向けられた2つ以上の意思表示の合致によ
り成立する法律行為

ex. 社団法人の設立

LEC東京リーガルマインド　C-Book民法Ⅰ〈総則〉改訂新版

☞ **One Point** ▶契約と合同行為を区別する理由

　契約の場合には、申込み又は承諾の意思表示の効力が否定されれば、契約全体の効力が失われますが、合同行為の場合には、これを構成する一部の意思表示の効力が否定されたとしても、合同行為全体の効力が失われることはありません。例えば、一般社団法人の設立の場合、これを構成する一部の者の意思表示の効力が否定されたとしても、当該法人の設立の効力は当然には影響を受けません。これは、一部の者の事情によって多くの者の法律関係に影響が及ぶとすると、法的安定性が害されるためです。

二　発生する効果の種類による分類

B ランク

1　**債権行為：債権を発生させる法律行為**
　ex.　賃貸借契約（601）

2　**物権行為：物権の発生・変更・消滅を生じさせる法律行為**
　ex.　抵当権設定契約

3　**準物権行為：物権以外の権利の終局的な発生・変更・消滅を生じさせる法律行為**
　ex.　債権譲渡（466）、債務免除（519）

＊　売買（555）、贈与（549）などの契約は、債権行為と物権行為双方の側面を有する。

☞ **One Point** ▶処分行為

　債権行為は発生した債権が履行されて初めて法律行為の目的が達成されるのに対し、物権行為と準物権行為は、「履行の問題を残さない」といわれます。つまり、物権行為・準物権行為は履行が完了することが成立要件・有効要件とされるため、履行が完了していない時点では、物権行為・準物権行為は未だ成立していない、ということです。履行の問題を残さない物権行為・準物権行為をあわせて処分行為といいます。

【債権行為と処分行為の分類】

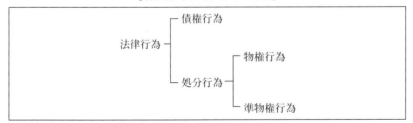

三　意思表示の方式による分類（要式行為と不要式行為）

B ランク

1　**意義**
　要式行為：意思表示が一定の方式（書面の作成等）を要するもの
　不要式行為：意思表示が一定の方式（書面の作成等）を要しないもの

2　**原則と例外**

（1）原則
　通常の法律行為は、不要式行為である（契約自由の原則、522Ⅱ参照）。

(2) 例外

　意思表示を特に慎重・明確にする必要がある場合、例外的に一定の形式が要求され、形式に反した法律行為は不成立又は無効とされる。

　　ex. 遺言（960）、保証（446Ⅱ）、婚姻（742②）、養子縁組（802②）

四　その他の分類

1　有償行為と無償行為

　有償行為：財産の出捐を目的とする行為のうち対価のあるもの

　　ex. 売買（559参照）、交換、賃貸借、雇用、請負

　無償行為：財産の出捐を目的とする行為のうち対価のないもの

　　ex. 贈与、使用貸借

2　財産行為と身分行為

　財産行為：法律行為によって変動する法律関係が財産関係である行為

　身分行為：法律行為によって変動する法律関係が身分関係である行為

4-3　法律行為の解釈

　一　意義
　二　契約の解釈
　三　慣習と任意規定の関係（民法92条と法の適用に関する通則法３条の関係）

学習の指針

　法律行為の解釈とは、法律行為の内容を確定・補充することを意味します。
　ここでは、法律行為の解釈（特に、狭義の契約解釈）が重要です。客観説と主観説とでどのように結論が違ってくるのかについて、具体的に理解しておく必要があります。また、補充的解釈の基準（順序）についても理解しておきましょう。慣習と任意規定の関係については、慣習が任意規定に優先することを覚えておけば十分でしょう。

一　意義

1　法律行為の解釈とは、法律行為の内容を確定・補充することをいう。

　法律行為の解釈は、法律行為（契約）の有効要件（客観的有効要件）である確定性（契約内容が確定可能であること）に関するものである（⇒10頁・14頁参照）。

2　法律行為の解釈における作業としては、大きく３つに分けることができる。ここでは、契約を念頭に置いて述べることとする。

　まず、法律行為（契約）の内容は、主として、その要素である意思表示の内容によって定まるから、当事者がした意思表示の意味・内容を確定する（⇒下記**二1　狭義の契約解釈**）。次に、当事者の意思表示が欠けている事項につき、慣習→任意規定→条理・信義則（1Ⅱ）に照らして補充的解釈をする（⇒下記**二2　補充的解釈**）。さらに、当事者の意思表示が明確であり、そのとおり合意している場合であっても、合意どおりの法律効果を認めることが合理的でないと判断される場合には、法律行為（契約）の内容を修正する（⇒下記**二3　修正的解釈**）。

　以下、順次説明する。

二 契約の解釈

1 狭義の契約解釈（当事者が定めた事項の解釈）

契約に基づく法律効果の存否を考える場合には、当事者が実際にどのような意思表示をし、どのような合意をしたのかを確定する必要がある。この作業を、狭義の契約解釈という。狭義の契約解釈の方法については、以下の2つの見解の対立がある。

◀ 佐久間 1・70頁以下
　 LQ I・124頁以下

論点

論文・司法H21

論文・司法H24

(1) 客観説（伝統的な通説）

狭義の契約解釈として行うべきことは、当事者の行った表示行為の有する社会的意味を客観的に明らかにすることであるとする。

→表示に対する信頼を重視する立場（表示主義）であり、契約文言の通常の意味を明らかにすることが契約解釈の出発点と考える

（理由）

① 当事者の内心を基準とすれば、表示に対する信頼が保護できなくなり、取引の安全を害することから、表示は客観的意味に従って理解するべきである。

② 表示の客観的意味は通常人であれば理解できる以上、表示の意味を誤解した者は不利益な結果を負担させられてもやむを得ない。

＊ 客観説を純粋に貫くと、当事者の意思が合致している場合であっても、表示の客観的意味が異なる場合には、当事者はその客観的意味に拘束されることになる。しかし、客観説は、表示に対する信頼保護を重視した見解であるところ、当事者の意思が合致している場合には、表示に対する信頼を保護する必要がない以上、この場合には両当事者が共通して考えていた意味での表示（契約）が成立すると考えられている。

(2) 主観説

狭義の契約解釈として行うべきことは、当事者が意思表示に対して主観的にどのような意味を与えようとしたかを明らかにすることであるとする。

→当事者の意思を重視する立場（意思主義）であり、当事者が契約に付与しようとした意味を明らかにすることが契約解釈の出発点と考える

（理由）

① 契約が、両当事者間の法律関係の形成を目的とする法制度である以上、当事者が表示に与えた意味を離れて表示内容を確定することは不当である。

② 相手方の信頼も現実に相手方の考えた限度で正当な信頼を保護すれば足りる。

＊ 主観説を純粋に貫くと、当事者双方の意思が合致しない場合には、たとえ当事者の一方が表示に付与した意味が正当であっても、契約が不成立となってしまい、取引の安全を害することになる。そこで、主観説でも、当事者の一方の表示に対する信頼が正当な場合には、その当事者の信頼した内容で契約が成立するとの修正を認める。

(3) 具体例

Aが酒屋Bから「ビール10ダース」を3万円で購入する旨の契約を締結したケースにおいて、

　① Aは1ダース＝10個、Bは1ダース＝12個と考えていた場合

　② ABともに1ダース＝10個と考えていた場合

　③ Aは1ダース＝8個、Bは1ダース＝10個と考えていた場合

　＊ 1ダースの正当な意味は「12個の組」である。

【客観説と主観説の各結論】

	客観説	主観説
①の場合	ビール120個の売買契約が成立する →Aに内容の錯誤が認められる	ビール120個の売買契約が成立する ＊　主観説が修正される場面 →Aに内容の錯誤が認められる
②の場合	ビール100個の売買契約が成立する ＊　客観説が修正される場面	ビール100個の売買契約が成立する
③の場合	ビール120個の売買契約が成立する →ＡＢともに内容の錯誤が認められる	契約不成立 →ＡＢいずれの意味付与も正当でない

2　補充的解釈（当事者が定めていない事項の解釈）

当事者が定めていない事項についての解釈は、契約の補充的解釈といわれる。

補充的解釈の基準は、慣習→任意規定→条理・信義則（1Ⅱ）の順で基準とすべきである（⇒下記三参照）。

3　修正的解釈

狭義の解釈によって確定した契約の内容が合理的でないと考えられる場合に、合理的な内容となるように内容を修正することが解釈の名において行われる場合がある。これを、修正的解釈という。

たとえば、借地借家関係の紛争で出された判決で、賃貸人に有利な条項の印刷された市販の契約書について、その条項は「例文」であって当事者には拘束される意思はなかったとするもの（例文解釈）が、その例である。

ONE POINT

条理とは、物事の道理や筋道を意味し、社会一般の正義の観念等と表されることもあります。

三　慣習と任意規定の関係（民法92条と法の適用に関する通則法3条の関係）

民法92条は、「法令中の公の秩序に関しない規定と異なる慣習がある場合において、法律行為の当事者がその慣習による意思を有しているものと認められるときは、その慣習に従う。」と規定している。この規定により、任意規定と異なる慣習がある場合において、当事者が「その慣習による意思を有しているものと認められる」ときは、慣習が任意規定に優先する。そして、判例（大判大3.10.27）によれば、当事者が特に反対の意思を表示していない限り、慣習による意思があったと認めてよいとされている。

一方、法の適用に関する通則法（以下、「通則法」という）3条は、「公の秩序又は善良の風俗に反しない慣習は、法令の規定により認められたもの又は法令に規定されていない事項に関するものに限り、法律と同一の効力を有する。」と規定している。この規定からすると、任意規定が慣習に優先するようにも思える。しかし、上記のとおり、民法92条は慣習が任意規定に優先する旨規定しているから、民法92条と通則法3条の関係が問題となる。

この点、民法92条は通則法3条の特則であると解する見解が多数となっている。すなわち、一般的には、通則法3条によって任意規定が慣習に優先するものの、法律行為の解釈の場面では、私的自治を重視する観点から、民法92条により、慣習が任意規定に優先すると解する。

B
ランク

論点

◀佐久間1・76頁
　LQⅠ・132頁

判例　大判大10.6.2
百選Ⅰ[第8版]〔19〕

判例は、意思解釈の資料たるべき事実上の慣習が存在する場合には、法律行為の当事者がその慣習の存在を知りながら特に反対の意思を表示しない場合には、その慣習による意思を有するものと推定する。そして、契約の解釈にあたって慣習が考慮されるためには、これを主張する当事者が民法92条の「慣習による意思」を証明することまでは要求されない、とした。

短答式試験
の過去問を解いてみよう

1　債務の消滅時効が完成する前に、債務者が債権者に対してその債務の承認をする旨を表示することは、法律行為に当たる。［司H27−1］

× 債務の承認（152Ⅰ）は、債務者の事実認識を通知する「観念の通知」にすぎず意思表示を要素としない。また、発生する法律効果も、時効の更新（152Ⅰ）であり、債務の承認に対応しない。
⇒4−1　三(p.111)

2　代理権を有しない者が本人のためにすることを示して契約を締結した場合、本人がその契約の相手方に対して追認を拒絶する旨を表示することは、法律行為に当たる。［司H27−1］

○ 追認拒絶の表示（113Ⅱ）は、無権代理行為の本人への効果帰属を確定的に無効にする旨の本人の意思表示を要素とし、これに対応する法律効果を生じさせる法律要件である。
⇒4−2　一(p.112)

3　2人が互いに同種の目的を有する債務を負担する場合において、双方の債務が弁済期にあるときに、債務者の一方が相手方に対してその対当額について相殺をする旨を表示することは、法律行為に当たる。［司H27−1］

○ 相殺する旨の表示（506Ⅰ前段）は、自働債権の債権者が債務者に対して、一方的に、互いの債権債務を消滅させる旨の意思表示を要素とし、これに対応する法律効果を生じさせる法律要件である。
⇒4−2　一(p.112)

4　債権者が債務者に対してその債務を免除する旨を表示することは、法律行為に当たる。［司H27−1］

○ 債務免除の表示（519）は、債権者が債務者に対して、一方的に、債権を無償で消滅させる旨の意思表示を要素とし、これに対応する法律効果を生じさせる法律要件である。
⇒4−2　一(p.112)

5　贈与は、ある財産を無償で相手方に与える意思を表示することにより成立する単独行為である。［司H26−22改］

× 贈与は、当事者の一方がある財産を無償で相手方に与える意思を表示し、相手方が受諾をすることによってその効力を生ずる契約である（549）。
⇒4−2　一(p.112)

これから学ばれる方へ

　法律行為は、当事者の意図したとおりの法律効果を生じさせます。契約を結べば、当事者双方が合意したとおりの法律効果が生じる、ということになります。

　しかし、内容がどんなものであっても、合意がなされた以上は法的に有効である、というわけにはいきません。

　たとえば、賭博で負けたAが、勝ったBに対して借用証書を書いたとしましょう。この借用証書が実は賭博による借金についてのものだということは、Aが主張しない限りはわからないことですから、実際には有効なものとして扱われるかもしれません。しかし、Aがそのような主張をしたとしたらどうでしょうか。法律は、賭博に対して刑事制裁を科しているのに（刑185）、賭博で負けた者が、それによって生じた借金を支払わねばならないとすると、矛盾しているということになります。

　つまり、契約が有効となるには、その内容が法秩序の観点から相当な内容のものでなければならない、というわけです。

　法律行為は単に形式的に成立したというだけで有効とされるわけではなく、内容的にも相当なものでなければならないのです。

5-1 序論

法律行為の内容に関する有効要件は、①確定性、②適法性、③社会的妥当性の３つを内容とする。

→このうち、１つでも満たされないものがあると、法律行為は有効要件を欠き無効となる

5-2 確定性

内容が不確定な法律行為は、無効である。

ex. AがBに何か良い物を売るという契約

→このような契約を強制的に実現することは不可能であり、また、契約が不履行になった際の損害賠償額も決まらないから、法的な拘束力を認める意味がない

確定性の要件については、一般に「誰が、誰に、何を、いつ、どこで、どのように」（「なぜ」を「誰に」に入れ替えた５Ｗ１Ｈ）が確定していれば足りるが、これらが確定しているかどうかについて争いがある場合は、契約の解釈（⇒115頁参照）をしなければならない。

5-3 適法性

学習の指針

一　強行法規に違反する契約
二　取締規定に違反する契約
三　脱法行為

ここでは、法律行為の３つの有効要件のうち適法性について学習します。適法性が問題となる場合としては、①契約の内容が強行法規に違反する場合、②取締規定に違反する場合、③脱法行為に該当する場合の３つに分けて学習するのが有益です。試験対策上の重要性は高くありませんので、強行法規、取締規定、脱法行為の各々の意味をおさえておけば十分です。

一　強行法規に違反する契約

強行法規とは、法律の規定のうち、当事者がそれと異なる特約をしても、特約が無効となるような規定をいう。強行法規に違反する場合、契約は無効となる。

公法上の取締規定（⇒下記二参照）の多くは強行法規であるが、強行法規でない単なる取締規定も存在し、これに違反しても、直ちに無効にはならないとされている。

たとえば、Aと婚姻関係にあるBがCと重ねて結婚する、ということをABC三者が合意しても、重婚を禁じる732条に反し、無効である。

*　一般に、債権法の分野は任意規定が多く、物権法や親族法、特別法の分野では強行法規が多いといえるが、強行法規か任意規定かはその法律の立法目的から個別に判断しなければならない。

判例 最判平11.2.23
百選I[第8版][17]

民法678条は、組合員は、やむを得ない事由がある場合には、組合の存続期間の定めの有無にかかわらず、常に組合から任意に脱退することができる旨を規定しているものと解されるところ、同条のうち右の旨を規定する部分は、強行法規であり、これに反する組合契約における約定は効力を有しない。

二 取締規定に違反する契約

取締規定とは、行政上の考慮から一定の行為を禁止又は制限し、その違反に対して刑罰や行政上の不利益を課す規定をいう。

ex. 自動車の最高速度の規制（道交22Ⅰ）、タクシーの営業免許を受けずにタクシー営業をすることを禁ずる道路運送法（同4Ⅰ、80Ⅰ本文）、不衛生な食品の販売を禁ずる食品衛生法（同6）

行政上の取締規定に反する行為であっても、法令違反のみを理由として、当然にその私法上の効力が無効となるものではない。たとえば、食品衛生法に反して食肉販売業の許可のない者が精肉を買い受けても、その行為の私法上の効力は有効である（最判昭35.3.18／百選Ⅰ［第8版］［16］）。また、債権の管理又は回収の委託を受けた弁護士が、その手段として本案訴訟の提起や保全命令の申立てをするために当該債権を譲り受ける行為は、「弁護士は、係争権利を譲り受けることができない。」と定める弁護士法28条に違反するものであったとしても、他人間の法的紛争に介入し、司法機関を利用して不当な利益を追求することを目的としたなどの公序良俗に反するような事情があれば格別、直ちに私法上の効力が否定されるものではない（最決平21.8.12／平21重判〔2〕）。

他方、取締規定に違反する契約であり、諸般の事情を考慮した上でその契約が公序良俗に違反するものと認められれば、当該契約は無効（90）となる。たとえば、判例（最判昭39.1.23）は、食品衛生法で禁止されている有毒物質の混入したあられを販売した事案において、単に食品衛生法に違反するだけでは無効とはならないが、売買契約の両当事者が違法であることを知りながらあえて一般大衆の購買ルートに乗せた場合には、その反社会性から公序良俗に反し無効であるとしている。また、判例（最判平23.12.16／平24重判〔1〕）は、建築基準法に違反する建物建築を目的とする請負契約の効力が争われた事案において、①行為態様の悪質性、②違法建物の危険性、③事後的な是正の困難性を考慮して、「本件各建物の建築は著しく反社会性の強い行為」であるから、公序良俗に反し無効であるとしている。

このように、結局のところ、その取締規定に違反する行為が公序良俗に違反するものと認められれば、90条によりその行為が無効とされ得る。

なお、学説上、取締規定は「単なる取締規定」と「効力規定」（＝強行規定）に分けることができ、「単なる取締規定」に違反しても無効とならないが、「効力規定」（＝強行規定）に違反すれば無効となるとする見解もあるが、上記のように、裁判例の実態として、取締規定に反する行為を無効とするものの多くは公序良俗違反をその根拠として援用しており、当該法令を「効力規定」（＝強行規定）と解することによってその違反行為を無効とするものは少数にとどまると指摘されている。

三 脱法行為

強行法規に直接には抵触せずに、他の手段を使うことによって、その禁じている内容を実質的に達成しようとする行為をいう。

たとえば、利息の上限が法定されている場合、手数料とか調査料という別の名前で利息に相当するものをとる契約等がこれに当たる。

実質的な強行法規違反であり、原則として90条により無効であるが、社会的・経済的必要性が高いという事情があれば有効となる。

ex. 譲渡担保 ⇒『担保物権』

5-4　社会的妥当性

> 一　公序良俗違反の行為の
> 類型
> 二　動機が不法な契約（動
> 機の不法）

学習の指針

　法律行為の内容にかかわる有効要件として、社会的妥当性が要求されています。すなわち、契約の内容が、社会的妥当性を欠く（公序良俗に反する）場合、たとえこれを直接禁止する規定がなくても、このような契約は無効となります（90）。

　ここで問題となるのは、契約内容自体には公序良俗違反はないけれども、その契約を締結するに至った動機に不法（公序良俗違反）がある場合に、契約の効力はそのことで影響を受けるかどうかです。この点、公序良俗に反する行為を無効とする90条の趣旨と、相手方の保護・取引の安全という要請を、どのような方法で調和するかという視点が大切です。

一　公序良俗違反の行為の類型

B
ランク

　「公の秩序又は善良の風俗」（公序良俗）に反する法律行為は、無効となる（90）。

　公序良俗とは、社会的妥当性を意味するとされ、公序良俗違反を規定する90条は、具体的事案に応じて柔軟・広範に適用可能な一般条項（法律行為の要件等が抽象的・一般的概念を用いて定められた規定）の1つとして理解されている。そのため、公序良俗に違反する場合がどのような場合であるのかが明確ではないことから、下記のとおり類型化して整理するのが一般的である。

1　犯罪又はこれに類する行為

　　ex.　報酬を与えての殺人依頼、贈収賄の合意、談合、共同絶交の合意（いわゆる村八分）

2　家族秩序・性道徳に反する行為

(1)　**家族秩序に反する行為**

　　ex.　成人した子が母と同居しないものとし、これに違反した場合には違約金を支払う旨の父子間の契約

(2)　**性道徳に反する行為**

　　ex.　不倫関係を維持するために金銭等を贈与する契約、不倫関係の解消を条件に金銭等を支払う旨の契約、不倫関係の継続中は返還請求しない旨の消費貸借契約

> **判例**　**最判昭61.11.20／百選Ⅰ[第8版]（12）**
> 事案：　不倫・半同棲していた女性Yへ財産の3分の1を包括遺贈する遺言書を被相続人Aが作成し、死亡したところ、Aの配偶者Xらが、かかる遺言は不倫関係の維持・継続を目的とするものであり、公序良俗に反して無効であると主張した。
> 判旨：　AYは「約7年間いわば半同棲のような形で不倫な関係を継続し」、「Yとの関係は早期の時点でAの家族に公然となっており、他方AとX間の夫婦関係は……すでに別々に生活する等その交流は希薄となり、夫婦としての実体はある程度喪失していた」こと、「本件遺言の

内容は、Xら及びYに全遺産の３分の１ずつを遺贈するもの」であるなどの事実関係の下においては、「本件遺言は不倫な関係の維持継続を目的とするものではなく、もっぱら生計をAに頼っていたYの生活を保全するためにされたものというべきであり、また、右遺言の内容が相続人らの生活の基盤を脅かすものとはいえない」として、本件遺言は公序良俗に反するものではないとした。

3　個人の自由を極度に制限する行為
ex.　芸娼妓契約（親が子をいわゆる酌婦として働かせる労働契約を締結し、その報酬を前借りする契約）、所有権移転に際し目的物の処分を長期にわたり禁止する契約、長期にわたる競業避止義務を課し営業の自由を制限する契約

4　憲法上の基本的価値に反する行為
ex.　男子の定年年齢を60歳、女子の定年年齢を55歳と規定する就業規則（最判昭56.3.24／百選Ⅰ［第８版］〔14〕）、入会権者の資格を原則として男子に限るとした入会会則

5　暴利行為
暴利行為とは、相手方の窮迫・経験不足等に乗じて、当事者の一方に著しく過大な利益を得させ、又は相手方に著しく過大な不利益を与える契約をいう。
ex.　高利貸し、高額の違約金・損害賠償額の予定、過剰な担保の設定契約

6　射倖行為
射倖（しゃこう）行為とは、偶然の利益を獲得することを目的とする行為をいう。
ex.　賭博に負けたら金銭を支払う契約、賭博で負担した債務を弁済するための資金を貸す契約、賭博で負担した債務の支払に関する和解契約

☞ One Point ▶ 公序良俗違反の判断基準時

　公序良俗違反として契約が無効となるかの判断は、法律行為の時を基準とすべきか、その履行請求の時を基準とすべきか、が問題となります。

　民事上の法律行為の効力は、基本的に法律行為の時点を基準として判断すべきであることから、公序良俗違反の判定も契約時の公序良俗を基準に判断すべきでしょう。したがって、契約後に公序良俗の内容が変化して履行請求時には公序良俗に反しないという場合であっても、契約が有効となることはありません。

　では、逆に契約時には公序良俗に反しなかったが、後に公序良俗の内容が変化して履行請求時には公序良俗に反するという場合にはどうでしょう。

　この場合であっても契約時を基準に判断して契約を有効とすると、公序良俗に反する契約の実現に裁判所が助力することとなる、として無効とすべきという見解もあります。しかし、判例（最判平15.4.18／百選Ⅰ［第８版］〔13〕）は、「法律行為がされた時点の公序に照らして判断すべき」であるとしています。その理由として、「法律行為の後の経緯によって公序の内容が変化した場合であっても、行為時に有効であった法律行為が無効になったり、無効であった法律行為が有効になったりすることは相当でないからである」と判示しています。

　もっとも、上記判例は契約の効力が遡及的に否定されないということと、履行請求時の法規に反する行為が法律上許容されるかという問題を区別して扱っており、結論としては契約に基づく履行請求を認めませんでした。

<table>
<tr><td>**判例**　大判昭9.5.1
百選Ⅰ［第８版］〔15〕</td></tr>
</table>

貸金業者Xが、Yに対し、解約返戻金が980円となるYの生命保険の保険証券を担保として500円を貸し付けた場合において、不履行があった場合には解約返戻金から債権の弁済を受け、過不足が生じたとしても返還しない旨の特約は、他人の窮迫・軽率若しくは無経験を利用して、著しく過当な利益の獲得を目的とする法律行為であるといえ、公序良俗に反して無効であるとした。

論点

二　動機が不法な契約（動機の不法）

◀佐久間1・193頁
　LQⅠ・144頁以下

論文・司法H28

問題の所在

　契約内容自体には公序良俗違反はないが、その契約を締結するに至った動機に不法（公序良俗違反）がある場合に、契約の効力に影響するか。
　たとえば、賭博資金に充てるために借金をした場合、契約自体は通常の金銭消費貸借契約であるが、その動機が公序良俗に違反するものといえる。
　そこで、このような消費貸借契約が無効となるかが問題となる。

考え方のすじ道

動機は、意思表示の内容ではないから、動機に不法があるにすぎない場合には、契約は有効となるのが原則である
　　　↓しかし
これを有効と認めると、結果的に違法な契約を有効と認めるのと同様の結果が生ずる
　　　↓また
社会的妥当性を欠く行為に法の助力を与えないとする90条の趣旨からすれば、動機が不法な契約も無効とすべきである
　　　↓もっとも
相手方の知り得ない不法な動機によって、契約を無効とするのは、取引の安全を害する
　　　↓そこで
90条の趣旨と取引安全の要請の調和から、不法な動機が法律行為の内容として明示又は黙示に相手方に表示された場合には、当該法律行為を無効とすべきである

アドヴァンス

A　表示無効説
　動機が法律行為の内容として明示又は黙示に表示された限りにおいて、当該法律行為を無効とする。
B　相手方悪意・有過失無効説
　動機は法律行為の効果意思そのものではないが、相手方が動機の不法を知り又は知りうべき場合には、当該法律行為は不法性を帯びる。
C　相関関係説
　動機の違法性の程度、動機と法律行為の牽連性の程度、取引の安全等の相関関係により、不法動機による法律行為が無効になるかを決すべきである。
D　善意者保護説
　不法な企図を実現するための法律行為は常に無効となるが、善意・無過失の相手方に対しては無効を主張しえない。

判例　大判昭13.3.30／百選Ⅰ［第6版］〔15〕

　本件貸金は、Ｙ（借主）が賭博に敗れたために負担した債務の弁済の目的をもって、その事情を貸主たるＸに開示して借り受けたものである。賭博後の返済のために消費貸借契約を締結することは、賭博代を貸し付けるのと異なり、外観上は公序良俗に反しないが、実際には将来の資金融通を容易にして賭博を反復するのを容易にする弊害に変わらないから、いずれも公序良俗に反する、と判示した。
　＊　本判決は、賭博債務弁済目的であることが開示されたことに着目し、賭博行為後の金銭消費貸借契約によって賭博行為が将来的に助長・促進される点を重視している。

判例 　最判昭29.8.31

事案： 　密輸資金の融資を甲から強く要請された乙がやむを得ず融資した
　　　　 という事情のもとで乙から甲に貸金返還請求がなされた事案。

判旨： 　本件請求は不法動機のために既に交付された金銭の返還請求であ
　　　　 り、何ら不法目的を実現せんとするものではないことを強調した上
　　　　 で、甲からの強い要請によって、密輸による利益の分配も損失の分
　　　　 担もなく金銭を貸した乙の不法性は甲のそれと比べてきわめて微弱
　　　　 であるとして本件消費貸借契約に90条の適用はないとした。

6 意思表示

● 6-1 総説　● 6-2 心裡留保　● 6-3 虚偽表示　● 6-4 錯誤　● 6-5 詐欺　● 6-6 強迫
● 6-7 意思表示の到達と受領

これから学ばれる方へ

　A君とB君が、中古のパソコンを売買する契約を結ぼうとしている、としましょう。A君は「B君からパソコンを買いたい」と思い、B君は「A君にパソコンを売りたい」と思うから、契約を結ぶことになるわけです。

　しかし、人の意思は、本人以外にはわかりません。そこで、A君とB君が契約を結ぶに至るためには、お互いの意思を何らかの形で表示して、相手に伝える必要があります。たとえば、A君は「B君、君のパソコンを5万円で譲ってくれないか」と言い、B君は「ああいいよ」と答える、という具合です。

　ところが、このようにして表示されたことが、本人の真意と異なる、ということがあります。たとえば、B君にパソコンを売るつもりはなくて単なる冗談だったとか、何かを誤解して「いいよ」と答えたが売るつもりはなかった、という場合などです。実際には相手から問いただされるなどして正されることが多いでしょうが、気付かない場合もありえます。

　では、このような場合、「いいよ」という表示と、本人の真意との、いずれが法律的に意味をもつことになるのでしょうか。B君の意思を尊重すべきなのか、それとも表示を信頼して取引したA君を保護すべきなのか。この点について、民法はどのような解決を図ろうとしているのかということを、本章で学ぶことにしましょう。

LEC東京リーガルマインド　C-Book民法Ⅰ〈総則〉改訂新版

6-1 総説

<table>
<tr><td>一</td><td>意思表示の意義</td></tr>
<tr><td>二</td><td>意思表示の過程</td></tr>
<tr><td>三</td><td>意思主義と表示主義</td></tr>
</table>

学習の指針

　意思表示は、一定の法律効果の発生を欲する意思を外部に表明する行為をいい、内心的効果意思→表示意思→表示行為という過程をたどります。内心的効果意思は、動機によって導かれますが（動機→内心的効果意思）、動機は意思表示の前提をなす理由にすぎず、内心的効果意思が意思表示の出発点だと考えられています。この点は、後に扱う「動機の錯誤」という論点で問題となります。

　ここでは、意思表示をめぐる問題の基本的な考え方である意思主義（表意者の意思を重視する考え方）と表示主義（実際に表示されたものを重視する考え方）について正しく理解しましょう。意思主義を徹底すると表意者を、表示主義を徹底すると取引の相手方や第三者を保護することにつながります。

　民法は、93条から96条で様々な制度を設け、意思主義と表示主義の調和を図っています。

一　意思表示の意義

　意思表示とは、一定の法律効果の発生を欲する意思を外部に表明する行為をいう。

　たとえば、契約の申込みは意思表示である。「買いたい」という意思を、手紙を出すなどして表示する、ということである。

　→法律要件の構成要素である法律事実の1つである

二　意思表示の過程

　意思表示は、次のような過程を経てなされる。

①　一定の法律行為を行おうとする動機が存在する

ex. このパンはおいしそうだから食べたい

　　↓

②　具体的に法律効果を意欲する意思（内心的効果意思）が形成される

ex. このパンを買おうと思う

　　↓

③　その意思を相手方に伝えようとする意思（表示意思）が形成される

ex. このパンを下さいと言おうと思う

　　↓

④　効果意思が外部に表明される（表示行為）

ex. このパンを下さいと言う

動　機	→	内心的効果意思	→	表示意思	→	表示行為
このパンを食べたい		「このパンを買おう」と思う		「このパンを下さい」と言おうと思う		「このパンを下さい」と言う

三　意思主義と表示主義

1　意義

(1)　意思主義：表意者の意思を重視するもの（その結果、表意者を保護することになる）

(2)　表示主義：実際に表示されたもの（表示行為）を重視するもの（その結果、相手方や第三者の方をより保護することになる＝取引の安全に資する）

2　意思主義と表示主義の調整

　意思表示に問題がある場合、その意思表示をした表意者の利益を重視すれば、このような意思表示は無効又は取り消すことができるものとした方がよい（意思主義の要請）

↓しかし

　意思表示に問題があるといっても、その（問題のある）意思表示を、完全に有効な意思表示だと信頼して取引に加わった人を無視してまで、常に意思表示の効力を否定してしまうのでは、これらの人たちに予想できない損害を与える危険がある（表示主義の要請）

↓そこで

　法は、原則として有効だが例外として無効、あるいは原則として無効だが例外として有効、という規定を置き、このような表意者保護の要請と相手方ないしは第三者保護の要請を調整している

【意思主義と表示主義の調整規定】

	原　則	例　外
心裡留保（93）	表示主義（Ⅰ本文）	意思主義（Ⅰただし書）（＊）
虚偽表示（94）	意思主義（Ⅰ）	表示主義（Ⅱ）
錯　　誤（95）	意思主義（Ⅰ）	表示主義（Ⅲ・Ⅳ）
詐　　欺（96）	意思主義（Ⅰ）	表示主義（Ⅲ）
強　　迫（96）	意思主義（Ⅰ）	な　し

＊　93条2項により、93条1項ただし書による意思表示の無効は、善意の第三者に対抗することができない。

6-2 心裡留保

学習の指針

心裡留保とは、表意者が真意でないことを知りながらする意思表示をいいます。93条1項はこのような意思表示を原則として有効としています。これは、表示行為を信頼した相手方を保護すべきだという考え（表示主義）に基づくものです。ただ、表示行為の当時、相手方が悪意又は有過失のときは、93条1項ただし書によって無効となります。相手方保護の必要がないから、表意者の真意を重視しているのです（意思主義）。

一 はじめに

1 意義

◀佐久間1・117頁

心裡留保とは、表意者が真意でないことを知りながらする意思表示（表示行為に対応する内心的効果意思がないことを知りながらする意思表示）をいう。

ex. 全くその気はないのに冗談で「車をあげるよ」と言ったような場合

2 趣旨

表意者には表示行為に対応する内心的効果意思が存在しない以上、その意思表示を無効とすべきであるとも思える（意思主義）。

しかし、表示行為に対する相手方の信頼を保護する必要がある（表示主義）ことに加え、表意者は意思と表示が不一致であることを自覚しながら意思表示をしている以上、表示したとおりの効果を与えられても仕方ないほどの大きな帰責性が認められる。よって、心裡留保は、原則として有効である（93 I 本文）。

もっとも、相手方がその意思表示が表意者の真意ではないことについて悪意・有過失である場合、このような相手方を保護する必要はないため、意思主義により、その意思表示は無効となる（93 I ただし書）。

二 効果

1 原則：有効（93 I 本文）

◀佐久間1・117頁

2 例外：相手方が行為当時、悪意又は有過失のときは無効（93 I ただし書）

∵ 相手方保護の必要性がない

ex. 「車をあげるよ」と言われた者が、冗談だと知っていた場合や、普通に考えれば冗談だと知ることができた場合は、その意思表示は無効となる

* 悪意又は有過失の立証責任は、無効を主張する側（表意者）にある。

三 適用範囲

1 相手方のない単独行為

→適用される（相手方がいないので1項ただし書の適用はなく、意思表示は常に有効となる）

2 身分行為 **ex.** 養子縁組（最判昭23.12.23）

→適用されない（742①、802①参照）

∵ 表意者の意思を尊重すべきである

→真意がなければ婚姻の意思表示をしても無効

四 第三者の保護

93条1項ただし書の規定による意思表示の無効は、善意の第三者に対抗することができない（93Ⅱ）。

◀佐久間1・119頁

ex. AがBに対して、冗談で5,000万円のマンションを「100万円で売りたい」と言い、BがAの真意ではないことを知りながらこれを承諾した後、同マンションを、事情を知らないCに売却した場合

→Aは、Bに対しては意思表示の無効を主張できるが、Cに対しては意思表示の無効を主張できない

93条2項の趣旨は、表示行為に対する善意の第三者の信頼を保護し、取引の安全を図る点にある。これは、94条2項と同じ趣旨に基づくものであり、権利外観法理の規定である。

93条2項の「第三者」とは、表意者と相手方（及びその代理人・包括承継人）以外の者であり、心裡留保の目的について法律上の利害関係を有するに至った者をいう。また、「善意」とは、心裡留保によりなされたことを知らなかったことをいう。

93条2項により保護されるために第三者が無過失であることや、登記を備えておくことは不要と解されている。これは、心裡留保をした表意者の帰責性が大きいためである。

6-3 虚偽表示

学習の指針

虚偽表示とは、相手方と通謀してなす真意でない意思表示をいいます。

虚偽表示による意思表示は、原則として無効（94Ⅰ）となります。当事者双方が表示どおりの法律効果を発生させないことを合意しているからです（意思主義）。しかし、「善意の第三者」に対しては、意思表示の無効を対抗することができない（94Ⅱ）とされています。表示行為の外形を信頼した者の利益を保護しなければならないからです（表示主義）。

具体的にどのような者が「善意の第三者」に当たるかは、必須の基本的事項なので、しっかりとおさえておきましょう。

また、判例・通説は、94条2項が権利外観法理の現れである点に着目して、本来の虚偽表示の事案以外でも、①虚偽の外観の存在、②真の権利者の帰責性、③第三者の信頼を要件として、94条2項を類推適用することによって不動産取引の安全を図っています。論文式試験でよく問われるところですので、しっかり理解しましょう。

一　はじめに

1　意義

虚偽表示（通謀虚偽表示）とは、相手方と通謀してなす真意ではない意思表示のことをいう。

> **ex.** 債権者からの強制執行を免れるために、債務者Aが友人Bと相談して、Aの土地をBが買ったことにしてもらい、土地の所有権がBに移ったかのように仮装する場合

2　趣旨

虚偽表示においては、表意者及び相手方は意思表示が虚偽であることを互いに認識しているため、これに法的拘束力を与える必要はない。そのため、94条1項は、「相手方と通じてした虚偽の意思表示は、無効とする」と規定している（意思主義）。

もっとも、虚偽の外形を信頼して法律関係に入った第三者を保護する必要があるため、取引の安全の観点から、94条2項は、善意の第三者に対しては虚偽表示の無効を対抗することができないとしている（表示主義）。

二　要件

① 外形上の表示行為が存在すること
　→第三者からみて意思表示たる価値ある外形が作られることが必要である
② 表示行為に対応する内心的効果意思が存在しないこと
③ 真意と異なる表示をすることについて相手方と通謀すること

三　効果

1　原則

虚偽の意思表示は、当事者間では無効である（94Ⅰ）。

∵ 当事者双方が表示どおりの法律効果を発生させないことを合意している以上、これに法律効果を発生させる意味はない

2　例外

善意の第三者に対しては、その意思表示の無効を対抗することができない（94Ⅱ）。

∵ 表示行為の外形を信頼した第三者の利益を保護しなければならない
虚偽表示は無効が原則である（94Ⅰ）

　　　↓しかし

虚偽表示も当事者以外の者からみれば有効な意思表示であるようにみえるので（外観の存在）、このような有効な意思表示であるという外観を信頼して、取引関係に入ってきた者の信頼を保護する必要がある

　　　↓また

虚偽の意思表示をすることによって自ら実体の伴わない外形を作り出した権利者（本人の帰責性）はその権利を失うことになってもやむを得ない

　　　↓そこで

94条2項は善意の第三者（第三者の信頼）に虚偽表示の無効を対抗できないことにして、その保護を図っている

　　　↓

たとえば、AB間の売買契約が虚偽表示であることを知らない（＝善意の）第三者Cが、不動産をBから買い受けたような場合には、真の所有者であるAはAB間の売買契約の無効をCに対

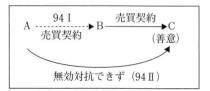

◀佐久間1・121頁

◀佐久間1・123頁

◀佐久間1・122頁、123頁

抗することはできず（94Ⅱ）、結局Cが不動産の所有権を取得できる

> **☞ One Point ▶権利外観法理**
>
> 　94条2項は、権利外観法理と呼ばれる法原則（表見法理とも呼ばれる）を虚偽表示の場合に適用した規定です。権利外観法理とは、「真の権利者が、その責めに帰すべき事由により、自分以外の者が権利者であるかのような虚偽の外観を作り出した場合、その外観を信頼した第三者を保護する」という法原則です。
>
> 　94条2項以外にも民法（110等）や商法（24）、会社法（354）などにおいて、このような権利外観法理の一環である規定が置かれ、取引の安全が図られています。

四　「善意の第三者」（94Ⅱ）の意義

1　「第三者」

◀佐久間1・124頁
LQⅠ・160頁

論文・予備H23

(1)　意義

　「第三者」とは、虚偽表示の当事者及びその包括承継人以外の者であって、虚偽表示による法律行為の存在を前提として、新たに独立した法律上の利害関係を有するに至った者をいう（最判昭45.7.24参照）。

(2)　具体例（典型的なもの）

① 虚偽表示による譲受人からさらに目的物を譲り受けた者
　→「第三者」に含まれる

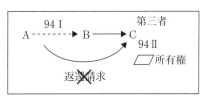

② 虚偽表示による譲受人から抵当権の設定を受けた抵当権者
　→「第三者」に含まれる

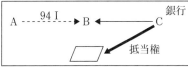

cf. 代理人や法人の代表者が虚偽表示をした場合の本人
　→「第三者」に含まれない
∵ 「新たな」利害関係人ではない

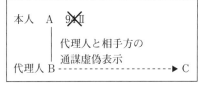

③ 仮装債権の譲受人
　虚偽表示による仮装債権の譲渡を受けた者
　→「第三者」に含まれる

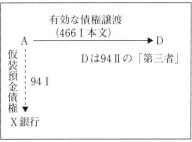

> **☞ ONE POINT**
> 包括承継人とは、他人の権利及び義務を一括して承継する者のことをいいます。たとえば、相続人や会社の合併における存続会社がこれに当たります。包括承継に対する用語は、特定承継（売買による所有権の取得のように、個々の原因に基づいて個々の権利又は義務を承継すること）です。

cf. 債権の仮装譲受人から取
立のため債権を譲り受けた
者
→「第三者」に含まれない
∵「独立の」利害関係人で
はない

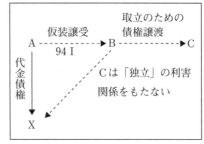

仮装譲受　　　　　取立のための
　　　　　　　　債権譲渡
A - - - - - → B - - - - - → C
　　94 I

代
金
債
権

Cは「独立」の利害
関係をもたない

X

【判例における94条2項の「第三者」の整理】

第三者に当たるとされた者	① 不動産の仮装譲受人からさらに譲り受けた者 ② 仮装譲受人の不動産につき抵当権の設定を受けた者 ③ 仮装債権の譲受人 ④ 仮装の抵当権者からの転抵当権者 ⑤ 虚偽表示の目的物に対して差押えをした金銭債権者 ⑥ 仮装譲受人が破産した場合の破産管財人
第三者に当たらないとされた者	① 一番抵当権が仮装で放棄された場合に、一番抵当権者となったと誤信した二番抵当権者 ② 債権の仮装譲受人から取立てのため債権を譲り受けた者 ③ 債権を仮装譲渡した者が、その譲渡を無効として債務者に請求する場合の債務者（ただし、債務者が弁済あるいは準消費貸借契約を締結した場合は該当する） ④ 代理人や代表機関が虚偽表示をした場合における本人 ⑤ 仮装譲渡の当事者（譲受人、譲渡人）の単なる債権者 ⑥ 土地の仮装譲受人がその土地上に建物を建築し、その建物を賃貸した場合の建物賃借人（最判昭57.6.8） ⑦ 土地の賃借人が自己所有の借地上の建物を他に仮装譲渡した場合の土地賃貸人（最判昭38.11.28）

2　「善意」

(1)　意義

　第三者が保護されるためには、条文上「善意」である必要がある。「善意」
とは、第三者としての地位を取得した時に、虚偽表示の事実を知らないこと
をいう。この「善意」については、94条2項の保護を受けようとする第三者
が主張・立証しなければならない（最判昭41.12.22）。

　さらに、94条2項の「善意の第三者」として保護されるためには、その善
意が過失に基づかないものであること(無過失)や登記を備えることが必要か、
が解釈上問題となる。

(2)　無過失の要否

問題の所在

　「善意」の第三者として保護されるためには、無過失であることが必要か。
　たとえば、ＡＢ間で不動産売買の虚偽表示があり、Ｃがこれを信頼してＢから
不動産を買い受けたとする。Ｂが売買契約書を示して所有権は自分にあると言っ
ているだけで、登記がまだＡのもとにあるならば、Ｃはなぜ登記がＢ名義ではな
いのかを調べるべきであり、それを怠ったならば、Ｃには過失がある。
　また、たとえ登記がＢ名義に移っていたとしても、目的物がＡの先祖伝来の不
動産で、Ａが決して手放すはずがないことをＣが知っており、かつ、本当に売っ
たのかどうかＡに尋ねるのが容易であった場合には、調査を怠ったＣには過失が
あるといえる。
　このようにＣに過失がある場合であっても、Ｃは94条2項の「善意」の第三
者として保護されるかが問題となる。

⚠️**論点**

◀佐久間1・127頁
　LQ I・160頁

┌───┐
│   94 Ⅱ   │
│   A------▶B────────▶C   │
│   ▱ 94 Ⅰ   ┌ 善意   ＊ 無過失は不要と考えた方が │
│   └ 善意・無過失   よりCを保護することになる │
└───┘

考え方のすじ道

条文上無過失は要求されていないし、また、虚偽の外観を自ら作出した真の権利者の帰責性は大きい
　　↓したがって
虚偽表示をした権利者よりも、虚偽の外観を信頼した第三者の保護を重視すべき
　　↓よって
第三者として保護されるには善意であれば足り、無過失までは要しない

アドヴァンス

A　無過失不要説（判例・通説）
（理由）
　詐欺の場合には自ら騙されるという落ち度があるが、虚偽表示の場合には虚偽の外形を作出した真正権利者の帰責性が大きいため、無過失を求めることなく外形のとおり責任を負うべきである。

B　無過失必要説
（理由）
① 94条2項は権利外観法理の一態様であるところ、権利外観法理の適用と解される他の規定では、第三者が保護される要件として無過失を要求していることが多い（112等）。
② 無過失を要求することによりきめ細やかな利益衡量ができる。
③ たとえ虚偽表示であることを知らなかったとしても、それが不注意に由来するもので、実際には信頼に値する外観がなかったような場合、そのような第三者を保護する必要はない。

> **判例** 大判昭12.8.10
> 判例は、善意で足りると判示した。

3　登記の要否

　94条2項の「第三者」に当たり、有効に権利を取得したとしても、特に目的物が不動産である場合、その権利取得を直ちに他人に主張できるとは限らない。不動産物権変動は、他人の利益に重大な影響を及ぼすことがあるため、他人に権利主張するには、登記が必要とされる場合があるからである（177）。そのため、94条2項によって物権を取得した者も、登記を備えていなければ、その取得を他人に主張できない可能性がある。
　そこで、まずはどのような場合に登記が必要となるかを確認しておく。

(1)　対抗要件としての登記

　176条は、意思表示のみで物権が変動するとしている（意思主義）。これによれば、二重譲渡（ex. 甲土地について、AがBに売却した後、さらにAがCにも売却したケース）の場合には、第一譲受人Bとの間で売買契約がなされた時点

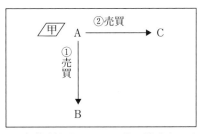

でBに所有権が移転し、元の所有者Aは無権利となるから、第二譲受人Cは所有権を取得できず、Cが登記をしても無効であると思える。しかし、民法は、このような場合、登記の先後によって所有権者を決定することにした（177）。つまり、CがAから先に登記の移転を受ければ、第一譲受人であるBに優先することになる。したがって、結果的に、ABの売買による所有権の移転は確定的なものではなかったことになり、Bが権利取得を第三者である

Cに対抗するための要件（対抗要件）として、登記が必要であったということになる。対抗要件とは、当事者間で有効な法律関係について、それを第三者に主張するために必要な要件のことをいい、二重譲渡のように対抗要件で優劣を決する問題を対抗問題という。

(2) **権利保護資格要件としての登記**

対抗要件としての登記が不要と考える場合であっても、94条2項による保護を受けるための要件として、登記を要求すべきかどうかが問題となることがある。このような問題は、権利保護資格要件としての登記の要否という形で論じられる（⇒『**物権**』）。

(3) **94条2項の「第三者」として保護されるために登記は必要か**

⚠️**論点**

◀佐久間1・129頁
　LQ I・161頁

問題の所在

第三者として保護されるために登記を備えることが必要か。

たとえば、AB間で不動産売買の虚偽表示があり、Cがこれを信頼してBから不動産を買い受けたとする。Cが94条2項の「善意」の第三者として保護されるためにはCに登記が必要かが問題となる。

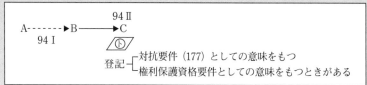

考え方のすじ道

虚偽表示は無効である（94 I）が、虚偽表示者は、その無効を善意の第三者に対抗することができない（94 II）
　　　↓そして
94条2項の適用により、CがAから直接に権利を取得する（法定承継取得説）
　　　↓そのため
AとCの関係は前主・後主の関係に立ち、対抗関係には立たないから、Aは、Cとの関係では177条の「第三者」に該当しない
　　　↓したがって
Cは、Aに対して、対抗要件としての登記がなくても物権の取得を主張することができる
　　　↓また
虚偽の外形を信頼した第三者の保護を優先し、取引の安全を図るという94条2項の趣旨からすれば、帰責性が非常に大きい虚偽表示者であるAよりも、善意の第三者であるCをより保護すべきであるから、Cは、Aに対して、権利保護資格要件としての登記も不要である

アドヴァンス

A　**不要説（判例・通説）**

（理由）

① （対抗要件としての登記が不要な理由）虚偽表示者は、虚偽表示の無効を善意の第三者に対抗できない（94 II）。そして、94条2項の適用により、第三者が虚偽表示者から直接に権利を取得すると考えた場合、虚偽表示者と第三者の関係は前主・後主の関係に立ち、対抗関係には立たないから、虚偽表示者は177条の「第三者」に該当しない（法定承継取得説に立つ場合）。したがって、94条2項の第三者は、虚偽表示者に対して、登記なくして物権の取得を主張することができる。

② （権利保護資格要件としての登記が不要な理由）虚偽の外形を信頼した第三者の保護を優先し、取引の安全を図るという94条2項の趣旨からすれば、外形を作り出した真正権利者（虚偽表示者）自身が一般の取引における当事者に比して不利益を被るのは当然であり、真正権利者が第三者の登記の欠缺を主張して第三者に生じた物権変動を否定できるものと解すべきではない。

B　必要説（権利保護資格要件としての登記必要説）
　（理由）
　　　真正権利者（虚偽表示者）は、虚偽表示の無効を対抗することができない結果、権利の制約・喪失という重大な不利益を受ける。したがって、第三者は、真正権利者の重大な不利益の上に保護されることになるから、94条2項の保護を受けるための要件として、登記を得ておくべきである。

> **判例** 最判昭44.5.27
> 　94条2項の趣旨は、「外形を信頼した者の権利を保護し、もって、取引の安全をはかることにある」。したがって、虚偽の「外形を作り出した仮装行為者自身が、一般の取引における当事者に比して不利益を被ることのあるのは、当然の結果といわなければならない。したがって、いやしくも、自ら仮装行為をした者が、かような外形を除去しない間に、善意の第三者がその外形を信頼して取引関係に入った場合においては、その取引から生ずる物権変動について、登記が第三者に対する対抗要件とされているときでも、右仮装行為者としては、右第三者の登記の欠缺を主張して、該物権変動の効果を否定することはできない」。この理は、「民法94条2項を類推適用すべき場合においても同様であ」る。

(4)　第三者相互間の関係　⇒137頁参照
　　　以上は、真正権利者（虚偽表示者）と第三者との関係について検討したものであるが、第三者が複数存在し、互いに相容れない物権を取得した場合には、その物権の取得の優劣は登記の先後によって決定される。

4　「第三者」からの転得者

(1)　「第三者」からの転得者は「第三者」（94Ⅱ）に含まれるか

⚠️論点

問題の所在

　仮装譲受人Bからの譲受人Cは、AB間が仮装譲渡であることを知っていた（悪意）。このとき、Cから目的物を譲り受けた善意のDは保護されるか。直接の第三者が悪意の場合であっても、その第三者と取引した転得者が善意であれば、94条2項の「第三者」として保護されるのかが問題となる。

```
                              第三者        転得者
    A ----94Ⅰ----▶ B ──譲渡──▶ C ──譲渡──▶ D
                              悪意          善意
```

考え方のすじ道

94条2項の趣旨は、権利者が作出した虚偽の外形を信頼した者を保護する点にある
　　　↓そうであれば
転得者であっても、意思表示の外形を信頼して取引関係に入った以上、直接取引した者の場合と取扱いを別にすべき理由はない
　　　↓そこで
転得者も94条2項の「第三者」に含まれると解するべき
　　　↓したがって
Dが善意であれば保護される

> **判例** 最判昭45.7.24
> 94条2項の「第三者」は直接の第三者に限られず転得者も含まれる。そして、悪意の第三者からの転得者が善意であれば、転得者は「善意の第三者」として保護される。

(2)　善意の第三者からの悪意の転得者

◀佐久間1・133頁
　LQⅠ・162頁

問題の所在

　仮装譲受人Bからの譲受人Cは、AB間が仮装譲渡であることを知らない（善意）が、Cから目的物を譲り受けたDが悪意の場合、かかる転得者Dは保護されるか。直接の第三者は94条2項の「第三者」として保護されうるが、その第三者と取引した転得者が悪意の場合、転得者は保護されるのかが問題となる。

$$A \cdots\cdots\xrightarrow{94\,\mathrm{I}} B \xrightarrow{\text{譲渡}} C \xrightarrow{\text{譲渡}} D$$

第三者　　　　転得者
A --------- B ── 譲渡 → C ── 譲渡 → D
善意　　　　　悪意

考え方のすじ道

無効主張の可否を転得者ごとの善意・悪意によって相対的に判断する立場（相対的構成）に立つ場合、悪意の転得者であるDは、たとえ94条2項により保護される善意の第三者であるCから目的物を取得しても、結局Aに取り戻されてしまう
　　　　↓そうすると
DがCから目的物を取得しようとすることはなくなるから、Cは正当な所有者であるにもかかわらず、目的物を処分する機会を事実上大きく失うこととなり、妥当でない
　　　　↓また
延々と法律関係が定まらず、法律関係の早期確定の要請に反する
　　　　↓そこで
ひとたび善意の第三者が現れて94条2項により保護されれば、その第三者が確定的に権利を取得し、真の権利者は権利回復への期待を失い、その後の転得者は、善意・悪意を問わず、第三者の地位を承継し有効に権利を取得するものと解する（絶対的構成）
　　　　↓したがって
善意の第三者であるCから目的物を取得した悪意の転得者であるDは、有効に権利を取得することができる
　　　　↓もっとも
悪意の転得者が意図的に善意の第三者を介在させたような場合には、実質的に悪意の「第三者」といえるから、信義則（1Ⅱ）違反により保護されないと解する

アドヴァンス

A　絶対的構成（判例）
　ひとたび善意の第三者が現れて94条2項により保護されれば、その第三者が確定的に権利を取得し、その後の転得者は、善意・悪意を問わず、第三者の地位を承継し有効に権利を取得する。
（理由）
　①　相対的構成の立場に立つ場合、悪意の転得者は、たとえ94条2項により保護される善意の第三者から目的物を取得しても、結局真の権利者に取り戻されてしまう。そうすると、転得者が善意者から目的物を取得しようとすることはなくなるから、正当な所有者であるはずの善意者が目的物を処分する機会を事実上大きく失うこととなり、妥当でない。
　②　法律関係の早期確定の要請に資する。
　③　善意の第三者が94条2項により保護される時点で、真の権利者の権利回復への期待は失われている。
B　相対的構成
　保護の有無は、財産を取り戻そうとする当の相手方が誰であるかに応じて個別的・相対的に判断されるべきである。
（理由）
　①　具体的公平に合致する。
　②　悪意者が、わら人形（善意者）を介在させて不当に保護を受けようとすることを防止できる。

判例　大判昭6.10.24

判例は絶対的構成をとり、善意の第三者からの悪意の転得者を保護した。

☞ One Point ▶ 相対的構成に対する批判について

　かつて、相対的構成をとると、悪意の転得者は真の権利者から追奪され、その結果として前主たる善意者が追奪担保責任（改正前561参照）を追及されることになり、善意者を保護しようとした94条2項の趣旨に反するとの批判がなされていました。

　しかし、改正前民法561条は「他人の権利」を売った者の責任を規定していますが、94条2項により保護された善意者が転得者に売却するのは、「他人の権利」ではなく自己の権利ですから、改正前民法561条は適用されません。また、悪意の転得者が真の権利者から追奪され、目的物の所有権を失ったとしても、それは転得者の「悪意」という事情によるのであり、売主が他人の権利を処分したという事情によるのではないのですから、改正前民法561条の適用の前提を欠くといえます。したがって、上記批判はあたらないものと解されています。

　そして、上記の理解は、改正民法下でも変わりません。改正民法561条は、「他人の権利」を「売買の目的としたときは、売主は、その権利を取得して買主に移転する義務を負う」と規定し、買主は、売主のかかる義務の不履行により売買契約を解除することができます（改正541・542参照）が、善意者が転得者に売却するのは、「他人の権利」ではなく自己の権利だからです。

五　「対抗することができない」の意味

◀佐久間1・123頁

　94条2項の「対抗することができない」とは、「第三者」に対して表意者側からは無効を主張できないことをいう。具体的には、以下の2つの意味をもつ。

① 「第三者」の側からは、意思表示は有効であると主張することができるだけでなく、原則どおり無効であると認めることもできる。すなわち、善意の「第三者」の側から意思表示の無効を認め、

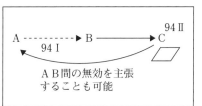

自己の権利取得を否定することが認められる。したがって、図表のCはAB間の無効を認めることもできる。

　∵　94条2項は、第三者を保護する規定である

② 仮装譲渡人の債権者など他の第三者も、善意の「第三者」に無効主張できない。

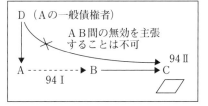

　したがって図表のDは、Cに対して、AB間の無効を主張することはできない。

六　虚偽表示と二重譲渡

1　真の所有者が土地を譲渡した場合

◀LQⅠ・159頁
論文・予備H23

問題の所在

　AB間の虚偽表示によって、B所有であるかの外観を有し、かつ登記名義もBになっている土地が、Bから善意のCに転売された。ところが、真の所有者であるAは、同じ土地をDに譲渡していた。このような場合、CとDのいずれが優先するかが問題となる。

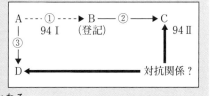

ＡＢ間の譲渡は虚偽表示として無効（94Ⅰ）であるが、Ｃは「善意の第三者」（94
Ⅱ）に当たるから、有効に所有権を取得するはずである
　　　　↓他方
Ｄも真の権利者であるＡから本件土地を譲り受けている
→このような場合、ＣとＤのいずれが優先するかが問題となる
　　　　↓この点
「善意の第三者」であるＣが有効に権利を取得するのは、Ａの主張が封じられた
反射的効果によるものであって、ＡＢ間の仮装譲渡が有効となったからではない
　　　　↓すなわち
94条２項による権利変動の実体的な過程は、94条２項の適用によりＡＢ間の譲
渡が有効なものとなり、これを前提にＢからＣへ順次に権利が移転する（順次取
得説）というものではなく、94条２項の適用によりＣがＡから直接に権利を取
得するという、法定の承継取得（法定承継取得説）であると解する
　　　　↓よって
ＣとＤは、本件土地についてＡから二重譲渡されたのと同様の対抗関係に立つか
ら、登記を先に備えた方が優先する

アドヴァンス

A　ＣとＤはＡを起点する対抗関係に立つとする見解（法定承継取得説、判例・通説）
　（理由）
　　① 　94条２項による権利変動の実体的な過程は、ＣがＡから直接に権利を取得する
　　　という、法定の承継取得である（法定承継取得説）。すなわち、「善意の第三者」（94
　　　Ⅱ）であるＣが有効に権利を取得するのは、Ａの主張が封じられた反射的効果に
　　　よるものであって、Ｂが有効な権利者になったからではない。
　　② 　真の権利者であるＡは、94条２項によりＣに対して自己の所有権を主張するこ
　　　とは許されないが、Ｃが登記を備えるまでは完全な無権利者となるわけではない
　　　（不完全物権変動説）。したがって、ＣとＤは、Ａから二重譲渡されたのと同様の
　　　対抗関係に立つ。
B　Ｃは常にＤに優先するとする見解（順次取得説）
　（理由）
　　① 　Ｃが善意の第三者として94条２項により保護される結果、ＡＢ間の仮装譲渡が
　　　有効なものとして扱われ、Ｃはこれを前提に権利を承継取得する（順次取得説）。
　　　そうすると、Ａから二重譲渡を受けたのはＢとＤということになり、登記を既に備
　　　えているＢから土地を取得したＣは、常にＤに優先することになる。
　　② 　Ｄは登記をもたないＡから譲り受けた者だから保護の必要性は低い。

2　虚偽表示の相手方が土地を譲渡した場合

　ＡＢ間の虚偽表示によってＢ所有
のような外観を有している土地を、
Ｂが、ＣとＤに二重に譲渡した場合、
ＣＤ間にはどのような法律関係が生
じるのか。
　ＣとＤは、ともに典型的な94条２

```
A ---- ① ---- ▶ B ―― ② ―― ▶ C(善意)
   94Ⅰ         │                 ↑
               ③                94Ⅱ
   94Ⅱ         ▼
               D ◀―――― 対抗関係
             (善意)
```

項の「第三者」であり、善意であれば同条で保護される。このような場合のＣ
Ｄ間は対抗関係といえ、その優先関係は登記の先後で決することになる。

七　虚偽表示の適用範囲

1　単独行為

　94条が適用される典型例は契約であるが、契約を解除する意思表示や、債務
を免除する意思表示のように、相手方のある単独行為についても、94条の適用
がある（最判昭31.12.28等）。
　また、共同相続の事案において、1人の相続人を除いて他の相続人が相続放

判例　最判昭42.10.31

判例は、法定承継取得説
を前提として、ＣＤは対
抗関係に立つとする見解
を採用しているものと解
されている。

棄をした場合、その相続放棄の意思表示が相続人間の通謀によるものであった
として、その無効を認めた判例（最判昭42.6.22）もある。相続放棄の意思表示
は相手方のない単独行為であり、厳密には表意者と相手方の通謀があったとは
いえないが、94条1項の規定を類推適用したものと解されている。

2　身分行為　→2項の適用なし、第三者との関係おいても無効

∵　真実の意思を尊重すべきである（意思主義）

3　要物契約

AがBに対して仮装の貸金返還債務を負う合意（要物契約としての消費貸借
契約、587）をしたが、金銭の交付はなかったという場合において、貸金債権
の存在を示す虚偽の外形（借用証書等）を信頼して貸金債権を譲り受けた善意
の第三者は、94条2項により保護されるか。要物契約としての消費貸借契約は、
目的物の交付を欠く場合には契約が成立しないので、94条2項の適用により消
費貸借契約が成立したのと同じ保護を第三者に認めることはできないのではな
いかが問題となる。

判例は、要物契約についても94条2項の適用を認めている（消費貸借契約に
つき大決昭8.9.18、質権設定につき大判昭6.6.9）。学説上も、94条2項は外形
に対する信頼を保護するという権利外観法理の一環であり、目的物の交付を欠
く場合であっても、契約成立を信じさせる外形が存在し、これを信頼した第三
者を保護すべきであること、虚偽表示によって外観を作出した者が債務を負う
ことになってもやむを得ないことを理由に、94条2項の適用を認め、消費貸借
契約が成立したのと同じ保護を善意の第三者に認める見解が多数説である。

論点

ONE POINT
要物契約とは、契約が
成立するために、合意
のほか、目的物の引渡
しが必要とされる契
約のことをいいます。

八　虚偽表示による財産隠匿行為

B
ランク

1　意義

財産隠匿行為とは、財産権の名義を移転して、自己の財産を隠す行為をい
う。たとえば、無資力状態にあるAが、債権者Cからの強制執行を逃れるとい
う資産隠しの目的で、Bと通謀して、A所有の土地をBに時価相当額で売却し
たことに仮装して移転登記をする場合である。

2　財産隠匿行為の効果

⑴　当事者間における効果

Cからの執行逃れに成功した後で、AがBに土地の返還請求をすることが
できるだろうか。

財産隠匿行為は、財産権を移転する意思がないのに名義のみ移転するもの
であるから、虚偽表示として無効となる（94Ⅰ）。しかし、資産隠しはその動
機において不法なものであるため、不法原因給付（708本文）に当たるとし
て返還請求は否定されないか。

この点、判例は、90条に反するか否かという点から708条の適用の有無を
検討している（強制執行免脱罪（刑96の2）に該当する場合であっても、そ
の一事をもって708条に該当するとはいえないとしており、刑法上の根拠に
よっていない）。

⑵　債権者との関係における効果

AB間の仮装売買は虚偽表示で
あり、94条1項により無効である
から、Cは、AのBに対する土地
の返還請求権を代位行使（423）
することになる。

しかし、AのBに対する返還請

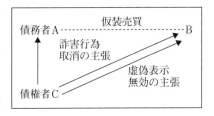

求権が708条本文により否定される場合は、代位行使することはできない。

そこで、このような場合、Ｃは、虚偽表示を理由とする無効主張以外に、詐害行為取消の主張をすることができるか。虚偽表示による法律行為は無効であるのに対して、詐害行為取消権は法律行為の有効性を前提に、その取消しを裁判上請求するものである。そのため、両者の関係が問題となる。

これについては、債権者は虚偽表示の主張と詐害行為取消の主張を任意に選択しうるとするのが通説である。

（理由）

法律行為が無効か、取り消しうるのかは法文を適用した結果の問題にすぎないから、その法的性質にこだわらず、当事者の選択を認めるべきである。

九　虚偽表示の撤回

虚偽表示は当事者間の合意で撤回しうる。しかし、虚偽の外形を除去しない限り外形を信頼した善意の第三者に対し無効を主張し得ない（最判昭44.5.27傍論、通説も同様）。そうでないと、残存している虚偽表示の外形を信じ撤回を知らない第三者は不測の損害を被るおそれがあるからである。

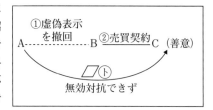

十　94条2項の類推適用

1　はじめに

権利外観法理を適用すべき要件が満たされる場面であるにもかかわらず個別の規定がない場合、権利外観法理を適用できれば、類似の事例と整合的で妥当な解決を導くことができる。しかし、権利外観法理そのものを一般的に定めた条文は存在しない。そこで、権利外観法理の現れとみられる94条2項は、本来の虚偽表示の事案以外でも、権利外観法理を適用すべきだと考えられる場面でしばしば類推適用される。

◀佐久間1・135頁
　LQⅠ・162頁

◀ 論文・司法Ｈ28

☞ One Point ▶ 類推適用とは

類推適用とは、ある事態Ａにつき、直接定めた規定が存在しない場合において、事態Ａと類似する事態Ｂに対して適用が予定されている条文Ｘがあるとき、これを事態Ａに対しても類推して適用することをいいます。

類推適用が許されるのは、単に事態が似ているだけでは足りず、事態Ａと事態Ｂが本質的な点で同一である場合に限られます。これは、本質的な点が同一であるからこそ、同じ条文による法律効果をもって律するのが妥当といえるからです。そして、本質的に同一といえるためには、事態Ｂに対して条文Ｘが置かれている趣旨などを考慮し、それが事態Ａに対しても妥当するか否かで判断することになります。

2　本来の意味での通謀虚偽表示が存在しない場合

問題の所在

【事例Ⅰ（意思外形対応型：94条2項単独類推適用型）】

Aは税金対策として、自己所有の建物を息子のB名義で保存登記し放置しておいたところ、Bが勝手にこれをCに処分してしまった。

この場合、Cは無権利者であるBから建物を譲り受けた者にすぎないし、また登記に公信力はないから（192参照）、所有権を取得し得ないはずである。しかし、登記を信頼して取引をした善意のCの犠牲の下に、自ら不実の登記を作出したAを保護するのは不当である。そこで、登記を信頼して取引をしたCを保護できないかが問題となる。

【事例Ⅱ（意思外形非対応型：94条2項・110条の法意併用型）】

Bの信用を高めるために、Aが自己の所有する土地についてB名義の仮登記をしたところ、BがAの印鑑を無断使用して本登記に改め、その後にBがこの土地をCに処分した場合、登記を信頼して取引をしたCを保護できないかが問題となる。

【事例Ⅲ（第3類型：94条2項・110条の類推適用型）】

Aは、土地の賃貸についてBにその事務を任せていたが、特段の理由なく本件土地の登記済証をBに預け、Bの言うままに印鑑登録証明書を交付し、本件土地を売り渡す旨の売買契約書に署名押印した。そして、Bは、Aから交付を受けた土地の登記済証を利用して勝手にB名義に登記を移転した。その際、Aは、BがAの面前で登記申請書にAの実印を押捺したのにその内容を確認することなく漫然とこれを見ていた。

その後、Bがこの土地をCに売却した場合、登記を信頼して取引をしたCを保護できないかが問題となる。

考え方のすじ道

【事例Ⅰ（意思外形対応型：94条2項単独類推適用型）】

94条1項は「相手方と通じてした虚偽の意思表示」と規定しており、AB間には「通謀」も「虚偽の意思表示」もない以上、94条2項を直接適用することはできない

　　　　　↓しかし

94条2項の趣旨は、虚偽の外観作出に帰責性ある表意者の犠牲の下に、外観を信頼した善意の第三者を保護するものである（権利外観法理）

　　　　　↓そうだとすれば

①虚偽の外観が存在し、②真の権利者に虚偽の外観作出と同程度の帰責性が認められ、③第三者の外観への信頼がある場合は、94条2項の適用場面と同様の利益状況にあるといえるから、94条2項を類推適用し、第三者が善意である場合には保護すべきである

→【事例Ⅰ】のCは、善意であれば、94条2項の類推適用により保護される

【事例Ⅱ（意思外形非対応型：94条2項・110条の法意併用型）】

この場合においては、真の権利者の意思と第三者の信頼の対象となった外形が対応しないため、真の権利者は第三者が信頼した外形自体を自ら作出したり、又は承認したのではないという点で、真の権利者の帰責性は小さいといえる

　　　　　↓しかし

真の権利者の認めた外形が、第三者の信頼した外形を生じる原因となっているため、真の権利者には、第三者の信頼した外形が作出されたことについての積極的関与が認められる

　　　　　↓また

真の権利者が作出した範囲を超える虚偽の外観が作出された場合には、権限外の代理行為（110）がなされた場合に類似する

　　　　　↓したがって

94条2項と110条の法意に照らし、第三者が善意・無過失である場合には保護される

→【事例Ⅱ】のCは、善意・無過失であれば、94条2項と110条の法意に照らし、

保護される

【事例Ⅲ（第3類型：94条2項・110条の類推適用型）】
この場合においては、真の権利者は自ら不実の外形を作出したり、又は承認した
ものでないだけでなく、自ら虚偽の外観の作出に積極的に関与したり、これを知
りながらあえて放置したものでもない
　　　　↓しかし
真の権利者の余りにも不注意な行為によって虚偽の外観が作出された場合、真の
権利者の帰責性の程度は、自ら外観の作出に積極的に関与していた場合やこれを
知りながらあえて放置した場合と同視し得るほど重いというべきである
　　　　↓したがって
94条2項と110条の類推適用により、第三者が善意・無過失である場合には保護
される
→【事例Ⅲ】のCは、善意・無過失であれば、94条2項と110条の類推適用に
より保護される

アドヴァンス

(1) **意思外形対応型：94条2項単独類推適用型**

　　真の権利者の意思と第三者の信頼の対象となった外形とが対応する場合を
さす。この類型は、以下の2つに分かれる。

(a) **外形自己作出型**

　　権利者自身が自らその外形を
作り出した場合である。この場
合は、真の権利者に帰責性を認
めやすいといえる。

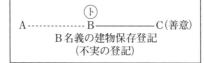

　　たとえば、建物を建築したAがB名義で建物保存登記をしたところ、B
が勝手にCに処分し、CはBが権利者であると思って譲り受けた場合など
である。

　　　→94条2項の類推適用を肯定
　　（理由）
　　　真の権利者が虚偽の外形を作り出し（虚偽の外観と真の権利者の帰
　　責性）、それを第三者が信頼したという点において、94条2項の趣旨
　　が妥当する。
　　そして、ここでの利害対立は、真の権利者と第三者との間に生じている
ので、Aの意思に基づき作出された外形を信頼した第三者の保護につい
て、名義人の承諾の有無によって差異をもうけるべきではないから、94条
2項の本来的適用の場合と異なり、登記名義人が外形の作出を承諾してい
たことは必要ではない（最判昭45.7.24）。

(b) **外形他人作出型**

　　権利者ではなく、他人が外形
を作り出した場合である。この
場合は、それだけでは真の権利
者に帰責性を認めることは困難
である。

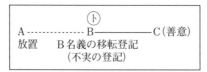

　　たとえば、Aの土地をBが勝手に自己名義に移転登記したが、Aはそれ
を知りながらそのまま長期にわたって放置し、その後にBがこの土地をC
に売却した場合などである。

　　　→真の権利者が、他人の作り出した外形をその意思により存続させたと
　　　いえる場合には、94条2項の類推適用を肯定

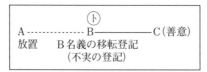

判例　最判昭41.3.18

Aが建物を新築し、B名
義で保存登記をしたとこ
ろ、Bが無断でCに処分
したという事案で、94条
2項を類推適用し、善意
（無過失不要）の第三者を
保護した。

（理由）
　① 第三者からしてみれば、虚偽の外形を作り出したのが真の権利者であるか、他人であるかは重要な違いではない。
　② 真の権利者は自ら外形を作り出したのではないから、虚偽の外形が存在するだけでは帰責性が小さいため、外形をほしいままに放置したというような、本来の虚偽表示の場合と同視してよい帰責性が必要である。

判例　最判昭45.9.22／百選Ⅰ【第8版】〔21〕
事案：　Bは、Aの不動産の登記を勝手にB登記にしたうえ、Cに譲渡し登記を移転した。そこで、AがCに対し、登記の抹消登記手続を求めた。
　　　なお、Aは、Bが勝手に登記名義を移したことにすぐ気づき、名義回復を試みたものの、費用捻出が困難であったことや、Bとの間に子が生まれ、正式に婚姻したことなどにより、4年間にわたって登記を抹消せずに放置していた。そして、その間Aの債務を担保するためにB名義のままその不動産に根抵当を設定していた。
判旨：　不実の所有権移転登記の経由が所有者の不知の間になされた場合でも、「不実の登記がなされていることを知りながら、これを存続せしめることを明示または黙示に承認していたとき」は、94条2項が類推適用され、AはCに対して、Bが所有権を取得していないことを対抗できない。

判例　最判昭48.6.28
事案：　未登記建物の所有者であるAは、建物の固定資産課税台帳上の所有名義が職権により誤って夫B名義で登録されていることを知りながら、8年間B名義で固定資産税を納付していた。そして、Bの債権者であるCの申立てにより、本件建物が差し押さえられた。
判旨：　固定資産台帳は、本来課税のために作成されるものであり、表示の登記がなされたものとはいえないが、未登記建物についての同台帳の所有名義は、建物の所有権帰属の外形を表示するものとなっているのであるから、台帳に誤った記載があることを知りながら長年にわたり固定資産税を払い続けてきたAは、外形を明示又は黙示に承認していたといえ、この外形を信頼した善意の第三者は保護されるべきである。したがって、94条2項の類推適用により、AはCに対して、Bが所有権を有していないことを対抗できない。

(c)　第三者の主観的要件
　　意思外形対応型については、作り出された外観が真の権利者の意思と一致しており、真の権利者には94条2項の直接適用の場合と同程度の帰責性が認められる。したがって、第三者を保護するために無過失までは要求されないし、登記を備えていることも必要ではない。

(2)　**意思外形非対応型：94条2項・110条の法意併用型**

真の権利者の意思と第三者の信頼の対象となった外形とが対応しない場合を指す。この場合には、真の権利者が意図しない外形が作り出されたという点において、真の権利者の帰責性は小さい。

◀佐久間1・140頁
LQⅠ・166頁

◀ 論文・予備H29

A ┈┈┈┈ B ━━━ C
B名義の仮登記を作出	Bは仮登記から本登記に勝手に変更	本登記をみてBのものと思った

たとえば、Bの信用を高めるために、Aが自己の所有する不動産についてB名義の仮登記をしたところ、BがAの印鑑を無断使用して本登記に改め、Cに処分した場合などである。

→94条2項と110条の法意に照らし、第三者が善意無過失である場合には保護される

（理由）

①　真の権利者の認めた外形が、第三者の信頼した外形を生じる原因となっている点において、第三者の信頼した外形が作り出されるについての積極的関与が認められるといえる。

②　しかし、この場合に、真の権利者は、第三者が信頼した外形自体を自ら作り出したのではないから、その帰責性は94条2項の直接適用や類推適用の場合に比べれば小さい。したがって、第三者には無過失を要求すべきである。

判例　**最判昭43.10.17**

事案：　Aは、Bから、取引先の信用を得るために不動産の登記名義を貸してほしいと頼まれ、甲土地について、仮装の売買予約に基づき所有権移転仮登記をした。その後、Bは、Aの委任状を偽造して本登記手続をした上で、Cに甲土地を売却した。

判旨：　「不動産について売買の予約がされていないのにかかわらず、相通じて、その予約を仮装して所有権移転請求権保全の仮登記手続をした場合、外観上の仮登記権利者がこのような仮登記があるのを奇貨として、ほしいままに売買を原因とする所有権移転の本登記手続をしたとしても、この外観上の仮登記義務者は、その本登記の無効をもって善意無過失の第三者に対抗できないと解すべきである。けだし、このような場合、仮登記の外観を仮装した者がその外観に基づいてされた本登記を信頼した善意無過失の第三者に対して、責に任ずべきことは、民法94条2項、同法110条の法意に照らし、外観尊重および取引保護の要請というべきだからである」。

🖙 One Point ▶ 110条の法意を併用することの意味

◀佐久間1・141頁

　　判例が、94条2項のほかに、「110条の法意を併用」するとしていることについては、①第三者保護要件に無過失を付加するため、②真の権利者の帰責性を根拠づけるため、という2つの意味があります。

　　まず、①についてです。94条2項の要件は「善意」であることから、第三者の主観的保護要件に無過失を加える根拠として、判例は110条を持ち出す必要があったと考えられます。

　　次に、②についてですが、そもそも110条は、代理人がその権限外の行為をした場合に、代理権の存在を善意無過失で信じた第三者を保護する規定です。上記事案において、Bが無断で本登記手続をしたのは、BがAによって認められた地位を利用して、その範囲外の行為をしたものということができますから、Aには、不実の第1外形を自ら作出した点で、虚偽表示をした者に近い帰責性が認められるといえます。また、この場合に110条の法意を併用することで、その不実の第1外形を委ねられた他人が、その外形を発展させて第2外形を作り出し、これを第三者が信じた点で、110条における本人の帰責性に近い帰責性が認められることになります。

　　また、これに関連して、本人が自覚することなく不実の外形を自ら作り出していた場合についても、上記判例（最判昭43.10.17）の趣旨に照らせば、善意無過失の第三者に対抗することができないとする判例、94条2項及び110条の法意に照らしても善意の第三者に対抗できないとする事情はないとする判例がある。

> **判例**　**最判昭45.11.19**
>
> 事案：　Aは、自己所有の土地をBに売却したが、その際、A・Bが依頼・指示した司法書士が、Bの不注意もあって、Bが当該土地に担保
>
>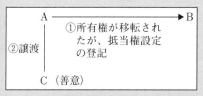
>
> 権を設定したかのような登記（抵当権設定登記及び所有権移転請求権保全の仮登記）を行ったところ、その外形を信頼してCがAから所有権を譲り受けた。そこで、Cが被担保債権とされる額について弁済の提供をしたが、Bにより受領を拒否されたので、これを供託し、抵当権設定登記及び所有権移転請求権保全の仮登記の抹消請求を提起した。
>
> 判旨：　本件では、Bに不注意があることに鑑みれば、抵当権設定登記及び所有権移転請求権保全の仮登記はBの意思に基づくものである。そうだとすれば、判例（最判昭43.10.17）の趣旨からみて、Bは善意無過失のCに、右登記が実体上の権利関係と相違し、Bが仮登記を経た所有権者であって抵当権者ではないと主張することはできないとした。

＊　本件の事案では、意思外形非対応型の解決に準じて、第三者に善意・無過失を要求している。本件では、真の権利者（所有者）であるBは、所有権保全の仮登記のための書類であると思って司法書士に手続を依頼しており、担保権設定の登記という外観の作出を意図したわけではない。そこで、真の権利者の帰責性が弱いと考えられることとの均衡上、第三者保護のための要件を加重したのである。

> **判例**　最判平15.6.13
>
> 事案：　ＡＢ間で、Ａの所有する甲土地建物の売買契約が結ばれ、代金の
> 支払と引き換えに所有権移転とその旨の登記手続をする旨が合意さ
> れた。Ａは、代金の支払の前に、Ｂにだまされ、登記済証、白紙委
> 任状、印鑑証明書を順次Ｂに交付し、Ｂはこれを悪用してＡからＢ
> への移転登記をし、その10日後に善意無過失のＣに売却した。
>
> 判旨：　Ａは、本件土地建物の虚偽の権利の帰属を示す外観の作出につき
> 何ら積極的な関与をしておらず、本件第１登記を放置していたとみ
> ることもできないのであって、民法94条２項、110条の法意に照ら
> しても、Ｂに本件土地建物の所有権が移転していないことをＣに対
> 抗し得ないとする事情はないというべきである。

(3)　第3類型：94条２項・110条の類推適用型

　　真の権利者が不実の外形を作り出すことも、その意思により認めることも
なく（したがって、意思外形対応型とはいえない）、真の権利者が関与して作
り出された第１外形を利用して他人により第２外形が作られ、それを信頼し
た第三者が登場したわけでもない（したがって、従来の意思外形非対応型と
もいえない）事案において、下記のような判例が登場した。

> **判例**　最判平18.2.23／百選Ⅰ【第8版】（22）
>
> 事案：　不動産の所有者Ｘから当該不動産の賃貸に係る事務や他の土地の
> 所有権移転登記手続を任せられていたＡが、Ｘから交付を受けた当
> 該不動産の登記済証等を利用して当該不動産につきＡへの不実の所
> 有権移転登記を了し、ＡからＹに所有権移転登記がなされた。そこ
> でＸがＹに対して所有権移転登記の抹消登記を請求した。本件では、
> ①特段の理由なく本件不動産の登記済証を預け、Ａの言うままに印
> 鑑登録証明書を交付し、不動産を売却する意思がないにもかかわら
> ず、Ａに言われるままにＡに本件不動産を売り渡す旨の売買契約書
> に署名押印した。②ＡがＸの面前で登記申請書にＸの実印を押捺し
> たのにその内容を確認することなく、これを見ていたなどの事情が
> あった。
>
> 判旨：　Ａが本件不動産の登記済証等の書類を「用いて本件登記手続をす
> ることができたのは、……Ｘの余りにも不注意な行為によるもので
> あり、Ａによって虚偽の外観（不実の登記）が作出されたことにつ
> いてのＸの帰責性の程度は、自ら外観の作出に積極的に関与した場
> 合やこれを知りながらあえて放置した場合と同視し得るほど重いも
> のというべきである。そして、……Ｙは、Ａが所有者であるとの外
> 観を信じ、また、そのように信ずることについて過失がなかったと
> いうのであるから、民法94条２項、110条の類推適用により、Ｘは、
> Ａが本件不動産の所有権を取得していないことをＹに対し主張する
> ことができない」。

＊　本件の事案においては、真の権利者であるＸは自ら不実の外形を作り出し
ていないし、その意思により認めることもしていないが、不実の外形を作り
出したＡはＸから広範に代理を委ねられた者である。そして、Ａが権限外の
行為をすることができたのは、ＸがＡを全面的に信頼して特段の理由なく登
記済証や印鑑登録証明書を渡し、売買契約書にも署名押印したからである。

この場合において、もし、Aが本人としてではなくXの代理人として契約を結んだならば110条の適用が認められ、Xは所有権を失っていたと考えられる。したがって、このこととの均衡から、本件のようにAが本人として行動した場合には、110条の類推適用により、Xが不実の外形を自らの意思によるものではないと主張することが認められないとされたと考えられる。

この類型においては、Yの過失を問わないとするほどの帰責性が真の権利者であるXに認められないので、第三者の主観的保護要件は善意無過失となる。

☞ One Point ▶ 判例の整理　　　　　　　　　　　　　◀佐久間1・137頁

94条2項の類推適用について、従来の一般的な分類とは少し異なる類型化をする考え方もあります。

1　94条2項単独類推適用型（従来の意思外形対応型に当たります）

外形自己作出型と外形他人作出型を区別せず、94条2項単独の類推適用により第三者が保護されるためには、①権利帰属の外形、②真の権利者がその外形を作出し、又は存続させたこと、③第三者の善意が必要であるとします。

2　94条2項・110条の併用型

⑴　94条2項・110条の法意併用型（従来の意思外形非対応型に当たります）

⑵　94条2項・110条の類推適用型

6-4　錯誤

一　はじめに	**学習の指針**
二　錯誤の態様	錯誤とは、表意者の認識・判断と現実との間に食い違いがあり、その食い違いを表意者が知らないことをいいます。
三　要件	錯誤に基づく意思表示は、表意者を保護するために取り消すことができるとされています（意思主義）。しかし、
四　効果	
五　錯誤取消しと第三者保	
護	

意思表示が有効であると信頼した相手方の取引の安全も確保する必要があります（表示主義）。そこで、95条は、錯誤の主張が認められるための要件を限定し、両者の調整を図っています。

錯誤は、虚偽表示と並んで『民法総則』の中でも特に重要な学習分野のひとつです。商法や民事訴訟法でも扱われることがありますので、きちんと理解するように繰り返し学習しましょう。

一　はじめに

◀佐久間1・148頁

1　意義

錯誤とは、表意者の認識・判断と現実との間に食い違いがあり、その食い違いを表意者が知らないことをいう。

2　趣旨

錯誤に基づく意思表示を取り消すことができるとすることで、表意者を保護する一方、意思表示が有効であると信頼した相手方の取引の安全を確保するために、錯誤の主張が認められるための要件を限定し、両者の調整を図った。

二　錯誤の態様

錯誤は、表示錯誤と動機の錯誤の２つの態様に大別される。

◀佐久間１・150頁
LQⅠ・173頁

論文・司法Ｈ21

1　表示錯誤

表示錯誤とは、「意思表示に対応する意思を欠く錯誤」（95Ⅰ①）をいう。

表示錯誤は、①表示上の錯誤と、②内容の錯誤（意味の錯誤）の２つに分類される。いずれも、表示行為に対応する内心的効果意思が存在しない場合である。

①表示上の錯誤とは、単なる言い間違いや書き間違い、入力・伝達ミスのように、内心的効果意思・表示意思と異なる表示行為をしてしまった場合をいう。

ex. 契約書の金額欄に「￥1,000,000」と記入するつもりで、誤って「￥10,000,000」と記入してしまった場合

②内容の錯誤（意味の錯誤）とは、表意者が考えたとおりの表示手段を用いたものの、その表示手段の内容や意味を誤解したために、内心的効果意思と異なる表示行為をしてしまった場合をいう（表示意思と表示行為は一致している）。

ex. おはぎを購入するつもりが、おはぎと大福を同一のものと誤解したため、大福を購入する意思表示をしてしまった場合

2　動機の錯誤

動機の錯誤とは、「表意者が法律行為の基礎とした事情についてのその認識が真実に反する錯誤」（95Ⅰ②）をいう。

◀佐久間１・154頁
LQⅠ・174頁

論文・司法Ｒ元

→「表意者が法律行為の基礎とした事情」（95Ⅰ②）とは、意思表示の動機・理由（縁由）となった事情であり、意思表示の時点で真偽が確定していない事情はこれに含まれない

動機の錯誤は、一般的に、①性質の錯誤（性状の錯誤）と、②単なる動機の錯誤（狭義の動機の錯誤）の２つに分類されるが、厳密に区別して理解する必要はないと思われる。

①性質の錯誤（性状の錯誤）とは、目的物にある性質・状態が備わっているものと誤信する場合をいう。

ex. 本物のブランドもののバッグだと思い購入したが、実際には偽物のバッグであった場合

②単なる動機の錯誤（狭義の動機の錯誤）とは、①以外の動機の錯誤をいう。

ex. 友人から借金の連帯保証人になって欲しいと頼まれ、その友人の両親も連帯保証人になるので迷惑はかからないと説明されたため、連帯保証契約を締結したが、実際には他に連帯保証人は存在しなかった場合

【錯誤の態様・分類①】

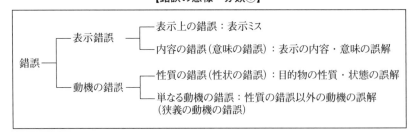

【錯誤の態様・分類②】

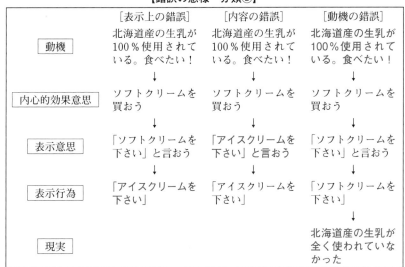

	［表示上の錯誤］	［内容の錯誤］	［動機の錯誤］
動機	北海道産の生乳が100％使用されている。食べたい！	北海道産の生乳が100％使用されている。食べたい！	北海道産の生乳が100％使用されている。食べたい！
	↓	↓	↓
内心的効果意思	ソフトクリームを買おう	ソフトクリームを買おう	ソフトクリームを買おう
	↓	↓	↓
表示意思	「ソフトクリームを下さい」と言おう	「アイスクリームを下さい」と言おう	「ソフトクリームを下さい」と言おう
	↓	↓	↓
表示行為	「アイスクリームを下さい」	「アイスクリームを下さい」	「ソフトクリームを下さい」
			↓
現実			北海道産の生乳が全く使われていなかった

三　要件

錯誤による意思表示を取り消すための共通の要件は、

① 意思表示が「錯誤に基づくもの」であること（因果関係、95 I 柱書）

② その錯誤が「法律行為の目的及び取引上の社会通念に照らして重要なもの」であること（重要性、95 I 柱書）

③ 「錯誤が表意者の重大な過失によるもの」でないこと（95 Ⅲ柱書）

である。

また、動機の錯誤（95 I ②）においては、

④ 「その事情が法律行為の基礎とされていることが表示されていた」ことという特有の要件が規定されている（95 Ⅱ）。

1　因果関係と重要性（共通の要件①②）

⑴ ①意思表示が「錯誤に基づくもの」であることとは、表意者が錯誤に陥らなければ、その意思表示をしなかったといえること（因果関係）をいう。因果関係の要件は、表意者の主観面に着目している。

⑵ また、意思表示を錯誤によって取り消すためには、②その錯誤が「法律行為の目的及び取引上の社会通念に照らして重要なもの」でなければならない（重要性）。

　∵ 軽微な錯誤でも意思表示を取り消すことができるとすると、取引の安全が害される

「重要なもの」といえるかどうかは、法律行為の目的及び取引上の社会通念に照らして、通常一般人ならばその錯誤がなければ意思表示をしなかったといえるかどうかで判断する。重要性の要件は、因果関係の要件と異なり、客観的な基準である。

　ex.1 他人物売買は有効（561）であるため、買主は、原則として、売主が真の所有者ではないことを理由に売買契約を取り消すことはできない

　ex.2 消費貸借契約では、貸主は、借主が返済する資力を有するか否かに本質的な関心があるので、借主の同一性に関する錯誤は重要といえる。これに対し、借主は、貸主が誰であれ借金を返済する必要があるので、貸主の同一性に関する錯誤は重要であるとはいえない

◀佐久間 1 ・150頁
　LQ I ・173頁以下

論文・司法R元

> **判例** 最判平14.7.11
>
> 事案：　Aは、空クレジット（商品の売買契約がないのに、購入する形をとること）を計画して、信販会社Xと立替払契約を締結し、Aは、Xの立替払いによって、売主Bから商品を購入した。この立替払契約に基づいて、YはAが負担する債務について連帯保証契約を締結したが、Yは主債務が空クレジットによるものであることを知らなかった。Yは、保証契約は錯誤により無効〔注：改正前民法95条本文参照〕であると主張した。
>
> 判旨：　「保証契約は、特定の主債務を保証する契約であるから、主債務がいかなるものであるかは、保証契約の重要な内容である。そして、主債務が、商品を購入する者がその代金の立替払を依頼しその立替金を分割して支払う立替払契約上の債務である場合には、商品の売買契約の成立が立替払契約の前提となるから、商品売買契約の成否は、原則として、保証契約の重要な内容である」として、Yの錯誤無効の主張を認めた。

2　表意者に「重大な過失」（95Ⅲ柱書）がないこと（共通の要件③）

　「錯誤が表意者の重大な過失によるもの」である場合、表意者は、原則として意思表示を取り消すことができない。

　∵　軽率な表意者の錯誤でも意思表示を取り消すことができるとすると、取引の安全が害される

(1)　「重大な過失」の意義

　「重大な過失」とは、通常一般人ならば注意義務を尽くして錯誤に陥ることはなかったのに、著しく不注意であったために錯誤に陥ったことをいう（大判大6.11.8）。この注意の程度は、表意者個人を基準とするのではなく、その者が属する職業・地位・資格・経歴・取引の種類や目的等を考慮して、客観的に設定される。

　→「重大な過失」の立証責任は相手方にある

(2)　例外

　表意者に「重大な過失」があったとしても、①「相手方が表意者に錯誤があることを知り、又は重大な過失によって知らなかったとき」（95Ⅲ①）、又は「相手方が表意者と同一の錯誤に陥っていたとき」（共通錯誤、95Ⅲ②）には、錯誤による意思表示の取消しが可能になる。

　∵　これらの場合は、意思表示が有効であるという相手方の信頼を保護する必要がない

　→共通錯誤の具体例：当事者双方が、安物の腕時計を有名ブランドの腕時計と誤解し、高値で売買契約を締結した場合

3　動機の錯誤における特有の要件（④）について

(1)　趣旨

　動機の錯誤（95Ⅰ②）においては、「その事情が法律行為の基礎とされていることが表示されていた」ことという特有の要件が規定されている（95Ⅱ）。動機が表示されていないのに表示錯誤と同様の要件で取り消すことができるとすると、取引の安全を著しく害するおそれがあるため、取引の相手方に不測の損害を生じるのを防止する趣旨に基づき、この要件が規定されている。

(2)　「その事情が法律行為の基礎とされていることが表示されていた」(95Ⅱ)の解釈

95条2項は、「表示」に焦点を合わせた文言を規定しているため、この要件は単に「動機が表示されていた」ことを意味するとの解釈は、95条2項の文言とも親和性が高いといえる。

しかし、単に「動機が表示されていた」ことのみを要件に、その動機となった事情についての錯誤を理由とする法律行為の取消しを認めると、取消しの範囲が広くなりすぎるため、取引の安全を害するという不都合がある。

この点について、改正前民法下の判例は、動機の錯誤は当然には95条の「錯誤」に当たらず、動機が明示又は黙示に表示されて法律行為の内容となった場合に限り、95条の「錯誤」として顧慮されるという考え方を採用していた。そして、判例（最判平28.1.12／百選Ⅰ［第8版］〔24〕）は、「動機は、たとえそれが表示されても、当事者の意思解釈上、それが法律行為の内容とされたものと認められない限り、表意者の意思表示に要素の錯誤はない」としていた。

> **判例　最判昭32.12.19**
>
> 事案：　Yは、債務者Aから「Bも連帯保証人となった」と騙されて連帯保証人となったが、Bは連帯保証人ではなかった。その後、Aの債権者XがYに対し保証債務の履行を求めたので、Yが、XY間の連帯保証契約は、錯誤により無効［注：改正前民法95条本文参照］であると主張した。
>
> 判旨：　「保証契約は、保証人と債権者との間に成立する契約であって、他に連帯保証人があるかどうかは、通常は保証契約をなす単なる縁由にすぎず、当然にはその保証契約の内容となるものではない。されば、……Yにおいて Bも連帯保証人となることを特に本件保証契約の内容とした旨の主張、立証のない本件においては」、XY間の契約は錯誤により無効であるとはいえないとした。

> **判例　最判平元.9.14／百選Ⅰ［第7版］〔24〕**
>
> 事案：　XY夫婦は、Xの浮気を理由として離婚した。その際、Xは財産分与にも課税されることを知らず、自らには課税されないと誤解しており、むしろYに課税されないかと心配してこれを気遣う発言をしていたが、結局、高価な不動産をYへ分与する財産分与契約を締結した。その後、Xに譲渡所得税が課されたため、Xは、財産分与契約の錯誤無効［注：改正前民法95条本文参照］を主張した。
>
> 判旨：　「動機が黙示的に表示されているときであっても、これが法律行為の内容となることを妨げるものではない」。本件において、Xは、「財産分与に伴う課税の点を重視していたのみならず、……自己に課税されないことを当然の前提とし、かつ、その旨を黙示的には表示していたものといわざるをえない」から、Xとすれば、この「錯誤がなければ本件財産分与契約の意思表示をしなかったものと認める余地が十分にある」として、Xの錯誤無効の主張の余地を認めた。

> **判例** 最判平28.1.12／百選Ⅰ［第8版］〔24〕
>
> 事案： X銀行がAに8,000万円を貸し付け、Y信用保証協会がAの債務を保証した。その後、Aが反社会的勢力であることが判明した。Yは本件保証契約が錯誤により無効［注：改正前民法95条本文参照］であると主張した。
>
> 判旨： 「意思表示における動機の錯誤が法律行為の要素［注：改正前民法95条本文参照］に錯誤があるものとしてその無効を来すためには、その動機が相手方に表示されて法律行為の内容となり、もし錯誤がなかったならば表意者がその意思表示をしなかったであろうと認められる場合であることを要する。そして、動機は、たとえそれが表示されても、当事者の意思解釈上、それが法律行為の内容とされたものと認められない限り、表意者の意思表示に要素の錯誤はないと解するのが相当である」。
>
> 「保証契約は、主債務者がその債務を履行しない場合に保証人が保証債務を履行することを内容とするものであり、主債務者が誰であるかは同契約の内容である保証債務の一要素となるものであるが、主債務者が反社会的勢力でないことはその主債務者に関する事情の一つであって、これが当然に同契約の内容となっているということはできない。」
>
> 「Aが反社会的勢力でないことというYの動機は、それが明示又は黙示に表示されていたとしても、当事者の意思解釈上、これが本件各保証契約の内容となっていたとは認められず、Yの本件各保証契約の意思表示に要素の錯誤はないというべきである」。

　95条2項は、上記の判例法理を変更するものではないと解されている。したがって、上記の判例の趣旨を踏まえると、「その事情が法律行為の基礎とされていることが表示されていた」（95Ⅱ）こととは、「表意者の動機となった事情が（両当事者の間で）法律行為の基礎（前提）となっている旨の表意者の認識が相手方に明示又は黙示に表示されていた」ことと解釈すべきであるとする見解が有力である。言い換えれば、表意者の動機となった事情が法律行為の基礎（前提）となっている旨の表意者の認識が明示又は黙示に表示され、相手方がこれを了解（法律行為の内容とすることの同意）することが必要であり、このような解釈は、上記の判例法理に親和的であると解される。

四 効果

1 意思表示の取消しが可能

　錯誤による意思表示は、取り消すことができる（95Ⅰ柱書）。取消権者は、表意者本人のほか、表意者の代理人若しくは包括承継人に限られる（120Ⅱ）。

　∵　95条は表意者保護の規定であるから、意思表示を取り消すかどうかを表意者本人の判断に委ねる

　取消権者は、錯誤による意思表示を取り消さず、追認することもできる（122）。その場合、以後、取り消すことはできない。

　他方、取消権者により錯誤による意思表示が取り消された場合には、その意思表示は初めから無効であったものとみなされる（遡及的無効、121）。その場合、給付を受けた者は、原状回復義務を負う（121の2Ⅰ）。

　なお、取消権には期間制限が設けられている（126）。

◀佐久間1・149頁、150頁、165頁

2　錯誤取消し後の表意者の損害賠償義務

意思表示が錯誤により取り消された結果、相手方が不測の損害を被った場合において、表意者に過失が認められるとき（なお、表意者が重過失であれば、そもそも原則として取消不可、95Ⅲ柱書）は、両者の利害調整の見地から、善意・無過失の相手方は、意思表示が有効であると信じたために被った損害（信頼利益）の賠償を、不法行為（709）に基づき請求することが可能と解されている。

五　錯誤取消しと第三者保護

1　取消前の第三者

錯誤による意思表示の取消しは、「善意でかつ過失がない第三者」に対抗することができない（95Ⅳ）。

たとえば、Aが所有する土地をBに売却し、さらにBがその土地をCに転売した場合において、Aが錯誤により売買契約を取り消したとすると、土地の売買契約は初めから無効とみなされる（121）。そのため、Cは無権利者であるBから土地を譲り受けたこととなり、土地の所有権を取得することはできないはずである。

しかし、意思表示が錯誤により取り消すことができるものと知らず、かつ過失なく知らないCは保護に値するのに対し、Aには錯誤に陥ったという帰責性が認められる。そこで、95条4項は、このような「善意でかつ過失がない第三者」を保護することとし、表意者は錯誤取消しを対抗できないこととした。

「第三者」とは、錯誤による意思表示によって発生した法律関係について、新たに法律上の利害関係を有するに至った者をいう。このような「第三者」が95条4項により保護されるためには、96条3項（詐欺における第三者保護規定）と同じく、「善意でかつ過失がない」ことが求められる。これは、心裡留保（93）や虚偽表示（94）における表意者の帰責性と比較すると、錯誤に陥った表意者の帰責性は明らかに軽いため、それとのバランスを保つ趣旨である。

2　取消後の第三者

錯誤による取消しの後に出現した第三者は、95条4項所定の「第三者」に含まれず、詐欺取消後の第三者保護の場合と同様、対抗問題（177）として処理される。　⇒159頁参照

◀佐久間1・164頁

6-5 詐欺

一 意義
二 要件
三 第三者の詐欺（96Ⅱ）
四 効果
五 「善意でかつ過失がない第三者」

学習の指針

詐欺とは、欺罔行為によって人を錯誤に陥れ、それによって意思表示させることをいい、詐欺による意思表示は取り消すことができます（96Ⅰ）。詐欺の結果なされた意思表示は、表示に対応する意思はあるけれども、その意思が、他人の詐欺という不当な行為によって形成されています。そこで、民法は、詐欺による意思表示をした者（表意者）に、その意思表示を取り消す権利を与え、その保護を図ることとしています。その結果、詐欺による意思表示は取り消されるまでは一応有効で、取消しによって初めて無効となります。

この詐欺による意思表示に関しては、第三者による詐欺（96Ⅱ）と、「善意でかつ過失がない第三者」(96Ⅲ)について特別の規定があります。それぞれ、趣旨と要件を正確に理解しておきましょう。

ここでは、特に、96条3項の「善意でかつ過失がない第三者」の意義をしっかりと理解する必要があります。まずは、判例の立場を理解するのがポイントです。また、詐欺取消前の第三者については96条3項で処理し、詐欺取消後の第三者については対抗関係で処理することになります。

一 意義

詐欺とは、欺罔行為によって人を錯誤に陥れ、それによって意思表示させることをいう。

◀佐久間1・167頁

たとえば、Aが、実際は将来性のない原野を、「近々リゾート開発の対象となることが決まっており、またたく間に値段が上がる」と言って、時価より高い値段でBに売却した場合などである。

表意者が詐欺を受けてした意思表示には、表示と内心の効果意思との不一致は存しないので、これを無効とするには及ばない（上記の事例でいえば、Bにはこの土地を買う、という効果意思は存在しており、表示との不一致はない）。しかし、他人の違法な行為によって動機づけられたという事実を考慮して、民法はこれを取り消しうるものとしている。

二 要件

1 ①違法な欺罔行為

欺罔行為とは、人を騙す行為のことをいう。

◀佐久間1・168頁

→積極的に虚偽の事実・判断を述べる場合に限らず、単なる沈黙も欺罔行為に当たることがある

もっとも、単なるセールストークと区別する必要から、すべての欺罔行為が詐欺の要件を満たすと考えるべきではない。そこで、欺罔行為は、社会通念上許される限度を超えた違法なものである必要がある。

→違法性の有無は、個々の取引類型や、契約当事者の地位・知識（事業者・専門家か消費者か）、具体的状況などを考慮して判断する

2 ②欺罔行為による錯誤

その欺罔行為によって錯誤が引き起こされたという関係が必要である。ここ

での錯誤は、動機の錯誤（95Ⅰ②）でも構わない。

　　→通常人であれば錯誤に陥ることはないと考えられるような場合でも、その表意者が欺罔行為により錯誤に陥ったのであれば、この要件は満たされる

3　③錯誤による意思表示

その錯誤がなければその意思表示をしなかったであろうという関係が必要である。

　　→上記②と同様、通常人基準ではなく、その表意者に認められれば足りる

4　④詐欺の故意

詐欺者に、相手方を騙して錯誤に陥らせようとする故意と、その錯誤によって一定の意思表示をさせようとする故意という、2段の故意が必要である（大判大6.9.6）。

三　第三者の詐欺（96Ⅱ）

◀佐久間1・170頁

96条1項は、表意者に対して誰が欺罔行為をなした場合をいうのかを明記していない

　　→では、欺罔行為が、相手方以外の「第三者」によってなされた場合に、その詐欺による意思表示を取り消すことができるか

　　　　↓たとえば

AがCに騙されて、二束三文のBの山林に価値があるものと信じ、Bから高値で山林を譲り受ける契約をした場合、Aは、AB間の契約を取り消すことができるか

```
買　主　　売買契約　　売　主（相手方）
　A ─────────── B
　↑
　｜詐欺
　C
第三者
```

　　　　↓この点

被詐欺者保護の見地からは、この場合も取り消すことができると思える

　　　　↓しかし

相手方が直接に欺罔行為をしたわけではないため、常に取り消すことができるとすると取引安全を害するし、被詐欺者にも何らかの落ち度が認められるのが通常である

　　　　↓そこで

96条2項は、第三者が詐欺を行った場合には、相手方がその事実を知り、又は知ることができたときに限り取り消すことができるものとした

*　その他の要件・効果は、1項の場合と同じである

四　効果

◀佐久間1・168頁、173頁

1　原則

詐欺による意思表示は取り消すことができる（96ⅠⅡ）。

2　例外

この意思表示の取消しは、「善意でかつ過失がない第三者」に対抗することができない（96Ⅲ）。

五　「善意でかつ過失がない第三者」

◀佐久間1・173頁

1　「善意でかつ過失がない第三者」（96Ⅲ）の意義

詐欺による意思表示の取消しは、「善意でかつ過失がない第三者」に対抗できない（96Ⅲ）。

たとえば、AがBの詐欺によって自らの土地をBに売却し、Bはこれをさらに善意・無過失のCに転売して登記を移転したが、その後、AがAB間の契約

を詐欺を理由に取り消した場合、Cは「善意でかつ過失がない第三者」に当たるから、Aは取消しを理由にCに対して登記の抹消を請求することは認められない。

　本来、Aが意思表示を取り消したならば、Aの意思表示は初めからなかったものとして扱われる（遡及的無効、121）のだから、論理的には、AB間の売買契約は初めからなかったことになり、Cは初めから無権利者であったBから土地を買い受けた以上、土地所有権を取得することができなくなる。しかしこれでは、Bを所有者であると信じたCが予想できない損害を被る。そこで、詐欺の事実を過失なく知らない第三者は、96条3項によって保護されているのである。

　ここにいう「第三者」とは、詐欺の当事者及びその包括承継人以外の者であって、詐欺による意思表示によって発生した法律関係について、新たに法律上の利害関係を有するに至った者をいう（最判昭49.9.26／百選Ⅰ［第8版］〔23〕）。

　　→詐欺による意思表示により、単に反射的な利益を取得した者は「第三者」に含まれない

　　ex. 　1番抵当権者が詐欺により抵当権を放棄した場合に順位上昇の利益を受ける2番抵当権者

　　＊　なお、「善意でかつ過失がない第三者」に対して詐欺取消しを対抗することはできないが、詐欺取消しを行うこと自体が妨げられるわけではない。

【96条3項の「第三者」の具体例の整理】

該当する例	売主Aを騙してAの不動産を買ったBから転得したり、抵当権の設定を受けた者
	売主Aを騙してAの農地を買ったBから、農地法5条の許可を条件として所有権を取得しうる地位を譲渡担保にとった者（最判昭49.9.26／百選Ⅰ［第8版］〔23〕）
	詐欺による取得者Aの債権者のうち、①目的物を譲り受ける契約をした者、②目的物に対して差押えをした者、③Aが破産した場合の破産管財人
該当しない例	A所有の不動産にBの一番抵当権、Cの二番抵当権があり、Bが詐欺によってその一番抵当権を放棄し（その結果、いったんはCの二番抵当権が一番抵当権に昇格する）、後にその放棄を取り消した場合のC（大判明33.5.7）
	BCDがAに対して連帯債務を負担していて、Bが詐欺によって代物弁済をし（その結果CDは、いったんは連帯債務を免れる）、後にその代物弁済を取り消した場合のCD（大判昭7.8.9）

2 「第三者」（96Ⅲ）と登記の要否

問題の所在

　96条3項の第三者が不動産の所有権の取得を主張するのに、登記を要するかが問題となる。

　たとえば、Aが詐欺によりBに不動産を売却後、Bが善意・無過失のCに不動産を転売した場合、Cは登記がなくとも96条3項により保護されるかが問題となる。

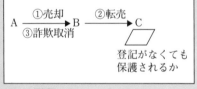

考え方のすじ道

詐欺による意思表示の取消しは、善意でかつ過失がない第三者に対抗することができない（96Ⅲ）
　　　　↓そして
96条3項の適用により、CがAから直接に権利を取得する（法定承継取得説）

　　　↓そのため

ＡとＣの関係は前主・後主の関係に立ち、対抗関係には立たないから、Ａは、Ｃとの関係では177条の「第三者」に該当しない

　　　↓したがって

Ｃは、Ａに対して、対抗要件としての登記がなくても物権の取得を主張することができる

　　　↓また

96条３項の趣旨は、意思表示が有効であることを信頼して新たに法律上の利害関係を有するに至った者の地位を保護する点にあるところ、登記具備の有無は、新たに法律上の利害関係を有するに至った時点（契約締結時）における第三者の信頼に影響を及ぼすものではない

　　　↓よって

96条３項の「第三者」の範囲について、登記を備えた者に限定しなければならない理由は見出し難いから、Ｃは、Ａに対して、権利保護資格要件としての登記も不要である

アドヴァンス

A　必要説

第三者は登記又は引渡しの具備を要する。

（理由）

詐欺にあった被害者の犠牲において、取引安全のため善意の第三者を保護しようという場合であるから、保護される第三者は、権利の確保のためになしうることをすべてして、ほぼ確定的に権利を取得したといえる程度にまで達していることが必要である。

B　不要説

第三者は登記を具備することを要しない。

（理由）

① （対抗要件としての登記の要否について）詐欺による意思表示をした者は、「善意でかつ過失がない第三者」との関係では権利を主張することができない（96Ⅲ）。そして、96条３項の適用により、第三者が表意者から直接に権利を取得すると考えた場合、表意者と第三者の関係は前主・後主の関係に立ち、対抗関係には立たないから、表意者は177条の「第三者」に該当しない（法定承継取得説に立つ場合）。したがって、「善意でかつ過失がない第三者」は、表意者に対して、登記がなくても物権の取得を主張することができる。

② （権利保護資格要件としての登記の要否について）96条３項の趣旨は、意思表示が有効であることを信頼して新たに法律上の利害関係を有するに至った者の地位を保護する点にあるところ、登記具備の有無は、新たに法律上の利害関係を有するに至った時点（契約締結時）における第三者の信頼に影響を及ぼすものではない。したがって、96条３項の「第三者」の範囲について、登記を備えた者に限定しなければならない理由は見出し難いから、「善意でかつ過失がない第三者」は、表意者に対して、登記がなくても物権の取得を主張することができる。

判例 最判昭49.9.26／百選Ⅰ[第8版]〔23〕

事案：　甲を欺罔してその農地を買い受けた乙が、農地法５条の許可を条件とする所有権移転仮登記を得た上、右売買契約上の権利を善意の丙に譲渡し、右仮登記移転の付記登記をした。そこで、甲は取り消しの意思表示をした上で、丙に対して本件農地の付記登記の抹消登記手続を請求した。

判旨：　民法96条１項、３項は、詐欺による意思表示をした者に対し、その意思表示の取消権を与えることによって詐欺被害者の救済をはかるとともに、他方その取消の効果を「善意の第三者」との関係において制限することにより、当該意思表示の有効なことを信頼して新たに利害関係を有するに至った者の地位を保護しようとする趣旨の

規定であるから、右の第三者の範囲は、同条のかような立法趣旨に照らして合理的に画定するべきであって、必ずしも、所有権その他の物権の転得者で、かつ、これにつき対抗要件を備えた者に限定しなければならない理由は、見出し難い。

3 第三者はいつまでに利害関係に入ることを要するか

問題の所在

AがBに騙されて自分の土地をBに売ってしまった場合でも、Bが善意・無過失の第三者Cにその土地を転売していれば、AはCに対して意思表示の取消しを対抗できない（96Ⅲ）。では、Cが土地を譲り受けたのが、Aによる取消前であっても取消後であっても同じように96条3項によって保護されるのかが問題となる。

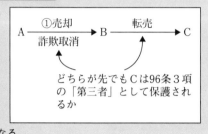

考え方のすじ道

本来、Aが意思表示を取り消した場合、Aの意思表示は初めから無効であったものとみなされる（遡及的無効、121）
　　　↓そのため
AB間の売買契約が取り消される前にBからその土地を譲り受けたCは、初めから無権利者であったBから土地を買い受けたこととなり、その所有権を取得することはできないはずである
　　　↓しかし
それでは、AB間の売買契約が有効であると信じた善意・無過失のCが不測の損害を被る
　　　↓そこで
96条3項は、取消しによる遡及的無効を制限することにより、かかる第三者を保護しようとした規定であると解する
　　　↓よって
96条3項によって保護される「第三者」とは、取消し前に法律上の利害関係を有するに至った第三者、すなわち、取消前の第三者をいうものと解する（判例）
　　　↓そうすると
96条3項の趣旨は、既にAB間の売買契約が取り消された後にBからその土地を譲り受けたC、すなわち、取消後の第三者には妥当しない
　　　↓よって
取消後の第三者は、96条3項の「第三者」に該当せず、96条3項により保護されない

アドヴァンス

A　96条3項適用肯定説
　96条3項の「第三者」といえるためには、取消しの前後を問わない。
（理由）
　　96条3項は、利害関係を有するに至ったのが取消し以前であったか以後であったかを問わず、およそ詐欺による意思表示があったことを知らなかったすべての第三者を保護する趣旨と解すべきである。

B　96条3項適用否定説（判例・通説）
　取消後の第三者は、96条3項によっては保護されない。
（理由）
　　96条3項は、取消しに遡及効があることにより第三者が害されるのを防止しようという趣旨である。

4 詐欺取消後の第三者保護

上記のとおり、96条3項の「第三者」の意義について、判例・通説の立場に立つと、取消後の第三者は96条3項の「第三者」に該当せず、96条3項により保護されないことになる。そして、表意者が詐欺による意思表示を取り消すことにより、その意思表示は初めから無効であったものとみなされる（遡及的無効、121）から、取消後の第三者は無権利者からの譲受人ということになる。

しかし、表意者は、詐欺による意思表示を取り消した後も、相手方名義の登記を自己名義に回復することなくこれを放置しており、相手方名義の登記を信頼した第三者が一切保護されないとすると取引の安全を害する。そこで、どのようにして取消後の第三者の保護を図るべきかが問題となる。

判例（大判昭17.9.30／百選Ⅰ［第8版］〔55〕）は、復帰的物権変動説に立っている。すなわち、取消しの遡及効（121）は法的な擬制にすぎず、取り消すことができる行為もそれが取り消されるまでは有効である以上、実質的には、取消しによって表意者への復帰的物権変動が観念でき、相手方を起点とした二重譲渡類似の関係に立つと考えることができる。したがって、取消後の第三者と表意者は対抗関係（177）に立ち、第三者は、表意者よりも先に登記を備えることで、表意者に権利の取得を対抗することができる。

これに対し、学説上は、取消しによって生じる効果が、取消前は遡及的無効、取消後は物権変動と、取消しの前後で異なるものになっているとして判例の考え方を批判し、B名義の登記を自己名義に回復することなくこれを放置したAの帰責性を捉えて、94条2項を類推適用すべきと主張する見解がある。⇒『物権』

📝 論点

6-6 強迫

学習の指針

一　意義
二　要件
三　効果

強迫による意思表示は、内心的効果意思と表示の不一致はないけれども、内心的効果意思の形成過程に他人の不法な関与があったという点で詐欺と共通するため、詐欺と同じ96条に規定され、取り消すことができるとされています。

強迫については、詐欺の場合の96条3項のような第三者保護規定がない点に注意しましょう。また、強迫取消後の第三者との関係については、詐欺取消の場合と同様の問題が生じることもしっかりおさえておきましょう。

一　意義

強迫とは、害悪を告知して他人を畏怖させ、それにより意思表示をさせようとする行為をいう。民法は、強迫を受けて意思表示をした場合も詐欺の場合と同様、これを取り消しうるものとしている（96Ⅰ）。

二　要件

1　①違法な強迫行為

強迫行為とは、害悪を告知して他人を畏怖させる行為をいう。
→畏怖を生じさせる行為であれば、どのような態様でもよく、害悪の内容は財産的なものでも、精神的なものでもよい

欺罔行為と同様、強迫行為も、社会通念上許される限度を超えた違法なものである必要がある。

→違法性の有無は、強迫によって達成しようとした目的の正当性の程度と、その手段である強迫行為の悪性の程度の両者を相関的に考察して判断される

【強迫の事例】

目的・手段ともに正当な場合	・債務の弁済をしなければ法的手段に訴えるなどと告げた結果、相手方が畏怖し、不動産の代物弁済に応じた場合 　→強迫に当たらない ・使用者が、横領した被用者の身元保証人に対して、借用証書を差し入れないと告訴するなどと告げ、借用証書を差し入れさせた場合（大判昭4.1.23） 　→強迫に当たらない
目的が不当な場合	・不正の利益を得る目的で、会社取締役の不正を告発すると通知した結果、無価値の株式を相当の価格で買い取らせた場合（大判大6.9.20） 　→強迫に当たる

2 ②強迫行為による畏怖

その強迫行為によって表意者が畏怖したという関係が必要である。

→通常人であれば畏怖することはないと考えられるような場合でも、その表意者が強迫行為により畏怖したのであれば、この要件は満たされる

3 ③畏怖による意思表示

その畏怖がなければその意思表示をしなかったであろうという関係が必要である。

→上記②と同様、通常人基準ではなく、その表意者に認められれば足りる

なお、表意者が畏怖したにとどまらず、完全に意思の自由を失った場合には、そもそも意思表示が存在せず無効となり、強迫による取消しの問題とはならない（最判昭33.7.1）。

4 ④強迫の故意

強迫者に、相手方を畏怖させようとする故意と、その畏怖によって一定の意思表示をさせようとする故意という、2段の故意が必要である（大判昭11.11.21）。

三　効果

強迫による意思表示は取り消すことができる（96Ⅰ）。

第三者による強迫については、詐欺の場合と異なり、96条2項のような規定がなく、相手方の善意・悪意や過失の有無を問わず、常に取り消すことができる。

この強迫取消しは善意・無過失の第三者にも対抗できる（96Ⅲ反対解釈）。

∵　詐欺にあった者には責められるべき点もあるが、強迫によって意思表示をした者には帰責性がないから、強く保護すべきである

＊　取消後の第三者については、詐欺と同じ問題が生じる。

◀佐久間1・177頁

☞ **One Point** ▶ 消費者契約法

　消費者契約法は、事業者と消費者の間の契約（消費者契約）について、両者の情報力・交渉力の格差を考慮して、消費者を保護する規定を設けています。すなわち、民法上では詐欺や強迫には当たらないような行為であっても、情報力・交渉力に関して優位的な立場にある事業者が行えば不適当であるような行為については、消費者契約の取消原因になる旨の規定が置かれています。

　具体的には、消費者契約において、誤認類型（重要事項の不実告知、断定的判断の提供、重要事項の不利益事実の不告知、消費者契約4ⅠⅡ参照）や困惑類型（不退去、退去妨害等、同4Ⅲ各号参照）、過量取引類型（同4Ⅳ参照）に該当する行為を事業者が行った場合、消費者は当該契約の申込み又はその承諾の意思表示を取り消すことができます。

　なお、上記の場合でも、民法96条に基づき、詐欺又は強迫を理由とする取消しをすることは妨げられません（消費者契約6参照）。

6-7　意思表示の到達と受領

<table>
<tr><td>

一　意思表示の効力発生時期
二　公示による意思表示
三　意思表示の受領能力

</td><td>

学習の指針

　意思表示の効力がいつ発生するかについて、民法は、到達主義を採用しています（97Ⅰ）。

　この分野は主として短答式試験において出題される可能性があるので、条

</td></tr>
</table>

文を中心に知識をおさえましょう。

一　意思表示の効力発生時期

1　到達主義の原則

　意思表示は、その通知が相手方に到達した時からその効力を生ずる（到達主義、97Ⅰ）。

　　→意思表示の延着・不到達のリスクは表意者が負担する

　＊　なお、意思表示の到達前は、意思表示の撤回や内容の変更が可能である。もっとも、撤回等の意思表示は、元の意思表示よりも先に到達しなければ、撤回等の効力は生じない。

　例外的に、発信主義（意思表示の通知を発した時点でその効力が発生する場合）が定められている場合がある。

　　ex.　制限行為能力者の相手方のなした催告への確答（20、制限行為能力者保護のため）

　　→意思表示の延着・不到達のリスクは相手方が負担するが、撤回や内容の変更ができない

2　到達の意義

　「到達」があったといえるためには、意思表示の通知が相手方の了知可能な状態に置かれる必要がある。了知とは、相手方が意思表示の存在を実際に知ることをいい、了知可能な状態とは、相手方の支配圏内に通知が到達することである（最判昭43.12.17）。

　　∵　通知が相手方の支配圏内に到達すれば、相手方はその意思表示を十分に

推知でき、知ろうと思えば知ることができたといえる

→相手方が実際に了知する必要はなく、相手方自身が受領しなくてもよい

ex.　郵送された通知が郵便受けに投入された場合、相手方の自宅に同居する家族・内縁の妻が通知を受領した場合

3　到達の妨害があった場合のみなし到達

相手方が正当な理由なく意思表示の通知が到達することを妨げたときは、その通知は、通常到達すべきであった時に到達したものとみなす（97Ⅱ、最判平10.6.11／百選Ⅰ［第8版］〔25〕参照）。

4　表意者の死亡・意思能力の喪失・行為能力の制限の影響

意思表示は、表意者が通知を発した後に死亡し、意思能力を喪失し、又は行為能力の制限を受けたときであっても、そのためにその効力を妨げられない（97Ⅲ）。

もっとも、契約については、例外が定められている。

→申込者が申込みの通知を発した後に死亡し、意思能力を有しない常況にある者となり、又は行為能力の制限を受けた場合において、申込者がその事実が生じたとすればその申込みは効力を有しない旨の意思を表示していたとき、又はその相手方が承諾の通知を発するまでにその事実が生じたことを知ったときは、その申込みは、その効力を有しない（526）　⇒『債権各論』

二　公示による意思表示

意思表示は、表意者が相手方を知ることができず、又はその所在を知ることができないときは、公示の方法によってすることができる（98Ⅰ）。

公示による意思表示は、裁判所の掲示場等に掲示し、かつ、その掲示があったことを官報に少なくとも1回掲載して行う（同Ⅱ本文）。

公示による意思表示は、最後に官報に掲載した日又はその掲載に代わる掲示を始めた日から2週間を経過した時に、相手方に到達したものとみなす（同Ⅲ本文）。ただし、表意者が相手方を知らないこと又はその所在を知らないことについて過失があったときは、到達の効力を生じない（同Ⅲただし書）。

三　意思表示の受領能力

意思表示の到達により効力を生じさせるには、相手方がその内容を了知できる状態にあり、了知後適切な措置をとれることが前提となっている。したがって、相手方に意思表示が到達したものとするためには、相手方に受領能力（法律上意思表示が到達したと判断され得る能力）が備わっている必要がある。

意思表示の相手方がその意思表示を受けた時に意思能力を有しなかったとき又は未成年者若しくは成年被後見人であったときは、その意思表示をもってその相手方に対抗することができない。ただし、相手方の法定代理人が意思表示を知った後、又は、意思能力を回復し、若しくは行為能力者となった相手方が意思表示を知った後は、その意思表示を相手方に対抗することができる（98の2）。

論文式試験 の過去問を解いてみよう　旧司昭和48年度第1問類題

> 　Aは、代理人Cを通してBから土地を購入したが、Aは自己名義にする
> のをきらって、無断でC名義に移転登記をし、そのまま数年を経た。その後、
> Cは、自己名義とされていることに気付き、これを奇貨として、移転登記
> の事実につき善意・有過失のDに本件土地を売却した。さらにDは、移転
> 登記の事実につき悪意のEに本件土地を売却した。Eは、所有権を取得で
> きるか。

[問題点]

1　94条2項の類推適用
2　94条2項と転得者

[フローチャート]

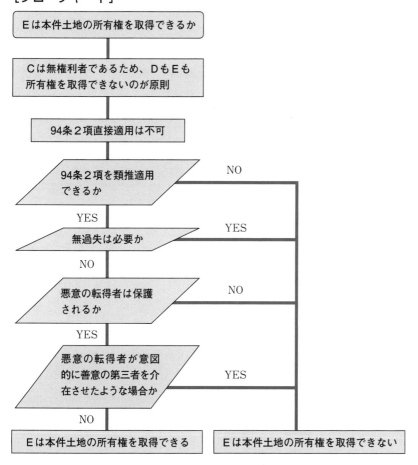

［答案構成］

一 Cは無権利者である以上、Dは本件土地を取得し得ず、Eも本件土地を取得することはできない

二 94条2項が直接適用されるか

AC間に通謀虚偽表示（94Ⅰ）はない

→94条2項は直接適用されない

三 94条2項が類推適用されるか

1 類推適用の可否

94条2項の趣旨：虚偽の外観がある場合にこれを作出した帰責性ある表意者の犠牲の下に、外観を信頼した善意の第三者を保護するもの（権利外観法理）

→①虚偽の外観の存在、②真の権利者の帰責性、③第三者の外観への信頼がある場合には、94条2項の適用場面と同様の利益状況にあるといえるから、同条を類推適用して第三者を保護すべき

あてはめ：① C名義の移転登記という虚偽の外観の存在が存在する

② Aには、自己名義にするのをきらって、自らC名義に移転登記をしたという帰責性がある

③ Dは移転登記の事実につき善意ではあるが、過失がある

2 ③第三者の外観への信頼について、無過失は必要か

→意思外形対応型の場合、真の権利者には94条2項直接適用の場合と同程度の帰責性が認められるため、第三者は善意のみで保護され、無過失は不要

→意思外形非対応型及び第三類型の場合、真の権利者の帰責性は、第三者の信頼した外観を自ら作出した場合よりも小さいため、第三者が保護されるためには、善意のみでは足りず、無過失まで必要（110法意又は同条類推）

あてはめ：本問は意思外形対応型の場合であり、第三者は善意のみで保護されるところ、Dは善意であるから、過失があっても94条2項の類推適用により「第三者」として保護される

四 Dからの悪意の転得者Eは保護されるか

→悪意の転得者は、善意者が94条2項によって有効に取得した権利を承継取得する（絶対的構成）

∵ 法律関係の早期確定の要請に加え、これを否定すると、善意の第三者は正当な所有者であるにもかかわらず、目的物を処分する機会を事実上大きく失うこととなり、善意者の保護に欠ける

↓もっとも

悪意の転得者が意図的に善意の第三者を介在させたような場合には、このような転得者は実質的に悪意の「第三者」といえるから、信義則（1Ⅱ）違反により保護されないと解する

あてはめ：本問では、Eが意図的にDを介在させたとはいえない

↓よって

Eは、善意悪意を問わず、保護される

論文式試験

の過去問を解いてみよう　旧司昭和35年度第2問

> 　甲は、乙をだまして乙の所有地を買い取り、登記後、乙は詐欺を理由として右売買を取り消した。しかるに、甲は、自己の登記名義を利用して、その土地を丙に売却し移転登記をした。甲乙丙の法律関係は、どうなるか。

[問題点]

取消後の第三者の保護

[フローチャート]

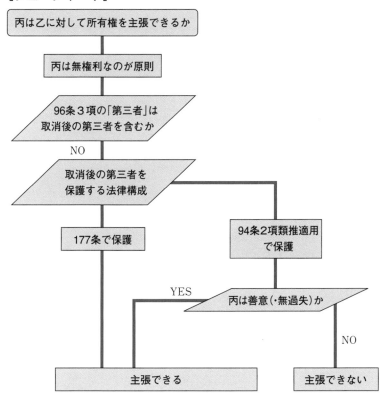

［答案構成］

一　乙丙間について

1　乙は丙に対して所有権に基づく所有権移転登記手続請求を行うことが考えられるところ、本件土地の所有権は乙丙のいずれに帰属するか

→丙は本件土地の所有権を取得できないのが原則

∵①　乙の詐欺取消し（96 I ）により、甲乙間の契約は遡及的に無効（121）となるから、丙は無権利者甲からの譲受人にすぎない

②　登記に公信力はない

↓しかし

2　**丙は96条3項の「第三者」として保護されないか**　　　　　　　　　⇒158頁

→「第三者」とは取消前の第三者

∵　96条3項は取消しの遡及効を制限し取引の安全を図るもの

あてはめ：取消後の丙は96条3項の「第三者」には当たらず

3　**詐欺取消後の第三者を保護する法律構成が問題**　　　　　　　　　　⇒159頁

→取消前に取引をするか取消後に取引をするかは偶然の事情にすぎず、取消後の第三者も保護すべき場合がある

↓この点

94条2項類推適用により第三者を保護する見解

↓しかし

被欺罔者は、自ら積極的に外観を作出したわけでなく、取消後速やかな登記の回復を怠ったことをもって、94条2項と同視するほどの帰責性があるとはいえない

↓そこで

甲から乙への復帰的物権変動を観念し、甲を起点とした二重譲渡類似の関係に立つと解すべき

→取消後の第三者も登記を具備すれば保護される（177）

∵　取消しの遡及効は法的な擬制にすぎず、実質的には取消しの時点で復帰的物権変動が観念できる

あてはめ：丙が登記を有している以上、乙は丙に対抗できず、丙が所有権を得る

二　甲丙間について

甲丙間の売買契約：通常の売買契約として有効

→丙：代金支払義務（555）

三　甲乙間について

甲乙間の売買契約：遡及的無効（96 I 、121）

→甲：原状回復義務（121の2 I ）として価額返還義務

乙：原状回復義務（121の2 I ）として代金返還義務

短答式試験
の過去問を解いてみよう

1　心裡留保の場合、相手方がその意思表示が表意者の真意ではないことを知らなかったとしても、知らないことについて重大な過失がなければ、その意思表示は有効である。［司H20−30改］

× 相手方がその意思表示が表意者の真意ではないことを知り、又は知ることができたときは、その意思表示は、無効とする（93Ⅰただし書）。そのため、相手方に軽過失があれば意思表示は無効となる。
⇒6−2　二（p.128）

2　表示と内心の意思とが異なる意味に解されることを表意者自身が知りながらそのことを告げないで意思表示をした場合、それがたとえ婚姻に関するものであっても、意思表示の相手方を保護するため、その意思表示は無効とならない。［司H19−1］

× 身分行為については、本人の意思尊重の観点から、93条は適用されない（養子縁組の事案につき、最判昭23.12.23）。
⇒6−2　三（p.128）

3　虚偽の意思表示により目的物を譲り受けた者からその目的物について抵当権の設定を受けた者は、94条2項の「第三者」にあたる。［司H21−4改］

○ 仮装売買の目的物について善意で抵当権の設定を受けた抵当権者は、「第三者」（94Ⅱ）に当たる。
⇒6−3　四（p.131）

4　土地の仮装譲受人から当該土地上の建物を賃借した者は、94条2項の「第三者」にあたる。［司H21−4改］

× 土地の仮装譲受人が当該土地上に建物を建築してこれを他人に賃貸した場合、建物賃借人は、仮装譲渡された土地については法律上の利害関係を有する者とは認められないから、「第三者」（94Ⅱ）には当たらない（最判昭57.6.8）。
⇒6−3　四（p.132）

5　Aは、BからBの取引上の信用のために、甲土地の所有権を仮装譲渡するように依頼を受け、Bへの所有権移転登記を了した。この場合において、Bから甲土地を譲り受けたCが、仮装譲渡について善意のときは、登記を備えていなくてもAに対して甲土地の所有権取得を主張することができる。［司H28−36］

○ Cは、虚偽表示の相手方（仮装譲受人）との間で目的物を譲り受ける契約を結んだ者であり、「第三者」（94Ⅱ）に当たる。そして、判例（最判昭44.5.27）によると、「第三者」は、その物権の取得を虚偽表示の当事者に対して主張するために、対抗要件としての登記を備えている必要はない。
⇒6−3　四（p.135）

6 　虚偽の意思表示により譲り受けた目的物を差し押さえた仮装譲受人の一般債権者は、94条2項の「第三者」にあたる。[司H21−4改]

○　判例（最判昭48.6.28）によると、建物が債務者の所有に属するものと信じて、債務者に対する債権に基づきこれを差し押さえた者は、「第三者」（94Ⅱ）に当たる。
⇒6−3　十(p.143)

7 　意思表示の相手方が表意者の錯誤を認識していた場合には、表意者において錯誤に陥ったことについて重大な過失があったときであっても、表意者は、錯誤による取消しを主張することができる。[司H24−3改]

○　錯誤が表意者の重過失による場合、原則として錯誤取消しをすることはできないが、相手方が表意者の錯誤につき悪意又は重過失の場合（95Ⅲ①）には、錯誤取消しをすることができる（95Ⅲ柱書）。
⇒6−4　三(p.150)

8 　他にも連帯保証人となる者がいるとの債務者の説明を信じて連帯保証人となった者は、特にその旨が表示され連帯保証契約の内容とされていたとしても、連帯保証契約について錯誤による取消しを主張することができない。[司H28−2改]

×　保証契約において、他に連帯保証人があるとの誤信は、動機の錯誤（95Ⅰ②）に当たり（最判昭32.12.19参照）、その旨が表示され保証契約の内容とされていた場合（95Ⅱ）には、錯誤取消しをすることができる。
⇒6−4　三(p.151)

9 　協議離婚に伴う財産分与契約において、分与者は、自己に譲渡所得税が課されることを知らず、課税されないとの理解を当然の前提とし、かつ、その旨を黙示的に表示していた場合であっても、財産分与契約の取消しを主張することはできない。[司H20−5改]

×　動機の「表示」（95Ⅱ）は黙示的なものでもよい（最判平元.9.14／百選Ⅰ[第7版]〔24〕参照）。
⇒6−4　三(p.151)

10 　表意者が相手方の詐欺により意思表示をして契約が成立した場合、その契約によって生ずる相手方の債務が未履行であっても、表意者は、その意思表示を取り消さない限り、詐欺を理由として自らの債務の履行を拒絶することができない。[司H23−1]

○　この場合、表意者がその意思表示を取り消さない限り契約は有効である。そのため、意思表示を取り消すまでは、表意者は詐欺を理由として自らの債務の履行を拒絶することはできない。
⇒6−5　四(p.155)
⇒7−1　一(p.171)

11 　強迫による意思表示の取消しが認められるためには、表意者が、畏怖の結果、完全に意思の自由を失ったことを要する。[司H30−3]

×　判例（最判昭33.7.1）によると、完全に意思の自由を失った場合、その意思表示は当然に無効（3の2参照）であり、96条の適用の余地はない。
⇒6−6　二(p.160)

12 特定の意思表示が記載された内容証明郵便が受取人不在のために配達すること
ができず、留置期間の経過により差出人に還付された場合、受取人がその内容を
十分に推知することができ、受領も困難でなかったとしても、当該意思表示が受
取人に到達したものと認められることはない。［司H30－3］

13 AがBから契約解除の意思表示を受けた時にAが成年被後見人であった場合、
Aの成年後見人CがBの契約解除の意思表示を知るまで、当該契約解除の効力は
生じない。［司H28－3＝予H28－1］

× 判例（最判平10.6.11
／百選Ⅰ［第8版］〔25〕）
によると、内容証明郵
便の内容を十分に推知
することができ、受領
も困難でなかった以
上、了知可能な状態に
置かれ、遅くとも留置
期間が満了した時点で
受取人に到達したもの
と認められる。
⇒6－7 一(p.162)

○ 98条の2参照。法
定代理人がその意思表
示を知れば、その時点
で意思表示は効力を生
じるが、法定代理人が
その意思表示を知るま
では、意思表示は効力
を生じない。
⇒6－7 三(p.162)

これから学ばれる方へ

　ここまで、契約が無効となったり、取り消されたりする場合をいくつかみてきました。たとえば、犯罪をしたことに対する報酬を支払うという契約は公序良俗に反して無効となるとか、未成年者が父親の遺産である土地を母親に無断で売却した場合にはその売買契約は取り消すことができるという具合です。

　無効も取消しも、契約の効力を否定するという目的をもつ制度ですが、無効な契約・取り消すことのできる契約は、効力が認められることはあり得ないのでしょうか。また、無効と取消しは法律上どう異なるのでしょうか。さらに、無効・取消しによって契約の効力が否定されたとして、契約によって受け取ったお金や土地はどうすればよいのでしょうか。

　このようなことを本章で学んでいくことになります。

7-1 総説

学習の指針

　無効とは、法律行為の効力を初めから発生させないことをいいます。これに対して、取消しとは、法律行為の有効を一応認めるけれども取り消されれば無効になるというものです。無効の場合は初めから効力が生じないのに対して、取消しの場合は取り消されるまでは有効であるという両者の違いをおさえましょう。

一 意義

B ランク

　法律行為の無効とは、その法律行為から当事者が企図した効果が当初から生じないことをいう。

　これに対して、取り消すことができる行為とは、一定の者（取消権者）が取消しの意思表示をするまでは有効なものとして扱われるが、取消しの意思表示があると最初から無効なものとして扱われる行為のことをいう。

　「無効」「取消し」の制度は、ともに公益の擁護や当事者の個人的利益の保護、または民法が私的自治を基礎としていることから、意思の欠如等を理由に、当事者がその法律行為によって達成しようとした法律効果の発生を阻止する制度である。

　もっとも、「無効」は、客観的にみて契約が法的効力を与えるにふさわしくない場合であるのに対して、「取消し」は、表意者保護のために有効にするか否かの選択権を与えるべき場合であるという違いがある。

二 無効・取消しと法律行為の有効要件との関係

B ランク

1 法律行為が無効とされる場合

(1) 法律行為の内容に関する有効要件を満たさない場合
　　ex. 強行法規違反、公序良俗違反

(2) 意思無能力・心裡留保・虚偽表示

＊ 代理権を欠いている場合は、本人に効果が帰属しないため効力を生じない。この場合も「無効」といわれるが、追認について独自の規定を設けているので（116）、119条以下の規定は適用されない。
　　⇒213頁以下

2 法律行為を取り消すことができる場合

(1) 制限行為能力者の意思表示
　　ex. 成年被後見人の意思表示（日用品の購入その他の日常生活に関する行為は除く（9ただし書））

(2) 錯誤・詐欺・強迫

三　無効と取消しの相違（原則）

【無効と取消しの相違】

	主張の要否	効力喪失時期	追認	期間制限	例
無効	不要＝当然に効力なし	当初から効力なし	追認により効力を生じない（119本文）	放置しておいても無効	意思無能力、強行法規・公序良俗違反、心裡留保・虚偽表示
取消し	必要＝取消権者の取消しがあって初めて効力を失う（121）	取り消さない間は効力があるが、取り消されると最初から効力なし（121）	追認により確定的に有効になる（122）	放置しておくと取り消すことができなくなる（126）	制限行為能力者の意思表示、錯誤・詐欺・強迫

7-2　無効

学習の指針

一	意義
二	効果
三	一部無効
四	無効行為の追認
五	無効行為の転換

　無効とは、何人の主張をもまたずに、当初から当然かつ絶対的に効力が生じないものです。ただし、無効の主張をなしうる者が制限される場合や、無効を主張する相手方が制限される場合があります。

　無効行為の追認・無効行為の転換は短答式対策としておさえておけばよいでしょう。

一　意義

1　絶対的無効

　無効とは、何人の主張もまたずに、当初から当然かつ絶対的に効力が生じないものをいう。

　法律行為が無効である場合、法律行為としての効力は生じず、そのことを、誰からでも、誰に対してでも、いつまでも主張することができるのが原則である。このような無効を絶対的無効という。

　ex.　公序良俗違反を理由とする無効（90）

2　相対的無効

　無効ではあるが、その主張権者や無効主張の相手方が制限される場合がある。このような無効を相対的無効という。

(1)　無効主張できる者が制限される場合（取消的無効）

　無効は、誰からでも主張することができるのが原則であるが、法文上「無効」とされていながら、特定人しかその主張をすることができないと解釈される場合がある。このような無効を取消的無効という。

　たとえば、意思無能力による無効（3の2）については、意思無能力者を保護するための制度であるから、相手方や第三者から無効を主張することは許されず、意思無能力者側からのみ無効を主張することができると解されている。

(2)　無効主張の相手方が制限される場合

　　無効は、誰に対してでも主張することができるのが原則であるが、無効主張の相手方が法律行為の当事者のみに制限され、第三者に対してはその主張が認められない場合がある。

　　たとえば、心裡留保や虚偽表示による意思表示の無効は、「善意の第三者」に対抗することができない（93Ⅱ、94Ⅱ）。

二　効果

1　基本的効果

　　法律行為が無効である場合、その法律行為によって権利義務は一切生じない。

　　たとえば、売買契約が無効である場合、目的物の所有権は移転せず、代金債権（代金債務）も生じない。したがって、買主が目的物の引渡しを売主に請求した場合や、売主が代金の支払を買主に請求した場合のいずれにおいても、その請求は認められない。

2　原状回復義務（121の2）

　　法律行為が無効であるにもかかわらず、既に履行がされている場合には、その履行として給付されたものの返還が問題となる。

　　法律上の原因なく金銭や物を取得した場合について、民法は、不当利得という制度を設けている（703・704）。しかし、これらの規定は、当事者の一方が相手方に対して一方的に給付をするような場合を想定して設けられた規定であり、契約などの巻き戻しのように、当事者双方が互いに給付を返還し合うような場合を想定したものではない。

　　そこで、民法は、無効な（又は取り消すことができる）行為の巻き戻しの場合について、121条の2の規定を別途設けている。

> **先取り情報**
> 不当利得返還義務とは、法律上の原因なしに他人の財産により利益を受け、これによって他人に損失を及ぼしている場合に、その利益を返還しなければならない義務を負うということです。

(1)　原則（原状回復義務、121の2Ⅰ）

　　無効な行為に基づく債務の履行として給付を受けた者は、相手方を原状に復させる義務を負う（原状回復義務、121の2Ⅰ）。

　　「無効な行為」には、取り消すことができる行為が取り消されたことにより無効となった場合（121）も含まれる。

　　また、「原状」とは、その給付がなされる前の状態という意味であり、「原状に復させる義務」とは、現受利益（現存利益）に限定されない利益全部の返還義務を意味する。

　　∵　121条の2第1項の規定にかかわらず、現受利益（現存利益）の返還で足りるとする121条の2第2項・3項の反対解釈

　　たとえば、売買契約が無効である場合、売主は受領した代金を買主に返還し、買主は目的物を売主に返還する。売主は、受領した代金を費消していたとしても、全額返還する義務を負う。買主は、目的物が滅失するなどして現物返還をすることができない場合には、その価値相当額の金銭を支払う義務（価額償還義務）を負う。

　　なお、売主は、代金受領時から返還時までの利息の支払義務を負い、買主は、目的物受領時から返還時までの果実等の返還義務を負うものと解されている（545ⅡⅢ参照）。

(2)　例外（現受利益の返還義務、121の2ⅡⅢ）

(a)　無償行為に基づき善意で給付を受けた者（121の2Ⅱ）

　　無効な無償行為に基づく債務の履行として給付を受けた者は、給付を受けた当時その行為が無効であること（取り消すことができるものであること）を知らなかったときは、その行為によって「現に利益を受けている限度」

（現受利益）において、返還の義務を負う（121の2Ⅱ）。

　　たとえば、贈与により100万円を受領したAが60万円を浪費した場合において、Aが100万円を受領した当時、贈与が無効であることについて善意であったときは、「現に利益を受けている限度」、すなわち40万円のみ返還すれば足り、全額である100万円を返還する必要はない。

　　∵　無償行為が無効であることについて善意の給付受領者は、受領した物を自由に費消・処分できると考えるのが通常であるにもかかわらず、原則どおり全額返還しなければならないとすると、給付受領者の期待を害する

　　「現に利益を受けている限度」（現受利益）とは、無効な（又は取り消すことができる）行為によって事実上得た利得が、そのまま、あるいは形を変えて残存している場合に限り、それだけを返還すればよいという意味である。

　　ex.　受領した金銭を生活費や債務の弁済に充てた場合には、現受利益があると考えられるため、その分を返還しなければならない（大判昭7.10.26）

　　　　∵　本来であれば自己の財産から支出することにより自己の財産が減少するところ、受領した金銭をその支出に充てることで、自己の財産の減少を免れたという利益を現に受けている

　　cf.　受け取った金銭等を遊興費等に充てて浪費し、既に残っていないという場合には、現受利益はないため、その分を返還する義務を負わない（大判昭14.10.26）

(b)　意思無能力者・制限行為能力者の場合（121の2Ⅲ）

　　行為の時に意思能力を有しなかった者や制限行為能力者であった者は、その行為によって「現に利益を受けている限度」（現受利益）において、返還の義務を負う（121の2Ⅲ）。これは、財産管理能力が備わっていない者について、単に無効による保護を与えるだけではなく、無効となった後の返還義務の範囲についても保護を与える趣旨である。

三　一部無効

　　法律行為の内容の一部について無効原因があるときは、ひとまずその部分は無効となる。では、それが法律行為全体にどのような影響を与えるか。たとえば、契約条項の一部が一方当事者にとって著しく不利であるために公序良俗違反（90）として無効となる場合に、そのことによって契約全体まで無効となるのだろうか。

　　まず、法律に規定があれば、それによる。たとえば、賃貸借の最長期間は50年とされているが、これを超えた場合、超えた期間のみが無効とされて50年に短縮されることになる（604Ⅰ）。

　　では、法律に規定がない場合は、どうなるか。これについては、無効な部分を法律の規定・慣習・条理等によって補充して合理的な内容に改造し、その後に、この合理的な内容を強制することが、当事者の目的に明白に反するときだけ全部無効とすべきである（一部無効の理論）。

四　無効行為の追認

1　無効行為は、取り消しうる行為と異なり、追認によって有効にすることはできない（119本文）。

　　∵　無効行為は、すべての人に対する関係で初めからなかったものとして扱われるから、無効行為を行った者が追認して初めから有効だったとすると、

判例 大判昭10.3.2

50円の借金の連帯保証を引き受けただけなのに、主債務者が勝手に1,500円と証書を書き換えた場合に、50円の範囲内で保証契約は有効とした。

第三者に不測の損害を与える

ただし、当事者が追認した場合は、その時点で新たな行為をなしたものとみなされる（119ただし書）。たとえば、虚偽表示によって自分の土地を売却した後、有効に売ったことにすると両当事者が追認した場合、その時点で土地の売買契約をしたものとして扱われる。

これは、強行法規や公序良俗違反の場合にはあてはまらず、これらの場合には当事者の意思によって法律行為を有効にする余地はない。

2　追認の要件

無効行為の追認が認められる要件は、無効原因によって必ずしも同じではない。

⑴　強行法規や公序良俗に違反する行為など法律行為の内容に関する有効要件を欠く場合は、前述のとおり、当事者が追認しても有効とはならない。当事者の意思で公序良俗違反や強行法規違反が変動してはならないからである。

⑵　虚偽表示の場合には、虚偽表示の両当事者が追認すれば有効となる。

⑶　意思無能力者の法律行為の場合は、これを無効とする趣旨が表意者保護にある以上、表意者の追認によって有効とすることができる。

3　遡及的追認の可否

無効行為の追認が、新たな行為をしたとみなされる場合、その効果は過去にさかのぼることはない。ただし、当事者限りで、効果を無効行為時にさかのぼらせるという合意をすることは可能である（契約自由の原則）。

☞ One Point ▶ 無権代理・他人物売買の追認

　無権代理の場合は、本人が追認すると契約はさかのぼって有効になります（116）。これは、無権代理は無効と異なり、無権代理人と相手方との間に有効な契約が存在するけれども、その効果が本人に帰属しないという中途半端な状態にあるというだけなので、さかのぼって有効となるのです。

　無権代理の追認とよく似ているのが、他人の物を勝手に自分の物として処分した後で、真の所有者が追認した、という場合（他人物売買の追認）です。この場合も、無権代理の追認と同様に、追認によって当初にさか

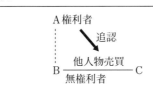

のぼって有効な所有権移転がなされたものとして扱われます（116条類推適用、最判昭37.8.10／百選Ⅰ［第8版］［38］）。

五　無効行為の転換

1　意義

無効行為の転換とは、無効の法律行為が、他の法律行為の要件を備える場合に、後者の法律行為としての効力を生ずることを認めることをいう。たとえば、工作物・竹木の所有を目的としないために地上権設定契約としては無効な契約となるが（265）、土地賃貸借契約として有効と認めるような場合である。

2　要件

①　無効な行為が他の法律効果を生ずる要件を備えていること

②　当事者の企図した効果と転換によって認められる効果とが社会的・経済的目的を同じくしていること

③　当事者が無効であることを知っていたら、転換後の効果を欲したであろうと認められること

3 要式行為との関係

(1) **不要式行為への転換……自由にこれを認めうる**

  ex.1 119条ただし書（無効を知ってなす追認）

   →同一内容の新たな法律行為になる

  ex.2 524条（遅延した承諾）、528条（変更を加えた承諾）

   →新たな申込みになる

(2) **要式行為への転換……要式を緩和しても要式行為とした立法趣旨に反しないことが必要**

  →一定の形式自体が要求される要式行為（**ex.** 手形行為）への転換は認めるべきでないが、意思表示を慎重又は明確にする必要から要式行為とされるものへの転換は可能である

  ex.1 明文あるもの－971条（秘密証書遺言→自筆証書遺言）

  ex.2 明文ないもの－下記表の肯定例ア参照

【無効行為の転換に関する判例の整理】

	無効行為	転換の可否
肯定例	ア　不倫相手との間の子を妻との間の嫡出子として届出	認知の効力を認める
否定例	イ　不倫相手との間の子をいったん他人の嫡出子として届け出た後、その他人の代諾により養子縁組	認知の効力を認めない
	ウ　他人の子を養子とするため、いきなり自分の嫡出子として届出	養子縁組への転換を否定（最判昭50.4.8／百選Ⅲ[第2版]〔39〕）

※**肯定例　ア**

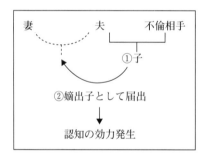

否定例

イ

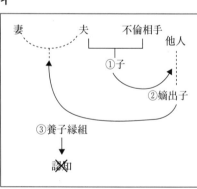

ウ

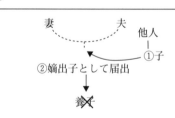

7-3 取消し

> ― 総説
> 二 取り消すことができる
> 　行為が有効な行為として
> 　確定する場合
> 三 取消権の期間制限 (126)
>
> ## 学習の指針
>
> 　取消しは、表意者の保護のため有効とするか否かの選択権が与えられており、取り消すまでその意思表示は有効です。しかし、いつまでたっても取り消しうる状態のままだと、相手方の地位が不安定なものとなります。そこで、追認・法定追認により有効な行為として確定する場合があり、また、取消権の期間制限が定められています。主に短答式対策として学習する分野で、条文を中心におさえておくとよいでしょう。

一 総説

B

1 意義

　取消しとは、一応有効に存在している意思表示又は法律行為を、取消権者の意思表示により、遡及的に無効とすることをいう。すなわち、取り消すことのできる法律行為は、取消権者が取り消すまでは有効であり、取消権者の取消しがあって初めて効力がないものと扱われる。

　なお、取消しは、取消権者の一方的意思表示によって法律関係を変動させるものであるから、単独行為であり、取消権は形成権である。

2 取消権者 (120)

(1) 取消しは、制限行為能力者や錯誤・詐欺・強迫によって意思表示をした者といった、特定の者を保護するための制度であることから、取消しの意思表示ができる者も、一定の範囲の者（取消権者）に限定されている。

(2) 行為能力の制限によって取り消すことができる行為は、制限行為能力者（他の制限行為能力者の法定代理人としてした行為にあっては、当該他の制限行為能力者を含む）又はその代理人、承継人若しくは同意をすることができる者に限り、取り消すことができる (120 Ⅰ)。

(3) 錯誤、詐欺又は強迫によって取り消すことができる行為は、表意者又はその代理人若しくは承継人に限り、取り消すことができる (120 Ⅱ)。

3 取消しの方法

　取消しは、取消権者の一方的な意思表示によって行われる単独行為である。行為の相手方が確定している場合には、その取消し又は追認は、相手方に対する意思表示によってする (123)。

4 取消しの効果

(1) 法律行為が取り消されると、その法律行為は遡及的に無効となる (121)。法律行為から生じていた債権債務は遡及的に消滅し、債務の履行として給付を受けた者は、相手方を原状に復させる義務を負う (121の2 Ⅰ)。また、その法律行為に基づく債務が未履行である場合、債権者は履行を請求することができなくなり、仮に債権者から履行の請求を受けた場合でも、債務者はその履行を拒むことができる。

　たとえば、未成年者が両親に無断で高価な英会話教材を買ってしまい、品物を先に受け取って、その後で代金請求されたが、その時点で未成年者が契約を取り消したとする。この場合、代金債務は初めから発生しなかったこと

になるから、未成年者は代金を支払わなくてもよい。反面、既に受け取った英会話教材を返さなくてはならない。

(2)　法律行為の時に制限行為能力者であった者がした法律行為を取り消した場合、その返還義務は現受利益（現存利益）に制限される（121の2Ⅲ後段）。制限行為能力者を保護するためである。

(3)　取消しの効果は、原則としてすべての人に対して主張できる。ただし、錯誤・詐欺による取消しの場合は、取消前に利害関係に入った「善意でかつ過失がない第三者」に対しては対抗することができない（95Ⅳ、96Ⅲ）。

5　撤回

取消しと区別すべきものとして撤回がある。撤回とは、法定の取消原因によらないで、自由意思により法律行為の効力を将来に向かって消滅させることをいう。

> **ex.**　契約申込みの撤回（523Ⅰ、525ⅠⅡ）、解除の撤回（540Ⅱ）、相続の承認・放棄の撤回（919Ⅰ）、遺言の撤回（1022以下）

二　取り消すことができる行為が有効な行為として確定する場合

1　取消権は、ある特定の者の利益を擁護するために与えられるものであるが、取消権者に長期間にわたって取消権の行使を認めれば、相手方を不安定な状態に置くことになる。そこで取り消すことができる行為を有効に確定して、法律関係を安定させる制度として以下のものがある。

2　追認（124）

(1)　**意義**

追認とは、取消権者による取り消しうる行為を有効に確定する意思表示をいう。追認をすることができる者は、取消権者（120）である。

たとえば、詐欺によって安物の時計を買わされたが、その契約を取り消さずにそのまま有効としてもかまわないという場合には、追認することにより売買契約を確定的に有効とすることができる。

> *　正確にいえば、取り消すことができる行為の追認は、その行為が欠陥があるものであるにもかかわらずそのまま拘束力を維持することに確定させる旨の意思表示である。

(2)　**要件（124）**

追認をするには、以下の2つの要件を満たす必要がある。
①　取消しの原因となっていた状況が消滅したこと（124Ⅰ）
②　取消権を有することを知ったこと（124Ⅰ）

(a)　**要件①について**

ア　制限行為能力者の場合には行為能力者となった時に、錯誤・詐欺・強迫の場合にはその状況を脱した時に、取消しの原因となっていた状況が消滅したといえる。

> →自由で正常な判断が可能な時期にならないと追認できない

イ　取消しの原因となっていた状況が消滅していない場合でも、以下の場合には追認が可能である（124Ⅱ柱書）。

・　法定代理人又は制限行為能力者の保佐人若しくは補助人が追認をするとき（124Ⅱ①）
・　制限行為能力者（成年被後見人を除く。）が法定代理人、保佐人又は補助人の同意を得て追認をするとき（124Ⅱ②）

> ∵　これらの場合においては、法定代理人、保佐人、補助人自身は、取消原因の影響を受けておらず、本条1項による制約を認める必要がな

いことから、追認することができる

(b)　**要件②について**

追認は、取消権の放棄の性質をもつから、放棄する権利の存在を知っていることが求められる。

「取消権を有することを知った」(124 Ⅱ) といえるためには、そのような行為がされたこと自体を認識していることが必要である。また、「取消権」についての正確な法的知識までは不要であるが、当該法律行為の効力を否定する権利があることを認識していることが必要である。

(3)　**方法**

取消しと同様である (123)。

(4)　**効果**

追認をしたときは、以後、その行為を取り消すことができなくなり、当初より有効な行為として確定する (122)。

→法定代理人が追認した場合、たとえ本人がその追認があったことを知らなかったとしても、その行為は確定的に有効なものとなり、本人はその行為を取り消すことができない

3　法定追認 (125)

(1)　**意義・趣旨**

取り消すことができる行為について、社会の人々が一般に追認と認めるような一定の事実があった場合には、取消権者の追認意思の有無を問わず、追認したものとみなされる。これを法定追認といい、その趣旨は、相手方の信頼を保護し、法律関係の早期安定を図る点にある。

たとえば、時計を買った後、詐欺によって安物を買わされたことがわかったが、そうと知りながらその時計を他の人に売却してしまった場合には、追認したものとみなされ、詐欺による取消しはできなくなる。

(2)　**要件**

①　取り消すことができる行為につき125条列挙事由があること
②　取消権者により行われること
③　「追認をすることができる時以後」(125柱書) に生じたこと
④　異議をとどめないこと (125柱書ただし書)

(a)　**①取り消すことができる行為につき125条列挙事由があること**

【125条列挙事由の整理】

全部又は一部の履行 (①)	取消権者が債務者として履行した場合のほか、債権者として相手方の履行を受領した場合も含む (大判昭8.4.28参照)
履行の請求 (②)	取消権者が請求する場合に限る (相手方から履行の請求を受けた場合は含まれない。大判明39.5.17参照)。なお、相殺の意思表示もこれに含まれる
更改 (③)	取消権者が債権者・債務者であるとを問わない
担保の供与 (④)	取消権者が債務者として担保を供与した場合のほか、債権者としてその供与を受けた場合も含む
取得した権利の全部又は一部の譲渡 (⑤)	取消権者がなした場合に限る
強制執行 (⑥)	取消権者が債権者として執行した場合に限る (債務者として執行を受けた場合は含まれない。大判昭4.11.22参照)

(b)　②取消権者により行われること

　　各いずれかの事由が取消権者（120）によりなされることが必要である。

(c)　③「追認をすることができる時以後」（125柱書本文）に生じたこと

　　「追認をすることができる時以後」とは、取消しの原因となっていた状況が消滅した時（124Ⅰ前段）を意味する。取消権を有することを知ったこと（124Ⅰ後段）まで必要か否かについては解釈に委ねられている。

> ☞ **One Point ▶** 「取消権を有することを知った」ことの要否
>
> 　改正前民法125条は、「前条の規定により追認をすることができる時以後に」と規定していましたが、改正民法125条は、「前条の規定により」という文言を削除しました。これは、改正民法124条1項では、追認するためには「取消権を有することを知った」後でなければならないと定められているところ、法定追認の要件としても「取消権を有することを知った」ことが必要となるかどうかについては、今後の解釈に委ねる趣旨だと解されています。
>
> 　なお、改正前民法下の判例（大判大12.6.11／百選Ⅰ［第8版］〔39〕）は、改正前民法125条につき、取消権を有することを知っていたことは不要であるとしています。

(d)　④異議をとどめないこと（125柱書ただし書）

　　取消権者が、125条各号の行為を行うにあたって、取消権の行使を留保する旨、あるいは行為の有効を確定させる趣旨ではない旨を示した場合には、法定追認は生じない。

(3)　**適用範囲**

　　無権代理行為の追認（115、116）について、法定追認は適用・類推適用されない。

　　∵　取り消すことができる行為は本人が行った一応有効な行為であるが、無権代理行為は他人が行った行為であり、原則として本人に効果帰属しないものであるから、その効果を本人に帰属させるためには、本人の追認を要する

三　取消権の期間制限（126）

1　取消権は、追認をすることができる時から５年、行為の時から20年が経過すれば消滅する。「追認することができる時」とは、「取消しの原因となっていた状況が消滅し、かつ、取消権を有することを知った」時（124 I）である。

→近時の有力説は、５年・20年ともに除斥期間と解している

∵　取消権は権利者の一方的意思表示のみで権利内容の実現ができる形成権であり、権利者の行為による完成猶予・更新を考える余地がないことから、時効の完成猶予・更新を認めるべきではない

2　取消し後の原状回復請求権との関係

問題の所在

　ＡはＢからピカソが描いた本物だという絵を高額で購入したが、実は偽物であり騙されていたと気付いた。そこで、Ａは、絵が偽物だと気づいた３年後にＡＢ間の売買契約を取り消した。そして、Ａは、契約の取消しから更に３年後に代金返還請求訴訟を提起した。この場合、Ａの代金返還請求は認められるか。

　126条前段は、「取消権は、追認をすることができる時から５年間行使しないときは、時効によって消滅する」としているが、取消しの結果として生じる原状回復請求権の行使期間をいかに解すべきか。原状回復請求権は取消権行使の時から新たに消滅時効が進行するのか、それとも「追認をすることができる時」から５年以内に原状回復請求権も行使すべきなのかが問題となる。

考え方のすじ道

取消権の行使によって生じる原状回復請求権（121の2 I）は、取消権とは別個独立の権利である
　　　　↓また
原状回復請求権は、取消時から行使可能になる
　　　　↓したがって
原状回復請求権は、取消しの時から新たに消滅時効（166 I）が進行すると解すべき

アドヴァンス

A　原状回復請求権は取消しの時から新たに消滅時効が進行するとする見解（判例）

　126条は、単に取消権を行使すべき期間を定めたものであり、取消しにより生じる原状回復請求権については、一般債権として、取消しの時から新たに消滅時効（166 I）が進行する。

（理由）

　取消しにより生じる原状回復請求権は、取消権とは別個独立の権利であるから、その消滅時効については、その権利を行使し得る時、すなわち取消しの時から進行を始める。

B　原状回復請求権についても取り消すことができる時から５年以内（20年以内）の行使を要求する見解

　126条は、取消しにより生じる原状回復請求権をも含めて消滅時効（除斥期間）を定めたものであり、この請求権も５年以内（20年以内）に行使することを要する。

（理由）

　取消権行使の時から新たに消滅時効が進行するとするのでは、法律関係の早期確定を図った126条の趣旨が没却される。

3　抗弁権の永久性

　抗弁権の永久性とは、取消権や解除権といった形成権が抗弁権（相手方の請求権の行使に対し、その効力を失わせ、履行を拒絶する権利）として機能する場合、これらの権利は消滅時効にかからないとする理論をいう。これについては、後述する。　⇒317頁参照

4　制限行為能力者の取消権と保護者の取消権の関係

問題の所在

　制限行為能力者の法律行為については、本人とその保護者がそれぞれ取消権を有することになるが（120Ⅰ）、両者の取消権の消滅時効の起算点（「追認をすることができる時」（126前段））は異なる場合がある（124参照）。たとえば、15歳であったＡが両親Ｂ・Ｃの同意を得ずに売買契約をした場合、Ｂ・Ｃがこのことをすぐに知ったとするならば、Ｂ・Ｃの取消権は、その５年後に消滅することになる。これに対して、Ａの取消権は、Ａが18歳になってから５年が経過したときに消滅することとなり、本人と保護者とで取消権の消滅時期が異なることになる。この場合、一方の取消権が消滅した後でも、他方は取消権を行使することができるか。制限行為能力者の取消権と保護者の取消権の関係が問題となる。

考え方のすじ道

確かに、法定代理人の取消権と制限行為能力者の取消権は別個の権利であるから、一方が時効消滅しても他方を行使しうるとも考えられる
　　　↓しかし
これでは法律関係の早期安定を図った126条の趣旨を没却することになる
　　　↓そもそも
両者の取消権は、同一人を当事者とする同一の法律行為についての同一の発生原因にかかわるものであるから、両者は相互に密接な関係に立つ
　　　↓よって
制限行為能力者・保護者のうちいずれかが追認した場合、またはいずれかの取消権が時効によって消滅した場合には、他方の取消権も消滅すると解する

アドヴァンス

　同一の法律行為について、制限行為能力者と保護者の双方が取消権を有する場合には、一般に次のように考えられている。
　①　制限行為能力者本人と保護者のいずれかが有効な追認をしたときは、当該法律行為は有効と確定し、他方はもはや取り消し得ない。
　②　制限行為能力者本人と保護者のいずれかが取り消せば、当該法律行為は遡及的に無効となり、他方はもはや追認し得ない。
　③　制限行為能力者本人の取消権と保護者の取消権のいずれかの消滅時効期間が経過すれば、いずれの取消権もともに消滅する。

5　相手方の催告権（20）　⇒67頁参照

　行為能力の制限を理由とする場合のみ相手方に催告権がある。錯誤・詐欺・強迫の場合はない。この催告権は、取り消すことができる行為をなるべく早く確定することで、法律関係の安定を図るために認められたものである。

7-4　無効と取消しの二重効

一　無効と取消しが競合する場合
二　意思無能力無効と制限行為能力取消しの競合

学習の指針

　無効・取消しはそれぞれ適用場面が異なりますが、意思無能力と制限行為能力の競合など両者の要件を満たす場合があります。そのような場合、無効な行為をそもそも取り消せるのか、取り消せるとしていかなる効果が生じるのか、という問題が生じます。

一　無効と取消しが競合する場合

　無効も取消しも、意思表示の有効要件が欠ける場合の効果であるが、ときには、双方の要件を満たしてしまうことがある。双方が競合する場合として、以下のものが考えられる。

① 制限行為能力者が意思無能力の状態でした行為

　　ex. 意思能力のない未成年者の行為、成年被後見人が心神喪失中にした行為

② 詐欺又は強迫によって公序良俗・強行法規違反の行為がなされた場合（90）

③ 強度の強迫によって全く意思決定の自由が奪われた状態での行為

二　意思無能力無効と制限行為能力取消しの競合

◀佐久間 1・108頁

問題の所在

　一般に無効行為を取り消しうると解する見解の中でも、さらに、制限行為能力者が意思無能力の状態で法律行為をした場合、制限行為能力者は意思無能力による無効を主張しうるかが問題となる。

考え方のすじ道

意思無能力者たる制限行為能力者の行為は取り消しうるのみであるとすると、わざわざ後見開始の審判等を受けた者の方が、審判を受けない者よりも期間制限の有無（126参照）などの点において不利に扱われることになり、不当である
　　↓したがって
制限行為能力者は、意思無能力による無効を主張することができる
　　↓ただし
意思無能力による無効主張を認めた場合、制限行為能力者自身に当該行為を取り消す意思がない場合にも、当該行為の相手方による無効主張を認めることになってしまい、制限行為能力者の保護に欠ける
　　↓そこで
意思無能力による無効主張を認めた趣旨が表意者本人を保護する点にあることに鑑み、意思無能力による無効を主張できるのは、表意者本人に限られるものと解する

アドヴァンス

A　無効主張肯定説
　（理由）
① 一般的には、無効の効果を認めた方が主張者にとって有利であるが、意思無能力者たる制限行為能力者の行為は取り消しうるのみであるとすると、後見開始の審判等を受けない者の方が、審判を受けた者よりも有利に取り扱われることになり、不当である。

② （制限行為能力者に取り消す意思のない場合に、相手方に無効主張を認めることになり、制限行為能力者の保護に欠けるという批判に対して）意思無能力を理由に無効を主張しうるのは、それによって保護を受けうる表意者本人に限定すれば不都合はない。

＊　制限行為能力者が意思無能力でもある場合に、意思無能力無効の主張をも許容する見解は、無効の主張につき表意者本人にしか認めない立場が有力である。そして、さらに進んで、無効の効果のその他の点についても取消しと同じように取り扱うべきではないかという疑問が生ずる。具体的には、意思無能力無効に取消しの規定（121ただし書、122等）を類推すべきではないかという問題である。

　この点、意思無能力による無効の内容は、成年被後見を理由とする取消しに準ずべきだという見解が主張されているが、一般的には意思無能力者の保護を削減すべきではないとの立場から、制限行為能力者の不当利得返還義務の範囲を軽減する121条ただし書の類推適用、及び、法定代理人又は意思能力を回復した表意者の一方的追認（効力は遡及しない）を認めるにとどめ、126条の類推適用は否定すべき

とされている。

B　無効主張否定説

（理由）

① 制限行為能力者が、意思無能力による無効を主張することを認めれば、無効は誰でも主張しうる（120参照）から、制限行為能力者に取り消す意思のない場合に、相手方に無効主張を認めることになり、制限行為能力者の保護に欠ける。

② 意思無能力者の保護を定型化したのが行為能力制度であるから、制限行為能力者が意思無能力による無効を主張しうるとすれば、行為能力制度の存在意義がなくなる。

短答式試験
の過去問を解いてみよう

1　制限行為能力者のした契約について、制限行為能力者及びその法定代理人が取消権を有するときは、契約の相手方も取消権を有する。[司H24−2]

2　未成年者がその法定代理人の同意を得ないで行った法律行為を取り消す場合において、行為の相手方が確定しているときは、その取消しは、相手方に対する意思表示によって行う。[司H23−5]

3　被保佐人がした行為で取り消すことができるものについて、保佐開始の原因が消滅していない状況において、被保佐人がこれを取り消した場合、当該行為は遡及的に無効となる。[司H18−32]

4　未成年者AがA所有の甲土地をBに売却し、その旨の所有権移転登記がされた後、Bが、Aの未成年の事実を過失なく知らないCに甲土地を売却し、その旨の所有権移転登記がされた場合において、AがBに対する売買の意思表示を取り消したときは、Cは、Aに対し、甲土地の所有権の取得を主張することができない。[司H30−10]

5　表意者の法定代理人が、詐欺を理由に取り消すことができる法律行為を追認した場合であっても、その追認があったことを表意者本人が知らなかったときは、表意者本人は、その法律行為を取り消すことができる。[司H25−3]

6　未成年の時における不動産の売買により代金債務を負担した者は、成年に達した後に取消権を有することを知りながら、その代金を支払った場合であっても、売買の当時未成年者であったことを理由としてその売買を取り消すことができる。[司H22−3改]

7　被保佐人Aが保佐人の同意又はこれに代わる家庭裁判所の許可を得ずにBに対してA所有の甲土地を売り渡した場合において、Aが行為能力者となり、取消権を有することを知った後に、AがBから甲土地の所有権移転登記手続の請求を受けたときは、当該売買契約を追認したものとみなされる。[司H29−2改]

×　取消しは表意者保護の制度であるから、取消権を行使することのできる者は表意者及びその関係人に限定される（120Ⅰ参照）。
⇒7−3　一(p.177)

○　123条参照
⇒7−3　一(p.177)

○　被保佐人は、単独で取消しの意思表示をすることができる（120Ⅰ）。取消しの効果は遡及的無効となる（121）。
⇒7−3　一(p.177)

○　制限行為能力を理由とする取消しについて、民法上、第三者保護規定は存在しない。
⇒7−3　一(p.178)

×　法定代理人は追認権者に当たる（122本文、120Ⅱ）。追認権者によって追認がなされると、取り消すことのできる行為は確定的に有効となる。
⇒7−3　二(p.179)

×　成年に達した後に取消権を有することを知りながら代金を支払った場合は、「追認をすることができる時」（125柱書本文）以後の「履行」（125①）に当たり、追認したものとみなされる。
⇒7−3　二(p.179)

×　「履行の請求」（125②）は、取消権者がする場合に限られ、相手方から請求を受けた場合は含まれない（大判明39.5.17）。
⇒7−3　二(p.179)

8 被保佐人Aが保佐人の同意又はこれに代わる家庭裁判所の許可を得ずにBに対してA所有の甲土地を売り渡した場合において、Aが行為能力者となり、取消権を有することを知った後に、Aが甲土地の売買代金債権を他人に譲渡したときは、当該売買契約を追認したものとみなされる。［司H29－2改］

○ Aが売買代金債権を他人に譲渡する行為は、「取得した権利の……譲渡」(125⑤)に当たる。
⇒7－3 二(p.179)

9 錯誤が法律行為の目的及び取引上の社会通念に照らして重要なものであり、その錯誤により意思表示をした場合であっても、その意思表示の時から20年が経過すれば、表意者は、錯誤による意思表示の取消しを主張することができない。［司H28－2改］

○ 取消権は、行為の時から20年を経過したときは、時効によって消滅する(126後段)。
⇒7－3 三(p.181)

10 成年被後見人の行為であることを理由とする取消権の消滅時効の起算点は、成年被後見人が行為能力者となった時である。［司R元－1＝予R元－1］

× 取消権の行使期間の起算点(126前段)は、「取消しの原因となっていた状況が消滅し、かつ、取消権を有することを知った」時(124Ⅰ)である。
⇒7－3 三(p.181)

11 詐欺による意思表示をした者が、相手方から、1か月以上の期間を定めて、その期間内に当該意思表示を追認するかどうかを確答すべき旨の催告を受けた場合、その期間内に確答を発しないときは、その行為を追認したものとみなされる。［司H18－32］

× 制限行為能力者の相手方には催告権が認められている(20ⅠⅡ)。他方、詐欺による意思表示をした者の相手方による催告権については規定がない。
⇒7－3 三(p.182)

これから学ばれる方へ

　人は自らの意思に基づいてのみ拘束される、つまり、自分で約束した場合にだけ義務を負う、ということは、私的自治の原則と呼ばれる民法の大原則です。

　ところが実際には、他人がなした契約に拘束される場合が認められています。これが代理という制度です。

　たとえば、自分のもっている建物を売りたいと思っているけれども、不動産取引をするために必要な知識もなければ経験もない、という場合を考えてみましょう。このような場合に、知識・経験のある人に頼んで、かわりに契約交渉をしてもらうことができれば、たいへん便利です。そこで、そのような人を「代理人」に選んで、その「代理人」に知識・経験を生かして交渉をしてもらって、自分のかわりに契約を締結してきてもらうことが認められているのです。また、子どものように知識・経験に欠ける者は、親が法律上、当然に代理人になります。

　代理人が契約を締結した場合には、代理人を依頼した本人が自分で契約を締結した場合と同じ効果が生じます。これを、「本人に効果が帰属する」といいます。

　代理というのは、このように、自分とは独立の立場にある「代理人」に自分のかわりに契約を締結してもらい、その効果だけは直接自分が受ける、という便利な制度なのです。

8-1　代理総説

<table>
<tr><td>一</td><td>意義</td></tr>
<tr><td>二</td><td>代理の要件</td></tr>
<tr><td>三</td><td>代理の種類</td></tr>
<tr><td>四</td><td>代理の本質論</td></tr>
<tr><td>五</td><td>代理の許される範囲</td></tr>
<tr><td>六</td><td>代理と類似する概念</td></tr>
</table>

学習の指針

　代理とは、本人と一定の関係にある他人（代理人）が、本人のために意思表示をなし、またはこれを受けることによって、その法律効果を全面的に本人に帰属させることを認める制度をいいます。代理制度の存在理由は、①私的自治の補充と、②私的自治の拡大です。それぞれどういうことなのか、しっかり理解しておきましょう。

　代理と類似する制度については、特に使者との比較が重要です。

一　意義

1　代理とは、本人と一定の関係にある他人（代理人）が、本人のために意思表示をなし、またはこれを受けることによって、その法律効果を全面的に本人に帰属させることを認める制度をいう。

◀佐久間1・231頁、236頁

　たとえば、AがBに絵を売却しようとする場合、通常はA及びBが売買契約（555）の当事者となり、売主であるAは絵の引渡義務を負い、買主であるBは代金支払義務を負う。ところが、CがAから代理権を与えられてAの代理人となる場合、売買契約が締結されるのはCとBの間で

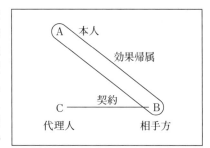

あるにもかかわらず、契約の効果帰属主体はA及びBとなる。その結果、本人Aが直接契約を締結した場合と同様に、Aが絵の引渡義務を負い、Bに対して売買代金の支払を請求することができる。

2　代理制度は、私的自治の補充という機能と、私的自治の拡大という機能を有する。

（1）私的自治の補充機能（法定代理制度に関して）

　　意思無能力者や制限行為能力者は、権利能力を有してはいるが、単独で完全に有効な法律行為をすることができない。そこで、これらの者に代わって保護者が法律行為をすることで、その効果を有効に本人に帰属させるための制度が必要となる。たとえば、赤ん坊や重度の精神病者は、単独では有効に取引行為をできないので、本人のために必要に応じて物を売ったり買ったりするための制度が必要となる、というわけである。

　　そのための制度が、法定代理制度（成年被後見人の後見人、未成年者の親権者）であり、これは、私的自治の原則を補充しているといえる。

（2）私的自治の拡張機能（任意代理制度に関して）

　　現代の経済社会では、取引関係が複雑かつ広範囲にわたるため、他人を使って法律行為をさせて、その法律効果を本人に帰属させる制度が必要となる。たとえば、事業を手広くやっていて一日の間に東京と北海道で契約交渉をしなくてはならない場合、誰か信頼できる人に頼んで北海道の契約は代わりにやってもらう必要がある。あるいは、不動産の売買経験がない者がこれを行

おうとする場合、有利に交渉を進めるには、専門的な知識・経験をもつ人に頼んで代わりに交渉をしてもらう必要がある。

このような場合のための制度が、任意代理制度であり、これは、私的自治の原則を拡張しているといえる。

二　代理の要件

◀佐久間1・232頁
　LQⅠ・193頁

論文・司法H22

代理人による意思表示の効果が本人に帰属する前提として、まず、代理人による意思表示それ自体の成立要件・有効要件が満たされる必要がある。

そして、次の2つの要件が満たされれば、代理人による意思表示の効果が本人に帰属する。

①　代理人が代理権の範囲内において「本人のためにすること」（99Ⅰ）を示して意思表示をすること

②　代理人に有効な代理権が存在すること

1　要件①（顕名・代理行為）

代理人が「本人のためにすること」（本人の名において行為すること）を示すことを顕名という。

顕名がなされなかった場合、相手方としては、その意思表示の効果が本人に帰属することなど知る由もないのが通常である。したがって、本人に効果帰属すること（意思表示の当事者が代理人ではなく本人であること）を相手方に知らせるために、顕名が必要となる。代理人が顕名をしないでした意思表示は、原則として、「自己のためにしたもの」（100本文）とみなされる（代理人を当事者とする契約が成立するものとみなされる）。　⇒193頁参照

なお、代理権を有する者が代理人としてする法律行為を、代理行為という。

2　要件②（代理権）

代理人として行為をする者が、その事項について本人に代わって意思表示をし、又は意思表示を受ける資格を有することが必要である。この資格のことを、代理権という。言い換えれば、代理権は、代理行為の効果を本人に帰属させる権限である。

有効な代理権が存在しないにもかかわらず、他人が勝手に代理人と称して行為をした場合（無権代理）、原則として、本人にその効果は帰属しない。⇒210頁以下参照

もっとも、例外的に、表見代理の成立が認められれば、本人に効果帰属することがある。　⇒232頁以下参照

三　代理の種類

1　能働代理（積極代理）と受働代理（消極代理）

能働代理とは、代理人が意思表示をする場合の代理をいう（99Ⅰ）。

受働代理とは、代理人が相手方から本人の代理人として意思表示を受ける場合をいう（99Ⅱ）。

たとえば、本人Aが代理人Bに土地を購入する代理権を与えた場合、代理人Bが、本人Aのためにすることを示して、相手方Cに対し、「土地を買いたい」という申込みの意思表示をするのが能働代理である。他方、相手方Cが、本人Aに対する意思表示であることを示して、「土地を売りたい」という承諾の意思表示を代理人Bに行い、代理人Bがこれを受領するのが受働代理である。

任意代理にせよ法定代理にせよ、代理権は、能働代理と受働代理の双方を含んでいると解してよい。

2　任意代理と法定代理

任意代理とは、本人の信任を受けて代理権を与えられたものであり、法定代

理とは、法律の規定によって代理権を与えられたものである。

両者には、以下のような差異がある。

① 任意代理の内容は、与えられた代理権の内容によって決まるのに対し、法定代理の場合にはすべて法律の規定によって決まる。

② 復代理人の選任（104・105）及び代理権の消滅事由（111）について、任意代理と法定代理は区別して取り扱われている。

四　代理の本質論

代理において、法律行為をしているのは代理人であると考える見解（代理人行為説）と、法律行為をしているのは本人であると考える見解（本人行為説）がある。

この点について、法律行為をした者にその効果が帰属するのが原則であり、代理においても同様であると解した場合、法律行為をしているのは本人である（本人行為説）と考えることになる。

これに対し、民法は、私的自治の補充・拡張のために、法律行為をした者にその効果が帰属するという原則に例外を認め、法律行為の効果を他人に帰属させるための法技術として代理制度を定めていると解した場合、法律行為をしているのは代理人である（代理人行為説）と考えることになる。現在では、このような理解が一般的であり、代理人行為説が通説であるとされている。

五　代理の許される範囲

1　代理は意思表示について認められる（99）が、特に本人自らの意思決定を絶対的に必要とするものについては、代理は認められない。

ex. 婚姻・認知・遺言などの身分行為の意思表示

2　代理は、催告・総会招集通知などの観念の通知、意思の通知にも認められる。

3　事実行為（拾得・発見・加工）、不法行為には認められない。

六　代理と類似する概念

1　代理に類似するものとして、いくつかの制度を挙げることができる。

ここでは、このような制度について概観した上で、そのうちの使者について詳しく論じる。

【他人を介する行為の種類による法形式の種類】

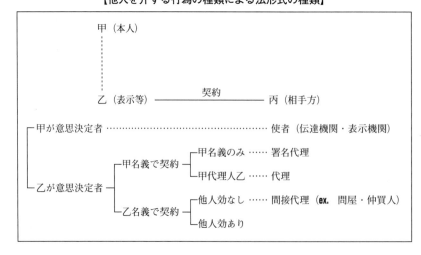

【代理と類似する概念について】

	各制度や概念の内容・代理との比較等	例
間接代理	自己の名をもって法律行為をしながら、その経済的効果だけを委託者に帰属させる制度である。法律効果が行為者自身に帰属し本人に帰属しない（他人効がない）点で、代理や授権と異なる	問屋（商551）仲買人
授 権	自己の名において法律行為をすることによって、他人効を発生させる権限のことである。代理と同じように他人効を発生させるが、自己の名において行為する点が代理と異なる	授権について民法上規定はないが、判例は、処分行為に関する授権を認めている**ex.** 他人物売買でも本人があらかじめ承諾していれば有効
代理占有（間接占有）	占有（権）を代理人によって取得することを代理占有という。しかし、占有は物を所持するという事実状態だから、意思表示の代理とは何の関係もない。よって、その錯綜を避けるために、代理占有を「間接占有」と呼ぶことがある	建物賃貸借における賃貸人の占有

2 使者

(1) 意義

使者とは、本人の決定した効果意思を相手方に表示し（表示機関）、又は完成した意思表示を伝達する者（伝達機関）をいう。

ex. 自分の使用人に口上をもって表示させる場合（表示機関）、完成した表示を書いた手紙を持参させる場合（伝達機関）

(2) 代理と使者の相違点

代理の場合は、効果意思を代理人が決定するのに対して、使者の場合、効果意思は本人によって決定されており、使者はこれを表示又は伝達するにすぎない。

このように、使者と代理は、与えられた権限の内容によって区別される（効果意思の決定権限を有するのが代理、有しないのが使者）。

【代理と使者の相違】

	代理の場合	使者の場合
意思決定	代理人が決定する	本人が決定する
行為者の能力	意思能力　必要 / 行為能力　不要（102本文）	意思能力 ┐不要 / 行為能力 ┘
本人の能力	意思能力 ┐不要 / 行為能力 ┘	意思能力 ┐必要 / 行為能力 ┘
意思の不存在	代理人の意思と表示を比較	本人の意思と使者の表示を比較
錯誤・詐欺・強迫	代理人で判断（101ⅠⅡ）	本人について判断
婚姻	不可	可
復任	制限あり（104〜106）	原則として許される
責任	無権代理人の責任（117）	なし

たとえば、本人が「甲地を購入したい」という意思表示の伝達を使者に頼んだところ、使者が「乙地を購入したい」と相手方に伝えた場合、どのように処理すべきかが問題となる。

この点について、代理と異なり、使者は本人が既に決定した内心的効果意

思を表示・伝達する機関にすぎない。

　したがって、表示機関たる使者が本人の意思表示と異なる意思表示を伝達した場合、本人の内心的効果意思と使者の表示行為は不一致であるといえるから、本人の表示上の錯誤（95Ⅰ①）として処理すべきこととなる（大判昭9.5.4参照）。

　なお、代理人が本人の意図と異なる意思表示をした場合には、原則として無権代理となり、表見代理（110）の成否が問題となる。

8-2　代理行為

8-2-1　代理行為総説

　代理人がその権限内において本人のためにすることを示してした意思表示は、本人に対して直接にその効力を生ずる（99Ⅰ）。すなわち、代理において、意思表示を行うのは代理人であり、本人にはただその効果が帰属するにすぎない（代理人行為説）。

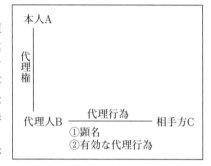

本人A
代理権
代理人B ── 代理行為 ── 相手方C
①顕名
②有効な代理行為

　このような法的な仕組みをもつことから、代理では、①代理人が代理行為をするに当たってその効果を代理人自身にではなく、本人に帰属することを相手方に知らせておく必要が生じる（顕名）。また、②意思表示につき瑕疵があるなどその効果に影響を及ぼすべき事由は、原則として、行為をする代理人においてその存否を判断する（代理行為の瑕疵）。さらに、③代理人に行為能力は必要かどうかが問題となる（代理人の行為能力）。

　以下、順次説明する。

8-2-2　顕名

| 一　意義 二　本人の名前を直接表示した場合（署名代理の可否） | 学習の指針 |

　顕名とは「本人のためにすること」（99Ⅰ）を示すことであり、相手方に実際に効果帰属する取引の主体が誰かを認識させるために必要とされるものです。

　顕名をしなかった場合や本人の名前を直接表示した場合の効果は、短答式・論文式ともに問われる可能性があります。

◀佐久間1・256頁

一 意義

1 顕名主義

代理人と相手方との間で締結された契約の効果が本人に帰属するには、契約に際して、「本人のためにすること」を示す必要がある（99Ⅰ）。これを顕名主義という。

具体的には、代理意思（法律行為の効果を本人に帰属させる意思）を表示することが必要である。

ex. 「A代理人B」（任意代理の場合）、「未成年者甲法定代理人親権者父乙、母丙」（法定代理の場合）

* なお、代理人であることを明瞭に示さなくとも、当該事案のすべての事情から判断してその趣旨が明らかになればよい。

2 趣旨

民法が顕名主義を採用したのは、契約にあたっては相手が誰かということが重要な関心事になるからである。たとえば、Cが、相手がAならば信用があるから取引しようと思うが、相手がBであれば危険だから取引したくない、という場合に、取引の相手がAなのかBなのかを、はっきり知らせる必要があるのである。

3 顕名がない場合

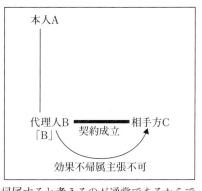

顕名がない場合には、その代理行為は「自己のためにしたものとみな」される（100本文）。たとえば、Bが、自分としてはAの代理人として行動しているつもりなのに、「A代理人B」であるとの顕名をせず、「B」としてCとの契約を締結した場合、契約はBとCとの間で締結されたことになり、Bはこれを否定できないことになる。これは、顕名がない場合には、相手方は直接行為をしている者に効果帰属すると考えるのが通常であるからである。

これにより、たとえ代理人が代理意思を有していても、これを理由に錯誤（95）を主張して自己への効果帰属を否認することは許されない。

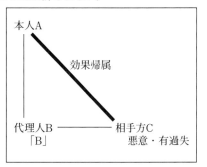

もっとも、顕名主義は相手方保護のためにとられるのであるから、相手方が代理意思の存在について悪意・有過失である場合にまで顕名を必要不可欠とする必要はない。そのため、「相手方が、代理人が本人のためにすることを知り、又は知ることができたとき」は、顕名がなくとも本人に法律行為の効果が帰属する（100ただし書）。たとえば、Cが、BはAの代理人であるということを知っているとき（悪意）や、普通なら気付くとき（有過失）は、AC間に契約の効果が帰属する。

4　受働代理の場合

　受働代理の場合においても、99条1項が準用される（99Ⅱ）。これは、代理人が本人に代わって相手方の法律行為を受ける場合には、相手方がその法律行為が代理人に対するものではなく本人に対するものであるということを示すことによって、その法律行為の効果を本人に帰属させるものである。法律行為を受ける代理人が顕名するという意味ではない。

二　本人の名前を直接表示した場合（署名代理の可否）

問題の所在

　代理人が法律行為を直接本人名義でした場合、たとえば代理人Bが本人「A」名義だけを示して法律行為をした場合、「本人のためにすること」（99Ⅰ）を示したといえるであろうか。
　相手方が代理人を本人と誤解している場合、代理行為をいかに取り扱うかが問題となる。

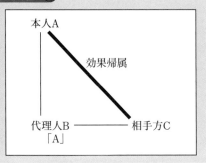

> **ONE POINT**
> 署名代理とは、代理人が、書面上に自己の名を出さずに、本人名義の記名捺印又は署名だけをする場合をいいます。

考え方のすじ道

代理行為において顕名が要求されたのは、効果帰属主体を明示し取引の安全を図るためである
　　　　↓とすれば
代理人が本人の名だけを示して代理行為をした場合にも本人の名は知らされているのだから、効果帰属主体は明確であり、相手方の保護に欠けるところはない
　　　　↓したがって
代理人が代理意思を有する場合には、法律行為を直接本人名義でしたとしても「本人のためにすること」（99Ⅰ）を示したといえ、有効な代理行為と認められる

アドヴァンス

　この問題は、代理人に代理意思があるか否かの視点から考察されるのが一般的である。

1　代理人に代理意思がある場合

　代理権の範囲内の法律行為を直接本人名義でしたとしても、行為をめぐる諸般の事情から代理意思のあるものと認められる限りは代理行為は成立する、とするのが判例・通説である。
　（理由）
　　他人効の基礎となる代理権自体は存在するのだから、本人にとっても酷にならず、相手方も本人との取引関係であると誤解しているにすぎない。

2　代理人に代理意思がない場合

　代理人が相手方との取引結果を自己に法的に帰属させようとしている場合である。
　ex.　信用が高い「A」の名で取引することによって、Bが巨利を博しうる場合
　原則：法律効果は代理人と相手方との間に帰属する
　　　∵　代理意思が存在しないから代理行為は無効である
　例外：本人が法律効果の帰属を望むならば、本人に法律効果が帰属するとしてよい
　　　∵　代理人は代理行為をすべき義務のある行為を本人の名で行っており、代理人を保護する必要はない

【名義の形式と代理意思の存否による法的効果の差異】

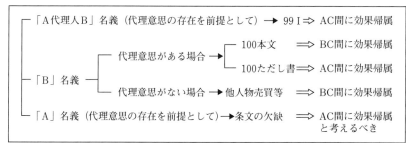

8-2-3 代理行為の瑕疵

一 総説	学習の指針

学習の指針
有効な代理行為か否か、すなわち代理行為に瑕疵があるか否かに関しては、代理と詐欺が特に問題となります。ここは三者の利益状況をしっかりおさえることが重要です。この問題点は、短答式・論文式を通じて比較的重要なところですので、しっかりと学習することが必要です。

一 総説

1 原則（101Ⅰ）

B ランク

　代理人は、使者と異なり、自己の意思表示をなす者として代理行為を行う。そのため、代理行為に瑕疵があるかどうかは、実際にその代理行為を行った代理人を基準に判断する（代理人行為説）。すなわち、101条1項は、「代理人が相手方に対してした意思表示の効力が意思の不存在、錯誤、詐欺、強迫又はある事情を知っていたこと若しくは知らなかったことにつき過失があったことによって影響を受けるべき場合には、その事実の有無は、代理人について決するものとする」と規定し、101条2項は、「相手方が代理人に対してした意思表示の効力が意思表示を受けた者がある事情を知っていたこと又は知らなかったことにつき過失があったことによって影響を受けるべき場合には、その事実の有無は、代理人について決するものとする」と規定しており、代理行為の瑕疵の有無を判断する上で、本人の事情が考慮されることはない。なぜなら、代理において意思表示をするのは代理人であって、本人が意思表示をするわけではないからである。

　たとえば、Bが、Aの代理人としてCの模造画を本物と信じて購入した場合、Aであれば模造画と判断できた場合であっても、Bを基準として契約は錯誤により取り消すことができる（101Ⅰ）。

　また、Cに心裡留保がある場合、意思表示を受けた代理人Bが、表意者（相手方・C）の真意を知り、又は知ることができたときは、たとえ本人Aが表意者の真意につき善意・無過失であったとしても、Cの意思表示は無効となる（93Ⅰただし書・

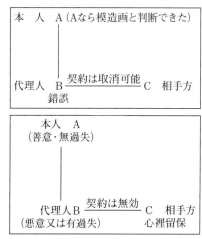

101Ⅱ）。

　さらに、代理人BがCと通謀して売買契約の締結を仮装した場合、Cは、本人Aがその通謀虚偽表示を知っていたか否かにかかわらず、当該売買契約の無効を主張することができる。

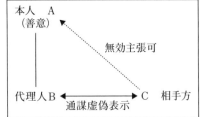

本人　A
（善意）

無効主張可

代理人B　←　　　　　→　C　相手方
通謀虚偽表示

∵　101条１項により、ＢＣ間の通謀虚偽表示はAに帰責され、Aは通謀虚偽表示の当事者の地位に立ち、94条２項の「第三者」には当たらない。したがって、Cは、94条１項により、Aがその通謀虚偽表示を知っていたか否かにかかわらず、意思表示の無効を主張することができる（大判大3.3.16参照）

2　例外（101Ⅲ）

　以上が原則であるが、特定の法律行為をすることを委託された代理人がその行為をしたときは、たとえ本人の指図があったという事情が認められなくても、本人は、自ら知っていた事情について代理人が知らなかったこと、又は本人が過失によって知らなかった事情について代理人が無過失であることを主張することができない（101Ⅲ）。

∵　実質的に本人が意思決定し、代理人はそれに従ったにすぎない場合のように、本人が代理人をコントロールする可能性を有する場合には、本人側の事情を基準とするのが公平である

ex.　Cの持っている高級腕時計がCの所有物でないことを知りながら、Aがその高級腕時計の購入をBに依頼し、BがAの代理人としてCからその高級腕時計を購入した場合、たとえBがCの無権利につき善意・無過失でも、Aは、Bの善意・無過失を主張することができない結果、即時取得（192）は成立しない

二　代理と詐欺

1　相手方が代理人に詐欺を行った場合

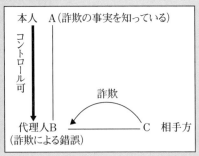

▶佐久間１・259頁

問題の所在

　Bは、Aの代理人としてCから甲絵画を購入したが、甲絵画は摸造画であり、Cから「この絵画は本物だ。」とだまされて購入したものであった。Aは、たまたま甲絵画が摸造画であることを知っていたが、買い手がつけば問題ないと考え、Bにその旨を告げずにいた。しかし、結局甲絵画の買い手がつかなかったため、Aは、CがBに対して詐欺を行ったことを理由として、Bの意思表示を取り消す旨主張した。かかるAの主張は認められるか。

本人　A（詐欺の事実を知っている）

↓コントロール可

詐欺

代理人B　←　　　　　→　C　相手方
（詐欺による錯誤）

考え方のすじ道

代理人が相手方に対してした意思表示に瑕疵があるかどうかは、代理人を基準に決定される（101Ⅰ）
　　　↓したがって
代理人が相手方の詐欺により意思表示をした場合、本人は、原則として、代理人の意思表示を取り消すことができる（96Ⅰ・101Ⅰ）
　　　↓もっとも

本人が代理人をコントロールする可能性を有する場合において、本人が代理人の意思表示に瑕疵が生じうる事情を知っていた場合には、本人を保護する必要はない
　　　　↓そこで
本人が代理人に対して特定の法律行為をすることを委託した場合には、本人は、代理人の不知を主張することができない（101Ⅲ）
　　　　↓あてはめ
Aは甲絵画が摸造画であることを知っており、Bに甲絵画を購入しないよう指示することも可能であったにもかかわらず、これを怠った以上、Bの不知を利用してAが有利な結果を得ることは公平でない
　　　　↓よって
101条3項により、Aは、Bの意思表示を取り消すことができない

2　代理人が相手方に詐欺を行った場合

問題の所在

相手方Cが代理人Bの詐欺により意思表示をなし、しかも本人Aがそのことを知らない場合、相手方Cは意思表示を取り消すことができるか。(1)代理人が相手方に詐欺を行った場合にも101条の適用があるか、また、これを否定した場合、(2)代理人Bは96条2項の「第三者」に当たり、本人Aが善意である以上、Cは意思表示を取り消すことができないのではないかが問題となる。

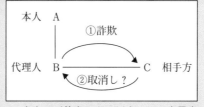

考え方のすじ道

(1)について
問題となっているのは相手方の意思表示であり、代理人の意思表示の瑕疵ではないため、101条1項の適用はない
　　　　↓また
相手方が代理人に対してした意思表示の効力が「意思表示を受けた者がある事情を知っていたこと又は知らなかったことにつき過失があったことによって影響を受けるべき場合」（101Ⅱ）でもないため、本条2項の適用もない
　　　　↓よって
この場合、101条の適用はない

(2)について
96条2項において、第三者が詐欺を行った場合に取消権を制限しているのは、無条件に取消しを認めると、その効果を受ける者（相手方）に酷となるからである
　　　　↓しかし
代理における本人は当該法律行為の当事者であって、本人は代理人を利用することで利益を得ている以上、詐欺を行うような代理人を選任したリスクも負うべきである
　　　　↓よって
本人との関係において、代理人は96条2項の「第三者」に当たらず、相手方は96条1項により意思表示を取り消すことができる

アドヴァンス

・　**96条1項説（通説）**
　代理人が相手方に対し詐欺を行った場合、相手方は96条1項により取り消しうる。
（理由）
　　代理行為の結果成立する法律行為は本人のものであり、本人がその当事者であるから、代理人の詐欺は相手方にとって第三者の詐欺（96Ⅱ）というべきでなく、96

条1項が適用される。

3 本人が相手方に詐欺を行った場合

問題の所在

相手方Cが本人Aの詐欺により意思表示をなした場合、相手方Cは意思表示を無条件に取り消すことができるか、本人が96条2項の「第三者」に当たるかが問題になる。

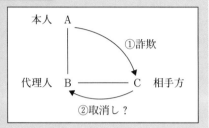

考え方のすじ道

確かに、代理における行為者は代理人と考えられ、この点に着目すれば本人も96条2項の「第三者」に当たるようにも思える
　　　↓しかし
96条2項は、第三者の行った詐欺について無関係かつ善意の相手方に対して取消しの主張を制限することで、相手方の保護を図った規定である
　　　↓とすると
取消しの影響を受ける者自身が詐欺をした場合は、そのような者を保護する必要はない
　　　↓したがって
本人は96条2項の「第三者」に当たらず、相手方は無条件に取消権を行使することができる

4 相手方が本人に詐欺を行った場合

問題の所在

本人Aが相手方Cの詐欺にかかり、そのことにより代理人Bが意思表示をなした場合、本人Aはその意思表示を取り消すことができるか。また、できないとした場合、本人Aは代理人Bとの間の代理権授与契約を取り消すことによって、自己に効果が帰属することを否定することができるかが問題となる。

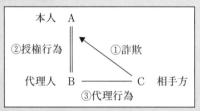

考え方のすじ道

代理において法律行為をなすのは代理人であるから、代理人の意思表示に何らの瑕疵がない以上、本人は代理行為を取り消せない（101 I）
　　　↓では
相手方の詐欺に基づいて本人が代理人に代理権を授与した場合、本人は授権行為を取り消すことによって遡及的に代理権を消滅させ、代理人・相手方間の法律行為を無権代理行為にすることができないか
　　　↓この点
代理権授与契約の当事者が本人・代理人である以上、相手方の詐欺は形式的には「第三者」の詐欺（96 II）に当たるとも思える
　　　↓しかし
96条2項は相手方（取消しの効果を受ける者）保護の規定であるところ、代理人には何ら法律効果が帰属せず、本人の取消しにより何ら不利益を受ける地位にない
　　　↓したがって
96条2項の「第三者」の詐欺には当たらず、本人は代理人の善意・悪意を問わず授権行為を取り消すことができ（96 I）、取り消された場合、代理人・相手方間の行為は遡及的に無権代理になり（121）、本人に法律効果は帰属しない

8-2-4 代理人の行為能力

制限行為能力者が代理人としてした行為は、行為能力の制限によっては取り消すことができない（102本文）。

∵① 代理行為の効果は本人に帰属し、代理人には帰属しないから、代理人に不利益は及ばず、制限行為能力者保護の制度趣旨を妥当させる必要がない

② あえて制限行為能力者を代理人として選任した本人が不利益を引き受けるべきである

→代理人は、意思能力者であればよく行為能力者である必要はない

もっとも、制限行為能力者が他の制限行為能力者の法定代理人としてした行為については、行為能力の制限を理由として取り消すことができる（102ただし書）。

たとえば、未成年者Aの父Bが成年後見開始の審判を受けている場合において、成年被後見人であるBがAの法定代理人（親権者）としてした行為は、Bの行為能力の制限を理由として取り消すことができる。

∵① 本人（A）にその結果を負担させると、本人の保護という行為能力制度の目的が十分に達せられないおそれがある

② 本人が法定代理人（B）を直接選任するわけではない以上、代理人が制限行為能力者であることのリスクを本人が引き受ける根拠はないから、本人を保護する必要がある

8-3 代理権

8-3-1 代理権総説

一　意義 二　代理権の発生原因	**学習の指針**

代理権は、代理人という他人の行為の効果が本人に帰属する根拠となるものです。代理権の発生原因のうち、任意代理権の発生を目的とする行為（代理権授与行為）の法的性質に関しては、理解するのが難しいところですので、行き詰まりそうでしたら無理せず先に進みましょう。

一　意義

代理権とは、代理人の地位ないし代理権限をいう。すなわち、一定の法律行為の結果、本人に権利・義務を帰属させうる地位・資格のことである。

二　代理権の発生原因

1　法定代理権

法定代理人の代理権の発生原因としては、以下のような類型がある。

◀佐久間1・238頁

【法定代理権の法律上の根拠】

本人と一定の関係にある者が法律上当然に代理人になる場合	親権を行う父母（818、819Ⅲ本文）
一定の者の協議又は指定によって代理人に選ばれる場合	父母の協議によって決まる親権者（819Ⅰ、Ⅲただし書、Ⅳ）、指定後見人（839）
裁判所によって選任される場合	不在者の財産管理人（25、26） 親権者（819Ⅱ） 未成年後見人（840、841）、成年後見人（843）

2　任意代理権

(1)　任意代理人の代理権は、通常、委任（643）により生じる。代理は、本人に代わって意思表示（法律行為）をすることであるところ、委任は「法律行為をすることを相手方に委託」（643）する契約であるから、代理を他人に委ねる場合、「法律行為をすることを相手方に委託」することになる。したがって、643条の「効力」として、他人に代理権が授与される。104条も、任意代理人を「委任による代理人」と規定しており、111条2項も「委任による代理」という表現を用いている。

なお、雇用契約や請負契約等においても代理権が授与される場合があるが、これらの場合には、黙示的に委任契約も締結されているものと解される。

(2)　代理権授与行為の法的性質

代理権授与行為とは、代理権の発生を目的とする本人と任意代理人との間の法律行為をいう。この代理権授与行為と委任契約等との関係をどのように理解すべきか、言い換えれば、代理権授与行為の法的性質をどのように理解すべきかについて、学説上争いがある。しかし、この議論は抽象的であり、現在では議論の実益自体が疑われているとされる。

そこで、まず上記(1)の考え方に立った場合、以下の論点でどのような処理がなされるかについて述べた後、他の学説について概説することとする。

(a)　論点1：代理権授与行為の相手方の承諾を必要とするか

上記(1)の考え方は、本人と代理人の間で締結された委任契約によって代理権が直接発生すると解する見解（委任契約説）である。

委任契約説に立つ場合、代理権授与行為は委任契約であると考えることになるから、相手方（代理人となる者）の承諾が必要となる（522Ⅰ参照）。

(b)　論点2：代理行為がなされた後に委任契約が取り消された場合

この点については、代理人が代理行為をした後、①本人が委任契約を取り消す場合と、②代理人が委任契約を取り消す場合が考えられる。

委任契約説に立ち、委任契約と代理権授与行為を区別しない場合、原則として、①②のいずれの場合であっても、委任契約の取消しにより、遡及的に代理権も消滅することになる（121）。したがって、取消し以前になされた代理行為は、無権代理行為となる。

しかし、次の2つの場合は、取消し以前になされた代理行為の効果を維持すること(無権代理行為とならないこと)が例外的に可能と解されている。

まず、代理人が制限行為能力者である場合には、102条の存在により、取消し以前になされた代理行為が有効であることは法によって保障されていると解することができる。

ex.　本人Aは、未成年者Bとの間で、自己の所有する土地を処分するための委任契約を締結し、Bは、A代理人Bとしてその土地をCに売却したが、その後、未成年を理由としてAとの委任契約を取り消した

◀佐久間1・239頁
　LQⅠ・198頁

論点

→原則として、委任契約の取消しにより、遡及的に代理権が消滅する（121）から、Bの代理行為も無権代理行為になるとも思えるが、「制限行為能力者が代理人としてした行為は、行為能力の制限によっては取り消すことができない」（102本文）から、例外的に、Bの代理行為は有効のままであり、結論として、CはAに対して土地の明渡しを求めることができる

　また、代理人が制限行為能力者でなくても、取り消される前は代理権授与の外観（委任状の交付等）があることから、代理権授与表示による表見代理（109）が成立し得る。この場合は、取消し以前になされた代理行為も有効である。

(c)　**論点3：委任契約が取り消された後に代理行為がなされた場合**

　この点についても、①本人が委任契約を取り消す場合と、②代理人が委任契約を取り消す場合が考えられる。

　上記のとおり、委任契約説に立ち、委任契約と代理権授与行為を区別しない場合、原則として、委任契約の取消しにより、遡及的に代理権も消滅する（121）。したがって、代理権消滅後の表見代理（112）が成立しない限り、取消後の代理行為は、無権代理行為となる。

☞ One Point ▶ 単独行為説の場合の処理

　代理権授与行為は、本人が代理人となる者に対して一方的に代理権を与える旨の意思表示（単独行為）であると解する見解もあります（単独行為説）。単独行為説の特徴は、委任契約が取り消されたり無効であっても、代理権の授与や既になされた代理行為の効力に影響を及ぼさない（無因性）という点にあり、相手方の取引の安全をより保護するために主張されています。このように、単独行為説は、代理権授与行為を本人による一方的な意思表示と捉えるので、代理人による代理権授与行為の取消しを観念する余地はありません。

　単独行為説は、①代理人の意思とは無関係に代理権を授与されても代理人に不利益はないこと、②代理人の行為能力を不要とする102条に適すること等を根拠としています。

　もっとも、この見解に対しては、代理権の発生という重要な法律関係が一方当事者の意思とは無関係に成立するというのは、私的自治の原則から問題がある等と批判されています。

　論点1：代理権授与行為は単独行為であるため、相手方（代理人となる者）の承諾は不要となります。

　論点2：委任契約が取り消されても、代理権授与行為は有効のままです。そのため、相手方の取引の安全を確保することができます（なお、委任契約説でも、102条の場合や代理権授与表示による表見代理（109）が成立する場合には、相手方の取引の安全を確保することが可能です）。

　論点3：委任契約が取り消されても、代理権授与行為は有効のままです。そうすると、本人が代理権授与行為を撤回しない限り、委任契約を取り消しても代理権は存続することになります。そのため、相手方が委任契約の取消しについて悪意でも、代理行為は有効となってしまう点が難点とされています（なお、委任契約説では、代理権消滅後の表見代理（112）が成立しなければ、取消後の代理行為は、無権代理行為となります）。

☞ One Point ▶無名契約説の場合の処理

委任契約と代理権授与行為を区別し、代理権授与行為は専ら代理権の授与を内容とする無名契約（民法の債権各論に典型契約としては規定されていない契約）であると解する見解（無名契約説）もあります。かつての通説とされていました。

無名契約説は、委任契約は本人・代理人間（内部関係）の問題であり、代理人・相手方間（対外関係）の問題である代理と法的性質を異にするから、委任契約により代理権を発生させることはできないとした上で、専ら代理権の授与を内容とする無名契約が、委任契約と一体をなしつつ同時になされるものと理解します。

しかし、この見解に対しては、2つの契約を区別することは困難であり、区別する実益もないと批判されています。

論点1：代理権授与行為は契約であるため、相手方（代理人となる者）の承諾が必要となります（522Ⅰ参照）。

論点2：委任契約と代理権授与行為を区別する本説の立場でも、代理権は内部関係である事務処理契約（委任契約等）のために与えられるものであるため、委任契約と代理権授与行為は有因であると考えることになります。したがって、委任契約の取消しにより、代理権も遡及的に消滅するはずです（121）。

まず、①本人が委任契約を取り消す場合、本人は代理権の授与自体も取り消したいと考えているのが通常ですから、代理権も遡及的に消滅すると考え、代理権授与表示による表見代理（109）が成立しない限り、取消し以前になされた代理行為は無権代理行為になると考えます。

他方、②代理人が委任契約を取り消す場合、取消しは取消権者を保護するための制度であるため、取消権者である代理人の保護に必要な範囲で無効の遡及効を認めれば足り、既になされた代理行為の効果を遡及的に消滅させる必要はないと考えます。その結果、代理人が委任契約を取り消した場合、将来に向かってのみ代理権消滅の効果が発生するだけであり、取消し以前の代理行為は有効のままと考えることになります。

論点3：①本人が委任契約を取り消す場合、②代理人が委任契約を取り消す場合のいずれでも、代理権消滅後の表見代理（112）が成立しない限り、取消後の代理行為は、無権代理行為となります。

☞ One Point ▶事務処理契約説（融合契約説）の場合の処理

代理権は広く委任・雇用・請負といった他人の事務を処理する目的の契約（事務処理契約）から直接発生すると解する見解（事務処理契約説・融合契約説）もあります。本説の処理は、本文中の説明（委任契約説）と全く同じです。違いがあるのは、代理権が委任以外の契約（雇用、請負等）から直接発生することを認める点です。

事務処理契約説・融合契約説は、委任契約が締結される場合、常に代理権の授与が伴うわけではないこと、委任以外の雇用・請負等の事務処理契約によっても代理権の授与を伴うことが少なくないことから、委任と代理の直接的な関係を否定し、広く事務処理契約から代理権が直接発生すると説明します。

しかし、この見解に対しては、雇用・請負等に関する冒頭規定（雇用：623、請負：632）から代理権の発生という契機を読み取ることができず、これらの契約の本質に照らせば、これらの契約を代理権の発生根拠として説明することはできない旨の批判がされています。

8-3-2 復代理

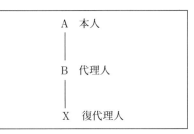

| 一 意義 |
| 二 選任要件と本人に対する代理人の責任 |
| 三 復代理をめぐる法律関係 |

学習の指針

復代理とは、代理人が、さらに代理人（復代理人）を選任（復任）し、この者に本人を代理させることをいいます。

復代理は短答式の分野として重要です。条文をみてしっかり整理しましょう。

一 意義

復代理とは、代理人が、さらに代理人（復代理人）を選任（復任）し、この者に本人を代理させることをいう。たとえば、代理人Bが契約前日に急病になり、本人Aと連絡をとっている暇がないので、Bが信頼できるXに頼んでAのための代理行為をかわってやらせる場合のXがこれに当たる。

```
A  本人
|
B  代理人
|
X  復代理人
```

→104条・105条が一定の場合にこれを認めている

二 選任要件と本人に対する代理人の責任

1 任意代理の場合

任意代理人は本人の信頼を受けて代理人とされた者であるから、許諾なく復代理人を選任することは本人の信頼を害する（自己執行義務）

↓そこで

復代理人を選任できる場合は、以下の2つの場合に限られる（104）

① 本人の許諾を得たとき

② やむを得ない事由があるとき（**ex.** 病気、海外出張等）

↓そして

復代理人が本人に損害を加えた場合、代理人は、本人・代理人間の契約上の債務不履行責任を負う

→本人が許諾した場合にはその趣旨や、「やむを得ない事由」がある場合にはその事情を考慮し、本人・代理人間の契約の解釈上、どのような義務が代理人に課されているかで、代理人が負う責任の内容が決定する

2 法定代理の場合

法定代理人は、法により本人の利益のために行為する権限と責任を広く与えられている反面、辞任の自由がない

↓そこで

復代理について特に制限はなく、必要に応じて、「自己の責任」（105前段）で復代理人を選任することができる

↓そして

自己の責任で復代理人を選任する以上、復代理人が本人に損害を加えた場合、代理人は原則として全責任を負う

∵ 法定代理人の無責任な復任により本人に不利益が生じるのを防止するため

↓もっとも

「やむを得ない事由があるとき」は、本人に対してその選任及び監督についての責任のみを負う（105後段）

三 復代理をめぐる法律関係

1 本人・代理人間

代理人は復代理人を選任しても自らの代理権を失わず、本人のための代理人として代理行為をすることができる。

また、前述のように、代理人は一定の場合に本人に対して責任を負う。

本人 A

107Ⅱ
効果帰属

代理人 B

¥ 復代理人 X 契約締結 C
「A代理人X」

2 代理人・復代理人間

復代理人は代理人に選任されたのであるから、代理人との間には、委任契約が存在することになる。

3 復代理人・本人間

復代理人は本人の代理人であり（106Ⅰ）、代理人・本人の関係と同一の法律関係に立つ（106Ⅱ）。

→復代理人の場合、代理人との間にのみ委任契約が存在するが、その効果は、第三者たる本人に帰属する

∵ 復代理人が本人の代理人であるにもかかわらず、何事も代理人を通じてしか交渉できないのでは、本人にとっても復代理人にとっても不便である

ex. 本人・代理人間に委任関係がある場合には、復代理人は、代理人・本人の関係と同一の法律関係に立つから、復代理人は本人に対して受任者としての権利・義務を負う

→復代理人が相手方から代理行為に関して受け取った物があるときには、復代理人は直接本人に対してそれを引き渡す義務を負う（646Ⅰ参照）

> **判例** 最判昭51.4.9
>
> 復代理人が委任事務を処理するに当たり金銭等を受領したときは、復代理人は、特別の事情がないかぎり、本人に対して受領物を引渡す義務を負うほか、代理人に対してもこれを引渡す義務を負い、もし復代理人において代理人にこれを引渡したときは、代理人に対する受領物引渡義務は消滅し、それとともに、本人に対する受領物引渡義務もまた消滅するものと解するのが相当である。

【復代理に関する知識の整理】

	任意代理	法定代理
復代理の可否 （104、105 前段）	・原則：不可（自己執行義務）（＊） ・例外：① 本人の許諾を得た 　　　　　　とき 　　　　② やむを得ない事由が 　　　　　　あるとき	常に復代理は可能 ∵ 権限・義務が広汎で辞任も 　困難
代理人の責任	債務不履行の一般原則に従って 責任を負う	・原則 　→復代理人の行為すべてにつ 　　いて責任を負う（「自己の責 　　任で」、105前段） ・やむを得ない事由があるとき 　→選任・監督についての責任 　　のみ負う（105後段）
復代理人の地位	対代理人関係	① 復代理権は代理人の代理権に基礎を置く 　・復代理権は代理人の代理権の範囲を超えることはできない 　・復代理人が、復代理権の範囲外の行為をした場合には、そ 　　の行為がたとえ代理人の代理権の範囲内であっても、無権 　　代理となる 　・代理人の代理権が消滅すると、復代理権も消滅する ② 代理人は代理権を譲渡するわけではない 　・復代理人を選任しても、代理人の代理権は消滅しない 　・代理人及び復代理人は、それぞれ同等の立場で本人を代理 　　する
	対本人関係	① 復代理人は本人の代理人である（「本人を代表する」、106Ⅰ） 　・本人の名で代理行為を行い、その効果はすべて本人に帰属す 　　る 　　→復代理人が代理行為をするに当たっては、本人のためにす 　　　ることを示せば十分 ② 復代理人は、本人に対して、その権限の範囲内において、代 　理人と同一の権利・義務を有する（106Ⅱ） 　ex. 受領物引渡義務（646Ⅰ参照） 　→代理人に引き渡せば義務は消滅する

＊ 代理人が「本人」ではなく「自己」（代理人）の代理人を選任することは、本人・代理人
間の契約で禁じられていない限り、自由に行うことができる（復代理の問題ではない）。

8-3-3　代理権の範囲

一　総説
二　代理権の濫用

学習の指針

　代理行為が有効であるためには、その行為が代理権の範囲内で行われたことが必要です。この代理権の範囲は、法定代理では法律で定まり、任意代理では代理権授与行為（委任契約）で定まりますが、定めがない場合（103参照）もあります。

　また、代理人が代理権を濫用した場合、代理人に代理意思（本人に効果帰属させる意思）がある以上、無権代理にならないのが原則ですが、相手方が代理人の意図・目的について知り、又は知ることができたときは、無権代理行為とみなされます（107）。

一　総説

1　範囲の基準

代理人の行った法律行為の効果が本人に帰属するためには、その行為が代理人の有する代理権の範囲内で行われたことが必要である（99Ⅰ）。

- ・　任意代理の場合

　代理権授与行為、つまり委任契約等によって代理権が発生する。

　→委任契約等を解釈して範囲を明らかにしていく

- ・　法定代理の場合

　法律の規定を根拠に当然に代理権が発生する（たとえば、親権者については824条、後見人については859条）。

　→その法律の規定を解釈して範囲を明らかにしていく

2　権限の定めがない場合（103）

代理人は、①保存行為、②目的である物又は権利の性質を変えない範囲内での利用行為、③目的である物又は権利の性質を変えない範囲内での改良行為についてのみ権限を有する（これらを一括して管理行為という）。

- ①　保存行為：財産の現状を維持する行為

　ex.　家屋の修繕、消滅時効の完成猶予・更新、未登記不動産の保存登記

- ②　利用行為：収益を得る行為

　ex.　現金を銀行に預金する、金銭を利息付で貸し付ける

　cf.　預金を株式にする、金銭を無利息で貸し付ける、使用貸借契約等の行為は利用行為に当たらない

- ③　改良行為：財産の経済的価値（使用・交換価値）を増加させる行為

　ex.　家屋に電気・ガス・水道などの設備を施す、無利息消費貸借を利息付に改める

- ＊　②、③については、物又は権利の性質を変えない範囲内でのみ認められる

3　自己契約・双方代理（108Ⅰ）、利益相反行為（108Ⅱ）の禁止

(1)　意義

上記1・2の点から検討して代理権の範囲内にあるとされても、なお、代理人のできない行為が規定されている。

(a)　自己契約

特定の法律行為について、当事者の一方が相手方の代理人になることをいう（108Ⅰ本文）。

- **ex.**　ＡＢ間の土地の売買契約に際して、買主Ｂが売主Ａの代理人として契約する場合

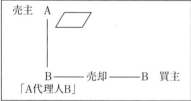

(b)　双方代理

特定の法律行為について、1人の者が当事者双方の代理人になることをいう（108Ⅰ本文）。

- **ex.**　ＡＣ間の土地の売買契約に際して、ＢがＡＣ双方の代理人になる場合

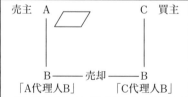

判例 最判昭34.2.13

売買契約締結の代理権を授与された者は、特段の事情がない限り、相手方から売買契約の取消しの意思表示を受ける権限を有するとした。

B
ランク

(c)　**利益相反行為**

代理人と本人との利益が相反する行為をいう（108Ⅱ本文）。

ex.　Aの土地について管理処分する代理権を与えられているBが、自己の貸金債務の担保としてAの土地に抵当権を設定する契約を、Aの代理人として締結した場合

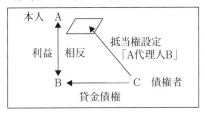

論点

「利益が相反する行為」かどうかは、もっぱらその行為の外形から客観的に判断すべきであり、代理人の動機や意図から判断すべきではないと解されている（最判昭42.4.18参照）。

∵　利益相反行為に該当すれば無権代理行為とみなされ、その結果、相手方が不測の損害を被るおそれがあるため、相手方からも判断できるように、その行為自体の外形から客観的に判断されるべきである

→代理人が自己又は第三者の利益を図る目的を有しており、それが外形から客観的に判断できない場合については、代理権の濫用（107）の問題となる

(2)　**趣旨**

代理人は本人の利益のために行動する者であるが、自己契約では、本人と代理人の利益が相反し、本人の利益が害される危険が大きい。また、双方代理では、本人同士の利益が相反し、いずれか一方の本人の利益が害される危険が大きい。そこで、これらの行為を無権代理行為とみなし、本人への効果帰属を否定することで、本人の利益を保護することとした。

また、本人の利益を保護するという趣旨からすれば、自己契約・双方代理という契約の締結方法の面からする形式的な規律では不十分である。そこで、代理人と本人との利益が相反する行為（利益相反行為）を無権代理行為とみなし、本人への効果帰属を否定することで、本人の利益を保護することとした。

(3)　**効果**

無権代理行為とみなされる。

→無権代理に関する一連の規定（113〜117）が適用され得る

(4)　**例外**

①　「債務の履行」（108Ⅰただし書）

∵　既に確定している契約内容の実現にすぎず、実質的に本人の利益が害されることはない

ex.　所有権移転に伴う移転登記申請手続につき登記権利者・登記義務者の双方を代理した場合（最判昭43.3.8）

cf.　代物弁済（482）・更改（513）は、新たな利害関係の変更を伴うため、「債務の履行」には当たらない

なお、「債務の履行」には当たらなくても、当事者間で契約条項があらかじめ取り決められている場合の公正証書の作成のように、本人に新たな不利益を生じさせない法律行為については、自己契約・双方代理が認められる（最判昭26.6.1参照）。

＊　利益相反行為については、「債務の履行」が例外的に許容される旨の明文はないが、これは、「債務の履行」がそもそも利益相反行為に該当しないと考えられたためである。

②　「本人があらかじめ許諾した行為」（108Ⅰただし書、同Ⅱただし書）

∵　自己契約・双方代理・利益相反行為の禁止は本人の利益を保護するものであり、本人があらかじめ許諾していれば、本人の意に反して利益が害されることはない

(5)　法定代理への適用

108条は、法定代理にも適用される。

もっとも、法定代理のうち、親権者・後見人・保佐人・補助人による代理については、108条の規律と同じ趣旨の利益相反行為に関する規律（826、860、876の2、876の7参照）が設けられており、これらの規定が108条に優先して適用される。

二　代理権の濫用

◀佐久間1・250頁

1　意義

代理権の濫用とは、代理人が自己又は第三者の利益を図る目的で代理権の範囲内の行為をした場合をいう（107）。

ex.　Aから土地の売買に関する代理権を与えられていた不動産業者Xが、その土地の売却により取得した代金を着服する目的で、A所有の土地をYに売却したような場合

2　効果

(1)　原則

代理権の濫用は、形式的・客観的には代理権の範囲内の行為であり、しかも代理人には本人のためにする意思（本人の利益を図る意思ではなく、本人に効果を帰属させる意思）がある。このような代理行為の相手方は、本人に代理行為の効果が帰属するものと信頼するのが通常である。

したがって、かかる相手方の代理人の行為に対する信頼を保護するため、代理権の濫用は、原則として、本人に効果が帰属するものとされている。

(2)　例外

相手方が代理人の「自己又は第三者の利益を図る目的」を知り、又は知ることができたときは、その行為は、無権代理行為とみなす（107）。代理行為の相手方が代理人の意図について知り、又は知ることができたときは、相手方の信頼を保護する必要がないからである。

例外的に代理権の濫用が107条により無権代理行為とみなされる結果、その行為には以下の無権代理に関する一連の規定が適用され得る。

①　追認・追認拒絶に関する規定（113・116）

②　相手方の催告権に関する規定（114）

③　相手方の取消権に関する規定（115）

→相手方が悪意の場合は、取消権を行使することができない（115ただし書）

④　無権代理人の責任に関する規定（117）

→相手方が悪意の場合は、無権代理人の責任を追及することができない（117Ⅱ①）

→相手方が過失によって知らなかった場合（117Ⅱ②本文）であっても、代理人は代理権の濫用であること（無権代理行為とみなされること）を当然知っているから、無権代理人の責任を追及することができる（117Ⅱ②ただし書参照）

＊　なお、代理人による代理権の濫用行為の相手方からの転得者の保護について、民法は特段の規定を設けていないが、94条2項の類推適用、即時取

得に関する192条などによって保護され得る。

◀佐久間1・251頁
LQⅠ・204頁

論文・司法Ｈ28

判例 **最判平4.12.10／百選Ⅲ[第2版][49]**

事案： 　未成年者Ｘは、父の死亡により、遺産分割の協議に基づいて本件土地を取得したが、その登記手続等は、Ｘの親権者Ａが、父の弟Ｂに依頼して行った。Ｂは、諸事にわたりＸ・Ａ母子の面倒をみていた。

　　　　Ｃ社（代表者Ｂ）は、事業資金としてＤ銀行から総額4000万円を借り受けたが、その際、Ｙ（県信用保証協会）はＣ社との間で信用保証委託契約を結び、Ｄ銀行に対し、Ｃ社の借受金債務を保証する旨を約した。親権者Ａは、Ｂの依頼により、ＹがＣ社に対して保証委託取引に基づき取得する債権を担保するため、Ｘを代理して、Ｘの土地について根抵当権を設定した。Ｙは、根抵当権設定契約等の締結に際して、Ｃ社のＤ銀行からの借受けがＣ社の事業資金であって、Ｘの生活資金その他Ｘの利益のために使用されるものではないことを知っていた。

　　　　成年に達したＸは、Ｙに対し、代理権の濫用を主張して、根抵当権設定登記の抹消登記手続を求めた。

判旨： 　「親権者が子を代理してする法律行為は、親権者と子との利益相反行為に当たらない限り、それをするか否かは子のために親権を行使する親権者が子をめぐる諸般の事情を考慮してする広範な裁量にゆだねられているものとみるべきである。そして、親権者が子を代理して子の所有する不動産を第三者の債務の担保に供する行為は、利益相反行為に当たらないものであるから、それが子の利益を無視して自己又は第三者の利益を図ることのみを目的としてされるなど、親権者に子を代理する権限を授与した法の趣旨に著しく反すると認められる特段の事情が存しない限り、親権者による代理権の濫用に当たると解することはできないものというべきである。したがって、親権者が子を代理して子の所有する不動産を第三者の債務の担保に供する行為について、それが子自身に経済的利益をもたらすものでないことから直ちに第三者の利益のみを図るものとして親権者による代理権の濫用に当たると解するのは相当でない。」

8-3-4　代理権の消滅

学習の指針

一　共通の消滅事由
二　任意代理権に特有の消滅事由
三　法定代理権に特有の消滅事由

　代理権は、一定の事由が生じた場合は消滅します。

　代理権がどのような場合に消滅するかについては、短答式において問われる可能性が高いので、条文をしっかりと整理しましょう。

一　共通の消滅事由

① 　本人の死亡（111Ⅰ①）

　　→任意代理において、当事者間に特段の合意がある場合は消滅しない

② 　代理人の死亡（111Ⅰ②）

③　代理人が破産手続開始の決定を受けたこと（同②）
④　代理人が後見開始の審判を受けたこと（同②）
　　　→代理人が保佐開始・補助開始の審判を受けた場合でも消滅しない

二　任意代理権に特有の消滅事由

「委任の終了」により任意代理権は消滅する（111Ⅱ）。

∵　委任契約等の内部関係が消滅すると、代理権を存続させる意味がなくなる

委任は、以下の事由によって終了する。

①　委任者又は受任者が委任の解除をした場合（651Ⅰ）
②　委任者の死亡（653①）
③　受任者の死亡（同①）
④　委任者が破産手続開始の決定を受けたこと（同②）
⑤　受任者が破産手続開始の決定を受けたこと（同②）
⑥　受任者が後見開始の審判を受けたこと（同③）

共通の消滅事由と比較すると、任意代理権では、上記①及び④が特有の消滅事由となっている。

三　法定代理権に特有の消滅事由

それぞれの法定代理権ごとに規定されている。

ex.　親権の喪失（834）・辞任（837Ⅰ）、後見人の辞任（844）・解任（846）

【代理権の消滅事由の整理】

		死亡	破産手続開始の決定	後見開始の審判	解除
任意代理	本人	○（111Ⅰ①）	○（653②）	×	○（651Ⅰ）
	代理人	○（111Ⅰ②）	○（111Ⅰ②）	○（111Ⅰ②）	
法定代理	本人	○（111Ⅰ①）	×	×	×
	代理人	○（111Ⅰ②）	○（111Ⅰ②）	○（111Ⅰ②）	

8-4　無権代理総説

学習の指針

一　意義
二　無権代理の救済制度

　代理人として代理行為をした者が、当該行為について代理権を有しない場合を無権代理行為といいます。この場合、代理が有効であると信頼した相手方は不測の損害を被りますし、これをそのまま放置することは代理制度の信用を損ねることになり適当ではありません。そこで民法は、①無権代理の一般的効果（113～118）、②表見代理制度（109、110、112）を定め、代理制度の信頼を維持し取引の安全を期しています。

一　意義

　無権代理とは、代理権を有しない者が代理人として法律行為をすることをいう。顕名があり、代理行為もあるが、当該行為について代理人が代理権を全く

有しない場合や、与えられた代理権限外の行為であった場合である。たとえば、Bが何らの権限を与えられていないのに、Aを自己の債務の連帯保証人とする契約を、Aを代理して債権者Cとの間で結ぶとか、Yが自己の債務を担保するため、妻X所有の土地に抵当権を設定する代理権をXから与えられたが、それを超えて、当該土地をZに譲渡してしまった場合などである。

　ここにいうBやYのことを、無権代理人という。

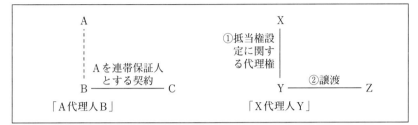

二　無権代理の救済制度

B ランク

　無権代理行為においては、代理の要件を欠くために本人に対して効力を生じないし、また、代理人が契約の当事者となるものではない

　　　　↓とすれば

　相手方は代理人に対して不法行為責任（709）を問うしかないようにも思われる

　　　　↓しかし

　これでは、代理権の有無・範囲を正確に知り得ない相手方の取引の安全を害し、ひいては、代理制度の社会的信頼を失うおそれがある

　　　　↓そこで

　民法は次の措置を定め、代理制度の信頼を維持し取引の安全を期している

①　無権代理行為の一般的効果（113 ～ 118）

　　→本人の追認があれば有効と認め、また、相手方に一定の権能を与え、さらに、無権代理人に特別の責任を課す

②　表見代理（109、110、112）

　　→無権代理人と本人の間に特定の緊密な関係が存在する場合には、正当な代理行為と同様の効果を生じさせる

　　　　↓

　以下では、まず無権代理行為の一般的な効果について説明し、さらに、無権代理のうち例外的に本人への効果帰属が認められる表見代理を検討する

【代理（他人効）の法律関係の分類】

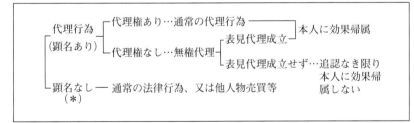

＊　顕名がない場合でも、例外的に代理行為として認められる場合もある（100ただし書）。

8-5　無権代理行為の一般的効果

<table>
<tr><td>

一　はじめに

二　本人の追認と追認拒
絶権

三　無権代理の相手方の
催告権・取消権

四　無権代理人の責任

五　単独行為の無権代理

六　無権代理と相続

七　無権代理と即時取得
（無権代理と他人物売買
の違い）

</td><td>

学習の指針

　契約が無権代理行為によって締結された場合には、契約の効力は当然には本人に帰属しません。しかし、本人は、これを追認することで契約の効力が自分に及ぶことを主張することができます（113）。契約内容が本人にとって有利な場合もあるからです。もっとも、契約の効力が本人の追認の有無によって左右されると、相手方の地位は不安定な状態に置かれてしまいます。そこで、この相手方の不安定な地位を解消させる手段として、相手方に催告権（114）と取消権（115）が与えられています。さらに、無権代理行為は無権

</td></tr>
</table>

代理人にも効果が及ばないので、相手方の利益を保護するため、117条は、無権代理人が善意・無過失の相手方に対して責任を負うことを定めています。この無権代理人の責任に関して、特に無権代理と相続の論点が重要です。本人が死亡して無権代理人が相続した場合と、無権代理人が死亡して本人が相続した場合のそれぞれをきちんと理解する必要があります。

一　はじめに

　無権代理行為は、本人がその追認をしなければ、本人に対してその効力を生じない（113 I）。無権代理行為の効果は、本人に帰属しないのが原則である。

　もっとも、本人が無権代理行為を追認した場合や、表見代理（109、110、112）が成立する場合には、その行為の効果が本人に帰属する。

　しかし、本人による追認がなく、表見代理も成立しない場合において、代理権が有効に存在すると信頼した相手方は不測の損害を被る。そこで、一定の場合に、無権代理人に特別の責任（117）を負わせることで、相手方の保護・取引の安全の確保、ひいては代理制度の信用を維持することとした。

　以下では、まず本人の追認と追認拒絶権（⇒二）について説明する。次に、本人の追認・追認拒絶権の行使までの間、相手方が置かれる不安定な状態を解消するための2つの手段（催告権・取消権）（⇒三）について説明した後、無権代理人の責任（⇒四）について詳しく説明する。そして、端的に単独行為の無権代理（⇒五）について述べた後、最も重要な論点の1つである「無権代理と相続」（⇒六）等について詳述する。

二　本人の追認と追認拒絶権

1　意義

　無権代理行為の追認とは、本人が無権代理行為の効果を自己に帰属させる意思表示をいう。

　本人は、無権代理行為を追認して自分に効果を帰属させることも、追認を拒絶して自分への効果帰属を否定することもできる（113 I）。

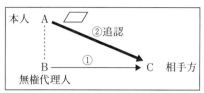

2　追認の方法

①　追認は相手方のある単独行為であり、その相手方は、無権代理人でも代理行為の相手方でもよい。

②　無権代理人に対して追認した場合には、相手方が追認を知らないと相手方に追認の効果を対抗できない（113 II本文）。

③　もっとも、②の場合でも、無権代理人に対する関係では追認は有効（大判大8.10.23）であり、また、相手方から本人に追認の効果を主張することは妨げられない。

④　黙示の追認も認められる。たとえば、本人が無権代理行為であることを知りつつ、契約から生じる権利を主張する場合である。しかし、取り消すことができる行為に関する125条の法定追認の類推適用はない。

3　追認権者

　追認することのできる地位（権利）は、本人に帰属する。追認は契約の効果を自己に帰属させる行為であるから、本人がその契約を締結する能力を有しない場合には、追認もできないと考えられる（124 I類推）。逆に、代理行為当時本人が意思無能力であったことは、能力を回復した後に本人による追認の妨げとならない。また、権限を有する者であれば本人でなくても追認することができる。

　ex.　本人の相続人の後見人

4　効果

(1)　**追認した場合**（116）

(a)　**原則**：追認により、代理行為の効果が代理行為当時にさかのぼって本人に帰属する（116本文）

(b)　**例外と制限**

①　本人と相手方の「別段の意思表示」により遡及効を否定できる（116本文）。

②　遡及する場合でも「第三者の権利を害することはできない」（116ただし書）。もっとも、債権の存否については優劣の問題を生じないし、物権については原則として対抗要件を先に備えた者が優先するので、ただし書適用の余地はほとんどない。

　たとえば、Aの無権代理人Bが勝手にAの不動産をCに売却し、Aは同じ不動産をDに自ら譲渡したが、その後、AがBの無権代理行為を追認したような場合、追認の効果が遡及するにせよ、CDの優

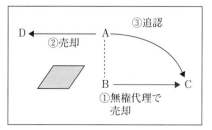

先劣後は対抗要件（登記）の具備の先後で決まる。よって、次に挙げる
ような、相手方の権利も第三者の権利もともに排他的効力を備えたといっ
た異例の場合にのみ、116条ただし書の適用があるにすぎないと解さ
れている。

ア　Aから時計の寄託を受けた
　Bが Aの代理人と称して Cに
　それを売却し、占有改定
　（183）によって引渡しをし、
　次いで、Aは同じ時計を Dに
　売却し、Dへは指図による占
　有移転（184）をした後、B
　の代理行為を追認した場合。

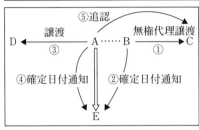

イ　Aの債権を無権代理人 Bが
　Cに譲渡して債務者 Eに確定
　日付ある通知（467Ⅱ）をし、
　次いで、Aがその債権を Dに
　譲渡して確定日付ある通知を
　した後、Aが Bの無権代理行
　為を追認した場合。

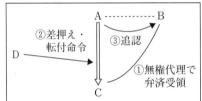

ウ　Aの債権について無権代理
　人 Bが債務者 Cから弁済を受
　領し、次いで、Aの債権者 D
　が同じ債権を差し押さえ、転
　付命令を得た後で、Aが Bの
　弁済受領行為を追認した場合
　（大判昭5.3.4）。

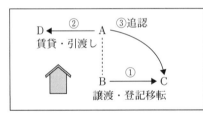

エ　Aの建物を無権代理人 Bが
　Cに譲渡して登記も移転し、
　次いで、Aが Dにその建物を
　賃貸して引渡しも終えた後、
　Bの代理行為を追認した場
　合。

(c)　116条の類推適用

①　物権的効果

他人物の処分と無権代理人による処分との差は紙一重である。そこ
で、他人物売買において、物の所有者が事後的に売主の行為を追認し
た場合には、116条の類推適用により、売主の行為時にさかのぼって
物の所有権が所有者から買主に移転する（最判昭37.8.10／百選Ⅰ［第
8版］〔38〕）。

②　債権的効果

116条の類推適用により債権的効果まで生ずるかどうかについては
争いがある。

この点、判例（最判平23.10.18／百選Ⅰ［第8版］〔37〕）は、無権
利者を委託者とする物の販売委託契約（委託者が受託者に対して、そ
の提供する物を委託者の名で第三者に売却することを約し、これに対
して、委託者が報酬（手数料）を支払うことを約する契約をいい、受
託者は、第三者（買主）から受領した代金を（場合によっては報酬を
差し引いて）、委託者に引き渡す義務を負うとする契約形態）が締結

先取り情報

動産の対抗要件である
「引渡し」（178）には、
現実の譲渡以外に簡易
の引渡し、占有改定、
指図による占有移転が
あります。占有改定と
は、現実に占有してい
る Bが、Cとの間の占
有移転の合意だけで占
有が移転する場合であ
り、Cは Bを占有代理
人として自ら占有権を
取得します。

指図による占有移転と
は、占有代理人 Bを通
じて物を占有している
Aが、Dとの間で占有
権の移転を合意し、B
に対し、以後 Dのため
に占有すべきことを命
ずる場合であり、Dは B
を占有代理人として自
ら占有権を取得します。

⚠️論点

された場合に、当該物の所有者が、自己と同契約の受託者との間に同契約に基づく債権債務を発生させる趣旨でこれを追認したとしても、その所有者が同契約に基づく販売代金の引渡請求権を取得すると解することはできないとして、債権的効果の発生について否定説を採ることを明らかにした。

判例　最判昭37.8.10／百選Ⅰ〔第8版〕〔38〕

事案：　Aは、父Xに無断で印鑑を持ち出し、X所有の甲不動産につき自己への所有権移転登記手続をした上、Yのために甲不動産に抵当権を設定する契約を締結した。Xは、甲不動産の所有権に基づき、Yに対して、本件抵当権設定登記の抹消登記手続を請求した。ところが、XはYに対して、本件抵当権の設定を追認していたことが、原審で明らかになった。

判旨：　「或る物件につき、なんら権利を有しない者が、これを自己の権利に属するものとして処分した場合において真実の権利者が後日これを追認したときは、無権代理行為の追認に関する民法116条の類推適用により、処分の時に遡って効力を生ずるものと解するのを相当とする」。

判例　最判平23.10.18／百選Ⅰ〔第8版〕〔37〕

事案：　委託者Aは、処分権限がないにもかかわらず、X所有のブナシメジを目的物として、Yとの間で販売委託契約（本件販売委託契約）を締結した。受託者Yは、同契約に基づいて第三者にブナシメジを販売し、その代金を受領した。その後、Xは、XY間に本件販売委託契約に基づく債権債務を発生させる趣旨でAY間の同契約を追認したと主張し、Yに対して、その受領した販売代金の引渡しを請求した。

　　　　原審は、Xが、本件販売委託契約を追認したのであるから、116条類推適用により、同契約締結の時に遡って、Xが同契約を直接締結したのと同様の効果が生ずるとして、Xの請求を認容した。

判旨：　「無権利者を委託者とする物の販売委託契約が締結された場合に、当該物の所有者が、自己と同契約の受託者との間に同契約に基づく債権債務を発生させる趣旨でこれを追認したとしても、その所有者が同契約に基づく販売代金の引渡請求権を取得すると解することはできない。なぜならば、この場合においても、販売委託契約は、無権利者と受託者との間に有効に成立しているのであり、当該物の所有者が同契約を事後的に追認したとしても、同契約に基づく契約当事者の地位が所有者に移転し、同契約に基づく債権債務が所有者に帰属するに至ると解する理由はないからである。仮に、上記の追認により、同契約に基づく債権債務が所有者に帰属するに至ると解するならば、上記受託者が無権利者に対して有していた抗弁を主張することができなくなるなど、受託者に不測の不利益を与えることになり、相当ではない」。

(2)　追認拒絶した場合

　　本人が追認拒絶すると、無権代理行為の効果は本人に帰属しないことが確定する。追認拒絶は、通常は無権代理行為の相手方に対してなされるが、無

判例　最判平10.7.17

「本人が追認を拒絶すれば無権代理行為の効力が本人に及ばないことが確定し、追認拒絶の後は本人であっても追認によって無権代理行為を有効とすることができ」ない。

権代理人に対してなされてもよい。この場合には、相手方がこれを知った場合にのみ相手方に対抗することができる（113Ⅱただし書）。

三　無権代理の相手方の催告権・取消権

本人が無権代理行為を追認するか、それとも追認拒絶するどうかは自由であるが、これを決めるまでの間、相手方は不安定な状態に置かれる。そこで、早期に権利関係を確定するために、相手方には、次の2つの手段が与えられている。

1　催告権（114）

相手方は、本人に対し、相当の期間を定めて、その期間内に追認をするかどうかを確答すべき旨の催告をすることができる（114前段）。この場合において、本人がその期間内に確答をしないときは、追認を拒絶したものとみなされる（同後段）。したがって、代理行為の効果は本人に帰属しないことが確定する。

この催告権は、代理権を有しないことにつき相手方の善意・悪意を問わず、行使することができる。

2　取消権（115）

相手方は、本人が追認をしない間（本人が無権代理人に対して追認した場合には、相手方がその事実を知るまでの間（113Ⅱ参照））は、無権代理行為を取り消すことができる（115本文）。これにより、無権代理行為は初めから無効なものとして確定するため、以後、本人はもはや追認をすることができなくなり、相手方も無権代理人の責任（117）を追及することができなくなる。

もっとも、契約の時において代理権を有しないことにつき相手方が悪意である場合にまで、取消権の行使を認めて本人の追認権を奪う必要はない。したがって、相手方が悪意であるときは、取消権を行使することができない（115ただし書）。

なお、取消しの意思表示は、本人・無権代理人のどちらに対して行ってもよい。

四　無権代理人の責任

◀佐久間1・297頁

1　趣旨

代理人を通じて契約を締結したが、その契約が無権代理によるものであり、しかも本人の追認を得られない場合、契約が有効に成立するものと信頼していた相手方は、不測の損害を被る。そこで、代理行為の効果が本人に帰属すると信頼した相手方を保護して取引の安全を図り、もって代理制度の信用を維持するべく、無権代理人に重い責任を負わせている。

2　責任の内容

(1)　2つの責任

無権代理人は、相手方の選択に従い、履行責任又は損害賠償責任を負う（117Ⅰ）。

(a)　履行責任

本来、有権代理（代理権を有する者が代理人として行為をする場合）であれば、本人と相手方との間で生じるはずであった法律関係から生じる義務を、無権代理人に履行させるという責任である。

→その反面、無権代理人は契約から生じる権利を取得する

＊　無権代理人が履行できない性質の義務（本人の所有物の引渡債務等）の場合、その履行責任を選択しても、損害賠償責任を選択したものと扱われる。

⒝　損害賠償責任

　　相手方は、履行利益（契約の有効を前提として契約が履行された場合に債権者が得たであろう利益）の賠償を請求することができる。

　　この損害賠償責任は、不法行為による損害賠償責任ではないから、3年の短期消滅時効（724①）にはかからない（最判昭32.12.5参照）。

⑵　責任の法的性質：無過失責任

　　無権代理人の責任は、無過失責任である（最判昭62.7.7／百選Ⅰ〔第8版〕〔34〕⇒218頁参照）。

　　→代理行為をした者が、代理行為をする際、自分には有効な代理権が存在すると信じ、かつそう信ずるについて過失がなかったとしても、無権代理人の責任を免れることはできない

　　なお、無権代理人の責任の免責事由については、後記4参照。

⑶　無権代理と表見代理の関係

　　表見代理（109、110、112）が成立する場合、その代理行為は有権代理と同様に扱われるため、無権代理人は117条の責任を負わずに済む。それでは、無権代理人は、表見代理が成立することを抗弁として主張し、117条の責任を免れることができるか。

　　判例（最判昭62.7.7／百選Ⅰ〔第8版〕〔34〕参照）は、無権代理人が表見代理の成立を主張し、相手方に対して117条の責任を負わない旨主張することはできないとしている。

　　∵　表見代理は相手方保護のための制度であり、その成立を主張するかどうかは相手方の選択に委ねられる

　　→相手方は、表見代理の主張をしないで、直ちに無権代理人に対し117条の責任を問うことも可能

3　要件

　　無権代理人の責任を追及するための要件は、

　　①　無権代理であること（有権代理であることの証明ができないこと）

　　②　本人の追認がないこと

である（なお、115条の取消権を行使していないことが当然の前提となっている）。

　　もっとも、117条1項は、代理人の側に、①「自己の代理権を証明」すること、又は②「本人の追認を得た」ことの主張・立証責任がある旨規定している。したがって、相手方は、無権代理人の責任を追及するに際し、「他人の代理人として契約した者」（117Ⅰ）であることのみを指摘すれば足りると解されている。

　　なお、代理人が①「自己の代理権を証明」したり、②「本人の追認を得た」ことを主張立証した場合、その代理人による代理行為は、初めから有権代理として扱われる（無権代理人の責任が成立しないことになるので、これらは無権代理人の責任の免責事由というわけではない）。

4　免責事由

　　無権代理人は、「自己の代理権を証明」できず、「本人の追認を得た」ことも主張立証できない場合、原則として、相手方の選択に従い、履行責任又は損害賠償責任を負う（117Ⅰ）。

　　もっとも、以下に掲げる場合には、無権代理人の責任が免責される。

　　①　他人の代理人として契約をした者が代理権を有しないことを相手方が知っていたとき（117Ⅱ①）

　　②　他人の代理人として契約をした者が代理権を有しないことを相手方が過失によって知らなかったとき（117Ⅱ②本文）

　　　　→ただし、他人の代理人として契約をした者が自己に代理権がないこと

を知っていたときは、免責されない（同②ただし書）

　③　他人の代理人として契約をした者が行為能力の制限を受けていたとき（117Ⅱ③）

⑴　上記①②の免責事由について

　無権代理人の責任は、相手方の保護と取引の安全並びに代理制度の信用維持のために、法律が特別に認めた無過失責任であり、かかる重い責任を無権代理人に負わせたこととの均衡から、代理権を有しないことについて悪意・有過失の相手方は、117条の保護に値しないものと解されている（最判昭62.7.7／百選Ⅰ［第8版］〔34〕参照）。

　しかし、無権代理人自身が自己の無権限を知りながら、相手方の過失を主張してその責任を免れるとするのは不公平である。そこで、代理権を有しないことについて過失がある相手方であっても、無権代理人が自己に代理権がないことを知っていたときは、無権代理人の責任を追及することができる（117Ⅱ②ただし書）。

論点

☞ One Point ▶117条2項2号本文の「過失」の意義

　117条2項2号本文は、「他人の代理人として契約をした者が代理権を有しないことを相手方が過失によって知らなかったとき」には、原則として、相手方は無権代理人の責任を追及できないと規定しています。ここにいう「過失」は通常の過失（「有過失」）を意味すると解すると、無権代理人が代理権を有しないことについて、相手方が「軽過失」によって知らなかった場合でも無権代理人の責任を追及できないことになります。しかし、そうすると「軽過失」の相手方は、表見代理の保護を受けられないと同時に、（原則として）無権代理人の責任を追及する途をも閉ざされることになってしまいます。

　そこで、無権代理人の責任は表見代理が成立しない場合の補充的な責任であるとの立場から、117条を機能させるために、ここにいう「過失」を「重過失」と解釈すべきであるとの見解がかつて主張されていました。

　この点について、下記の判例（最判昭62.7.7／百選Ⅰ［第8版］〔34〕）や通説は、ここにいう「過失」は通常の過失であり、「重過失」に限定されるべきものではないと解釈しています。

判例　最判昭62.7.7／百選Ⅰ［第8版］〔34〕

事案：　A工務店がX信用組合から貸付けを受けるに当たって、Bの名で連帯保証契約が締結された。Aが倒産したため、XはBに保証債務の履行を訴求したところ、連帯保証債務はBの妻Yの無権代理によるものであり、Bは責任を負わないとする判決が確定した。そこで、Xは、Yに対して民法117条に基づき、「履行」（連帯保証人と同一内容の履行義務）を請求した。

判旨：　「民法は、過失と重大な過失とを明らかに区別して規定しており、重大な過失を要件とするときは特にその旨を明記しているから（例えば、95条、……698条）、単に『過失』と規定している場合には、その明文に反してこれを『重大な過失』と解釈することは、そのように解すべき特段の合理的な理由がある場合を除き、許されない」。

　　そして、「無権代理人の責任は、無権代理人が相手方に対し代理権がある旨を表示し又は自己を代理人であると信じさせるような行為をした事実を責任の根拠として、相手方の保護と取引の安全並びに代理制度の信用保持のために、法律が特別に認めた無過失責任であり、同条2項……は、同条1項が無権代理人に無過失責任という重

い責任を負わせたところから、相手方において代理権のないことを知っていたとき若しくはこれを知らなかったことにつき過失があるときは、同条の保護に値しないものとして、無権代理人の免責を認めたものと解されるのであって、その趣旨に徴すると、右の『過失』は重大な過失に限定されるべきものではない」。

また、「表見代理の成立が認められ、代理行為の法律効果が本人に及ぶことが裁判上確定された場合には、無権代理人の責任を認める余地がないことは明らかであるが、無権代理人の責任をもって表見代理が成立しない場合における補充的な責任すなわち表見代理によっては保護を受けることのできない相手方を救済するための制度であると解すべき根拠はなく、右両者は、互いに独立した制度である」。したがって、「無権代理人の責任の要件と表見代理の要件がともに存在する場合においても、表見代理の主張をすると否とは相手方の自由であると解すべきであるから、相手方は、表見代理の主張をしないで、直ちに無権代理人に対し同法117条の責任を問うことができる」。

そして、「表見代理は本来相手方保護のための制度であるから、無権代理人が表見代理の成立要件を主張立証して自己の責任を免れることは、制度本来の趣旨に反するというべきであり、したがって、右の場合、無権代理人は、表見代理が成立することを抗弁として主張することはできない」。

(2) 上記③の免責事由について

「他人の代理人として契約をした者が行為能力の制限を受けていたとき」（117Ⅱ③）が免責事由として規定されているのは、制限行為能力者を保護するためである。

この点、制限行為能力者が代理人としてした行為は、行為能力の制限によっては取り消すことができない（102本文）。これは、代理行為の効果は本人に帰属するため、制限行為能力者たる代理人に不利益が及ぶことはなく、制限行為能力者保護の制度趣旨が妥当しないからである。しかし、代理行為の効果が本人に帰属せず、制限行為能力者たる代理人が117条の責任を追及されるのであれば、制限行為能力者たる代理人を保護する必要がある。そこで、上記③が免責事由として規定された、ということである。

五　単独行為の無権代理

B
ランク

1　相手方のない単独行為

たとえば、所有権の放棄といった相手方のない単独行為がなされた場合において、その単独行為が無権代理であったときは、その行為は絶対的に無効となる。したがって、追認（113、116）によっても有効とはならず、無権代理人の責任（117）も生じない。

2　相手方のある単独行為

(1) 原則

たとえば、契約の解除や債務の免除といった相手方のある単独行為がなされた場合において、その単独行為が無権代理であったときは、上記1と同じく、原則として無効となる。

(2) 例外

もっとも、以下の要件を満たす場合には、本人の追認・追認拒絶、相手方

の催告・取消権（113〜117）の無権代理人に関する規定が準用される（118）。

(a)　能働代理の場合

　　行為当時、無権代理人がその行為をすることについて、①相手方が同意した場合、又は②その代理権を争わなかった場合（118前段）。

　　ex.　賃貸人Aの無権代理人Bによる賃貸借契約の解除に対して、賃借人Cがこれに同意したり、賃貸目的物を返還した場合

(b)　受働代理の場合

　　無権代理人に対し、無権代理人の同意を得て相手方が行為をした場合（118後段）。

　　ex.　無権代理人Bが、相手方Cのした意思表示を受領することについて同意した場合

　　∵　本人Aのために意思表示を受領する権限のないBが、相手方Cの一方的な意思表示を受領させられた場合において、後にCが、Aに意思表示の効果が帰属しなかったために不利益を受けたと主張して、Bに対する無権代理人の責任を追及することを認めるのは不当である

【無権代理概観】

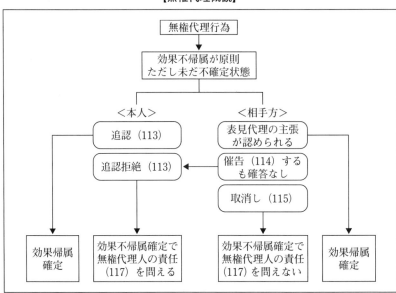

六　無権代理と相続

1　無権代理人が本人を単独相続した場合（本人死亡の場合）

問題の所在

　父Aの土地を、息子Bが勝手にAの代理人としてCに売却した後、Aが死亡しBが相続した。Aの生前であれば、Cは取消権（115）を行使するか、Aが追認を拒絶（113）した場合にはBに対して無権代理人の責任（117）を追及しうるにとどまるが、BがAを相続することにより、かかる法律関係がいかなる影響を受けるのかが問題となる。

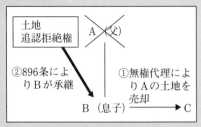

ランク

論点

◀佐久間1・301頁以下
　LQ I・226頁以下

考え方のすじ道

確かに、本人と無権代理人の地位が相続により一体となった以上、追認があったのと同様に無権代理が治癒されるとも思える
　　　↓しかし
このように考えると、相続という偶然の事情により相手方の取消権（115）を一方的に奪うことになるし、共同相続の場合には、無権代理人以外の相続人の利益を害する
　　　↓そこで
相続により無権代理が当然に治癒されるのではなく、無権代理人において、それまで有していた無権代理人の地位と、相続により取得した本人の地位が併存すると解する
　　　↓したがって
無権代理人は、本人の有していた追認拒絶権を取得する
　　　↓それでは
相手方が履行を求めた時に無権代理人は追認拒絶権を行使できるか
　　　↓この点
他人の物を勝手に処分した者が、追認拒絶権を行使するのは許されるべきではない
　　　↓したがって
無権代理人の追認拒絶権行使は、信義則（1Ⅱ）に反し許されないと解する
　　　↓よって
Bは追認拒絶権を取得するもののこれを行使することはできない
　　　↓以上より
Cは取消権を行使することもできるし、Bに対して追認を求める催告をすることもできるが、Bは追認拒絶をすることはできない

アドヴァンス

A　資格融合説（判例）

本人と無権代理人の地位が相続によって一体となり、追認があったのと同様に無権代理が治癒される（追完される）。

（批判）

相続により、相手方の取消権が一方的に奪われることになる。

B　資格併存説

相続によって無権代理行為が当然に有効とはならず、無権代理人には本人から承継した追認権・追認拒絶権と無権代理人としての117条責任が併存する。この説の中でも、追認拒絶を認めるか否かで結論が分かれる。

b-1　資格併存貫徹説

無権代理人は、相続した本人の立場において、追認を拒絶することができる。

（理由）

① 追認を拒絶されても117条の責任を問いうるのであれば、履行請求の方を選択して、有権代理を主張するのとほぼ同じ効果をあげることができる。
② 相手方はもともと一定の要件下で無権代理人の責任を追及しうるのみであったのに、相続という偶然の事情により代理行為の効果を当然に主張できるようになるのは妥当でない。

b-2　信義則説（通説）

無権代理行為を行った者が、追認を拒絶するのは信義則上許されない。

（理由）

本人の追認を得られるであろうと思ってなした無権代理行為につき、本人の地位を承継した途端に、その資格で追認を拒絶し、履行責任を免れようとすることは、著しく法感情（信義則）に反する。

判例 最判昭40.6.18

「無権代理人が本人を相続し本人と代理人との資格が同一人に帰するにいたった場合においては、本人が自ら法律行為をしたのと同様な法律上の地位を生じたものと解するのが相当であ」ると判示した。

☞ **One Point** ▶各説による帰結の相違点

　A説によると、相手方は、無権代理人との行為を取り消したり、無権代理人に対する損害賠償を請求することができなくなりますが、B説ではそれらが可能となります。

　B説の中で、追認拒絶を認めるb-1説に立ったとしても、無権代理人は相手方からの履行請求に応じなければならないとすると、結局追認されたのと同様の効果が生ずることになります。b-1説とb-2説の間で結論が異なってくるのは、相手方の悪意・有過失または無権代理人の制限行為能力のため、無権代理人に117条の責任が発生しない場合です。b-1説によると、かかる場合の相手方は泣き寝入りとなりますが、b-2説に立てば、相手方は有権代理と同様の効果を得ることができることになります。

2　無権代理人が本人を共同相続した場合

◀佐久間1・305頁
　LQ I・228頁

論文・司法H28

問題の所在

　父Aの土地を、息子Bが勝手にAの代理人としてCに売却した後、Aが死亡しBDが共同相続した。Aの生前であれば、Cは取消権（115）を行使するか、Aが追認を拒絶（113）した場合にはBに対して無権代理人の責任（117）を追及しう

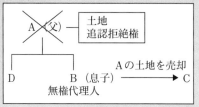

るにとどまるが、BDがAを相続することにより、かかる法律関係がいかなる影響を受けるのかが問題となる。

考え方のすじ道

資格併存説（無権代理人が本人を相続した場合参照）
　　↓
追認権はBDに帰属する（準共有（264））
　　↓
無権代理行為を行ったBが追認を拒絶するのは信義に反する
　　↓他方
Bの無権代理行為に何ら関与していないDの追認拒絶権は尊重されるべき
　　　　↓しかし
追認権は、その性質上共同相続人全員に不可分に帰属しており、その一部を分割して行使できるものではない
　　　　↓よって
共同相続人全員が追認しない限り無権代理行為は有効とならないが、他の共同相続人が追認するにもかかわらず無権代理人が追認を拒絶することは信義則（1 Ⅱ）上許されない
　　　　↓したがって
Bが追認を拒絶することが許されない結果、Dが追認すれば無権代理行為が本人により追認された結果となるが、Dの追認がなければ、CはBに対して無権代理人の責任を問いうるにとどまる

アドヴァンス

A　資格融合説

　本人と無権代理人の地位が相続によって一体となり、追認があったのと同様に無権代理が治癒される（追完される）と解するのであるから、無権代理人の相続分の限度においては当然有効となる。

B　資格併存説

b-1　資格併存貫徹説

　　単独相続の場合と同様、無権代理人の追認拒絶を認めるから、共同相続人全員が追認しない限り無権代理行為は有効とならない。

b -2　信義則説

　　単独相続の場合に信義則に基づき無権代理人の追認拒絶を否定する見解は、共同相続の場合についてはさらに説が分かれる。

ア　追認不可分説（判例）

　　追認権は、その性質上共同相続人全員に不可分的に帰属し、共同相続人全員が共同して行使しなければ、無権代理行為は有効とならない。

　　したがって、他の共同相続人全員が追認をしているのに無権代理人だけが追認を拒絶するのは信義則上許されないが、他の共同相続人全員の追認がなければ、無権代理行為は、無権代理人の相続分に相当する部分も含め、有効となるものではない。

イ　追認可分説

　　無権代理人の相続分に相当する部分に限っては、他の共同相続人の追認がないことを理由に追認を拒絶するのは信義則上許されない。

判例　**最判平5.1.21／百選Ⅰ[第8版][36]**

事案：　Bは、EがCから金銭を借り入れるに際し、債権者Cとの間で父親Aを無権代理してA名義で保証契約を締結したが、その後、Aの死亡によりBDが共同相続した。そこで、CがBに対して保証契約の2分の1については無権代理人の本人相続により有効に成立したとして支払を求めた。

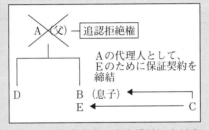

判旨：　「無権代理人が本人を他の相続人と共に共同相続した場合において、無権代理行為を追認する権利は、その性質上相続人全員に不可分的に帰属するところ、無権代理行為の追認は、本人に対して効力を生じていなかった法律行為を本人に対する関係において有効なものにするという効果を生じさせるものであるから、共同相続人全員が共同してこれを行使しない限り、無権代理行為が有効となるものではないと解すべきである。そうすると、他の共同相続人全員が無権代理行為の追認をしている場合に無権代理人が追認を拒絶することは信義則上許されないとしても、他の共同相続人全員の追認がない限り、無権代理行為は、無権代理人の相続分に相当する部分においても、当然に有効となるものではない」とし、保証契約を有効と認めなかった。

3　追認拒絶後に無権代理人が本人を相続した場合

　論点

問題の所在

　　無権代理人が本人所有の土地に抵当権を設定したため、本人が抵当権設定登記の抹消登記請求訴訟を提起したが、後に死亡し、無権代理人が本人を相続した。これは、本人が追認を拒絶した後に、無権代理人が本人を相続した場合に当たる。この場合、無権代理行為の有効性について、先の「1　無権代理人が本人を単独相続した場合」とで結論が異なるか。

考え方のすじ道

本人の追認拒絶によって、無権代理行為の効果が本人に帰属しないことが確定し、その後は本人であっても追認によって無権代理行為を有効にすることができない

> ↓そのため
> 本人の追認拒絶後に無権代理人が本人を相続したとしても、本人が行った追認拒絶の効果には何ら影響しない
> ↓また
> 本人を相続した無権代理人が追認拒絶の効果を主張したとしても、それ自体信義則（1Ⅱ）に反するものとはいえない
> ↓よって
> 本人が無権代理行為の追認拒絶をした場合には、その後に無権代理人が本人を相続したとしても、無権代理行為は有効とならない

アドヴァンス

A 無効確定説（判例）

本人の追認拒絶があった以上、無権代理行為の効果は無効（本人への効果不帰属）であることが確定するため、その後、無権代理人が本人を相続しても、無権代理行為が有効になることはない。

* もっとも、判例は信義則の適用を排除する趣旨ではなく、相続人が本人の追認拒絶の効果を主張することが信義則に反するような特段の事情がある場合には、例外的に、相続人が追認拒絶の効果を主張することは許されないと判断される場合があるものと解されている。

B 信義則説

本人が追認拒絶をしても、それによる原状回復（抵当権の登記の抹消等）が完了していない場合には、無権代理人が本人の追認拒絶を援用することは信義則上許されない。

（理由）

本人に効果を帰属させる無権代理行為に及んだにもかかわらず、本人としての地位を有するに至った途端、自己への効果帰属を否定することは矛盾行為に当たる。

> **判例** 最判平10.7.17
>
> 「本人が無権代理行為の追認を拒絶した場合には、その後に無権代理人が本人を相続したとしても、無権代理行為が有効になるものではない」。なぜなら、「無権代理人がした行為は、本人がその追認をしなければ本人に対してその効力を生ぜず（民法113条1項）、本人が追認を拒絶すれば無権代理行為の効力が本人に及ばないことが確定し、追認拒絶の後は本人であっても追認によって無権代理行為を有効とすることができず、右追認拒絶の後に無権代理人が本人を相続したとしても、右追認拒絶の効果に何ら影響を及ぼすものではないからである」。
>
> 上記のように解すると、「本人が追認拒絶をした後に無権代理人が本人を相続した場合と本人が追認拒絶をする前に無権代理人が本人を相続した場合とで法律効果に相違が生ずることになるが、本人の追認拒絶の有無によって右の相違を生ずることはやむを得ないところであり、相続した無権代理人が本人の追認拒絶の効果を主張することがそれ自体信義則に反するものであるということはできない。」

4　本人が無権代理人を相続した場合（無権代理人死亡の場合）

問題の所在

父Aの土地を、息子Bが勝手にAの代理人としてCに売却した後、Bが死亡しAが相続した。Bの生前であれば、Cは取消権（115）を行使するか、Aが追認を拒絶（113）した場合にはBに対して無権代理人の責任（117）を追及しうるにとどまるが、AがBを相続することにより、かかる法律関係がいかなる影響を受けるのかが問題となる。

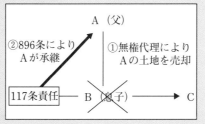

考え方のすじ道

資格併存説（無権代理人が本人を相続した場合参照）
→本人は無権代理人の地位をも取得し、これは本人たる地位と併存する
　　　↓それでは
本人が、本人たる地位に基づき追認を拒絶できるか
　　　↓この点
そもそも、本人は追認を拒絶できたのであり、相続という偶然の事情により、追認拒絶できなくなるというのは本人に酷である
　　　↓また
相手方も、無権代理人に対する責任の追及で満足すべき地位にあったのであるから、本人が無権代理人の責任を承継することでこの者の保護は図られる
　　　↓よって
本人は追認を拒絶できると考える
　　　↓それでは
相手方が履行請求（117）してきた場合、無権代理人の地位を承継した本人はこれに応じなければならないか
　　　↓この点
相続がなければ、本人は目的物を失うことはなかったのであり、相手方は無権代理人に対する損害賠償請求をなしうるにとどまっていたはずである
　　　↓よって
債務の内容が特定物の引渡しである場合は、本人は相手方の履行請求に応じる必要はないと解する
　　　↓以上より
相手方は取消権を行使することができるし、本人が追認を拒絶した場合には、117条1項に基づき本人に対して損害賠償を請求することになる

アドヴァンス

A　資格融合説

本人と無権代理人の地位が相続によって一体となり、追認があったのと同様に無権代理が治癒される（追完される）。

B　資格併存説（判例）

相続によって無権代理行為が当然に有効とはならず、本人には本人としての追認・追認拒絶権と、承継した無権代理人としての117条責任とが併存する。そして、この場合には追認拒絶を認める。

（理由）

もともと本人は追認拒絶しうる立場にあったわけであり、相続という偶然の事情により追認拒絶権を奪うべきではない。

*　もっとも、追認を拒絶しうるとしても、相手方が117条に基づき履行を請求してきた場合、本人はこれに応じなければならないのかについては説が分かれる。

b-1　本人の義務を肯定する説

（理由）

取引の安全のためには、善意・無過失の相手方の利益が守られるべきである。

b-2　債務の内容が特定物の引渡しである場合には、本人の義務を否定する説

（理由）
① 特定物給付義務については被相続人たる無権代理人自身はその履行に応ずることができなかったのであり（相手方は損害賠償で満足すべきであった）、相続という偶然の事情により相手方に履行請求という望外の利益を与える必要はない。
② 本人は追認拒絶により本来の履行を拒絶できるはずであったのに、相続により履行を余儀なくされるというのは、本人にとって酷である。

> **判例** 最判昭37.4.20／百選Ⅰ［第8版］〔35〕
>
> 事案： 父が子を無権代理して不動産を譲渡した後死亡し、本人（子）が無権代理人を単独相続した。
>
> 判旨： 「相続人たる本人が被相続人の無権代理行為の追認を拒絶しても、何ら信義に反するところはないから、被相続人の無権代理行為は一般に本人の相続により当然有効となるものではない」と判示し、本人の追認拒絶を認めた。しかし、本人が無権代理人の責任を相続するのか否かには触れなかった。

> **判例** 最判昭48.7.3
>
> 事案： ＸがＳに金銭を貸し付けた際、無権限のＡ（父）がＹ（子）の代理人として連帯保証契約を締結した後、Ａが死亡し、Ｙ等がＡを相続したので、ＸがＹ等に対し、117条によりＡが負うべきであった無権代理人の責任を相続したとしてその履行を請求した。
>
> 判旨： 「117条による無権代理人の債務が相続の対象となることは明らかであって、このことは本人が無権代理人を相続した場合でも異ならないから、本人は相続により無権代理人の右債務を承継するのであり、本人として無権代理行為の追認を拒絶できる地位にあったからといって右債務を免れることはできない」と判示し、Ｘの請求を認めた。

5 無権代理人の地位と本人の地位を相続した場合

 論点

問題の所在

　Ａの息子Ｂが、代理権がないのにＡの代理人としてＡ所有の土地を売却した。その後Ｂが死亡したため、ＡとＡの妻Ｃが相続したが、さらにＡも死亡したため、ＣがＡを単独相続した。この場合、ＣはＢの無権代理行為につき追認を拒絶することができるかが問題となる。

考え方のすじ道

【判例の考え方】
Ｃは、無権代理人の地位を相続した後、本人の地位を相続している
　　　↓したがって
無権代理人が本人を相続している場合と類似の法律関係にあるといえる
　　　↓よって
Ｃは、本人たる地位に基づいて追認を拒絶することはできないと解する

【学説の考え方】
判例は、資格融合説の立場から、無権代理人が本人の地位を相続した事案と同様に、無権代理人の地位を相続した第三者が本人の資格で追認拒絶する余地はないとしている
　　　↓しかし

判例の見解によれば、第三者が本人の地位を相続した後、無権代理人の地位を相続した場合には追認拒絶が認められることになるが、本人と無権代理人のいずれが先に死亡したかという偶然の事情により結論が異なるのは妥当でない

　　　　↓この点

資格併存説（⇒221頁）によれば、相続によって無権代理行為は当然に有効とはならない

　　　　↓また

Cは、たまたま相続により無権代理人の地位を相続したにすぎず、自ら無権代理行為を行った者ではないから、本人たる地位に基づいて追認を拒絶したとしても、何ら信義則に反する事情はない

　　　　↓したがって

Cは、本人たる地位に基づき、追認を拒絶することができる

アドヴァンス

A　資格融合説（判例）

　無権代理人を相続した者は、無権代理人の法律上の地位を包括的に承継するから、いったん無権代理人を相続した者が後に本人を相続した場合においても、当該相続人は本人の資格で追認を拒絶する余地はなく、本人が自ら法律行為をしたと同様の法律上の地位・効果を生ずる。

（批判）

　このような考え方からすると、まず本人が先に死亡し、その後に無権代理人が死亡した場合には、本人が無権代理人を相続したものと扱われ、追認を拒絶できることとなる。しかし、本人と無権代理人のいずれが先に死亡したかで、自ら無権代理行為をしたわけではない相続人の、追認拒絶権の行使の可否が決まるのは適当でない。

B　資格併存説

b-1　資格併存貫徹説

　この場合においても、第三者は当然に、本人の資格で追認を拒絶することができる。

b-2　信義則説

　この場合、第三者は自ら無権代理行為をしたわけではなく、相続により無権代理人の地位を取得したにすぎないから、本人の資格で追認を拒絶することができ、これにつき信義則上許されないと解すべき事情はない。

判例 最判昭63.3.1

「無権代理人を本人とともに相続した者がその後更に本人を相続した場合においては、当該相続人は本人の資格で無権代理行為の追認を拒絶する余地はなく、本人が自ら法律行為をしたと同様の法律上の地位ないし効果を生ずるものと解するのが相当である。けだし、無権代理人が本人を相続した場合においては、本人の資格で無権代理行為の追認を拒絶する余地はなく、右のような法律上の地位ないし効果を生ずるものと解すべきものであり……、このことは、信義則の見地からみても是認すべきものであるところ……、無権代理人を相続した者は、無権代理人の法律上の地位を包括的に承継するのであるから、一旦無権代理人を相続した者が、その後本人を相続した場合においても、この理は同様と解すべきであって、自らが無権代理行為をしていないからといって、これを別異に解すべき根拠はなく……、更に、無権代理人を相続した者が本人と本人以外の者であった場合においても、本人以外の相続人は、共同相続であるとはいえ、無権代理人の地位を包括的に承継していることに変わりはないから、その後の本人の死亡によって、結局無権代理人の地位を全面的に承継する結果になった以上は、たとえ、同時に本人の地位を承継したものであるとしても、もはや、本人の資格において追認を拒絶する余地はなく、前記の場合と同じく、本人が自ら法律行為をしたと同様の法律上の地位ないし効果を生ずるものと解するのが相当であるからである」として、追認拒絶できないとした。

6　無権代理と相続に関する判例の整理

【無権代理と相続に関する判例の整理】

相続の内容		単独・共同	判例
無権代理人が本人を相続した場合（本人死亡の場合）（＊）		単独相続	本人が自ら法律行為をしたのと同様の法律上の地位を生じる（資格融合説） →当然に有効な法律行為となるので、追認を拒絶できない （最判昭40.6.18）
		共同相続	無権代理行為を追認する権利は、その性質上相続人全員に不可分的に帰属する（資格併存説・追認不可分説） →① 他の共同相続人全員が追認をしている場合に無権代理人が追認を拒絶することは信義則上許されない ② 他の共同相続人全員の追認がない限り、無権代理行為は、無権代理人の相続分に相当する部分においても、当然に有効となるものではない （最判平5.1.21／百選Ⅰ［第8版］〔36〕）
本人が無権代理人を相続した場合（無権代理人死亡の場合）		単独相続	被相続人の無権代理行為は一般に本人の相続により当然有効となるものではない（資格併存説） ∵ 相続人たる本人が被相続人の無権代理行為の追認を拒絶しても、何ら信義に反するところはない （最判昭37.4.20／百選Ⅰ［第8版］〔35〕）
		共同相続	117条による無権代理人の債務が相続の対象となることは明らかであって、このことは本人が無権代理人を相続した場合でも異ならないから、本人は相続により無権代理人の右債務を承継するのであり、本人として無権代理行為の追認を拒絶できる地位にあったからといって右債務を免れることはできない （最判昭48.7.3）
無権代理人の地位と本人の地位を相続した場合	無権代理人→本人の順に相続した場合		相続人は本人の資格で無権代理行為の追認を拒絶する余地はなく、本人が自ら法律行為をしたと同様の法律上の地位ないし効果を生ずる（資格融合説） ∵ 無権代理人を相続した者は、無権代理人の法律上の地位を包括的に承継するのであるから、いったん無権代理人を相続した者が、その後本人を相続した場合においても、この理は同様と解すべきであって、自らが無権代理行為をしていないからといって、これを別異に解すべき根拠はない （最判昭63.3.1）
	本人→無権代理人の順に相続した場合		判例は見当たらない

＊ 本人が無権代理行為の追認を拒絶した場合には、その後に無権代理人が本人を相続したとしても、無権代理行為が有効となるものではなく、無権代理人が本人の追認拒絶の効果を主張することがそれ自体信義則に反するものであるということはできない（最判平10.7.17）。
∵ 本人が追認を拒絶すれば無権代理行為の効力が本人に及ばないことが確定し、その後に無権代理人が本人を相続したとしても、右追認拒絶の効果に何ら影響を及ぼすものではない

7 無権代理人の後見人就任

◀ 佐久間1・315頁
　　LQⅠ・233頁

論文・予備R2

問題の所在

　A所有の土地をB（Aの姉）が無断でAの代理人としてCに売却したが、その後、Aが後見開始の審判を受け、Bが成年後見人に就任した。この場合、Cは土地所有権を取得できるであろうか。無権代理人Bが、成年後見人たる地位に基づいて追認を拒絶することができるかが問題となる。
＊　この問題は、特に相続とは関係がないが、「無権代理と相続」の問題と類似の問題を生じることから、ここで論じることにする。

考え方のすじ道

成年後見人は成年被後見人の財産上の地位に変動を及ぼす一切の法律行為につき成年被後見人を代表（代理）する権限を有する（859Ⅰ）のであるから、無権代理行為を追認し、またはその追認を拒絶する権限をも有する
　　↓そして
成年後見人はその代理権の行使につき善管注意義務を負うのであるから（869・644）、成年後見人は成年被後見人の利益に合致するよう代理権を行使すべきであり、追認を拒絶することが成年被後見人の利益に合致する場合には追認を拒絶しうるはずである
　　　↓もっとも
相手方のある法律行為をするにあたっては、成年後見人は相手方の利益にも相応の配慮を払うべきであるから、追認を拒絶することが相手方の信頼を裏切ることになるような例外的な場合には、追認拒絶をすることは許されないと解する
　　　↓そして
そのような場合に当たるか否かは、①成年後見人が無権代理行為に関与した程度、②追認により成年被後見人が被る不利益と追認拒絶により相手方が被る不利益、③成年後見人と無権代理人との人的関係等を考慮して決すべきである

アドヴァンス

判例 　**最判平6.9.13／百選Ⅰ［第8版］〔6〕**

事案：　意思無能力者Y所有の建物につき、Yの姉Aが、代理権がないにもかかわらずYの代理人としてXとの間に賃貸借契約（4,000万円の損害賠償の予約条項が含まれている）を締結した。この契約にあたっては、Yの次姉Bも契約文書の作成に関与し、契約締結時にも同席していた。その後、AがXに対して本契約の締結を拒んだため、XがYに対し右約旨に基づき4,000万円を訴求した。なお、訴訟係属中にYが禁治産宣告（後見開始の審判）を受け、Bがその後見人に就任した。

判旨：　後見人が代理権を行使する際には、禁治産者（成年被後見人）の利益に合致するよう適切な裁量を行使してすべきであるが、相手方のある法律行為をする場合には、後見人において取引の安全等相手方の利益にも相応の配慮を払うべきであり、当該法律行為を代理してすることが取引関係に立つ当事者間の信頼を裏切り、正義の観念に反するような例外的場合にはそのような代理権の行使は許されないとした上で、「禁治産者の後見人が、その就職前に禁治産者の無権代理人によって締結された契約の追認を拒絶することが信義則に反するか否かは、(1)右契約の締結に至るまでの無権代理人と相手方との交渉経緯及び無権代理人が右契約の締結前に相手方との間でした法律行為の内容と性質、(2)右契約を追認することによって禁治産者が被る経済的不利益と追認を拒絶することによって相手方が被る経済的不利益、(3)右契約の締結から後見人が就職するまでの間に右

契約の履行等をめぐってされた交渉経緯、⑷無権代理人と後見人との人的関係及び後見人がその就職前に右契約の締結に関与した行為の程度、⑸本人の意思能力について相手方が認識し又は認識し得た事実、など諸般の事情を勘案し、右のような例外的な場合に当たるか否かを判断して、決しなければならないものというべきである」として、Ｂが追認拒絶することは信義則上許されないとした原判決を破棄し、原審に差し戻した。

＊　この判例は、後見人が無権代理行為そのものを行った場合ではなく、無権代理行為に関与したにすぎない事実についてのものであることに注意が必要である。

七　無権代理と即時取得（無権代理と他人物売買の違い）

問題の所在

ＢはＡの所有する動産甲を占有していたが、Ａに無断でＣに売却し、引き渡した。この事案において、⑴ＢＣ間の売買契約によってＣが甲を即時取得できるか、⑵Ｂが後に甲の所有権を取得した場合にＣが甲の所有権を取得できるか、⑶Ｃが所有権を取得できない場合、ＣはＢに対して損害賠償を請求できるか。⑴～⑶について、①ＢがＡの代理人と称して売却した場合と、②Ｂが自己の所有物として売却した場合とで違いが生じるかが問題となる。

(無権代理or他人物売買)

売却

論点

先取り情報

他人物売買においては、他人物の売主は、自己が売買の主体となる点で無権代理とは異なります。
他人物売主は、物を他人から取得して買主に移転する義務（561）を有し、移転が不能であるときは債務不履行責任（415）を負います。
三者の関係が、無権代理関係と類似するため、両者は比較の対象となることが多いです。

考え方のすじ道

⑴について
192条によっては、代理権の不存在を治癒することはできない
∵　即時取得制度は取引行為が有効であることが前提となっており、無効な取引行為については適用されない
　　　↓そのため
①の場合、ＣはＢの無権代理について、善意・無過失であっても所有権を取得することができない
　　　↓これに対して
②の場合、Ｂが処分権を取得していないことについて善意・無過失のＣが、平穏・公然に占有を開始すれば、Ｃは所有権を取得することができる
　　　↓以上より
即時取得の可否という点で、①の場合と②の場合とは異なる

⑵について
①の場合、Ｂが甲の所有権を取得しても、Ｂの代理行為が有効になるわけではない
　　　↓そのため
Ｂは無権代理人としての責任（117Ⅰ）を負う
　　　↓したがって
Ｃが代理権の不存在について善意・無過失であり、履行請求を選択した場合には、Ｃは甲の所有権を取得することができる
　　　↓これに対して
②の場合、ＢＣ間の売買契約は債権的には有効（561）であるが、他人物である甲の所有権は原則としてＣに移転しない
　　　↓もっとも
Ａが甲をＢに売却した場合には、処分権の欠缺が追完され、Ｃは甲の所有権を取得することができる

↓以上より
①の場合と②の場合では、Cが所有権を取得できるための要件が異なる

(3)について
①の場合、CがBの代理権の不存在について善意・無過失であれば、Bに対して、117条1項に基づいて損害賠償を請求することができる
　　　　↓この点
損害賠償の内容については、履行利益（契約の有効を前提として契約が履行された場合に債権者が得たであろう利益）と解すべき
∵　117条1項が「履行」を求めることもできるとしていることとの均衡
　　　　↓これに対して
②の場合、一般の債務不履行責任として処理される
　　　　↓すなわち
Bに帰責事由が認められれば、Cは善意・悪意を問わず、415条1項に基づいて、損害賠償を請求することができる
　　　　↓そして
損害賠償の内容については、①の場合と同様、履行利益の賠償を請求することが可能
　　　　↓以上より
①の場合と②の場合では、Cが損害賠償を請求するための要件が異なる

8-6 表見代理

8-6-1 表見代理総説

一　意義・趣旨
二　類型
三　表見代理の効果

学習の指針

　表見代理は、無権代理行為が行われた場合において、その行為の相手方の信頼を保護し、取引の安全を図るために、例外的に本人への効果帰属を認める制度です。
　表見代理は、権利外観法理に基づくものであり、民法は、①代理権授与の表示による表見代理（109）、②権限外の行為の表見代理（110）、③代理権消滅後の表見代理（112）の3つの類型に分けて、それぞれの要件を定めています。
　表見代理は、極めて重要な学習分野の1つです（特に、②権限外の行為の表見代理（110）は重要です）。短答式・論文式試験に対応できるよう、しっかりと理解を深めましょう。

一　意義・趣旨

1　意義

　表見代理とは、無権代理行為が行われた場合において、その行為の相手方の信頼を保護し、取引の安全を図るために、例外的に本人への効果帰属を認める制度である。
　たとえば、Aが貸金業者Bから50万円を借り入れるに当たり、Aの父Cにその連帯保証人となることを頼み、Cがこれを承諾してAに実印を預けたところ、AがBから100万円を借り入れた上、Cを代理してBとの間で100万円の貸金債務についての連帯保証契約を締結したという場合を想定する。

◀佐久間1・269頁

　この場合、Aの代理行為は、Cから与えられた代理権の範囲を超えている。したがって、たとえBが、100万円の貸金債務についての連帯保証契約を締結する代理権をAが有していると信ずべき正当な理由が認められる場合であっても、本人であるCにAの代理行為の効果は帰属しないはずである（99Ⅰ）。

　しかし、相手方であるBからみて、有効な代理権の存在を推測させるような客観的事情（Cの実印の所持等）が存在し、Aに有効な代理権があると信ずべき正当な理由も認められ、さらに、Aが有効な代理権を有しているかのような外観が作り出されたことについて、本人であるCに一定の関与（基本代理権の授与、実印の交付）も認められるような場合にまで、上記原則を貫徹すべきではない。

　そこで、民法は、相手方の信頼を保護し、取引の安全を図るべく、このような場合（上記の具体例は、権限外の行為の表見代理（110））には例外的に初めから代理権があったものとして扱い、本人への効果帰属を認めることとした。

2　趣旨

　表見代理は、一般的に、権利外観法理（真の権利者が、その責めに帰すべき事由により、自分以外の者が権利者であるかのような虚偽の外観を作り出した場合、その外観を信頼した第三者を保護する法理）により根拠づけられている。すなわち、虚偽の外観が作出されたことについて帰責性が認められる本人の犠牲のもとに、外観を信頼した第三者を保護し、取引の安全を確保するのが表見代理である。

　なお、権利外観法理の一般的な要件は、
①　虚偽の外観の存在
②　真の権利者の帰責性
③　第三者の信頼
である。

二　類型

　民法は、表見代理を次の3つの類型に大別している。
①　代理権授与の表示による表見代理（109）
②　権限外の行為の表見代理（110）
③　代理権消滅後の表見代理（112）

　これらの3つの類型は、主として、権利外観法理の一般的な要件のうち、「①虚偽の外観の存在」に対する本人の関与の仕方に応じたものとなっている。

　そして、上記①と②を組み合わせたものとして109条2項（授与表示された代理権の範囲を超える場合）が、上記②と③を組み合わせたものとして112条2項（消滅した代理権の範囲を超える場合）が規定されている。

【表見代理の類型】

	権限の範囲内	権限の範囲外
代理権授与表示のみ（代理権は過去も現在も存在しない）	代理権授与の表示による表見代理（109Ⅰ）	授与表示された代理権の範囲を超える場合（109Ⅱ）
代理権が現に存在する	通常の代理行為（99）	権限外の行為の表見代理（110）
代理権は既に消滅している	代理権消滅後の表見代理（112Ⅰ）	消滅した代理権の範囲を超える場合（112Ⅱ）

三　表見代理の効果

　表見代理が成立すれば、無権代理行為は、初めから代理権があったものとし

◀佐久間1・270頁

て扱われ、当該代理行為の効果が本人に帰属する。

→本人は当該行為の義務を負う反面、権利も取得する

＊　なお、表見代理が成立し得るときであっても、無権代理行為がなされた ことに違いはない。したがって、無権代理行為の一般的効果が認められ、 本人としては、追認・追認拒絶をすることができる（ただし、後に表見代 理の成立が認められた場合には、追認拒絶をしても本人への効果帰属を拒 めない）。また、相手方としては、催告権（114）・取消権（115）を行使す ることができ、表見代理の成立を主張することなく無権代理人の責任 （117）を追及することも自由である。

もっとも、表見代理の成立を主張し、これが裁判上確定すれば、上記の とおり、初めから有権代理と同様に扱われるから、無権代理行為の一般的 効果は認められなくなる（特に、無権代理人の責任（117）の追及ができ なくなる点が重要である）。

☞ One Point ▶ 表見代理の効果と本人・無権代理人間の関係

　表見代理が成立すると、本人は有効な代理権があった場合と同様、代理人のなし た行為の効果を引き受けなければなりません。この表見代理の成立を主張し得るの は制度の趣旨からして相手方のみであると解されます。そして、本人が表見代理の 責任を相手方に対して負った場合、本人は無権代理人に対しては、たとえば権限外 の行為の場合では内部的な委任契約上の義務違反を追及し得る等、その契約上ない し不法行為上の責任を追及することができます。

8-6-2　代理権授与の表示による表見代理

学習の指針

一　意義・要件
二　代理権授与表示
三　白紙委任状の交付と代理権授与表示

　代理権授与の表示による表見代理 （109）とは、他人に代理権を与えた旨 を表示した者に責任を負わせる表見代 理をいいます。論文式試験対策上重要 となるのは、特に白紙委任状が交付さ れた場合です。白紙委任状のどの部分が濫用されたか等に着目して、事案と ともにしっかり理解しましょう。

一　意義・要件

1　代理権授与表示の典型的な場合（109 I）

(1)　**意義**

第三者に対して他人に代理権を与えた旨を表示した者は、その代理権の範 囲内においてその他人が第三者との間でした行為について、その責任を負う （109 I 本文）。

∵　本人が代理権を与えたと表示した以上、相手方はそれを信じるのが通 常であるから、相手方の信頼を保護し、取引の安全を図るため、本人に 自己の表示の責任を負わせることとした

ここにいう「第三者」は、代理権授与表示を受けた無権代理行為の直接の 相手方に限られる。また、「他人」とは無権代理人を指し、「表示した者」と は本人を指す。

ex.　本人Aは、実際にはBに代理権を与えたわけでもないのに、「今度土 地を売ろうと思うが、自分が交渉ごとが苦手だからBに代理人になって

◀佐久間1・271頁以下

もらった」などと相手方Cに言い、常々Aの土地を買いたいと思っていたCは、Bが代理権を与えられていないことにつき善意・無過失で、Aの代理人としてBからAの土地の売買契約を締結した

(2)　要件

①　他人に代理権を与えた旨を表示したこと（代理権授与表示）

②　他人が表示された代理権の範囲内において代理行為をしたこと

→代理権の範囲外の行為が行われたときは、109条2項が適用される

③　相手方が、その他人が代理権を与えられていないことについて善意・無過失であること

→本人側が相手方の悪意・有過失を主張・立証しなければ、代理権授与表示の表見代理の責任を免れることができない（109Ⅰただし書、最判昭41.4.22参照）

2　表示された代理権の範囲を超える場合（109Ⅱ）

(1)　意義

第三者に対して他人に代理権を与えた旨を表示した者は、その代理権の範囲内においてその他人が第三者との間で行為をしたとすれば109条1項の責任を負うべき場合において、その他人が第三者との間でその代理権の範囲外の行為をしたときは、第三者がその行為についてその他人の代理権があると信ずべき正当な理由があるときに限り、表見代理の責任を負う（109Ⅱ、最判昭45.7.28／百選Ⅰ［第8版］〔32〕参照）。

∵　真の代理人が代理権の範囲外の行為をした場合において、相手方に代理権があると信ずべき正当な理由がある場合には表見代理（110）が成立するところ、代理権が授与されていないのに代理権授与表示があった場合と、代理権が実際に授与されている場合とで、相手方の信頼の保護を異にする理由はない

(2)　要件

①　他人に代理権を与えた旨を表示したこと（代理権授与表示）

②　他人が表示された代理権の範囲外の行為をしたこと

③　相手方が、当該行為について代理権があると信ずべき正当な理由があること

→相手方側が、その他人は当該行為の代理権を有すると信じたこと、及びそう信ずることについての正当な理由の存在を主張・立証しなければならない（109Ⅱ）

3　適用範囲

109条は、任意代理についてのみ適用され、法定代理については適用されない。

∵　法定代理人は本人が選任するわけではなく、その代理権も法によって与えられるので、法定代理権を与えた旨の表示をしても無意味である

二　代理権授与表示

◀佐久間1・273頁

1　意義

代理権を授与した旨を第三者（相手方）に表示することをいう。観念の通知（⇒111頁参照）である。

この表示は、特定の第三者（相手方）に対して行っても、一般的に行ってもかまわない。また、その方法は口頭・書面（委任状等）を問わず、新聞広告による通知でもよい。さらに、明示・黙示も問わない。

2　本人名義の使用許諾と民法109条

代理権授与表示があったとはいえない場合であっても、本人が自己の名義を使用して取引することを他人に許諾したとき（いわゆる「名義貸し」）は、109条の類推適用により、本人は表見代理の責任を負うものと解されている（最判昭35.10.21／百選Ⅰ［第8版］〔28〕）。

> **判例**　**最判昭35.10.21／百選Ⅰ［第8版］〔28〕**
>
> 事案：　Xは、「東京地方裁判所厚生部」（以下、「厚生部」という）との間で繊維製品の売買契約を締結し、これを納品したが、「厚生部」が代金を支払わないため、Y（国）に対して、その支払を求めて提訴した。
>
> 　　　　「厚生部」は、裁判所の正規の部局ではなく、単なる職員の互助団体にすぎなかったが、その事務は、東京地裁の厚生係の職員であるAらが私人として行っており、東京地裁当局も、「厚生部」の事業を認めていた。Aらは、「事務局総務課厚生係」の表札を掲げた裁判所の一室において、「厚生部」の名義で他と取引を継続してきており、第三者と物資購入等の取引をする際には、庁用の裁判用紙を使用した発注書や支払証明書といった、官庁の取引類似の様式を用い、また、支払証明書には東京地裁の庁印を使用していた。
>
> 　　　　本件において、Xの信頼の対象は、本人である東京地裁が代理権授与表示をしたことではなく、「厚生部」が東京地裁の一部局であり、「厚生部」との取引が東京地裁との取引となることであったということができる。そこで、東京地裁が「厚生部」を自己の一部局であると認め、自己名義での取引を認めた旨の表示をしたといえるかどうか、これが肯定された場合におけるYの責任が争点となった。
>
> 判旨：　「およそ、一般に、他人に自己の名称、商号等の使用を許し、もしくはその者が自己のために取引する権限ある旨を表示し、もってその他人のする取引が自己の取引なるかの如く見える外形を作り出した者は、この外形を信頼して取引した第三者に対し、自ら責に任ずべき」であって、このことは、民法109条、商法14条等の法理に照らし、これを是認することができる。
>
> 　　　　「一般に官庁の部局をあらわす文字である『部』と名付けられ、裁判所庁舎の一部を使用し、現職の職員が事務を執っている『厚生部』というものが存在するときは、一般人は法令によりそのような部局が定められたものと考えるのがむしろ当然であるから、『厚生部』は、東京地方裁判所の一部局としての表示力を有する」。
>
> 　　　　「殊に、事務局総務課に厚生係がおかれ、これと同じ部室において、同じ職員によって事務の処理がなされている場合に、厚生係は裁判所の一部局であるが、『厚生部』はこれと異なり、裁判所とは関係のないものであると一般人をして認識せしめることは、到底難きを強いるものであって、取引の相手方としては、部と云おうが係と云おうが、これを同一のものと観るに相違なく、これを咎めることはできない」。
>
> 　　　　「東京地方裁判所当局が、『厚生部』の事業の継続処理を認めた以上、これにより、東京地方裁判所は、『厚生部』のする取引が自己の取引なるかの如く見える外形を作り出したものと認めるべきであり、若し、『厚生部』の取引の相手方であるXが善意無過失でその外形に信頼したものとすれば、同裁判所はXに対し本件取引につき自ら責に任ずべきものと解するのが相当である。」

　　「もっとも、公務員の権限は、法令によって定められているのであり、国民はこれを知る義務を負うものであるから、表見代理等の法規を類推適用して官庁自体の責を問うべき余地はないとの見解をとる者なきを保し難いが、官庁といえども経済活動をしないわけではなく、そして、右の法理は、取引の安全のために善意の相手方を保護しようとするものであるから、官庁のなす経済活動の範囲においては、善意の相手方を保護すべき必要は、一般の経済取引の場合と少しも異なるところはない」。

　上記の判例は、本人が自己の名義の使用を他人に許した場合といえるが、本人が代理権授与表示をしたという場合ではない。しかし、本人が代理権授与表示をしたことによって、109条に基づく表見代理の責任を負うのは、ある行為の法律効果を引き受けると推測させるような表示をしたためである。そして、自己の名義の使用を他人に許した場合における本人は、自己がある行為の法律効果を引き受けると推測させる表示をすることを許しているといえる。よって、かかる場合には、代理権授与表示がされた場合と同様の処理（109条の類推適用）をしてもよいと解されている。

三　白紙委任状の交付と代理権授与表示

1　はじめに

　委任状とは、ある人に一定の事項を委任する旨を記載した書面をいい、委任状に記載すべき事項の一部（委任事項や代理人・受任者の氏名等）を空欄にしたものが白紙委任状である。

　白紙委任状が交付される場合であっても、通常、代理人が空欄を自由に補充できるという趣旨ではなく、むしろ、一定の範囲の者を代理人とし、一定の範囲の相手方に対して、一定の範囲の委任事項についてのみ、代理権を与えることが予定されている。したがって、白紙委任状の交付を受けた代理人が委任事項以外の事項を代理した場合や、予定外の者が白紙委任状を入手して代理人として行為を行った場合、当該行為は無権代理行為となり、原則として、本人に効果帰属することはない。

　もっとも、委任状は、本人が第三者に対して代理権の授与を表示するための手段であるから、取引の相手方としては、委任状を所持している者がその委任事項について代理権を有する者であると信頼して取引に入ることがある。そこで、表見代理の成否が問題となる。

2　白紙委任状の類型

　白紙委任状が交付されるケースは次のように分類される。すなわち、(1)輾転（てんてん）予定型と(2)非輾転予定型である。そして、(2)非輾転予定型には、(a)直接型と(b)間接型があり、さらに、(b)間接型は、①委任事項欄非濫用型と②委任事項欄濫用型に分けられる。

(1)　輾転予定型

　白紙委任状は、その正当な取得者であれば、誰が代理人となってもよいという趣旨で、複数人に次々と移転されることを想定して交付されることがある。このような場合は、輾転予定型と呼ばれる。

　輾転予定型の場合、委任状の正当な取得者は、委任事項について代理権を取得する。したがって、この者が委任事項について代理行為を行った場合、その行為は有権代理となる。他方、この者が委任事項以外の行為を行った場合、その行為は無権代理となり、後述する(2)非輾転予定型の(a)直接型と同様の処理がなされる。

論点
◀佐久間1・277頁以下

(2) 非輾転予定型

(1)輾転予定型と異なり、特定の者に代理権が授与され、その者に代理に際して利用させるべく、白紙委任状が交付されることもある。このような場合は、非輾転予定型と呼ばれる。

非輾転予定型の場合、代理権を与えられた特定の者が委任事項について代理行為を行った場合、その行為は有権代理となる。他方、その特定の者が委任事項以外の行為を行った場合、又は代理権を与えられていない予定外の者が代理行為を行った場合には、その行為は無権代理となる。

非輾転予定型は、無権代理行為を行った者が誰であるかに応じて、(a)直接型と(b)間接型に分類される。

(a) 直接型

無権代理行為を行った者が、本人から信頼され直接に白紙委任状を預かったような場合を、直接型という。

> **ex.** Aが自分の土地を適当な人に売ってもらうためにBに必要な書類(登記識別情報を記載した書面、印鑑証明書等)と白紙委任状を交付したところ、BがB自身の借金の担保にするために、Aの土地に抵当権を設定したような場合

上記のとおり、非輾転予定型では、通常、白紙委任状の交付を受けた者には何らかの代理権が授与されていることが多い。したがって、この者が委任事項以外の行為を行った場合、109条のほか、110条(権限外の行為の表見代理)の適用も可能である。しかし、白紙委任状の交付を受けた者に代理権が一切授与されていない場合には、110条の適用の余地はなく、もっぱら109条の適用が問題となる。

(b) 間接型

無権代理行為を行った者が、白紙委任状を他から入手したような場合を、間接型という。

> **ex.** 債務者Aが抵当権設定登記手続のため、債権者Bに権利証、白紙委任状、印鑑証明書を交付したところ、BがこれをさらにCに交付し、Cがこれを利用して「A代理人C」と偽って、Dとの間で抵当権設定契約を締結し、Dのために登記がなされたような場合

この場合は、直接型と異なり、代理権を一切有しない者が白紙委任状を入手し、これを悪用して無権代理行為に及ぶことが多い。そのため、直接型のように、何らかの代理権を有する者が代理する場合ではないから、もっぱら109条の適用が問題となる。

間接型は、①委任事項欄非濫用型(委任事項欄については顕著な濫用がなかった場合)と②委任事項欄濫用型(委任事項欄についても顕著な濫用があった場合)に分類される。上記の具体例は、①委任事項欄非濫用型に該当する。

ア ①委任事項欄非濫用型

この場合、判例は、代理権授与表示の成立を認め、109条1項の適用により、相手方を保護する場合が多いとされる(最判昭42.11.10等参照)。

本人は、自ら交付した白紙委任状が相手方に呈示されることによって、代理権授与表示をしたということができる(委任状を呈示するのは自称代理人ということになるが、本人は、この自称代理人を使者(⇒191頁)として代理権授与表示をしたといえる)から、本人に帰責性が認められる。

また、委任事項欄の顕著な濫用がない以上、本人としては、白紙委任状を交付したときに想定していた結果が生じるだけであるから、本人を

保護するよりも、白紙委任状を信頼した相手方を保護すべきである。

よって、相手方が善意・無過失であるときは、109条1項の適用により、相手方は保護される。

イ ②委任事項欄濫用型

この場合も、委任事項欄非濫用型と同様、本人は自ら交付した白紙委任状が相手方に呈示されることによって、代理権授与表示をしたということができるから、帰責性が認められる。

もっとも、委任事項欄までも濫用された場合、本人は、想定していた結果以上の負担を負うことになるため、本人を保護する必要性は大きいということができる。そこで、判例（最判昭39.5.23／百選Ⅰ［第8版］〔27〕）は、「委任状の受任者名義が白地であるからといって当然にその者よりさらに交付を受けた第三者がこれを濫用した場合にまで民法109条に該当するものとして、濫用者による契約の効果を甘受しなければならないものではない」として、代理権授与表示の存在を否定し、本人を保護している。

なお、相手方が悪意・有過失であることを認定できる場合は、代理権授与表示の存在を否定するまでもなく、相手方の悪意・有過失を理由に表見代理の成立を否定すれば足りる（最判昭41.4.22）。

8-6-3 権限外の行為の表見代理

学習の指針

権限外の行為の表見代理(110)とは、ある行為について本人を代理する権限を有する者が、その権限外の行為について本人を代理した場合において、本人が責任を負う表見代理をいいます。まずは、110条の要件（①代理人に基本代理権があること、②代理人がその権限外の行為をしたこと、③「第三者」の「正当な理由」）を正確に理解しましょう。要件①については論点が多いですが、特に重要なのは「五　法定代理権」で紹介する判例（最判昭44.12.18／百選Ⅲ［第2版］〔9〕）です。また、要件③も非常に重要ですので、反復して学習すると良いでしょう。

◀佐久間1・284頁

一 はじめに

1 意義

代理人が代理権の範囲外の行為をした場合、原則として、その行為は無権代理となり、本人に効果帰属しない。もっとも、例外的に、無権代理行為の相手方が代理人の権限があると信ずべき正当な理由があるときは、110条により、表見代理が成立し、本人にその行為の効果が帰属する。110条は、表見代理の中で最も適用の多い規定である。

∵ 代理権の範囲に対する相手方の信頼を保護し、取引の安全を図る必要がある一方で、本人は代理人の代理行為により利益を享受する立場にあるか

ら、その代理人が権限外の行為をすることによるリスクも負担するべきである

2　109条との違い

109条は代理権等が全くないのにあるかのような外観があった場合の規定であるのに対し、110条は一応代理権はあるが、その権限外の行為をした場合である。

両者とも権利外観法理に基づくものであるが、本人が責任を負う根拠が異なる。すなわち、109条の根拠は、自ら外観を作出した者はその責任を負うべしという点にあるが、110条の根拠は、権利外の行為をするような信頼できない者を代理人に選んだ本人がリスクを負担せよという点にある。

3　具体例

Bは、借家契約の保証をすることについてAから代理権を与えられていた。ところが、BはAの代理人として、自己のCに対する巨額の貸金債務の保証契約を締結した場合。

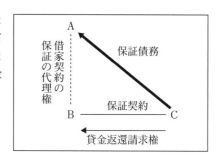

二　要件

① 代理人に基本代理権（「その権限」）があること

ex. 上記具体例によれば、借家に関する保証契約締結の代理権が基本代理権になる

→基本代理権が常に代理権という明確な形で与えられていることを要するかが問題になる（三、四、五で詳しく説明する）

② 代理人がその権限外の行為をしたこと

③ 「第三者」が代理人の権限があると信じ、かつ、そう信ずべき「正当な理由」があること

 ◀佐久間1・285頁

三　事実行為の代行権限（要件①について）

 ◀佐久間1・286頁

問題の所在

事実行為の代行権限は、110条の「その権限」（基本代理権）たりうるか。たとえば、A金融会社の投資勧誘員Bが、A社印等を利用して、AC間の保証契約を締結した場合、CはAに対して保証債務の履行を求めることができるか。投資勧誘という事実行為の代行権限が、110条の「その権限」に当たるかが問題となる。

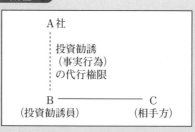

考え方のすじ道

事実行為を行うことについての委託は、法律行為をする代理権の授与ではない
　　↓実質的にも
事実行為の代行権限は、一般に代理権のように慎重に考えた上で付与されるとは限らないので、これを「権限」に含めることは取引の静的安全を害する危険が大きい
　　↓したがって
事実行為の代行権限は110条の「権限」には当たらない

・　否定説（判例）

　　事実行為の代理権は基本代理権とならない（110条は適用されない）。

（理由）

　①　代理は法律行為に関する制度であるから、基本代理権も法律行為に関する代理
　　権でなければならない。

　②　本人の静的安全を保護する必要がある。

> **判例**　最判昭35.2.19／百選Ⅰ[第8版]〔29〕
>
> 　金融会社の投資勧誘外交員であったAにかわって勧誘業務に従事していた息子BがA名義の保証契約を締結した事案で、「勧誘それ自体は、事実行為であって法律行為ではないのであるから、他に特段の事情の認められない限り、右事実をもって直ちにBがAを代理する権限を有していたものということはできない」とした。

四　公法上の行為の代理権（要件①について）

!　**論点**

◀佐久間1・287頁

問題の所在

　　印鑑証明書下付申請の代理権や、登記手続の代理権等、公法上の行為の代理権が110条の基本代理権となりうるか。たとえば、Aから土地の贈与を受け、その所有権移転登記手続の代理権を与えられたBが、Aの実印・印鑑証明書を利用し、Aの代理人として自己のCに対する債務の保証契約を締結した場合、登記手続の代理権を基本代理権とする表見代理（110）が成立するかが問題になる。

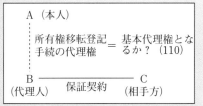

考え方のすじ道

取引の安全を目的とする表見代理制度の趣旨に照らせば、公法上の行為の代理権は、私法取引の安全とは関わりがないので、原則として基本代理権に当たらない
　　　↓しかし
公法上の行為であっても、特定の私法上の取引行為の一環としてされる場合は、外観に対する第三者の信頼を保護する必要がある
　　　↓そこで
このような場合には、公法上の行為の代理権も基本代理権となりうると解する

アドヴァンス

A　原則否定説（判例）

　　公法上の行為の代理権は原則として基本代理権とならないが、登記申請行為のように私法上の行為と密接に関連するもの（その行為が特定の私法上の取引行為の一環としてなされるものであるとき）は基本代理権となる。

（理由）

　①　取引の安全を図るという表見代理制度の趣旨に照らせば、基本代理権は私法上
　　の行為の代理権であることを要する。公法上の行為を委任しても、法律行為（私
　　法上の行為）を委ねたことにはならない。

　②　公法上の行為であっても、特定の私法上の取引行為の一環としてなされるもの
　　であるときは、受任者の権限の外観に対する第三者の信頼を保護する必要がある。

B　肯定説

　　公法上の行為の代理権も基本代理権となりうる。

（理由）

　①　たとえ公法上の行為の代理権でも、それが対外的にみて基本代理権授与とみら
　　れるものであれば、本人の帰責の要素は満たされているといえ、公法上の行為か

> **判例**　最判昭39.4.2
>
> 印鑑証明書下付申請手続を依頼された代理人が、勝手に依頼人の住居に抵当権を設定した事案で、「取引の安全を目的とする表見代理制度の本旨に照らせば、民法110条の権限踰越による表見代理が成立するために必要とされる基本代理権は、私法上の行為についての代理権であることを要し、公法上の代理権はこれに当たらないと解するのが相当である」とした。

私法上の行為かで区別すべき理由はない。

②　「正当な理由」の厳格な認定により本人の保護を図れば、柔軟な解決が可能になる。

判例　**最判昭46.6.3**

事案：　Yは、Aに対し土地を贈与した。そして、その所有権移転登記手続のために、Aに対し、本件土地の登記済証、実印、印鑑証明書を交付した。しかし、Aは、Yの承諾なくそれらを用いて、X会社に対するAの現在・将来の債務について、Yが担保提供をなし、連帯保証する契約を結んだ。その後、Xは、Yに対して連帯保証債務の履行を請求した。Xは表見代理（110）の成立を主張したところ、原審は、YがAに授与した権限は土地の所有権移転登記手続という公法上の行為をなすことの代理権限にすぎず、Aに対し私法上の代理権を授与したとは認められないので、基本代理権の授与が認められないと判断した。

判旨：①　登記申請行為は、確かに公法上の行為である。しかし、Yが所有権移転登記手続をするために、実印などをAに付与した行為は、YのAに対する贈与契約上の義務の履行のためのものである。そうだとすると、登記申請行為は私法上の契約に基づいてなされるものであり、その登記申請に基づいて登記がなされるときは契約上の債務の履行という私法上の効果を生じるものであるから、その行為は同時に私法上の作用をも有する。

②　単なる公法上の行為についての代理権は民法110条の基本代理権に当たらないと解すべきであるとしても、その行為が特定の私法上の取引行為の一環としてなされるときはその行為の私法上の作用を看過することはできない。そして、実体法上登記義務を負う者がその登記申請行為を他人に委任して実印等をこれに交付した場合に、その受任者の権利の外観に対する第三者の信頼を保護する必要があることは一般の私法上の行為と変わらない。

③　したがって、本人が登記申請行為を他人に委任してその権限を与え、その他人がその権限をこえて第三者との間に行為をした場合において、その登記申請行為が契約の義務の履行として為される場合には、その権限を基本代理権として、民法110条を適用して表見代理の成立を認めることができる。

五　法定代理権（要件①について）

110条は、通常の法定代理にも適用されるとするのが判例（大連判昭17.5.20）である。

もっとも、任意代理権と異なり、法定代理権は本人が代理人に与えるわけではないので、法定代理人が無権代理行為をしても、本人に責任を負わせる根拠（帰責性）に乏しいことを理由に、110条は、法定代理には適用されないとする見解も有力に主張されている。

以下では、法定代理権の中でも特に問題になる日常家事に関する代理権（761）につき説明する。

1　761条の意義

761条は、夫婦の一方が「日常の家事に関して」第三者に対する債務を負った場合に、その配偶者は「連帯してその責任を負う」と規定している。

◀佐久間1・287頁以下

ex.1　妻が日常生活で必要な食料や衣類を買ったときには夫もその代金支払につき責任を負う

ex.2　夫が病気になって医者にかかったときには、その費用については妻も責任を負う

2　761条の趣旨

現行法は夫婦の本質的平等を原則として婚姻費用を夫婦の分担とし（760）、日常の家事も夫婦の共同の事務であるとした

↓したがって

日常家事処理に伴う債務は、夫婦のいずれが**名義人であっても実質的には夫婦共同の債務**である

↓しかも

通常、日常の家事について取引する相手方は、意思表示の表意者や受領者が夫婦のいずれであっても、夫婦生活共同体と取引していると考える

↓そこで

相手方保護の見地から日常家事債務については夫婦は連帯して責任を負うと規定した

＊　日常家事の範囲内か否かは、それぞれの家族共同生活の現実の状態（社会的地位・職業・資産・収入等によって決定される）や、その地域社会の慣行によって個別的かつ客観的に決定される。

3　761条の解釈（日常家事と夫婦の相互代理権）

(1)　761条の明文上は単に日常家事債務についての連帯責任を規定するにすぎないが、このような効果が生じる前提として、夫婦は相互に日常の家事に関する法律行為について他方を代理する権限を有することをも規定しているとするのが判例・通説である。

(2)　通常の代理権との違い

①　顕名は不要である。

→　「夫A代理人妻B」、「夫A」、「妻B」のいずれでもよい

∵　相手方は誰に効果帰属するか知りうる

②　本人、代理人の双方に効果帰属する。

4　日常家事に関する代理権と表見代理

論点

◀佐久間1・95頁、289頁
LQⅠ・217頁

論文・司法R2

問題の所在

妻Bが夫Aの土地を無断でCに売却した場合、Cは土地所有権を取得できるか。
土地の売却が「日常の家事」（761）の範囲に含まれるか、含まれないとすれば日常家事代理権を基本代理権として110条を適用できるかが問題となる。

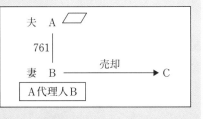

考え方のすじ道

761条は、夫婦の一方と取引関係に立つ第三者の保護を目的としている
↓そこで
「日常の家事」に当たるかの判断においては、夫婦の共同生活の内部的な事情やその行為の個別的な目的のみを重視して判断すべきでなく、客観的に、その法律行為の種類、性質等をも十分に考慮すべきである
↓この点
土地の売却は、通常、「日常の家事」に当たらない
↓では

110条の適用ができないか
　　　　↓この点
日常家事代理権（761）は法定代理権であるところ、まず法定代理権が基本代理権となりうるか問題となるが、条文上の限定がなく、相手方保護の必要性もあることからすれば、法定代理権も基本代理権になりうると解すべきである
　　　　↓もっとも
110条を直接適用できるとすれば、相手方が善意・無過失であれば、夫婦の一方が他方の財産を処分しうるのと同様の結果となり、夫婦別産制（762）に反する
　　　　↓そこで
相手方が当該法律行為について当該夫婦の日常家事の範囲内にあると信じるにつき正当の理由がある場合に限り、110条の趣旨を類推して、相手方を保護すべきであると解する
　　　　↓したがって
かかる正当の理由があれば、Cは土地所有権を取得できる

アドヴァンス

判例　**最判昭44.12.18／百選Ⅲ[第2版]〔9〕**

事案：　Xは登記済みの甲不動産を有していた。後にXはAと婚姻したが、Aの経営するB株式会社が倒産したので、その債務の処理のため、B株式会社の債権者である法人Cの代表YとAとの間で甲不動産の売買契約を締結し、移転登記を済ませた。しかし、その後AとXは離婚した。Xは、自分は甲を売り渡したことはないとして、Yに対し所有権移転登記抹消登記請求をした。これに対し、Yは、本件売買についてAは民法761条により日常家事に関する法律行為についてXを代理する権限を有していたので、110条による表見代理が成立すると主張した。原々審・原審ともXの請求を容れたため、Yが上告した。

判旨：①　民法761条は、明文上は単に夫婦の日常の家事に関する法律行為の効果、責任について規定しているにすぎないが、同条はその実質において、夫婦は日常の家事に関する法律行為につき他方を代理する権限を有することをも規定している。

②　761条にいう日常の家事に関する法律行為とは、個々の夫婦がそれぞれ共同生活を営むにおいて通常必要な法律行為をいうから、その具体的な範囲は、個々の夫婦の社会的地位、職業、資産、収入等によって異なり、またその夫婦の共同社会の存する地域社会の慣習によっても異なる。他方、問題になる具体的な法律行為が日常家事に関する法律行為の範囲内にあるか否かを決するにあたっては、同条が夫婦の一方と取引関係に立つ第三者の保護を目的とする規定であることに鑑み、単にその法律行為をした夫婦の共同生活の内部的な事情やその行為の個別的な目的のみを重視して判断すべきではなく、さらに客観的にその法律行為の種類・性質等をも充分に考慮して判断すべきである。

③　しかしながら、夫婦の一方が日常家事の代理権の範囲を越えて第三者と法律行為をした場合において、その代理権を基本代理権として民法110条の責任を広く肯定することは夫婦の財産的独立を損なうおそれがあり相当ではないので、第三者においてその行為が当該夫婦の日常家事に関する法律行為の範囲内に属すると信ずるにつき正当の理由があるときに限り、民法110条の趣旨を類推適用して第三者の保護をはかるべきである。

六　代理人が権限外の行為をしたこと（要件②について）

1　意義

110条の表見代理が成立するためには、代理人が「その権限外の行為をした」ことが必要である。

もっとも、無権代理行為と、基本代理権によって本来予定されていた行為と同種性・同質性は必要ではない。

→50万円借りる権限を与えられた代理人が100万円借りてしまったという基本代理権と同一性質の行為だけでなく、借金する権限を与えられた代理人が土地を売ってしまったというような基本代理権と異なる性質の行為についても表見代理は成立しうる

2　代理人が本人として振る舞った場合

論点

110条は、代理人が代理人として行為した場合のみならず、基本代理権を有する者が本人のごとく振る舞った場合にも類推適用されるとするのが判例・通説である。

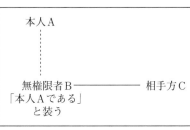

たとえば、自分の土地を担保に銀行から融資を受けようと思い、その手続をBに委ねたが、Bは、Cとの間で当該土地の売買契約を結んでしまい、代金を受領して登記を移転したが、売買契約の締結に際して、Bは自分がA本人であるかのように振る舞い、CはてっきりBがA自身だと信じていた場合である。

ただ、この場合相手方は代理権の存在を信じているわけではないので、相手方の善意・無過失は本人自身の行為であると信じたことについて要求される。

> **判例**　最判昭44.12.19
> 「代理人が本人の名において権限外の行為をした場合において、相手方がその行為を本人自身の行為と信じたときは、代理人の代理権を信じたものではないが、その信頼が取引上保護に値する点においては、代理人の代理権限を信頼した場合と異なるところがないから、本人自身の行為であると信じたことについて正当な理由がある場合にかぎり、民法110条の規定を類推適用して、本人がその責めに任ずるものと解するのが相当である」と判示した。
> ＊　代理意思ある代理人が本人の名において代理権限内の行為をした場合（署名代理）に、代理行為が成立すると解されていることと混同しないように注意する必要がある。

七　「第三者」の「正当な理由」（要件③について）

論点
◀佐久間1・290頁

1　「第三者」（110）の範囲

(1)　110条は「第三者」を保護する規定であるが、ここでの「第三者」は、無権代理行為の直接の相手方に限られ、転得者は含まれないとするのが判例（最判昭36.12.12）・通説である。

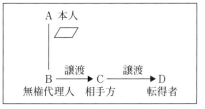

∵　表見代理は、代理権がないのにあるかのような外観（代理権の存在）を信じた者を保護するための制度であって、そのような外観に対面する

のは直接の相手方であり、転得者が代理権の存在を信頼することはない

(2)　判例・通説に立つ場合、外観を信頼した転得者の保護をどのようにして図るかが問題となる。

(a)　**直接の相手方が善意・無過失の場合**

直接の相手方が善意・無過失の場合には、表見代理が成立し、これによって直接の相手方は権利を確定的に取得する。その結果、転得者はこの権利を承継取得することができる。

(b)　**直接の相手方が悪意・有過失の場合**

直接の相手方が悪意・有過失の場合には、転得者は無権利者から権利を取得したこととなり、上記(a)のような構成は採り得ない。ただし、動産取引において、転得者が前主の権利を正当に信じたような場合は、即時取得を規定する192条によって保護されうる。また、不動産取引において、本人が直接の相手方に権利があるかのような外観があることを知りつつ放置したような場合には、94条2項の類推適用によって、外観を信頼した転得者の保護を図る余地がある。

2　110条の責任発生に本人の過失は必要か

正当な理由ありといい得るためには、本人の過失に基づいたものであることも、本人の行為（作為又は不作為）に起因したものであることも必要でない、とするのが判例（最判昭34.2.5）・通説である。このように、本人の具体的・主観的な態様を問題にしないという解釈は、特に法定代理への110条の適用を肯定するための前提として意義をもつ。

👉 One Point ▶「正当な理由」の主張・立証責任

「正当な理由」の主張・立証責任は相手方（第三者）にあります（109条1項の場合とは異なります）。すなわち、110条の表見代理の成立を主張する相手方が「正当な理由」を基礎づける事実（実印や委任状の存在）を主張・立証しなければなりません。たとえば、通常はその代理人が不動産の処分についての代理権を有すると信じたことについて「正当な理由」があったとしても、代理権の存在を疑わせるような特別な事情があり、それを本人側が証明すれば、相手方はさらに代理権の存在について本人に確認する等の調査をしないと「正当な理由」が否定されることになります。

3　「正当な理由」（110）の判断方法

「正当な理由」（110）とは、代理権の存在を相手方が信じたことに過失がなかったことをいう（最判昭35.12.27）。すなわち、「正当な理由」とは、相手方の善意・無過失を意味する。

「正当な理由」の存否は、概ね、次のように判断される。

まず、代理権の存在を推測させる事情の存在が認められる場合、原則として、「正当な理由」の存在が肯定される。たとえば、自称代理人が実印や委任状といった資格徴憑を所持している事実等がこれに当たる。

もっとも、代理権の存在を疑わせる客観的な事情（不審事由）がある場合、相手方は、代理権の存否に関する調査・確認義務を負う。そして、相手方が代理権の存否に関する調査・確認を怠れば、相手方の過失が認められ、その結果、「正当な理由」は否定される。

「代理権の存在を疑わせる客観的な事情（不審事由）」としては、次のような場合が挙げられている。すなわち、①資格徴憑上に不自然な点がある場合（委任状に改ざんの痕跡がある場合等）、②取引の経緯に不自然な点がある場合（夫

📍 **論点**

◀ 佐久間1・291頁

◀ 論文・司法 H 22

の不動産を売却しようとしている妻が、夫との不和を仄めかした場合等）、③法律行為の内容自体に疑いを差し挟む事由がある場合（自称代理人の債務を担保するための抵当権設定・保証等）、④本人と自称代理人との間に一定の人的関係がある場合（配偶者や同居の親族による実印等の所持・使用等）である。

　また、相手方が代理権の存否に関する調査・確認義務を負う場合において、どの程度の調査・確認を行うべきかについては、取引の異常性の程度、調査の難易度、相手方の属性等によって異なってくるとされており、一般に、取引の異常性が強い場合や本人との接触が容易である場合は、本人に対する直接の意思確認が求められるといえ、相手方が金融機関・貸金業者である場合は、より高度の調査・確認が求められるといえる。

(1)　不動産取引

　価額が大きく、表見代理が認められたときに本人の受ける不利益が大きいので、正当理由の認定は慎重になされる。

(2)　保証契約

　あまりに本人である保証人に不利な条件（金額が大きい、保証期間が定められていないなど）の場合には、相手方に本人の意思を確認するなどの代理権の存否についての調査義務が生じ、簡単には正当理由ありとはされない。特に相手方が金融機関の場合は、正当理由は厳格に判断される。

> **判例**　**最判昭45.12.15**
>
> 　金融機関は、継続的取引契約上の債権につき保証限度額及び保証期間のない連帯保証を求めるにあたり、主債務者が保証人を代理する場合には、本人の実印を所持し
>
>
>
> ていたとしても、他にその権限の存在を信ずるに足りる事情のない限り、保証の限度等について本人に照会するなどしてその意思を確認すべき義務があり、これを怠って代理権の存在を信じても、110条にいう正当の理由があるとはいえないとした。

> **判例**　**最判昭51.6.25／百選Ⅰ〔第8版〕〔30〕**
>
> 事案：　X社が取引先であるA社の経営状況に不安を感じ、A社の代表者であるBに対して、Bの実父Cを保証人とするよう求めたところ、Bは、Cの保証は得られないが、Yが保証人となる旨をXに申し入れた上で、当時別件についてYを代理するために預かっていた実印を利用して、Yに無断でY名義の連帯保証契約書を作成し、これに印鑑証明書を添えてXに提出した。その後、A社が倒産したため、XはYに対し、連帯保証債務の履行を求めた。
>
> 判旨：　保証の内容が期間及び限度額の定めのない連帯保証であり、連帯保証人の責任が比較的重いこと、実父にも保証人になってもらえなかったこと等の事情があるときには、**本人に保証の意思を確認すべきであり、これをしなかった以上、たとえ保証契約書、印鑑証明書を持参していたとしても、正当な理由があるとはいえない。**

(3)　代理人が本人の実印や不動産の権利証を用いた場合

　代理権の存在を推定させるから、正当理由が認められやすいといえるが、

代理人が本人の家族のときにはこれらを入手することが容易であるから、簡単には正当理由ありとはされない。

> **判例** **最判昭36.1.17**
>
> 病身の夫が家族との不和と療養との関係で別居中に、家屋の管理を任された妻が、偽計を用いて入手した夫名義の印鑑証明書を使用
>
> 夫（本人）
>
> 妻（無権代理人）─────買主
>
> し、夫に無断で土地家屋を他人に売却した場合に、買主が妻から「主人は病気で別居し、仕送りをしてくれないので借金ができ、その整理のために売る」旨を告げられながら、夫にその真偽を確かめなかったとの事情のもとでは、買主において妻にその権限ありと信ずべき正当の理由があるとはいえないとした。

8-6-4 代理権消滅後の表見代理

> ### 学習の指針
>
> 代理権消滅後の表見代理（112）とは、代理権が消滅した後に、無権代理人となった他人が相手方との間でした行為について、本人に責任を負わせる表見代理をいいます。この表見代理については、これまで説明した2つの表見代理と比べれば重要度は低いので、意義と要件をおさえておくだけで十分でしょう。

・ 意義・要件

1 **代理権消滅後の表見代理（112 I）**

◀佐久間1・294頁以下

（1）**意義**

他人に代理権を与えた者は、代理権の消滅後にその代理権の範囲内においてその他人が第三者との間でした行為について、代理権の消滅の事実を知らなかった第三者に対してその責任を負う（112 I本文）。

∵ 代理権が消滅したという事実は、外部である相手方からは容易に知り得ないため、代理権の存続への相手方の信頼を保護し、取引の安全を図る必要がある一方、本人は自ら代理人を選任して代理権を与えた以上、その代理人が代理権消滅後も行為をすることによるリスクを負担するべきである

ex. ある商品の仕入れ（売買）についてAから代理権を与えられていたBが、AB間の委任契約の解除により代理権が消滅した後も、Cとの間でAの代理人として当該商品を仕入れた場合

ここにいう「第三者」は、無権代理行為の直接の相手方に限られる。したがって、転得者は「第三者」に含まれない。

（2）**要件**

① かつて存在した代理権が代理行為時には消滅していたこと

→かつて存在した代理権は、継続的・包括的なものであると、一時的・個別的なものであるとを問わない

→相手方が代理人とその代理権の消滅前に取引したことがなくても、本条は適用され得る（最判昭44.7.25）

② かつて存在した「代理権の範囲内において」代理行為が行われたこと
→代理権の範囲外の行為が行われたときは、112条2項が適用される
③ 相手方が「代理権の消滅の事実」について善意・無過失であること
→「代理権の消滅の事実」について善意であることとは、かつてその他人に代理権が存在していたことを知っており、かつ代理行為の前にその代理権が消滅したことを知らなかったことをいう（その他人が当該行為について代理権を有しているとの信頼はあるが、かつてその他人に代理権が存在していたことを知らなければ（単に代理行為時に代理権が存在しなかったことを知らなかっただけでは）、「代理権の消滅の事実」について善意であるとはいえない）

＊ なお、条文の構造上、相手方側が「代理権の消滅の事実」について善意であることの主張・立証責任を負い、本人側が相手方の過失について主張・立証責任を負うと解釈するのが素直である。

もっとも、代理権が消滅したという事実は、本人・代理人間の内部事情であり、外部である相手方からは容易に知り得ないとの理由から、上記要件①②のみで表見代理の成立を認め、本人側が相手方の悪意・有過失について主張・立証した場合に、本人は表見代理の責任を免れるものと解すべきであるとする見解も有力に主張されている（大判明38.12.26参照）。

2　消滅した代理権の範囲を超える場合（112Ⅱ）

(1)　意義

他人に代理権を与えた者は、代理権の消滅後に、その代理権の範囲内においてその他人が第三者との間で行為をしたとすれば112条1項の責任を負うべき場合において、その他人が第三者との間でその代理権の範囲外の行為をしたときは、第三者がその行為についてその他人の代理権があると信ずべき正当な理由があるときに限り、表見代理の責任を負う（112Ⅱ、大連判昭19.12.22／百選Ⅰ［第8版］〔33〕参照）。

∵ 代理人が代理権の消滅前にその範囲外の行為をした場合において、相手方に代理権があると信ずべき正当な理由がある場合には表見代理（110）が成立するところ、代理権の消滅後でも相手方との関係では代理権が消滅していないものとして扱われる場合（112Ⅰ）については、相手方は代理人の権限外の行為についても110条と同様の保護を受けられるべきである

(2)　要件

① かつて存在した代理権が代理行為当時には消滅していたこと
② かつて存在した「代理権の範囲外の」代理行為が行われたこと
③ 相手方が「代理権の消滅の事実」について善意であり、当該行為について代理権があると信ずべき正当な理由があること

3　適用範囲

112条は、任意代理についてのみ適用され、法定代理に適用することはできない。

∵ 「他人に代理権を与えた者」（112ⅠⅡ）という文言から、代理権消滅後の表見代理の責任は、任意代理における本人だけが負う

　甲の夫乙は、甲の入院費を捻出するために、甲代理人乙として、甲の実印を無断で利用して、甲所有の土地を丙に売却した。丙は乙に甲所有の土地を売却する権限があると信じていた。丙がいまだ登記を備えていない場合、丙は甲に対して移転登記請求をなしうるか。

[問題点]

1　日常家事の意義
2　法定代理権と110条
3　761条と110条

[フローチャート]

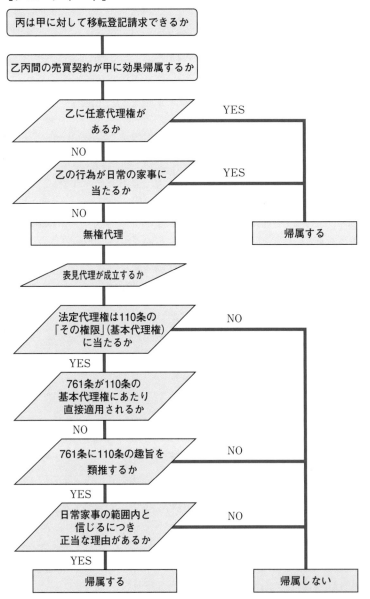

丙は甲に対して移転登記請求できるか

乙丙間の売買契約が甲に効果帰属するか

乙に任意代理権があるか　──YES→

乙の行為が日常の家事に当たるか　──YES→

無権代理　　　　　　　帰属する

表見代理が成立するか

法定代理権は110条の「その権限」(基本代理権)に当たるか　──NO→

761条が110条の基本代理権にあたり直接適用されるか　──YES→

761条に110条の趣旨を類推するか　──NO→

日常家事の範囲内と信じるにつき正当な理由があるか　──NO→

帰属する　　　　　　　帰属しない

[答案構成]

一 丙は甲に対して売買契約（555）に基づき所有権移転登記手続請求をすることになるが、この請求が認められるためには、乙丙間の売買契約が有効な代理行為として甲に帰属している必要がある

二1 乙は甲に無断で契約を締結しており、任意代理権を有しない

 ↓そこで

2 乙は甲の夫であるから、761条に基づいて法定代理権を有するといえないか

⇒243頁

 →761条は配偶者の日常家事に関する法定代理権を認める規定

  ∵ 夫婦共同生活における分業協力の実態

  ↓そこで

「日常家事」とは夫婦が日常の家庭生活を営む上で通常必要とされる事務をいう

  ↓そして

「日常家事」に当たるかどうかの判断は、その法律行為をした夫婦の共同生活の内部的な事情やその行為の個別的な目的のみを重視するのではなく、その法律行為の種類・性質等の客観的な事情も考慮する

3 あてはめ

 ① 本件売買は甲の入院費という甲の生命・身体の維持に必要な費用の捻出のためであるが、土地の売却は高額な取引である

 ② 土地は通常、頻繁に売買が予定される性質のものではない

  ↓以上から

 土地の売却は日常生活を営む上で通常必要とされる事務とはいえず、「日常家事」には当たらない

 →無権代理として、甲の追認がない限り、甲には売買契約の効果は帰属しないのが原則（113Ⅰ）

三1 そこで、761条を基本代理権とする表見代理（110）が成立しないか

⇒243頁

2 まず、法定代理権は110条の「その権限」に当たるか

 →肯定

  ∵ 文言上区別なし

3 としても、761条の代理権は「その権限」に当たり110条が直接適用されるのか

 →否定

  ∵ 夫婦別産制（762）に反する

4 では、丙は保護されないのか

 →761条に110条の趣旨を類推適用し、相手方が当該法律行為について当該夫婦の日常家事の範囲内にあると信じるにつき、正当な理由がある場合には法律行為の効果が本人に帰属する

  ∵ 夫婦別産制と取引の安全との調和

5 あてはめ

 →丙は、乙に甲所有の土地を売却する権限があると信じていたにすぎず、乙の行為が夫婦の日常家事の範囲内にあると信じていたわけではない

  ↓したがって

 丙には、日常家事の範囲内にあると信じるにつき、正当な理由があるとはいえない

  ↓よって

 乙丙間の売買契約の効果は甲に帰属せず、丙の請求は認められない

1 代理人に対して意思表示をした者が、本人に対する意思表示であることを示したときは、代理人において本人のために受領することを示さなくても、その意思表示は本人に対して効力を生ずる。［司H24－4＝予H24－1］

○ 99条2項、1項参照
⇒8－1 三（p.189）

2 代理人が本人のためにすることを示さないでした意思表示であっても、代理人が本人のためにすることを相手方において知ることができた場合には、意思表示は本人に帰属する。［司H20－6］

○ 100条ただし書、99条1項参照
⇒8－2－2 一（p.193）

3 代理人が相手方と通謀して売買契約の締結を仮装した場合、相手方は、本人がその通謀虚偽表示を知っていたか否かにかかわらず、当該売買契約の無効を主張することができる。［司H30－4＝予H30－2］

○ 101条1項により、代理人の虚偽表示は本人に帰責され、相手方は、94条1項により、本人の善意・悪意を問わず、売買契約の無効を主張できる（大判大3.3.16参照）。
⇒8－2－3 一（p.196）

4 特定の法律行為をすることを委託された代理人がその行為をした場合、本人は、自ら過失によって知らなかった事情について代理人が過失なく知らなかったことを主張することができない。［司H30－4＝予H30－2改］

○ 101条3項参照
⇒8－2－3 一（p.196）

5 Aの代理人BがCの詐欺により売買契約を締結した場合、Bは当該売買契約を取り消すことができるが、Aは当該売買契約を取り消すことができない。［司H28－4＝予H28－2］

× 101条1項参照
⇒8－2－3 二（p.196）

6 委任による代理人は、未成年者でもよいが、未成年者のした代理行為は、その法定代理人が取り消すことができる。［司H23－4］

× 102条本文参照
⇒8－2－4（p.199）

7 委任による代理人は、本人の許諾を得たときのほか、やむを得ない事由があるときにも、復代理人を選任することができる。［司H26－3］

○ 104条参照
⇒8－3－2 二（p.203）

8 成年後見人は、やむを得ない事由があるときでなければ、復代理人を選任することができない。［司H28－4＝予H28－2］

× 法定代理人は、自己の責任で自由に復代理人を選任することができる（105前段）。
⇒8－3－2 二（p.203）

9 法定代理人がやむを得ない事由があるために復代理人を選任した場合、代理人は、本人に対して復代理人の選任及び監督についての責任のみを負う。［司R元－3］

○ 105条後段参照
⇒8－3－2 二（p.204）

10 復代理人は、本人の代理人であって代理人の代理人ではないから、復代理人が代理行為をするに当たっては、本人のためにすることを示せば十分である。［司H20－6］

○ 復代理人は本人を代表する（106 I）から、代理行為は、本人のためにすることを示してする（99 I）。
⇒8－3－2 三（p.204）

11 委任による代理人が適法に復代理人を選任した場合において、その復代理人が委任事務を処理するに当たり金銭その他の物を受領したときは、復代理人は、本人に対して受領物を引き渡す義務を負う。［司H29－37＝予H29－15］

○ 106条2項・646条1項、最判昭51.4.9参照
⇒8－3－2 三(p.204)

12 売買契約を締結する権限を与えられて代理人となった者は、相手方からその売買契約を取り消す旨の意思表示を受ける権限を有する。［司H26－3］

○ 最判昭34.2.13参照
⇒8－3－3 一(p.206)

13 権限の定めのない代理人は、保存行為をする権限のみを有する。［司H30－4＝予H30－2］

× 権限の定めのない代理人は、保存行為（103①）のほか、利用・改良行為（103②）もすることができる。
⇒8－3－3 一(p.206)

14 自己契約及び双方代理は、債務の履行行為及び本人があらかじめ許諾した行為を除き原則として効力を生じないが、本人の保護のための制度であるから、無権代理行為として、本人が追認すれば有効になる。［司H20－6］

○ 自己契約・双方代理は、原則として、無権代理行為とみなされる（108Ⅰ）。もっとも、いずれも本人保護のための制度であるから、本人が追認すれば、契約の時に遡って有効となる（116本文）。
⇒8－3－3 一(p.207)

15 Aは、B及びCからあらかじめ許諾を得た場合、B及びCの双方を代理してBC間の契約を締結することができる。［司R元－3］

○ 108条1項ただし書参照
⇒8－3－3 一(p.208)

16 原材料甲を仕入れる代理権を本人から付与された者が、その代理権を利用して利益を図ろうと考え、本人を代理して第三者から甲を買い受け、これを他に転売しその利益を着服した場合、権限外の行為についての表見代理に関する規定が類推され、第三者は、本人に対し、甲の代金の支払を求めることができる。［司H25－4＝予H25－2］

× 107条参照。この場合、権限外の行為の表見代理に関する規定（110）が類推されることはない。
⇒8－3－3 二(p.208)

17 代理権を授与した本人が死亡しても、代理権は消滅しない。［司R元－36］

× 111条1項1号参照
⇒8－3－4 一(p.209)

18 代理人が保佐開始の審判を受けたときは、代理権は消滅する。［予H23－1］

× 代理人が保佐開始の審判を受けても代理権は消滅しない。なお、代理人が後見開始の審判を受けた場合には、代理権は消滅する（111Ⅰ②）。
⇒8－3－4 一(p.210)

19 本人が無権代理人に対して無権代理行為を追認したとしても、相手方がこれを知るまでの間は、本人は、無権代理人に対しても追認の効果を主張することができない。［司H26－4＝予H26－2］

× 113条2項にかかわらず、無権代理人に対する関係では、追認は有効である（大判大8.10.23参照）。
⇒8－5 二(p.213)

20 本人に代わって弁済を受領する権限がない者が本人の有する債権について本人に代わって弁済を受領した後に、第三者が当該債権を差し押さえて転付命令を得た場合において、その後に本人がその弁済受領行為を追認したときは、当該第三者は、転付命令により当該債権を取得することはできない。［司H26－4＝予H26－2］

× 116条ただし書、大判昭5.3.4参照。追認までの間に本人と法律関係を生じた者の地位は追認による影響を受けない。
⇒8－5 二(p.214)

21 AがB所有の動産をBから何らの代理権も与えられていないのにその代理人としてCに売却した場合には、Bがこれを追認すれば、BC間の売買契約は契約時にさかのぼって有効となるが、AがB所有の動産をBに断りなく自分の物としてCに売却した場合には、Bがこれを追認すると、その追認の時に新たにAC間の売買契約が締結されたものとみなされる。［司H25－5］

× 判例（最判昭37.8.10／百選Ⅰ［第8版］〔38〕）によれば、無権代理行為の追認に関する116条は、他人の権利を無断で処分した場合にも類推適用され、「処分の時」（≠追認の時）に遡って効力を生ずる。
⇒8－5 二(p.214)

22 無権代理行為について本人が追認を拒絶した後は、本人であっても追認によってその行為を有効とすることができない。［司H30－5］

○ 最判平10.7.17参照
⇒8－5 二(p.215)

23 無権代理人がした売買契約について、その売買契約の相手方が、本人に対し、相当の期間を定めて、その期間内にその売買契約を追認するかどうかを確答すべき旨の催告をし、本人がその期間内に確答をしなかった場合には、その売買契約を追認したものとみなされる。［司H27－35］

× 114条後段参照
⇒8－5 三(p.216)

24 本人が無権代理人に対して無権代理行為を追認した場合でも、相手方は、その事実を知らなければ取消権を行使することができる。［司H23－3＝予H23－2］

○ 相手方以外に対する追認は、相手方がその事実を知るまでは対抗できないため、相手方は、追認までの間、取り消すことができる（115本文、113参照）。
⇒8－5 三(p.216)

25 代理権を有しない者がした契約の本人による追認は、その契約を相手方が取り消した後は、することができない。［司H25－3］

○ 相手方が取消権を行使すると、相手方が無権代理人とした契約は確定的に無効となるため、本人は追認することができなくなる。
⇒8－5 三(p.216)

26 代理権を有しない者が代理行為として契約をした場合、その契約の時に代理権のないことを知っていた相手方は、本人が追認をする以前でもこれを取り消すことができない。［司H24－5］

○ 115条ただし書参照
⇒8－5 三(p.216)

27 他人の代理人として契約をした者が無権代理人であり、かつ、本人の追認を得ることができなかった場合において、相手方の選択により無権代理人として履行に代わる損害賠償義務を負うときは、当該損害賠償義務は不法行為による損害賠償責任であるから、無権代理行為の時から3年の時効消滅にかかる。［司H25－6］

× 117条1項に基づく損害賠償責任は、不法行為による損害賠償責任ではないから、3年の短期消滅時効（724①）にはかからない（最判昭32.12.5参照）。
⇒8－5 四(p.217)

28　無権代理人は、本人の追認を得られなかったとしても、自己に代理権があると過失なく信じて行為をしたときは、相手方に対して履行又は損害賠償の責任を負わない。[司R元－3]

×　無権代理人の責任は、無過失責任である（最判昭62.7.7／百選Ⅰ[第8版]〔34〕）。
⇒8－5　四（p.217）

29　無権代理行為の相手方は、表見代理の主張をしないで、無権代理人に対し履行又は損害賠償の請求をすることができるが、これに対し無権代理人は、表見代理の成立を主張してその責任を免れることができる。[司H23－3＝予H23－2]

×　無権代理人は、表見代理の成立を主張して117条の責任を負わない旨主張することはできない（最判昭62.7.7／百選Ⅰ[第8版]〔34〕参照）。なお、前段は正しい。
⇒8－5　四（p.217）

30　無権代理人が本人の追認を得ることができなかったときは、代理権の不存在につき善意無過失の相手方は、無権代理人に損害賠償を請求することができる。[司H24－5]

○　117条2項2号本文参照。なお、ここにいう「過失」は、重大な過失に限定されない（最判昭62.7.7／百選Ⅰ[第8版]〔34〕）。
⇒8－5　四（p.218）

31　無権代理人が本人を代理して第三者の貸金債務につき本人名義で連帯保証契約を締結した後、本人が追認も追認拒絶もしないまま死亡し、無権代理人が他の者と共に本人を相続した場合、他の共同相続人全員の追認がなくても、無権代理人が本人から相続により承継した部分について、無権代理行為は有効となる。[司H23－3＝予H23－2]

×　追認権はその性質上相続人全員に不可分的に帰属するため、共同相続人全員の追認がない限り、無権代理行為は、無権代理人の相続分に相当する部分においても、当然に有効とはならない（最判平5.1.21／百選Ⅰ[第8版]〔36〕）。
⇒8－5　六（p.223）

32　無権代理人が本人の地位を単独相続した場合、本人が追認を拒絶した後に死亡したときでも、無権代理行為は有効になる。[司H18－33]

×　本人が追認拒絶後に死亡し、無権代理人が本人を相続しても、追認拒絶の効果に影響はない（最判平10.7.17）。
⇒8－5　六（p.224）

33　本人は、無権代理人の地位を単独相続した場合、無権代理行為の追認を拒絶することができる。[司H18－33]

○　最判昭37.4.20／百選Ⅰ[第8版]〔35〕参照
⇒8－5　六（p.226）

34　無権代理人を相続した本人は、無権代理行為について追認を拒絶することができる地位にあったことを理由として、無権代理人の責任を免れることができない。[司H26－4＝予H26－2]

○　最判昭48.7.3参照
⇒8－5　六（p.226）

35 無権代理人の地位を相続した後に本人の地位をも相続した第三者は、無権代理行為の追認を拒絶することができる。[司H18－33]

× 判例（最判昭63.3.1）は、無権代理人→本人の順にその地位を相続した第三者は、本人の資格で無権代理行為の追認を拒絶する余地はないとしている。
⇒8－5　六（p.228）

36 第三者に対して他人に代理権を与えた旨を表示した者は、その他人に代理権が与えられていないことをその第三者が知り、又は過失によって知らなかったことを主張立証すれば、その表示された代理権の範囲内においてされた行為について責任を免れる。[司H29－5]

○ 最判昭41.4.22参照
⇒8－6－2　一（p.235）

37 判例によれば、AがBに代理権を与えないまま「A」という名称の使用を許し、BがAの取引であるように見える外形を作り出して取引をした場合、この取引の効果がAに帰属することはない。[司H24－5]

× 本人名義の使用許諾（いわゆる「名義貸し」）の場合にも109条は類推適用される（最判昭35.10.21／百選Ⅰ[第8版]〔28〕参照）。
⇒8－6－2　二（p.236）

38 何らの代理権がない者が代理人と称してした契約であっても、相手方が代理人と称した者に当該契約を締結する権限があると信じ、そのように信じたことにつき正当な理由がある場合には、本人に対してその効力を生じる。[司H20－6]

× 権限外の行為の表見代理（110）が成立するためには、代理人に何らかの基本代理権がなければならない。
⇒8－6－3　二（p.240）

39 権限外の行為の表見代理の規定は、公法上の行為を委託された場合であっても、それが私法上の契約による義務の履行のためのものであるときは、適用することができる。[司H18－25]

○ 最判昭46.6.3参照
⇒8－6－3　四（p.242）

40 夫が、日常の家事の範囲を越えて、妻を代理して法律行為をした場合、相手方において、その行為がその夫婦の日常の家事に関する法律行為に属すると信ずるにつき正当の理由があるときは、権限外の行為についての表見代理に関する規定の趣旨が類推され、妻は夫がした法律行為によって生じた債務について、連帯してその責任を負う。[司H25－4＝予H25－2]

○ 最判昭44.12.18／百選Ⅲ[第2版]〔9〕参照
⇒8－6－3　五（p.244）

41 権限外の行為の表見代理の規定は、本人から一定の代理権を授与された者が本人自身であると称して権限外の法律行為をした場合に類推適用することができる。[司H18－25]

○ 最判昭44.12.19参照
⇒8－6－3　六（p.245）

42 本人からその所有する不動産に抵当権を設定する代理権を与えられた者が、本人を代理して当該不動産を売却した場合、売買契約の相手方がその権限の逸脱の事実を知り、又はそれを知らないことについて過失があったときでも、転得者が善意無過失であるときは、表見代理が成立する。[司H25－4＝予H25－2]

× 110条の「第三者」は無権代理行為の直接の相手方に限られ、転得者は含まれない（最判昭36.12.12参照）。
⇒8－6－3　七（p.245）

43　権限外の行為の表見代理は、代理人として行為をした者が当該行為をするための権限を有すると相手方が信じたことにつき本人に過失がなかったときは成立しない。〔司H29－5〕

× 　「正当な理由」(110)の判断に当たっては、本人の過失は不要である（最判昭34.2.5参照）。
⇒8－6－3　七(p.246)

44　代理権消滅後の表見代理は、相手方が代理人として行為をした者との間でその代理権の消滅前に取引をしたことがなかったときは成立しない。〔司H29－5〕

× 　相手方が代理人とその代理権の消滅前に取引したことがなくても、112条は適用され得る（最判昭44.7.25）。
⇒8－6－4 (p.248)

45　代理権消滅後にその代理権を越えて代理行為を行った場合には、表見代理は成立しない。〔司H21－6〕

× 　112条2項、大連判昭19.12.22／百選Ⅰ[第8版]〔33〕参照
⇒8－6－4 (p.249)

46　代理権消滅後の表見代理の規定は、法定代理に適用することはできない。〔司H18－25〕

○ 　112条は、「他人に代理権を与えた者」(任意代理における本人)にしか表見代理の責任を負わせていない。
⇒8－6－4 (p.249)

これから学ばれる方へ

　A君は叔父のBさんと、「今年、巨人が優勝したら、Aが前から欲しがっていたBの時計をただで譲ってもらう」という約束をしました。この約束は、一方が無償で時計という財産を他方に与える贈与契約（549）ですが、この契約の効力は、巨人が優勝して初めて生じます。しかし、巨人が優勝するかどうかはまさに神のみぞ知ることであって、発生の不確実な事実にすぎません。このように、契約等の法律行為の効力を、発生することが不確実な事実にかからせる約束を「条件」といいます。また、このような事実自体も条件と呼ばれます。

　条件には、大きく分けて、先の例のように条件が成就したら契約の効力が発生するもの（条件が成就するまで契約の効力が停止しているという意味で「停止条件」と呼びます）と、条件が成就したら契約の効力が消滅するもの（既に効力が生じている契約が解除されたことになるという意味で「解除条件」と呼びます）があります。たとえば、BさんがA君と「時計をただで譲ってあげるけど、今年、阪神が優勝しなかったら返してもらう」と約束した場合、阪神が優勝しないという不確実な事実が解除条件となるわけです。もちろん、巨人が優勝する確率と阪神が優勝をのがす確率はかなり異なるでしょうが、不確実な事実であることに変わりなく、ともに条件に当たります。

　これに対し、A君がBさんに10万円を借金（法律上は消費貸借契約（587））した際に、「8月31日に返します」とか「梅雨が明けた翌日に返します」というように、将来到来することの確実な事実と債務の履行を結びつける場合があります。このような法律行為の効力の発生・消滅や債務の履行を将来到来することの確実な事実の発生まで延ばす約束を期限といいます。また、このような事実自体、すなわち8月31日や梅雨明けの翌日も期限と呼ばれます。

　以上のように条件や期限は一定の事実ですが、期間とは時間の流れを継続したものとして捉えている概念といえます。たとえば、他人の土地であっても20年間自分のものとして占有した場合、取得時効によって土地が自分の所有物になりますが（162Ⅰ）、この20年というのが期間です。

　民法は、この期間をどのように計算するのかを定めています。

9-1 条件・期限

学習の指針

　条件と期限は、法律行為の効力の発生又は消滅を将来に生ぜしめる趣旨の効果意思の特殊な態様です。条件とは法律行為の効力の発生又は消滅を将来の不確実な事実の成否にかからしめる付款をいい、これには停止条件と解除条件があります。期限とは法律行為の効力の発生・消滅又は債務の履行を、将来到来することの確実な事実の発生にかからしめる付款をいいます。始期と終期という区分もありますが、より重要な区分は確定期限と不確定期限です。条件と期限はもっぱら短答式対策に関する事項ですが、後述する「二　7　条件の種類と効力」は頻出事項といえます。

一　はじめに

　条件と期限は、法律行為の効力の発生又は消滅を将来に生ぜしめる趣旨の効果意思の特殊な態様である。条件や期限のように、法律行為から生じる効力を制限するために表意者が法律行為の際にその法律行為の一部として特に付加する制限を付款という。私的自治の原則の妥当する民法においては、当事者は意思表示の内容として条件や期限を付けることができる。

　条件・期限は、当事者の意思表示であるから、その効力はその意思表示の解釈による。民法の条件・期限に関する諸規定は、主として、その際の解釈基準を提供する任意規定である。

二　条件（127以下）

1　意義

　法律行為の効力の発生又は消滅を将来の不確実な事実の成否にかからしめる付款。

2　種類

(1)　**停止条件：法律行為の効力の発生に関する条件**

　　ex. 合格したら車をあげる

(2)　**解除条件：法律行為の効力の消滅に関する条件**

　　ex. 落第したら奨学金をやめる

3　条件付法律行為の効力

【条件付法律行為の効力】

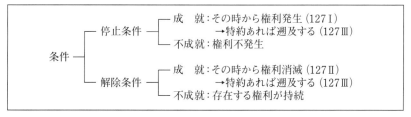

条件 ─┬─ 停止条件 ─┬─ 成　就：その時から権利発生（127Ⅰ）
　　　 │　　　　　　 │　　　　　→特約あれば遡及する（127Ⅲ）
　　　 │　　　　　　 └─ 不成就：権利不発生
　　　 └─ 解除条件 ─┬─ 成　就：その時から権利消滅（127Ⅱ）
　　　　　　　　　　 │　　　　　→特約あれば遡及する（127Ⅲ）
　　　　　　　　　　 └─ 不成就：存在する権利が持続

4　条件の成就未定の間の期待権（128）

(1)　条件の成就によって利益を受ける当事者は、条件の成否未定の場合もその

利益に対する期待を有している。民法はこの期待を期待権として一定の範囲で保護している。

(2) **期待権の保護**

① 当事者は、相手方の利益を害することはできない（不可侵義務を負う）。停止条件付売買契約の売主Aが、目的物を故意・過失によって損傷したり、第三者Cに売却したりして、将来、条件成就後の履行を不可能なものにしたときは、買主Bに対して、債務不履行（415）ないし不法行為（709）に基づく損害賠償責任を負う。

判例（最判昭39.1.23）は、条件成就の妨害がある場合には、条件付権利（期待権）の侵害があるとして、条件成就を妨害した者は不法行為に基づく損害賠償責任を負うとしている。

② 第三者が期待権の目的物を滅失・損傷したり、条件成就を妨害した場合にも、期待権侵害の不法行為が成立することがある。

③ 期待権を有する者の妨害者に対する期待権侵害を理由とする損害賠償請求権（415、709）と130条の権利（⇒下記6参照）は、選択的に行使できると解されている。

☞ ONE POINT
期待権とは、権利とまではいえないが、期待が法的に保護される場合に、その期待を有する者の法的地位をいいます。

5 条件付権利の処分（129）

条件付権利及び条件付義務も、通常の権利・義務と同じく、処分・相続・保存又は担保に供することが可能である。

ex. 譲渡、放棄、担保物権の設定、仮登記など

cf. 抵当不動産を停止条件付きで取得した者は、停止条件の成否が未定である間は、抵当権消滅請求（379以下）をすることができない（381）

6 条件成就の妨害等（130）

(1) 条件の成就によって不利益を受ける者が、「故意に」条件の成就を妨害した場合、相手方は条件が成就したものとみなすことができる（130Ⅰ）。

たとえば、不動産取引の仲介を依頼した者が、不動産仲介業者を出し抜いて直接取引をした場合、不動産仲介業者は、130条1項に基づき、依頼者に対して報酬請求をすることができる（最判昭39.1.23、最判昭45.10.22等参照）。

☞ One Point ▶ 条件成就の蓋然性

130条1項が適用されるためには、その妨害がなければ条件は成就しただろうという蓋然性が必要です。たとえば、「君の小説が今年の芥川賞を取ったら100万円やる」という約束を友人にしていた人が、その友人の書いた小説を隠して発表できなくした場合でも、その作品が、誰がみても駄作だという場合は130条1項は適用されません。実際には、どの程度の条件成就の可能性があればこの蓋然性ありといえるか、判断の困難な場合があるといえます。

---

(2) 条件の成就によって利益を受ける者が、「不正に」条件を成就させた場合、相手方は条件が成就しなかったものとみなすことができる（130Ⅱ）。

ここにいう「不正に」とは、**信義則に反して故意に**、という意味である。

＊ 130条2項は、故意の条件成就の場合に改正前民法130条を類推適用した判例（最判平6.5.31／百選Ⅰ［第8版］〔40〕）を明文化したものである。

(3) 当然にその条件が成就・不成就となるわけではなく、相手方は、その条件が成就したもの又は成就しなかったものとみなすことのできる権利（形成権）を取得する。

7　条件の種類と効力

(1)　既成条件

当事者が条件とした事実が、法律行為の当時において既にその成否が確定しているものである場合、その条件を既成条件という。

条件が法律行為の時に既に成就していた場合において、その条件が停止条件であるときはその法律行為は無条件とし、その条件が解除条件であるときはその法律行為は無効とする（131Ⅰ）。

条件が法律行為の時に既に不成就に確定していた場合において、その条件が停止条件であるときはその法律行為は無効とし、その条件が解除条件であるときはその法律行為は無条件とする（131Ⅱ）。

(2)　不法条件

内容が不法である条件を不法条件という。

不法な条件を付した法律行為は、無効となる（132前段）。「不法な条件」（132前段）とは、条件である事実が不法であるということではなく、条件を付することによって、法律行為全体が不法性を帯びる（公序良俗等に違反する）ことである。そのため、「100万円をくれた場合に、不倫関係をやめる」というように、条件自体は適法であるが、全体として不法性を帯びる場合には、無効となる。一方、「相手方の名誉を侵害した場合に一定の損害賠償を支払う」というように、条件自体は不法であるが、契約全体としては適法である場合には、有効である。

なお、不法な行為をしないという条件を付した法律行為も無効である（132後段）。たとえば、犯罪行為をしないことを条件として金銭を与える契約などである。

(3)　不能条件

将来実現することが社会通念上あり得ないと考えられる条件を不能条件という。

不能の停止条件を付した法律行為は、無効とする（133Ⅰ）。不能の解除条件を付した法律行為は、無条件とする（133Ⅱ）。

(4)　純粋随意条件

条件の成否が当事者の意思によって決定される場合、その条件を随意条件といい、条件の成否が純粋に当事者の意思のみに係る場合を純粋随意条件という。停止条件付法律行為は、その条件が単に債務者の意思のみに係るときは、無効とする（134）。たとえば、将来気が向いたら、私が所有する自動車を贈与するというような場合である。

解除条件付法律行為の場合には、本条は適用されないため、法律行為の効力に影響はない（最判昭35.5.19）。

【条件の種類】

条　件　の　種　類			効　　力
既成条件	条件が既に成就	停止条件	無条件 (131 I)
		解除条件	無　効 (131 I)
	条件が不成就に確定	停止条件	無　効 (131 II)
		解除条件	無条件 (131 II)
不法条件	不法の条件		無　効 (132)
	不法な行為をしない条件		無　効 (132)
不能条件	停止条件		無　効 (133 I)
	解除条件		無条件 (133 II)
純粋随意条件	停止条件	単に債務者の意思のみにかかるとき	無　効 (134)
		単に債権者の意思のみにかかるとき	有　効
	解除条件	単に債務者の意思のみにかかるとき	有　効
		単に債権者の意思のみにかかるとき	有　効

8　条件に親しまない行為

(1)　身分行為

　婚姻、離婚、養子縁組等の身分行為に条件を付けることは、身分秩序を不安定にし、公序良俗に反するため、許されない。判例（大判大9.5.28）は、夫Aが妻Bとの離婚を条件にCと婚姻を予約し、それまでCに扶養料を与えるという契約について、不法な条件を付したものとして無効としている。

(2)　単独行為

　取消し、追認、解除等の単独行為に条件を付けることは、相手方を一方的に不安定な立場に置くことになるため、原則として許されない。相殺については明文の規定により、条件・期限を付すことが禁止されている（506 I 後段）。

　ただし、単独行為であっても、債務の免除のように相手方に不利益とならない場合には、条件を付すことも認められている。また、期間内に履行されないことを停止条件とする解除も、債務者として当然にしなければならないことを条件とするものであって、債務者の地位を不安定にするものではないことから、例外的に有効と解されている（大判明43.12.9）。

> **Q**：友人に金を借りようとしたら、「月に行って月の石を拾って来たら貸してやる」と言われました。この約束は有効なのでしょうか。
>
> **A**：実現が不能である事実を条件とした場合、その法律行為は全体が無効となります（133）。したがって、その約束は無効です。

三　期限（135以下）

1　意義

　法律行為の効力の発生・消滅又は債務の履行を、将来到来することの確実な事実の発生にかからしめる付款。

2　種類

(1)　始期と終期（135）

　① 始期：その事実の到来によって、債務者が債務の履行をしなければならない履行期限（履行期）。なお、その事実の到来によって法

律行為の効力が発生する場合を停止期限というが、民法上これに関する規定は存在しないものの、契約自由の原則からいって、当事者が合意で（広義の）始期として定めることは可能である

② 終期：その事実の到来によって、法律行為の効力が消滅する場合

【始期と終期】

		具 体 例
始期	履行期限	・ 品物を買って、代金を5月4日に払うと約束した場合 ・ 土地を借りて、5月4日に返すと約束した場合
	停止期限	・ 法人の総会が5月4日に法人を解散すると決議した場合 ・ 土地を5月4日から貸すと約束した場合
終期		・ 5月4日まで年金を支給すると約束した場合 ・ 死亡まで地上権を与えると約束した場合

(2) 確定期限と不確定期限

確定期限：事実の発生だけでなく発生時点も確定している場合

> **ex.** 3月31日に借金を返す

不確定期限：期限が到来することは確実だが、いつ到来するかはわからない場合

> **ex.** 私が死んだらこの家をあげる

(3) 不確定期限と条件の区別

不確定期限と条件の区別は、困難な場合がある。たとえば、「私に10万円貸してくれ、出世したら返済する」という内容の、いわゆる出世払債務が停止条件付きの金銭消費貸借なのか、それとも不確定期限付きの金銭消費貸借なのかが問題となる。

この両者の区別は、法律行為の趣旨などの諸般の事情を考慮して決定されるべきであり、結局は意思表示の解釈によって判断される。「出世したら返すが出世しなかったら返さなくてもよい」という意味に解すると、貸金返還債務の発生を出世という不確実な事実の成否にかからせていることになるため、停止条件付きの金銭消費貸借と解することになる。他方、判例（大判大4.3.24）は、「出世するか又は出世しないことが確定したら返す」という意味に解し、貸金返還債務の発生を出世の時又は出世しないことが確定した時の到来という将来到来することが確実な事実にかからせているとして、不確定期限付きの金銭消費貸借であると解している。

また、出世払債務とは別の具体例として、次の判例がある。判例（最判平22.10.14／平22重判〔4〕）は、数社を介在させて順次発注された工事の最終受注者X（下請負人）と、その直前の発注者Y（元請負人）とが、本件請負契約の締結に際して、「Yが請負代金の支払を受けた後にXに対して本件代金を支払う」旨を合意したとしても、本件請負契約の性質に即して、当事者の意思を合理的に解釈すれば、Xに対するYの本件代金の支払につき、Yが請負代金の支払を受けることを停止条件とする旨を定めたものとは解されず、Yが請負代金の支払を受けたときはその時点又はその見込みがなくなった時点で本件代金の支払期限が到来する旨を定めたものと解されるとした。

3 期限付き法律行為の効力

(1) 期限の到来

期限は、その事実の発生した時に到来する。期限は必ず到来するものであるから、不確定な事実の到来を弁済期と定めたような場合に、その事実の到

263

来が不発生に確定すれば、その時にも期限が到来することになる（判例）。

> **ex.** いわゆる出世払債務につき、出世しないことが確定した場合

(2) 期限到来の効果

(a) 期限が到来すれば、①履行期限の場合、債務の履行を請求でき（135Ⅰ）、②停止期限の場合、法律行為は効力を生じ、③終期の場合、法律行為の効力は消滅する（135Ⅱ）。

(b) 期限の到来に、条件成就の場合のように遡及効を与えることは自己矛盾である。

4 期限の利益（136）

期限が到来しないことによって、その間に当事者が受ける利益。

(1) 期限の利益は、債務者の利益のためにあると推定される（136Ⅰ）。

(2) 期限の利益の放棄（136Ⅱ）

期限の利益は、これを放棄することができる。ただし、相手方の利益を害することはできない。

(a) 期限の利益が当事者の一方のためだけに存在する場合、いつでも放棄することができる。

(b) 期限の利益が債務者・債権者双方に存するとき、相手方の損害を賠償すれば、期限の利益を放棄できるとするのが通説である。

> **ex.** 利息付定期預金（有償の金銭消費寄託、666参照）の場合、銀行は期限までの利息を支払えば、期限前でも弁済することができる（大判昭9.9.15)

(c) 期限の利益が債権者にあるとき、相手方の不利益を填補できるか否かによって、期限の利益を放棄しうるかどうかが決まる。

> **ex.1** 有償寄託の寄託者は、期限まで預かってもらえるという権利（利益）があるが、期限までの寄託料を払いさえすれば、一方的に期限の利益を放棄し、寄託物返還を請求できる（662ⅠⅡ参照）

> **ex.2** 利息付消費貸借の借主が元本利用につき有する利益は、損害賠償をもってしても、貸主の方から一方的に奪うことはできない

Q：友達から5万円を借り、その際2年後に年10%の利子を付けて返すと約束しました。しかし、その1年後、前倒しで、借りたお金を返したいのですが、いくら利子を付けて返せばよいでしょうか。

A：利息付でお金を借りた場合には、相手方も期限の利益を有しています。すなわち、期限どおりに返してもらうと2年分の利子を得られるという利益があるわけです。そこで、お金を借りたあなたは、その友達に本来の履行期までの利息、すなわち1万円を支払った上でなくては弁済できません（136）。よって、1万円利子を付けて返さなくてはなりません。

(3) 期限の利益の喪失（137）

(a) 喪失事由

① 債務者の破産手続開始の決定

② 債務者による担保の滅失・損傷又は減少

→債務者の故意・過失は不要とされている

③ 担保供与義務の不履行

(b) 効果

① 直ちに請求できるようになる（期限到来ではない）。

→期限の利益が双方に存在する場合、債務者が期限の利益を喪失しても、債権者はなお、期限の利益を主張しうる

② 請求の時から遅滞になる（期限到来時からでないことに注意）。

(c) 当事者間の契約で、一定の事実が存在するときに期限の利益を失う旨を定めることもできる。このような条項を「期限の利益喪失約款」とか「期限の利益喪失条項」と呼ぶ。

5 期限に親しまない行為

期限は、条件ほどではないものの、相手方の地位を不安定にし、特に始期が法律行為に付けられると効果が直ちに発生しないことになる。そこで、一般に、効果が直ちに発生することを必要とする法律行為には、始期を付けることはできないと解されている。

ex. 婚姻・縁組などの身分行為。また、相殺のように、遡及効ある行為に期限を付けることは無意味であるため、明文で禁止されている（506 I 後段）

6 期限付権利の保護

期限の到来によって利益を受ける者は、一種の期待権を有しており保護に値することは、条件付権利の場合と同じである。よって、128条・129条が類推適用されるべきである（通説）。

考えてみよう！ 要件事実の世界

売買契約に基づく代金支払請求（履行期限の抗弁）

＜事例＞

Xは、最新式のパソコンを新たに購入するに当たり、手持ちの資金が不足していたため、自身の所有する中古の甲パソコンを知人に売却し、その代金をもって不足分に充てることとした。他方、Yも、最新式のパソコンではなく一世代前の甲パソコンを手に入れたいと思っていた。

そこで、Xは、令和2年8月1日、知人のYに対し、甲パソコンを代金10万円で売却し、これを引き渡した。その際、Xは、代金支払期日を同月末日とする旨合意したと思っていたが、Yは、代金支払期日は翌月末日であると認識していた。

同年8月31日、Xは、Yに代金10万円の支払を求めたところ、Yは、代金の支払は翌月末日まで待つ約束だったはずだと主張して、Xの請求を拒んだ。

■ 請求の趣旨
　　被告は、原告に対し、10万円を支払え。
■ 訴訟物及びその個数
　　売買契約に基づく代金支払請求権　1個
■ 請求原因（Kg）
　　(あ) Xは、Yに対し、令和2年8月1日、甲パソコンを、代金10万円で売った。
■ 抗弁（E－履行期限の抗弁）
　　(カ) XとYは、本件売買契約の際、代金支払期日を令和2年9月30日とするとの合意をした。

要件事実のポイント

1 はじめに

(1) ＜事例＞において、Xは、Yに対して、甲パソコンの売買代金10万円の支払を求めている。これに対して、Yは、甲パソコンの売買契約における代金債務の履行期限の合意を主張して争っている。そこで、裁判所としては、Xの主張する権利（訴訟物）が現時点において存在するかどうかについて、審理・判断することとなる。

(2) ＜事例＞における訴訟物は、売買契約に基づく代金支払請求権であり、その個数は

1個である。訴訟物の特定・個数について、詳しくは後述する（⇒315頁）。

2　履行期限の抗弁

(1)　売買契約における代金債務の履行期限の合意のように、当事者は、法律行為の効力の発生や消滅、法律行為から生じる債務の履行を将来の一定の事実にかからせる旨の合意をすることができる。このような合意は、条件・期限と呼ばれており、将来の不確定な事実の成就にかからしめる場合が条件、将来到来することの確実な事実の発生にかからしめる場合が期限である。これらを法律行為の付款という。

(2)　法律行為の付款の主張・立証責任の分配については、争いがある。

ア　まず、条件・期限が法律行為の成立要件と不可分なもの、又は法律行為の内容をなすものと考え、契約に基づいて債務の履行を請求する場合において、当該契約に条件・期限が付されているかどうかは、当該請求をする当事者が請求原因として主張・立証責任を負うとする立場（否認説）がある。この立場によれば、売買代金債権の発生要件として売買契約の成立を主張する場合には、条件・期限に関する合意があればこれに伴う契約の締結を、なければこれを伴わない契約の締結をそれぞれ主張しなければならない。

イ　他方、法律行為の付款は、それが付された法律行為の成立要件ではなく、付款の主張・立証責任は、これによって利益を受ける当事者に帰属するとする立場（抗弁説）が実務上の考え方となっている。この立場は、いわゆる冒頭規定説に立った場合の帰結ということができる。

　すなわち、冒頭規定説とは、民法第3編第2章「契約」の第2節から第14節（典型契約）の冒頭にある規定（売買でいえば555条、賃貸借でいえば601条）はいずれも各典型契約の成立要件を規定するものであり、この要件に該当する事実が当該典型契約に基づく請求権を発生させるものであるとする見解である。冒頭規定説は、通説・実務上の立場であるとされており、冒頭規定が定めていない条件・期限などの法律行為の付款は、権利の発生を障害するものであるから抗弁として位置づけられる、というわけである。

　以上の考え方によれば、売買契約の冒頭規定である555条は、「売買は、当事者の一方がある財産権を相手方に移転することを約し、相手方がこれに対してその代金を支払うことを約することによって、その効力を生ずる。」と規定しており、代金支払債務の履行期限は売買契約の成立要件ではないと解される。したがって、売買代金債権の発生に必要な請求原因は売買契約の締結だけであり、条件・期限の合意は請求原因とはならない以上、相手方である買主が条件・期限に当たる事実を抗弁として主張・立証しなければならない。上記**抗弁（カ）**がこれに相当する事実の主張である。

(3)　上記イの立場（冒頭規定説及び抗弁説）に立って考えた場合、条件の成就ないし期限の到来に該当する事実は、再抗弁となる。したがって、買主が抗弁として代金支払期日の合意を主張した場合、これに加えて「代金支払期日は未到来である。」といった主張をする必要はなく、むしろ売主が再抗弁として「代金支払期日は到来した。」などと主張しなければならない。

3

なお、＜事例＞において、Xは、代金支払期日を令和2年8月末日とする旨合意したと思っていたとあるが、これはYが提出した履行期限の抗弁と両立しない事実の主張であるから、再抗弁ではなく否認に当たる（⇒50頁）。

> **ブロック・ダイアグラム**

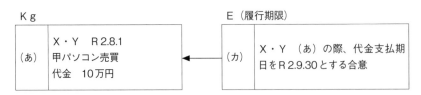

9-2 期間

┌─────────────────────────────┐
│ 一 はじめに   **学習の指針** │
│ 二 期間の計算方法   │
│   　期間とは、ある時点からある時点ま │
│   で継続した時の区分をいいます。ここ │
│ では、初日不算入の原則（140本文）を理解し、それ以外は一読しておけば │
│ 十分です。 │
└─────────────────────────────┘

一 はじめに

　期間（138）とは、ある時点からある時点まで継続した時の区分をいい、時効をはじめ種々の法律関係で意味をもつ。

　期間を定める法律行為、法令の規定、裁判所の命令において、期間の計算方法が定められている場合には、それによる。その定めがない場合のために、民法は、期間の補充的な計算方法を規定している（138）。

二 期間の計算方法

（1）起算点

　（a）**時間を単位として期間を定めた場合**

　　時間（時・分・秒）を単位として期間を定めたときは、その期間は、即時から起算する（139）。

　（b）**日、週、月又は年を単位として期間を定めた場合**

　　初日不算入が原則である（初日不算入の原則、140本文）。ただし、その期間が午前零時から始まるときは、初日を算入する（140ただし書）。これは、開始時から実質的に24時間に満たない日を切り捨てるためである。

　　たとえば、5月1日の午前10時に「今日から10日間」とした場合には、5月2日から起算し、11日の終了をもって期間満了となる。他方、4月中に「5月1日から10日間」とした場合には、初日は5月1日の午前零時から始まるから、初日である5月1日を算入し、10日の終了をもって期間満了となる。

（2）満了点

　(b)の場合には、期間の末日の終了をもって期間の満了とする（141）。

【期間の計算方法】

期間の起算点	「時間」によって期間を定めた場合	「即時」より起算する（139）
	「日、週、月、又は年」によって期間を定めた場合	①　初日不算入の原則（140本文） ②　期間が午前零時より始まるときは、初日を算入する（140ただし書）（＊）
期間の満了点	「日、週、月、又は年」によって期間を定めた場合	期間の「末日の終了」をもってその満了とする（141）（＊）
	「週、月、又は年」によって期間を定めた場合	①　「週、月、年」の始めより期間を起算するとき 　　→その末日が満了日（141） ②　「週、月、年」の始めより期間を起算しないとき 　　→最後の「週、月、年」の起算日に応答する日の前日が満了日（143Ⅱ本文）。応答日がなければその月の末日が満了日（143Ⅱただし書） 　　**ex.1**　1月15日から1か月だと、2月14日が満了日 　　**ex.2**　1月31日から1か月だと、2月28日（または29日）が満了日
	休日等の特則	期間末日が休日で、その日に取引しない慣習あれば、その翌日が満了日（142）

＊　過去にさかのぼる場合も類推適用される
　ex.　総会の5日前に通知……3月15日に総会→14日が起算日→10日が末日→9日中に発することを要する

法律相談室

Q：10月10日に1年後に返すという約束で友達に1万円借りたのですが、いつ返せばよいのですか。

A：翌年の10月10日です。10月10日から1年ということは10月9日になりそうですが、期間の初日は算入しないので、10月10日に返せばよいということになるのです（140）。

短答式試験
の過去問を解いてみよう

1 停止条件付法律行為は、当事者が条件が成就した場合の効果をその成就した時以前にさかのぼらせる意思を表示したとしても、条件が成就した時からその効果が生ずる。［司R元－4＝予R元－2］

2 停止条件付売買契約において、条件の成否が確定する前に故意に目的物を毀損した売主は、期待権を侵害された買主に対して損害賠償責任を負う。［司H19－4］

3 条件の付された権利は、その条件の成否が未定である間は、相続することができない。［司H24－6＝予H24－2］

4 AがBに対し「私の所有する乙土地の購入希望者をBが見つけることができ、Bの仲介により売買契約に至れば、その仲介報酬を支払う。」と約束した場合、Aが、Bの見つけてきた乙土地の購入希望者との間で、Bの仲介によらずに直接乙土地の売買契約を結んだときは、Bは、Aに対し、仲介報酬を請求することができない。［司H27－5］

5 条件の成就によって利益を受ける者が故意に条件を成就させた場合には、相手方は、条件が成就していないものとみなすことができる。［司H22－5改］

6 条件が成就しないことが法律行為の時に既に確定していた場合、その条件が解除条件であるときは無条件の法律行為となり、その条件が停止条件であるときは無効な法律行為となる。［司H24－6＝予H24－2］

7 不法な条件を付した法律行為は無効であるが、不法な行為をしないことを条件とする法律行為は有効である。［司H24－6＝予H24－2］

8 不能の解除条件を付した法律行為は、無効となる。［司R元－4＝予R元－2］

× 127条1項・3項参照
⇒9－1 二（p.259）

○ 条件成就の妨害がある場合には、期待権（128）の侵害があるとして、妨害者に不法行為による損害賠償責任が認められる（最判昭39.1.23参照）。
⇒9－1 二（p.260）

× 条件の成否が未定である間における当事者の権利義務は、一般の規定に従い、相続することができる（129）。
⇒9－1 二（p.260）

× 130条1項、最判昭39.1.23参照。この場合、Bは条件が成就したものとみなして報酬を請求することができる。
⇒9－1 二（p.260）

○ 130条2項、最判平6.5.31／百選I［第8版］〔40〕参照
⇒9－1 二（p.260）

○ 131条2項参照
⇒9－1 二（p.261）

× 不法な条件を付した法律行為は無効であり（132前段）、不法な行為をしないことを条件とする法律行為も無効である（132後段）。
⇒9－1 二（p.261）

× 不能の解除条件を付した法律行為は無条件となるのであり、無効となるのではない（133Ⅱ参照）。
⇒9－1 二（p.261）

9 停止条件付の法律行為は、その条件が単に債務者の意思のみに係るときは、無効である。［司H22－5］

○ 134条参照
⇒9－1 二(p.261)

10 現在の配偶者との離婚を条件として他人との間で婚姻の予約をした場合、この条件は無効であるから、無条件で婚姻の予約が行われたものとみなされる。［司H19－4］

× 大判大9.5.28参照。このような条件は公序良俗に反する不法な条件であり、不法な条件を付した法律行為は無効となる（132前段）。
⇒9－1 二(p.262)

11 相当の期間を定めて催告をするのと同時に、その期間内に履行されないことを停止条件として解除の意思表示をしても、その解除は無効である。［司H22－5］

× 単独行為に条件を付することは、相手方の地位を不安定にするため、原則としてできない。しかし、期間内に履行されないことを停止条件としても、債務者の地位が不安定になることはないため、かかる停止条件付き解除は有効である（大判明43.12.9参照）。
⇒9－1 二(p.262)

12 「100万円借りるが出世したら返す」という約束をした場合、出世しないことが確定したときには、借主は返還義務を免れる。［司H19－4］

× 判例（大判大4.3.24等）は、「出世払い」の合意を不確定期限と解しており、出世の時又は出世しないことが確定した時に借主は返還義務を負う。
⇒9－1 三(p.263)

13 有償の金銭消費寄託契約においては、当事者の双方が期限の利益を有する。［司H19－4］

○ 銀行定期預金の期限は、債務者たる銀行の利益のためのみならず、債権者たる預金者のためにもあるものと解される（大判昭9.9.15参照）。
⇒9－1 三(p.264)

14 金銭債務の債務者が担保を提供する義務を負う場合において、担保を提供しないときは、債務者は、期限の利益を主張することができない。［司H22－5］

○ 債務者が担保を供する義務を負う場合において、これを供しないときは、債務者は期限の利益を主張することができない（137③）。
⇒9－1 三(p.264)

15 相殺の意思表示には、期限を付することはできるが、条件を付することはできない。［司H22－5］

× 相殺の意思表示には、条件又は期限を付することができない（506Ⅰ後段）。
⇒9－1 三(p.265)

16　時効期間を計算する際には、その期間が午前零時から始まるときを除き、期間の初日は算入しない。［司 H 26 － 5 ＝予 H 26 － 3］

○　初日不算入の原則（140）により、翌日から計算することになる。
⇒9－2　二（p.267）

これから学ばれる方へ

　特定の権利関係は、通常、当事者の意思に基づいて変動します。たとえば、甲土地を買おうとしているAの「甲土地を買う」という意思と、甲土地の所有者であるBの「甲土地を売る」という意思が合致すると、甲土地につき売買契約が成立し、最終的に甲土地（の所有権）はAの物になります。ところが、AB間に甲土地の売買に関して意思の合致がなかったとしても、Aが甲土地を自分の物として長い間占有していた場合、甲土地が、時効（取得時効）によりAの物になることがあります。また、先の例でAに土地を売ったBはAに対して土地の代金を請求する権利を有するはずですが、長い間その権利を行使しないと、時効（消滅時効）により代金請求権が消滅して、もはやAから土地代金を得ることができなくなることがあります。このように、不動産の「占有」とか、債権の「不行使」とかいった、一定の事実状態が継続することにより、権利の取得や消滅といった一定の法律効果が生ずることを「時効」といいます。

10-1　時効総説

10-1-1　時効の意義・趣旨及び時効学説

> | 一　時効の意義・趣旨
> | 二　時効学説
>
> ### 学習の指針
>
> 　時効とは、ある事実状態が一定期間継続することにより、その事実状態に即した権利関係が確定する制度をいいます。期間の継続により権利の取得を認める取得時効と、期間の継続により権利の消滅を認める消滅時効の2種類があります。このような時効制度が認められる趣旨は、①永続した事実状態の尊重、②権利の上に眠る者は保護しない、③過去の事実の立証困難の救済の3点にあります。①〜③のいずれを重視するかによって、時効によってどのような法的効果が生じるのかをめぐり見解の対立が生じます（時効学説）が、まずは時効制度の趣旨をしっかりと理解するのが先決です。時効学説に関しては、判例・通説である停止条件説について理解・表現できるように準備しておくと安心です。

一　時効の意義・趣旨

1　時効の意義

　時効とは、ある事実状態が一定期間継続することにより、それを尊重して、その事実状態に即した権利関係が確定しうるとする制度をいう。

　この時効には、取得時効と消滅時効の2種類がある。

　取得時効とは、期間の継続により権利の取得が認められるものであり、たとえば、Aが先祖伝来の土地であると思い込んで住んでいた土地が実は他人であるBの土地であったときでも、長年にわたり住んでいるAに、その土地の所有権の取得が認められるというものである。

　消滅時効とは、期間の継続により権利の消滅が認められるものであり、たとえば、Aが借金をしたが、貸主であるBから何の催促もないまま何年も経過したときは、その借金が消滅するという場合である。

2　時効の趣旨

　時効制度は一定の期間の経過により、ある者に権利の取得や義務の消滅を認めるものであるが、これは真実の権利者からは、その者が有していた権利の喪失を認めるものである。すなわち、先の取得時効の例でいえば、先祖伝来の土地だと思っていたAがその土地の所有権を取得する反面、真実の権利者Bはその所有権を失う。また、消滅時効の例でいえば、借主Aは借金を返すという債務を免れる反面、貸主Bは貸した金を返せという債権を失うことになる。

　このような時効制度が認められる趣旨（時効制度の存在理由）としては、一般に以下の3点を挙げることができる。

　①　永続した事実状態の尊重
　②　権利の上に眠る者は保護しない
　③　過去の事実の立証困難の救済

⑴　永続した事実状態の尊重（趣旨①について）

　　一定の事実状態が永続
　　→それを前提として種々の事実関係・法律関係が形成される
　　ex.　他人の土地を自分のものであると思って長年住み続けたという事実関

◀佐久間1・391頁、394頁以下

係や、敷地の一部を賃貸していたという法律関係
　　　　↓しかし
その永続した事実状態が真の権利関係と異なっていた場合
　→これを理由にその事実状態を覆すと、それを前提として形成された事実
　　関係・法律関係までもがすべて覆されることになり、社会的な混乱を招
　　くことになりかねない
　　　　↓そこで
このような不都合を避けるため、永続している事実状態を尊重し、時効制
度により一定期間継続した事実関係を正当な法律関係とすることを認めた

(2)　**権利の上に眠る者は保護に値しない（趣旨②について）**

　ある人が権利を有している場合でも、これと異なった事実状態が存在し、
しかもその事実状態に対して何らの手段も講じていないような場合
　　　↓
その人の権利を保護する必要はない
　→その権利を否定して事実状態を優先させる
　　　　↓たとえば
自分の土地に他人が住んでいることを知りながら、所有者が何らの手段も
講じない場合には、所有者保護より事実状態を優先させ、実際に土地に住ん
でいる人に所有権を認める

(3)　**過去の事実の立証困難の救済（趣旨③について）**

　ある事実状態が法律上正当であるときでも、それを証明できなければその
事実状態は否定されてしまう
　　　　↓そして
事実状態が長い間続いている場合、証拠の散逸等により、立証がきわめて
困難になることも多い
ex.1　登記に公信力がない日本においては、厳密に土地所有権を証明しよう
　　　とすると、前主・前々主等とどこまでもさかのぼらざるを得ず、所有権を
　　　積極的に証明することは困難である
ex.2　日常的に発生する多数の債務について、その弁済の証拠をいちいち保
　　　存しておくことは困難である
　　　　↓そこで
このような立証の困難を救済するために、時効制度を定めた

二　時効学説

◀佐久間1・431頁
　LQ I・277頁、316頁

> ### 問題の所在
>
> 　145条は、当事者が時効を援用しないうちは、時効により裁判をなすことはで
> きないとする。他方、一定期間の経過により、当然に権利の「取得」（162）・「消
> 滅」（166）が生じるような規定の仕方をしている。そこで、時効期間の経過によ
> ってどのような法的効果が生じるのかが問題になる。

> ### 考え方のすじ道
>
> 財産関係の変動は意思に基づいてなされるのが原則である（私的自治）にもかか
> わらず、民法は時効制度を定めている
> 　　　↓これは
> ①法律関係安定のため、永続した事実状態を尊重する必要がある、②長期間権利
> の上に眠る者は保護に値しない、③時の経過で生じた証拠の散逸による立証の困
> 難を救済する、という点に趣旨がある
> 　　　↓とすると

かかる時効制度の公益的・社会的な存在理由からすれば、期間の満了により時効の効果は絶対的に生じ、個人の意思によって左右されるべきではないようにも思われる

    ↓しかし

一方で、民法は時効の効果を受けることを潔しとしない当事者の倫理的な意思をも尊重して、時効の効果を当事者の援用にかからせることにしている（145）

    ↓そこで

時効の完成による権利得喪の実体法上の効果は援用を停止条件として発生し（停止条件説）、援用は不確定的に発生した時効の実体法上の効果を確定させる意思表示であると解する

アドヴァンス

A　実体法説

時効とは、一定の事実状態が永続する場合に、それが真実の権利関係と一致するか否かを問わず、そのまま権利関係として認めようとする実体法上の制度であり、時効の完成により、実体法上の権利の得喪という実体法上の効果が生ずると解する。

→永続した事実状態の尊重・権利の上に眠る者は保護に値しないという時効制度の存在理由を重視する

もっとも、時効の援用の法的性質をどのように解するかで、以下のように見解が分かれる。

  a-1　確定効果説（旧判例）

    時効完成によって、権利の得喪は実体法上確定的に生ずるものであり、時効の援用は訴訟上の攻撃防御方法にすぎない。

  a-2　不確定効果説

    時効完成によって生じた権利の得喪は不確定であり、援用（145）又は放棄（146）によって確定的になる。その確定方法（援用・放棄の捉え方）により、次の2つに分かれる。

  ア　停止条件説（現判例・通説）

    援用を停止条件として権利得喪の効果が確定的に発生し、逆に放棄があれば、時効の効果は発生しないことに確定する。

  イ　解除条件説

    援用があれば時効の効果はそのまま確定するが、放棄があると、それを解除条件として効果が遡及的に生じなかったことに確定する。

B　訴訟法説

時効とは、時の経過自体に人証・書証に優越する証拠価値を与える訴訟法上の証拠方法に関する制度であり、援用は期間の経過による権利の得喪という法定証拠を裁判所に提出する行為と解する。

→過去の事実の立証困難の救済という時効制度の存在理由を重視する

> **判例　最判昭61.3.17／百選I［第8版］〔41〕**
>
> 民法「145条及び146条は、時効による権利消滅の効果は当事者の意思をも顧慮して生じさせることとしていることが明らかであるから、時効による債権消滅の効果は、時効期間の経過とともに確定的に生ずるものではなく、時効が援用されたときにはじめて確定的に生ずるものと解するのが相当であ」る。

【時効制度の存在理由と時効学説の関係】

①　永続した事実状態の尊重 ───┐

②　権利の上に眠る者は保護に値しない ─┘── 実体法説と親和性を有する

③　過去の事実の立証困難の救済 ──── 訴訟法説と親和性を有する

＊　ただし、いずれの説をとったとしても、時効制度の存在理由を一元的に説明することはできず、多元的に考える必要がある

☞ ONE POINT

攻撃防御方法とは、民事訴訟において、当事者が請求を基礎付けるためにする事実上・法律上の陳述及び証拠の申出のことをいいます。

【時効学説～実体法説と訴訟法説との異同】

	実体法説		訴訟法説
時効とは	一定の事実状態が永続する場合に、それが真実の権利関係と一致するか否かを問わず、そのまま権利関係として認めようとする実体法上の制度		時の経過自体に人証・書証に優越する証拠価値を与える訴訟法上の証拠方法に関する制度
重視する存在理由	永続した事実状態の尊重 権利の上に眠る者は保護に値しない		過去の事実の立証困難の救済
時効の性格・効力	実体法上の権利の得喪		訴訟法上の証拠方法としての性格（法定証拠）
	不確定効果説	確定効果説（旧判例）	
	不確定的な権利の得喪（145条・146条を重視）	確定的な権利の得喪（162条・166条を重視）	
	停止条件説（現判例・通説）	解除条件説	
援用の意義	時効により生ずる効力を確定させる意思表示	訴訟法上の攻撃防御方法の提出	法定証拠を裁判所に提出する行為
裁判外の援用	裁判外でも可能	裁判上なす必要あり	
145条の趣旨	時効の効果を時効の利益を享受する当事者の良心に委ねる	当事者主義、弁論主義の原則を厳格に貫き、その者に抗弁の機会を与える	
適用法理	法律行為の法理→意思表示	訴訟法上の法理	
援用権者の範囲	事実上、差異なし		
援用の時期	具体的には口頭弁論終結前		
効　果	相　対　効		
撤　回	不可	可（攻撃防御の1つ）	
放棄の意義	効力を発生させないことに確定させる意思表示	完成した効力を消滅させる意思表示→一種の贈与	証拠を援用しないという意思表示あるいは自己の無権利又は義務を自認する行為

10-1-2　時効完成の要件（特に援用について）

一　はじめに
二　援用（145）の意義・趣旨
三　援用権者
四　援用の効果の範囲

学習の指針

　判例・通説である停止条件説に立つ場合、時効の効果が確定的に発生するためには、①一定の事実状態が一定の期間継続することのほか、②時効の利益を受ける意思を表示すること（援用（145））が必要です。援用の問題は、短答式・論文式試験対策として重要な箇所であり、要注意の分野です。まず、援用がなぜ要求されるのかについて、時効制度の趣旨ないし時効学説との関連性を意識しておさえておくことが必要です。援用権者の範囲については、具体的事例における結論をおさえておく必要があります。最後に、援用の効果が及ぶ人的範囲に関して、時効の援用に関する145条の趣旨から相対効が導かれることを理解しておきましょう。

＊　以下、特に断らない限り、時効学説のうち不確定効果説・停止条件説による。

一　はじめに

◀佐久間1・394頁

　取得時効（162）・消滅時効（166）共通の時効完成の要件として、以下の3点が挙げられる。

① 一定の事実状態の存在
② 一定の事実状態が一定の期間継続すること
③ 当事者の援用（145）

【取得時効と消滅時効の要件】

要件＼種類		取得時効（162）	消滅時効（166）
一定の事実状態の存在		①　所有の意思をもった占有（自主占有） ②　平穏・公然 ③　善意・無過失（10年の短期取得時効の場合） ④　他人の物	①　権利の不行使
一定の事実状態が一定の期間継続すること	積極	⑤　占有の継続 善意・無過失→10年間 悪意・有過失→20年間	②　権利の不行使の継続 債権→5年又は10年（166 I）（＊） その他→20年（166 II）
	消極	⑥　完成猶予・更新事由がないこと ⑦　自然中断（164）がないこと	③　完成猶予・更新事由がないこと
当事者の援用（145）		援用の意思表示（不確定効果説・停止条件説による）	

＊　債権者が権利を行使することができることを知った時から5年間行使しないとき（166 I ①）、又は権利を行使することができる時から10年間行使しないとき（166 I ②）に、債権は時効によって消滅する。なお、人の生命又は身体の侵害による損害賠償請求権の場合には、166条1項2号の適用については、同号中「10年間」とあるのは、「20年間」となる（167）。

二　援用（145）の意義・趣旨

◀佐久間1・431頁

1　意義

　時効の援用とは、時効によって利益を受ける者が時効の利益を受ける意思を表示することをいう。

ex. 被告である債務者が、裁判において、「消滅時効が完成しており、債権者の請求棄却の判決を求める」と主張する場合

2　趣旨

　時効の利益を享受する者が、その利益を受ける旨の意思を表示しない限り時効の利益は生じないとすることで、時効の利益を受けることを潔しとしない当事者の意思を尊重する点にある。

三　援用権者

論点

◀佐久間1・432頁
LQ I・319頁

1　時効の援用権者の範囲

　時効の援用に関する145条は、「時効は、当事者（消滅時効にあっては、保証人、物上保証人、第三取得者その他権利の消滅について正当な利益を有する者を含む。）が援用しなければ、裁判所がこれによって裁判をすることができない」と規定している。したがって、時効の援用権者は「当事者」である。
　そして、消滅時効に関しては、「権利の消滅について正当な利益を有する者」も「当事者」に含まれるところ、取得時効について異なる基準をとる必要はないから、取得時効に関しても同様の基準が妥当するものと解されている（権利

の取得について「正当な利益を有する者」も「当事者」に含まれる）。

＊　なお、改正前民法下では、「当事者」を「時効によって直接に利益を受けるべき者」（直接受益者）とする判例法理（大判明43.1.25等）が妥当していたが、上記のとおり、改正民法下では、「正当な利益を有する者」という基準に従って解釈論が展開されることになる。

2　消滅時効の援用権者

⑴　債務者：含まれる

債務者は、消滅時効の完成によって直接に債務を免れる。したがって、債務者が「当事者」として援用権者に含まれることに異論はない。

⑵　保証人・連帯保証人：含まれる

主たる債務が消滅すれば、保証債務（連帯保証債務）も消滅する（付従性）。したがって、保証人・連帯保証人は、「当事者」として援用権者に含まれる（145かっこ書参照）。

⑶　物上保証人：含まれる

物上保証人は、被担保債権の消滅によって直接に利益を受ける者であるから、「当事者」として援用権者に含まれる（145かっこ書参照）。

⑷　担保不動産の第三取得者：含まれる

担保不動産（抵当不動産等）の第三取得者は、被担保債権が消滅すれば担保権（抵当権等）の消滅を主張しうる関係にあるから、「当事者」として援用権者に含まれる（145かっこ書参照）。

また、売買予約の仮登記がされた不動産につき抵当権の設定を受けた抵当権者（最判平2.6.5）や、売買予約の仮登記がされた不動産の第三取得者（最判平4.3.19）も、上記と同様の考えから、予約完結権の消滅時効を援用することができると解されている。

⑸　詐害行為の受益者：含まれる

判例（最判平10.6.22）は、「詐害行為の受益者は、詐害行為取消権行使の直接の相手方とされている上、これが行使されると債権者との間で詐害行為が取り消され、同行為によって得ていた利益を失う関係にあ」り、取消債権者の被保全債権が消滅すれば、「利益喪失を免れることができる地位にあるから、右債権者の債権の消滅によって直接利益を受ける者に当たり、右債権について消滅時効を援用することができる」としている。

したがって、詐害行為（424）の受益者は、「権利の消滅について正当な利益を有する者」（145かっこ書）に当たり、「当事者」として援用権者に含まれる。

⑹　譲渡担保権者から目的不動産を譲り受けた第三者：含まれる

判例（最判平11.2.26）は、譲渡担保権者から被担保債権の弁済期後に目的物を譲り受けた第三者は、譲渡担保権設定者が譲渡担保権者に対して有する清算金支払請求権の消滅時効を援用できるとしている。

したがって、譲渡担保権者から目的不動産を譲り受けた第三者は、「権利の消滅について正当な利益を有する者」（145かっこ書）に当たり、「当事者」として援用権者に含まれる。

⑺　一般債権者：含まれない

一般債権者（担保物権などを有しない債権者）は、債務者が他の債権者に対して負っている債務の消滅時効を援用できない（大決昭12.6.30）。

∵　一般債権者は他の債権者と平等に債務者の財産から債権を回収するという法的地位しか有しておらず、他の債権者の債権の消滅により債権回

収の確実性が高まるという事実上の利益を受けるにすぎない

　もっとも、後述するとおり（⇒下記「**4　時効援用権の代位行使**」参照）、債務者が無資力である場合には、一般債権者は債権者代位権（423）に基づき、債務者の時効援用権を代位行使することができる（最判昭43.9.26）。

(8)　後順位抵当権者：含まれない

　判例（最判平11.10.21／百選Ⅰ［第8版］〔42〕）は、後順位抵当権者は、先順位抵当権者の被担保債権の消滅時効を援用することはできないとした。

　∵　先順位抵当権の被担保債権が消滅すれば後順位抵当権者は順位上昇により配当額の増加を期待しうるが、かかる期待は反射的な利益にすぎない

＊　以上のほかにも、債権者代位権の第三債務者（債権者代位権の被保全債権の消滅時効）や表見相続人からの相続財産譲受人（相続回復請求権の消滅時効）も援用権者に含まれないと解されている。

3　取得時効の援用権者

(1)　占有者：含まれる

　占有者本人が、取得時効を援用して所有権の取得を主張できるのは当然であり、「当事者」として援用権者に含まれる。

(2)　建物の賃借人：含まれない

　判例（最判昭44.7.15）は、A所有の土地上にB所有の建物が建てられており、CがBから当該建物を賃借していたという事案において、土地の所有権を時効取得すべき者（B）から、その者が当該土地上に所有する建物を賃借しているにすぎない者（C）は、取得時効の完成によって直接利益を受ける者ではないとして、Bによる土地所有権の取得時効を援用することはできないとした。

(3)　土地の賃借人：争いあり

　A所有の土地につき、Bが所有の意思をもって占有を継続し、CがBから当該土地を賃借していたという事案において、Bによる土地所有権の取得時効をCが援用することができるかどうかについては、争いがある。

　これを肯定する裁判例（東京地判平元.6.30）は、Bが土地所有権を時効取得すれば、Cは土地を賃借し続けることができることを理由としている。

　他方、これを否定する裁判例（東京高判昭47.2.28）は、土地の取得時効によって直接利益を得るのは土地の占有者Bであり、賃借人Cは、Bの取得時効により間接的に利益を得るにすぎないことを理由としている。

4　時効援用権の代位行使

論点

問題の所在

　債務者Aの債権者Bに対する債務の消滅時効が完成し、Aがその消滅時効を援用できるにもかかわらずこれを援用しない場合において、Aの一般債権者であるCは、AのBに対する債務の消滅時効を援用できる「当事者」（145）には当たらないため、AのBに対する債務の消滅時効を援用できない。

　それでは、Aが無資力である場合、Cは、Aの時効援用権を代位行使（423）して、AのBに対する債務の消滅時効を援用することができるか。

考え方のすじ道

確かに、時効利益の享受を当事者の自由意思に委ねる145条の趣旨からすれば、時効援用権は債務者の一身専属権（423Ⅰただし書）として債権者代位権の行使の対象にはならないとも思える

　　↓しかし

債務者の時効援用権の不行使が債権者を害する場合にまで、債務者の自由意思を尊重する必要はない
　　　　　↓したがって
このような場合、債権者は、債権を保全するに必要な限度で、423条1項本文の規定により、債務者に代位して他の債権者に対する債務の消滅時効を援用することが許される
　　　　　↓よって
Cは、423条の要件を満たせば、AのBに対する時効援用権を代位行使することができる

アドヴァンス

A　肯定説（判例・通説）
　　債務者の時効援用権の不行使が債権者を害するという場合には、債権者は債務者の時効援用権を代位行使することができる。
　（理由）
　　① 債務者の時効援用権の不行使が債権者を害するという場合には、債務者の意思よりも債権者の債権保全の必要性を優先させるべきである。
　　② 債権者代位権の行使は債権の効力としての権利主張であり、援用権者の範囲の問題とは異なる。
B　否定説
　　時効援用権を代位行使することはできない。
　（理由）
　　民法は、時効利益の享受を当事者の援用によるものとし、時効を援用するか否かをもっぱら債務者の意思に委ねているのであるから、かかる時効の援用権は、一身専属権として代位行使は認められない（423Ⅰただし書）。

判例　最判昭43.9.26
　「金銭債権の債権者は、その債務者が、他の債権者に対して負担する債務、または……他人の債務のために物上保証人となっている場合にその被担保債権について、その消滅時効を援用しうる地位にあるのにこれを援用しないときは、債務者の資力が自己の債権の弁済を受けるについて十分でない事情にあるかぎり、その債権を保全するに必要な限度で、民法423条1項本文の規定により、債務者に代位して他の債権者に対する債務の消滅時効を援用することが許されるものと解するのが相当である」として、肯定説に立つ。

四　援用の効果の範囲

B ランク

　　時効の援用に関する145条の趣旨は、時効の利益を受けるかどうかを当事者の意思に委ねる点にある。そのため、時効の援用の効果は相対的であると解されている。
　　→援用権者が複数いる場合、援用して時効の利益を受けるかどうかは各援用権者の意思に委ねるべきであるから、ある援用権者が時効を援用しても、その効果は相対的であり、他の援用権者には及ばない

判例　最判平13.7.10
　「時効の完成により利益を受ける者は自己が直接に受けるべき利益の存する限度で時効を援用することができるものと解すべきであって、被相続人の占有により取得時効が完成した場合において、その共同相続人の1人は、自己の相続分の限度においてのみ取得時効を援用することができるにすぎない」。

LEC東京リーガルマインド　C-Book民法Ⅰ〈総則〉改訂新版

10-1-3　時効完成の効果

一	はじめに	**学習の指針**
二	取得時効の場合	
三	消滅時効の場合	

　時効が完成すると、その効果は起算点（時効期間の最初の時点）にまでさかのぼることになります（144）。これを時効の遡及効といいます。この遡及効によって取得時効と消滅時効とで具体的にどのような効果が生じるのかを、短答式対策としておさえておきましょう。

一　はじめに

　時効が完成すると、その効果は起算点（時効期間の最初の時点）にさかのぼる（144）。

　時効は時効期間中継続した事実状態をそのまま保護する制度であるから、かかる効果は当然のものであり、また、そうでないと時効制度の意味が失われるからである。

　なお、時効を援用する者が自己に都合の良い時点から逆算して、任意に起算点を選択することは許されない（最判昭35.7.27）。

◀佐久間1・393頁

二　取得時効の場合

　取得時効は原始取得の1つである。したがって、前主のもとで存在した所有権の負担（用益物権・担保物権）は消滅する。そして、取得時効が完成すると起算点から権利を有していたことになる。たとえば、Aの土地をBが時効取得した場合に、時効完成の時から所有者となるにすぎないとすると、それまでの占有は不法占有となり、損害賠償ないし不当利得の返還が義務づけられることになるが、これでは不都合が生じることから、占有の始めからBの土地であったものと扱うことによりこれを防止しているのである（逆にAが土地の固定資産税などを支払っていたときは、Bに求償できる）。

　さらに、以下のような法律関係となる。

① 時効期間内に生じた果実を取得する権利を得る。
② 時効期間中に権利を侵害した者は、前所有者にではなく権利取得者に対して賠償責任を負う。
③ 期間内になした目的物についての「法律上の処分」は有効である。

Q：林業をやっている僕の叔父さんがこのあいだA所有の山林を時効取得したらしいのですが、Aに、「時効取得するまでは俺の土地だったんだから、その間の山林伐採による代価は支払え」と言われて困っています。叔父さんはAに代価を支払わねばなりませんか。

A：時効の効力は起算日にさかのぼります（144）。そして、取得時効の起算日は占有開始の時です。よって、あなたの叔父さんはAに代価を支払う必要はありません。

三　消滅時効の場合

　消滅時効が完成するとその起算点から権利を有していなかったことになる。この結果、たとえば債務を負っていた場合であっても、途中の遅延損害金や利息を支払う必要はなくなる。

10-1-4 時効の利益の放棄

```
一   意義
二   時効完成前の放棄
三   時効完成後の放棄
四   時効完成後の債務の
    承認
```

学習の指針

時効利益の放棄とは、時効の利益を受けないという意思表示をいいます。時効完成前の放棄は、債権者が債務者の窮状に乗じて放棄を強いるなどの弊害があるため、146条により否定されていますが、時効完成後の放棄は、時効完成前におけるような弊害はなく、時効利益を受けることを潔しとしない者の意思を尊重するため有効と認められています。試験対策としては、債務者が時効完成を知らずに債務を承認した場合、時効利益の放棄があったと解することはできないが、信義則上、時効援用権を喪失するという点をおさえておくとよいでしょう。

一   意義

時効利益の放棄とは、時効の利益を受けないという意思表示をいう。時効の利益を受けることを潔しとしない者の意思を尊重する趣旨であり、時効の援用が当事者の意思に委ねられているのと同趣旨である。

二   時効完成前の放棄

時効の利益は、あらかじめ放棄することができない（146）。

（理由）
①   あらかじめ放棄することが可能であれば、債権者が債務者の窮状に乗じて時効利益の放棄を強いるなどの不都合が生じる。
②   永続した事実状態の尊重という時効制度の目的が、個人の意思によってあらかじめ排斥されうるのは不当である。

以上の趣旨からすれば、時効期間の延長、完成猶予・更新事由の拡張など、時効の完成を困難にすることも禁止されていると考えられ、これらの契約は無効と解される。

これに対し、時効期間を短縮するなど、時効の完成を容易にする契約は有効と解するのが多数説である。

三   時効完成後の放棄

1   有効性

146条の反対解釈から、時効完成後の放棄は有効である。
∵   時効制度の趣旨と個人の意思とを調和させることになるし、完成前の放棄のような弊害を伴わない

2   放棄の方法

時効利益の放棄は相手方のある単独行為である。相手方の同意は不要であるが、時効により直接不利益を受ける者に対してなされなければならない。

3   放棄の能力

放棄をすると権利を取得し義務を免れることのできる地位を失うことになるから、処分の権限や行為能力がなければならない。

4   効果

放棄により既に完成していた時効を援用することができなくなる。もっとも、放棄の時点から新たに時効が進行する（最判昭45.5.21参照）。

援用の場合と同様の趣旨から、時効利益の放棄の効果も相対効であり、放棄できる者が複数ある場合には、1人の放棄は他の者に影響を及ぼさない。

ex.　主債務者が主債務の消滅時効の利益を放棄しても、保証人や物上保証人は主債務の消滅時効を援用することができる

四　時効完成後の債務の承認

◢ 問題の所在 ◣

時効完成後に、援用権者が時効完成を知らずに債務の存在を前提とする行為、たとえば弁済の猶予を求める、債務を一部弁済するなどの行為（これを自認行為という）をした場合、援用権者は後に改めて時効を援用することができるか。たとえば、Aから金銭を借り受けたBが、時効期間経過後になされたAの請求に対して、時効完成を知らずに分割して返済する旨申し出た場合、なおBは時効を援用することができるかが問題となる。

◢ 考え方のすじ道 ◣

債務者が時効完成後に債務の承認をすることは、時効による債務消滅の主張と相容れない行為であり、相手方においても債務者はもはや時効の援用をしない趣旨であると考えるのが通常であるから、その信頼を保護する必要がある
　　↓したがって
債務者は、時効完成後に債務の承認をした以上、たとえ時効完成の事実を知らなかったときでも、以後その債務についてその完成した消滅時効の援用をすることは、信義則上（1Ⅱ）許されないと解する

◢ アドヴァンス ◣

判例　**最大判昭41.4.20／百選Ⅰ[第8版]〔43〕**
「債務者は、消滅時効が完成したのちに債務の承認をする場合には、その時効完成の事実を知っているのはむしろ異例で、知らないのが通常であるといえるから、……消滅時効完成後に当該債務の承認をした事実から右承認は時効が完成したことを知ってされたものであると推定することは許されない」。
　しかしながら、「債務者が、自己の負担する債務について時効が完成したのちに、債権者に対し債務の承認をした以上、時効完成の事実を知らなかったときでも、爾後その債務についてその完成した消滅時効の援用をすることは許されないものと解するのが相当である。けだし、時効の完成後、債務者が債務の承認をすることは、時効による債務消滅の主張と相容れない行為であり、相手方においても債務者はもはや時効の援用をしない趣旨であると考えるであろうから、その後においては債務者に時効の援用を認めないものと解するのが、信義則に照らし、相当であるからである。また、かく解しても、永続した社会秩序の維持を目的とする時効制度の存在理由に反するものでもない。」

*1　時効利益の放棄は、債務者が時効完成を知って行うことが必要である（最判昭35.6.23）。したがって、援用権者が時効完成を知らずに自認行為（債務の存在を前提とする行為）をした場合に、時効利益の放棄があったと解することはできない。そこで、上記判例は、信義則上、時効援用権を喪失するという構成を採っている。

*2　自認行為に該当するものとしては、①減額の申入れ、②借用証書の書換え、③一部弁済、④弁済期の猶予の申入れ等がある。

*3　上記判例法理（最大判昭41.4.20／百選Ⅰ[第8版]〔43〕）は、既に経過した時効期間について消滅時効を援用し得ないというにとどまり、その

承認以後再び時効期間が進行することをも否定するものではない（最判昭45.5.21）。

∵　時効完成後の債務の承認がその実質において新たな債務の負担行為にも比すべきものであることに鑑みれば、債務の承認により、その承認前と比べて債務者がより不利益となり、債権者がより利益となるような解釈をすべきではない

→承認以後再び時効が完成すればその時効を援用することができる

【時効完成の前後における放棄・承認の効果】

	時効完成前	時効完成後
放棄	不可（146）	可（146反対解釈）
承認 （更新事由）	更新（152 I）	時効完成を知らずに承認した場合は信義則上（1 II）、援用は許されない

10 -1-5　時効の完成猶予と更新

> 一　はじめに
> 二　完成猶予・更新事由
> 三　完成猶予・更新の効力が及ぶ人的範囲

学習の指針

　民法は、取得時効と消滅時効の両方に共通する時効の完成の障害として、時効の完成猶予事由と更新事由を規定しています。これらは、かつての時効の中断（それまで進行してきた時効期間が全く効力を失うこと）・停止（一定期間が経過するまで時効の完成を延期すること）について、平成29年民法改正により、適宜修正を加えつつ再構成したものです。学習分野として、『民法総則』の中でも非常に重要ですので、繰り返し読み込んで理解を深めましょう。

一　はじめに

1　時効の完成猶予・更新（時効障害）の意義

　時効の完成猶予とは、一定の事由がある場合に、時効期間は進行し続けるものの、本来の時効の完成時期を過ぎても、一定期間が経過するまで時効の完成を猶予するものをいう。

　時効の更新とは、一定の事由がある場合に、それまでに経過した時効期間が無意味になり、新たに時効の進行が開始するものをいう。

　時効の完成猶予と更新を合わせて、時効の完成の障害（時効障害）という。

　時効障害は、取得時効・消滅時効の両方に共通するものである。

→なお、取得時効に特有のものとして、自然中断（164・165）がある

2　時効障害の根拠

(1)　時効の完成猶予の根拠

　時効の完成猶予事由は、権利者による権利の実現・確保に向けた権利主張がされたと評価できる事由がある場合（権利行使型）と、権利者に権利行使を期待することは困難であると評価できる事由がある場合（権利行使困難型）の2つに分けることができる。

　これらの事由がある場合、権利者はもはや「権利の上に眠る者」とはいえないから、「権利の上に眠る者は保護に値しない」という時効制度の趣旨は妥当しない。

　もっとも、権利の存在が認められたわけではないので、それまでに経過し

◀佐久間1・418頁

た時効期間が無意味になることはなく、なおも時効期間は進行し続ける。そして、その権利の存否を明らかにするために必要な一定期間が経過するまでの間、時効の完成は猶予されることになる。

⑵ 時効の更新の根拠

時効の更新事由は、権利の存在について確証が得られたと評価できる事由がある場合である。

この事由がある場合、権利者に権利不行使という怠慢はないから、「権利の上に眠る者は保護に値しない」という時効制度の趣旨は妥当しない。また、真の権利関係が確定された以上、継続した事実状態が真の権利関係を反映しているという蓋然性は破られたといえる。

したがって、それまでに経過した時効期間は無意味なものとなり、新たに時効の進行が開始することになる。

【時効障害事由】

時効障害事由			完成猶予期間	更新時
完成猶予及び更新事由	権利行使型	裁判上の請求（147Ⅰ①） 支払督促（同②） 和解・調停（同③） 破産手続参加・再生手続参加・更生手続参加（同④）	その事由が終了するまでの間（147Ⅰ柱書） →更新とならずにその事由が終了した場合は、その終了の時から６か月を経過するまでの間（147Ⅰ柱書かっこ書）	確定判決等により権利が確定したときは、その事由が終了した時（147Ⅱ）（＊１）
		強制執行（148Ⅰ①） 担保権の実行（同②） 形式的競売（同③） 財産開示手続等（同④）	その事由が終了するまでの間（148Ⅰ柱書） →申立ての取下げ又は法律の規定に従わないことによる取消しによってその事由が終了した場合は、その終了の時から６か月を経過するまでの間（148Ⅰ柱書かっこ書）	その事由が終了した時（148Ⅱ本文。左記の取下げ又は取消しの場合を除く（148Ⅱただし書））
完成猶予事由		仮差押え（149①） 仮処分（同②）	その事由の終了時から６か月を経過するまでの間	—
		催告（150）（＊２）	催告時から６か月を経過するまでの間	—
		協議を行う旨の合意（151）（＊３）	以下のいずれか早い時までの間 →①その合意の時から１年を経過した時（151Ⅰ①） ②１年未満の協議期間を定めたときは、その期間の経過時（同②） ③相手方に対して協議続行を拒絶する旨の通知がなされたときは、その通知時から６か月を経過した時（同③）	—
	権利行使困難型	未成年者又は成年被後見人に対する時効（158）	これらの者が行為能力者となった時、又は法定代理人が就職した時から６か月を経過するまでの間	—
		夫婦間の権利の時効（159）	婚姻解消時から６か月を経過するまでの間	—
		相続財産に関する時効（160）	相続人が確定した時等から６か月を経過するまでの間	—
		天災その他避けることのできない事変（161）	その障害が消滅した時から３か月を経過するまでの間	—
更新事由		承認（152）	—	承認時

＊１　確定判決等によって確定した権利については、10年より短い時効期間が定められていても、更新後の時効期間は10年となる（169Ⅰ）。　⇒314頁参照
＊２　完成猶予中にされた再度の催告による完成猶予の効力は生じない（150Ⅱ）。
＊３　完成猶予中にされた再度の協議の合意により、最長５年の完成猶予の効力が生じる（151Ⅱ）。

二　完成猶予・更新事由

A ランク
◀佐久間１・420頁以下

まず、完成猶予事由の終了が更新事由となっているもの（完成猶予及び更新事由）について説明した後、完成猶予事由の終了が更新事由とはなっていないものについて説明し、最後に更新事由（承認）について説明する。

1　完成猶予及び更新事由

(1)　裁判上の請求等による時効の完成猶予・更新（147）

(a)　裁判上の請求（147 I ①）

　　裁判上の請求とは、訴えの提起のことである。たとえば、債権者の債務者に対する履行請求の訴え（消滅時効の場合）や、所有者の不法占有者に対する目的物返還請求の訴え（取得時効の場合）といった給付の訴えが裁判上の請求の典型例である。

　　裁判上の請求は、権利者による権利の主張にほかならないから、完成猶予事由（147 I ①）とされている。

　　→裁判上の請求が終了するまでの間、時効は完成しない（147 I 柱書）

　　また、確定判決又は確定判決と同一の効力を有するものによって権利が確定したときは、更新事由（147 II）となる。

　　→それまでに経過した時効期間が無意味になり、裁判上の請求が終了した時から新たに時効の進行が開始する（147 II）

　　なお、確定判決等により確定することなく（更新とならずに）裁判上の請求が終了した場合は、その終了の時から6か月を経過するまでの間、時効の完成が猶予される（147 I 柱書かっこ書）。

　　また、給付の訴え以外にも、以下のものは「裁判上の請求」に該当するものと解されている。

① 確認の訴えの提起（大判昭5.6.27）
② 反訴（民訴146）の提起
③ 債務者から提起された債務不存在確認訴訟において、被告である債権者が債権の存在を主張して請求棄却判決を求める応訴（大連判昭14.3.22）
④ 占有者から提起された所有権移転登記手続請求訴訟において、被告である所有者が自己の所有権を主張して請求棄却判決を求める応訴（最大判昭43.11.13）
⑤ 債務者兼抵当権設定者から提起された抵当権設定登記の抹消登記手続請求訴訟において、被告である債権者兼抵当権者が被担保債権の存在を主張して請求棄却判決を求める応訴（最判昭44.11.27）

☞ One Point ▶ 一部請求と時効の完成猶予・更新の効力が及ぶ範囲

論点

　　債権の一部について給付の訴えを提起するいわゆる一部請求の場合、時効の完成猶予・更新の効力がどの範囲について及ぶのかが問題となります。

　　判例（最判平25.6.6）の趣旨に照らすと、一部請求の趣旨が明示されている場合には、判決によって権利の存在が確定するのはその債権の一部のみであることから、時効の更新の効力はその一部についてのみ生じます（残部について時効の更新の効力は生じません）。もっとも、債権の残部についても、権利行使の意思が継続的に表示されているとはいえない特段の事情のない限り、当該訴えの提起により、裁判上の催告（150）として時効の完成猶予の効力が生じます。

　　したがって、一部請求の訴えを提起した場合、まず訴えの提起によって、残部も含めた債権全部について時効の完成猶予の効力が生じることになります。そして、請求認容判決が確定した場合、明示していた債権の一部についてのみ時効の更新の効力が生じ、残部については、判決時からさらに6か月を経過するまで完成猶予の効力が継続することになります。

　　以上に対し、一部請求の趣旨を明示しなかった場合、判例（最判昭45.7.24）の趣旨に照らすと、債権の同一性の範囲内において、債権全部につき時効の完成猶予及び更新の効力が生じると考えられています。

(b) 支払督促（147 I ②）

支払督促とは、債権者の申立てによって、裁判所書記官が金銭その他の代替物又は有価証券の支払を督促するものである（民訴382以下）。

支払督促は、債権者の申立てが訴えの提起に擬制されたり（民訴395前段）、あるいは、それ自体が確定判決と同一の効力を有する（民訴396）ことから、裁判上の請求と同様に、時効の完成猶予・更新の効力が認められている。

(c) 和解・調停（147 I ③）

民事上の争いについては、訴え提起前に簡易裁判所に和解の申立てをすることができる（民訴275 I）。和解が成立し、和解調書が作成された場合、和解調書の記載は確定判決と同一の効力を有する（民訴267）。

また、民事調停法・家事事件手続法による調停（民事調停・家事調停）において、当事者間に合意が成立し、それが調書に記載された場合、その記載は確定判決と同一の効力を有する（民調16、家事268 I）。

このように、和解・調停には確定判決と同一の効力が認められる場合があることから、裁判上の請求と同様に、時効の完成猶予・更新の効力が認められている。

(d) 破産手続参加・再生手続参加・更生手続参加（147 I ④）

破産手続参加とは、債務者に対する破産手続の進行中に、債権者が配当に加入するために破産債権の届出をすることである（破111）。再生手続参加とは、再生手続に参加しようとする債権者が再生債権の届出をすること（民再94）であり、更生手続参加とは、更生手続に参加しようとする債権者が更生債権の届出をすること（会更138）である。

これらの債権の届出は、明確な権利行使であるため、届出時に時効の完成猶予の効力が生じる。そして、権利が確定して破産手続等が終了したときは、その終了時から時効の更新の効力が生じる。

なお、判例（最判昭35.12.27）は、債権者のする破産手続開始の申立て（破18 I）は「裁判上の請求」（147 I ①）に当たるとしている。

(2) 強制執行等による時効の完成猶予・更新（148）

(a) 強制執行（148 I ①）・担保権の実行（148 I ②）

強制執行とは、執行機関が債務名義に基づき、私法上の請求権の強制的実現を図る手続である。担保権の実行とは、抵当権等の担保権の目的財産を競売等によって強制的に換価し又は収益を回収して、被担保債権の満足を図る手続である。

これらの手続は、断固たる権利の行使であり、もはや「権利の上に眠る者」とはいえず、継続した事実状態への信頼も損なわれるため、時効の完成猶予の効力が生じる。

→これらの手続が終了するまでの間、時効は完成しない（148 I 柱書）

そして、権利の満足に至らなかった場合でも、権利の存在について確証が得られたと評価できるため、手続の終了時から時効の更新の効力が生じる。

→それまでに経過した時効期間が無意味になり、これらの手続が終了した時から新たに時効の進行が開始する（148 II 本文）

ただし、申立ての取下げ又は法律の規定に従わないことによる取消しによってその事由が終了した場合は、その終了の時から6か月を経過するまでの間、時効の完成猶予の効力が生じるにとどまる（148 I 柱書かっこ書参照）。

　なお、他の債権者の申立てにより開始された不動産競売手続において、執行力のある債務名義の正本を有する債権者が配当要求をした場合、その配当要求も強制執行に準ずるものとして、時効の完成猶予・更新の効力が認められる（最判平11.4.27参照）。

(b) 形式的競売（148 I ③）

　形式的競売とは、留置権による競売及び民法、商法その他の法律の規定による換価のための競売をいう（民執195）。これは、債務の弁済があるまで留置物の留置を継続しなければならない留置権者の負担を解放するための手続であり、権利の満足を目的とする担保権の実行ではないが、債権者の権利行使としての側面もあるため、強制執行等と同様に、時効の完成猶予・更新の効力が認められている。

(c) 財産開示手続等（148 I ④）

　財産開示手続（民執196）・第三者からの情報取得手続（民執204）は、債務者の財産状況の調査（民執１参照）であり、強制執行等の準備として行われ、権利者による権利の実現に向けられた手続である。そして、仮差押え・仮処分のような暫定的な手続でもないことから、強制執行等と同様に、時効の完成猶予・更新の効力が認められている。

2　完成猶予事由

(1) 仮差押え・仮処分による時効の完成猶予（149）

　仮差押え（民保20）・仮処分（民保23）は、債権者が自己の権利を実現できなくなるおそれがある場合に、債務者の財産の処分を暫定的に禁止する等の措置を講じて、債務者の財産を保全する手続である。

　→仮差押え・仮処分の申立時から、仮差押え・仮処分が終了した時から６か月を経過するまでの間、時効は完成しない（149）

　これらの民事保全手続は、その開始に債務名義が不要であること、権利の終局的な実現を図るものではなく、その後に本案の訴えの提起・続行が予定されている暫定的な手続にすぎないことから、時効の更新の効力は認められない。もっとも、権利者による権利の実現・確保に向けた権利主張がされたと評価できるため、時効の完成猶予の効力が認められている。

(2) 催告による時効の完成猶予（150）

(a) 意義

　催告とは、裁判外で、債権者が債務者に対して履行を請求することをいう（意思の通知）。

　→催告時から６か月を経過するまでの間、時効は完成しない（150 I）

　催告は、権利行使の一種であり、継続した事実状態への信頼も揺らぐ一方、権利の存在について確証が得られたわけではなく、債権者の一方的な権利主張にすぎない以上、時効の更新の効力までは認められず、時効の完成猶予の効力のみ認められている。

　150条は、裁判上の請求（147 I ①）等の時効の完成猶予・更新の手続をとるのが遅れて時効が完成してしまうのを防止する措置として、催告を時効の完成猶予事由として規定している。これは、単に時効を更新するために突然訴えを提起するという弊害を避けるためでもある。

(b) 再度の催告

　催告は、何らの形式も必要としない最も簡易な完成猶予方法である。そのため、催告によって時効の完成が猶予されている間にされた再度の催告は、時効の完成猶予の効力を有しない（150 II）。催告を繰り返すことで時

効完成を引き延ばすことを認めないという判例法理（大判大8.6.30）が明文化されたものである。

(c) 訴訟上の留置権の抗弁

目的物の引渡請求訴訟において、被告が留置権の抗弁を主張した場合、判例（最大判昭38.10.30）は、留置権の抗弁の主張は「反訴の提起ではなく、単なる抗弁に過ぎない」から、「留置権の抗弁を提出し、その理由として被担保債権の存在を主張したからといって、積極的に被担保債権について」裁判上の請求に準ずる効力を認めることはできないとする一方、留置権の抗弁の主張により「被担保債権についての権利主張も継続してなされている」ものといえるから、訴訟係属中及び訴訟終結後6か月間は時効の完成が猶予されるという趣旨の判示をしている。

→留置権の抗弁を主張しても、催告（150）としての効力を有するにすぎない

これに対し、学説上は、裁判上の請求（147Ⅰ①）があったものとして扱うべきであるとする見解も有力である。

(3) 協議を行う旨の合意による時効の完成猶予（151）

(a) 趣旨

平成29年改正前民法下では、当事者が互いに紛争の解決に向けて協議を行っている場合であっても、時効の完成が間近に迫れば、権利者は時効の完成を防止するべく、訴えの提起等の強行的な措置を検討せざるを得なかった。

そこで、催告と同様、単に時効を更新するために突然訴えを提起するという弊害を避け、当事者に自発的で柔軟な紛争の解決を行わせるために、協議を行う旨の合意がなされた場合には、時効の完成が猶予されることとなった。

(b) 協議を行う旨の合意による時効の完成猶予の内容

権利についての協議を行う旨の合意が書面（又は電磁的記録、151Ⅳ）でされたときは、次に掲げる時のいずれか早い時までの間は、時効は、完成しない（151Ⅰ柱書）。

① その合意があった時から1年を経過した時（151Ⅰ①）
② その合意において当事者が協議を行う期間（1年に満たないものに限る。）を定めたときは、その期間を経過した時（同②）
③ 当事者の一方から相手方に対して協議の続行を拒絶する旨の通知が書面（又は電磁的記録、151Ⅳ・Ⅴ）でされたときは、その通知の時から6か月を経過した時（同③）

【協議を行う旨の合意による時効の完成猶予の内容】

		いつまで完成猶予されるか
当該合意に協議を行う期間を定めなかった場合		①と③のいずれか早い時まで
当該合意に協議を行う期間を定めた場合	1年以上の期間を定めた場合	①と③のいずれか早い時まで
	1年未満の期間を定めた場合	②と③のいずれか早い時まで

(c) 再度の合意

催告（150）の場合と異なり、協議を行う旨の合意によって時効の完成が猶予されている間に、再度協議を行う旨の合意がされた場合、更に時効の完成が猶予される（151Ⅱ本文）。

再度の合意は繰り返しすることができるが、時効の完成が猶予されなかったとすれば時効が完成すべき時から通じて5年を超えることができない

（同Ⅱただし書）。

(d)　催告との関係

催告（150）によって時効の完成が猶予されている間（時効が本来完成すべき時が到来しているものの、催告によって時効の完成が猶予された状態）に協議を行う旨の合意がなされたとしても、時効の完成猶予の効力を有しない（151Ⅲ前段）。

→完成猶予期間の延長はなく、催告による時効の完成猶予の効力しか認められないということ

同様に、協議を行う旨の合意によって時効の完成が猶予されている間に催告がなされたとしても、時効の完成猶予の効力を有しない（151Ⅲ後段）。

→完成猶予期間の延長はなく、協議を行う旨の合意による時効の完成猶予の効力しか認められないということ

(4)　権利行使困難型の完成猶予事由（158 ～ 161）

158条～ 161条は、時効期間満了の間際などに、権利者に権利行使を期待することは困難であると評価できる事由がある場合（権利行使困難型）に、権利者を救済するため、一定期間時効の完成を猶予することとしている。

(a)　未成年者又は成年被後見人に対する時効の完成猶予（158）

時効期間満了前6か月以内の間に未成年者・成年被後見人に法定代理人がないときは、これらの者が行為能力者となった時、又は法定代理人が就職した時から6か月を経過するまでの間は、これらの者に対して、時効は完成しない（158Ⅰ）。

→時効期間満了前6か月以前から法定代理人が欠けており、6か月内に至るまで就職しなかった場合も含む

また、未成年者・成年被後見人がその財産を管理する父母又は後見人に対して権利を有するときは、これらの者が行為能力者となった時、又は後任の法定代理人が就職した時から6か月を経過するまでの間は、時効は完成しない（158Ⅱ）。

∵　財産を管理する父母や後見人が未成年者や成年被後見人に代わって、自分に対して時効の完成猶予の手続をとることは期待できない

(b)　夫婦間の権利の時効の完成猶予（159）

夫婦の一方が他の一方に対して有する権利については、婚姻の解消の時から6か月を経過するまでの間は、時効は完成しない（159）。

「婚姻解消の時」とは、離婚、婚姻の取消し及び夫婦の一方の死亡を含む。婚姻前から有する権利であるか婚姻後から有する権利であるかは問わない。

(c)　相続財産に関する時効の完成猶予（160）

相続財産に関しては、相続人の確定、相続財産管理人の選任又は破産手続開始の決定があった時から6か月を経過するまでの間は、時効は完成しない（160）。

「相続財産」とは、相続の開始（882）によって被相続人から相続人に移転する積極・消極の財産、すなわち権利義務の総称である。

相続財産に「関して」とは、相続財産の利益になる場合と不利益になる場合を含む。したがって、相続財産に属する権利だけでなく、他人が相続財産に対して有する権利も含む。

(d)　天災その他避けることのできない事変による時効の完成猶予（161）

時効の期間の満了の時に当たり、天災その他避けることのできない事変

判例 最判平26.3.14
平26重判〔2〕

時効の期間の満了前6か月以内の間に精神上の障害により事理弁識能力を欠く常況にある者に法定代理人がない場合において、少なくとも、時効の期間満了前の申立てに基づき後見開始の審判がされたときは、158条1項の類推適用により、法定代理人が就職した時から6か月を経過するまでの間は、時効は完成しない。

のため裁判上の請求等（147Ⅰ各号）又は強制執行等（148Ⅰ各号）を行うことができないときは、その障害が消滅した時から3か月を経過するまでの間は、時効は完成しない（161）。

「天災その他避けることのできない事変」とは、暴動や戦乱のような、天災に比すべき外部の障害をいい、権利者の疾病や不在といった主観的な事由は含まれない。

3 更新事由（承認）

(1) 承認の意義

時効は、権利の承認があったときは、その時から新たにその進行を始める（152Ⅰ）。承認とは、時効の利益を受ける者が、権利の不存在（取得時効の場合）又は権利の存在（消滅時効の場合）を権利者に対して表示することをいう（観念の通知）。特別の方式を要せず、裁判上・裁判外も問わない上、書面・口頭も問わない。

→「承認」は、時効によって権利を失うべき者の代理人に対してした場合も有効である（大判大10.2.1）

承認は、権利の存否を明確にするものであること、承認がされれば権利者は権利保全のための措置を講じないのが通常であることから、更新事由とされている。

(2) 「承認」に当たる場合

承認は、明示的なものに限られない。消滅時効の場合、時効の利益を受ける者（債務者等）が、権利の存在を認識して、その認識を表示したと認めることのできる行為は、全て承認となる。

以下の例は、消滅時効の「承認」に当たると判断されたものである。

ex.1 債務者が債務の一部を弁済した場合（残部の承認、大判大8.12.26）

ex.2 債務者が利息を支払った場合（元本の承認、大判昭3.3.24）

ex.3 債務者が弁済の猶予を懇請した場合（大判昭2.1.31）

ex.4 債務者が債権譲渡に対して467条の「承諾」をした場合

ex.5 債務者が訴訟上の相殺を主張した場合（最判昭35.12.23参照）

∵ 相殺は相手方の受働債権を前提とするため、受働債権を承認したことになる

→相殺の主張が撤回されても、既に生じた承認による時効の更新の効力は失われるものではない

(3) 「承認」に当たらない場合

ex.1 債務者が債務の存否を調査するため猶予を求めること

ex.2 債務者が他の債権者のために二番抵当を設定すること（一番抵当を有する債権者との関係で「承認」に当たらない）

ex.3 物上保証人が被担保債権の存在を承認すること（債務者のみならず物上保証人自身との関係でも「承認」に当たらない）

(4) 行為能力・権限の要否

承認をするには、相手方の権利についての処分につき行為能力の制限を受けていないこと、又は権限があることを要しない（152Ⅱ）。

→時効の利益を受ける者が時効にかかる権利を有するものと仮定して、その者がその権利を処分する行為能力・権限を有していなくても、承認による時効の更新の効力が生じる

∵ 承認は既に取得した権利を放棄したり、相手方が有していない権利を認めて新たに義務を負担するものではない（承認は処分行為ではない）

もっとも、承認も財産の管理に関する行為であること、及び152条2項の

反対解釈から、少なくとも管理能力・権限の存在は必要であると解されている。

ex.1 未成年者が法定代理人の同意を得ないでした承認は、管理能力のない者による承認であるため、取り消すことができる（5Ⅱ）（大判昭13.2.4参照）

→取り消されると時効は更新しない

ex.2 被保佐人が単独でした承認には、時効の更新の効力が生じる（大判大7.10.9参照）

∵ 行為能力の制限を受けているが、管理能力・権限は有している

三 完成猶予・更新の効力が及ぶ人的範囲

1 原則（相対効）

時効の完成猶予又は更新は、当事者及びその承継人の間においてのみ、その効力を有する（相対効、153）。

ex.1 A・Bが共同でCから土地を購入し、A・Bがそれぞれ代金債務を分割して負担した場合において、Aが債務を承認して時効の更新の効力が生じても、その効力はBには及ばない

ex.2 主債務者Aの債務を保証する保証人Bが、保証債務を承認して時効の更新の効力が生じても、その効力は主債務者Aには及ばない

→その後、主債務者Aに対する債権の消滅時効が完成し、A又はB（ともに援用権者たる「当事者」（145かっこ書参照）に当たる）がこれを援用してその債権が消滅した場合、付従性により、保証人Bが負う保証債務も消滅する

2 例外

(1) 強制執行等（148Ⅰ各号）又は仮差押え・仮処分（149）は、時効の利益を受ける者に対してしないときは、その者に通知をした後でなければ、時効の完成猶予又は更新の効力を生じない（154）。

∵ 時効の利益を受ける者が知らない間に時効の完成猶予及び更新の効果が生じると、その者にとって不測の不利益となる

←逆にいえば、「時効の利益を受ける者」に対して上記手続の「通知」をすれば、その者に時効の完成猶予・更新の効力が生じる

ex. 物上保証人に対する競売申立てにより競売開始が決定され、その決定正本が債務者に送達された場合、その時に「通知」があったものとされ（最判昭50.11.21）、決定正本送達時に債務者に対する被担保債権について時効の完成猶予の効力が生じ（最判平8.7.12参照）、手続終了時に時効の更新の効力が生じる

(2) 地役権の不可分性（284ⅡⅢ・292）

共有者に対する時効の更新は、地役権を行使する各共有者に対してしなければ、その効力を生じない（284Ⅱ）。また、地役権を行使する共有者が数人ある場合には、その1人について時効の完成猶予の事由があっても、時効は、各共有者のために進行する（同Ⅲ）。

要役地が数人の共有に属する場合において、その1人のために時効の完成猶予又は更新があるときは、その完成猶予又は更新は、他の共有者のためにも、その効力を生ずる（292）。

(3) 主たる債務者について生じた事由の効力（457Ⅰ）

主たる債務者に対する履行の請求その他の事由による時効の完成猶予及び更新は、保証人に対しても、その効力を生ずる（457Ⅰ）。

(4)　**判例**

　　債務者Aが債権者Bに対して自己の債務を承認し、時効の更新の効力が生じた場合において、Bの債権を担保するために自己の所有物件に抵当権を設定した物上保証人Cが、Aの承認による時効の更新の効力は自分には及ばないとして時効の更新の効力を否定することは、担保権の付従性に抵触し、民法396条の趣旨にも反し、許されない（最判平7.3.10参照）。

10-1-0　時効に類似する制度

一　除斥期間
二　権利失効の原則

学習の指針

　　除斥期間とは、一定の時の経過により権利消滅の効果を認める制度をいい、権利関係の早期確定をその趣旨とします。権利失効の原則とは、権利者は、信義に反して長く権利を行使しないでいる場合に、信義則上その権利の行使が阻止されるという原則をいい、信義則による権利行使の制限の一場面です。いずれも消滅時効との異同という点が学習上のポイントになります。

一　除斥期間

1　意義・趣旨

　　除斥期間とは、権利関係を速やかに確定するために、法律で定められた一定の期間内に権利を行使しなければならないとされる期間のことをいう。

　　その趣旨は、権利関係を速やかに確定し、権利関係を画一的・絶対的に安定させるという公益上の必要性から、権利の行使期間を限定する点にある。権利者の意思を考慮した私益的性質を有する消滅時効とは趣旨が異なる。

2　消滅時効との相違点

① 更新が認められない。
　→完成猶予については、これを認めないと権利行使が極めて困難な場合（期間満了の直前に天災その他避けることのできない事情がある場合等）でも権利が消滅してしまうため、天災等による時効の完成猶予に関する161条の類推適用を認めるべきであるとする見解が有力に主張されている

② 当事者による援用がなくても、裁判所は職権でこれを基礎として裁判をしなければならず、当事者による放棄もできない。

③ 除斥期間の起算点は権利発生時である。

④ 除斥期間の効果に遡及効はない。

【除斥期間と消滅時効の相違】

	除斥期間	消滅時効
更新（＊）	なし	あり
援用	不要（職権）	必要
起算点	権利発生時	・権利を行使することができることを知った時（主観的起算点、166 I ①） ・権利を行使することができる時（客観的起算点、166 I ②）
遡及効	なし	あり

＊　完成猶予については、除斥期間にも161条の類推適用を認める見解が有力に主張されている。

3 除斥期間と考えられている期間制限

(1) 形成権の期間制限

取消権・解除権等の形成権の期間制限は、除斥期間と考えられている。

∵ 形成権は、権利者の一方的意思表示のみで権利内容の実現ができる権利であり、完成猶予・更新を考える余地がないことから、時効の完成猶予・更新を認めるべきではない

(2) ある請求権の短期期間制限

請求権のうち、比較的短期の期間制限が設けられ、「時効によって」の文言もないものは、除斥期間と考えられている。

∵ 権利義務をめぐる紛争の速やかな確定のため

ex. 盗品・遺失物の回復請求権に関する193条（2年）、動物の回復請求権に関する195条（1か月）の期間制限

(3) 長期・短期の期間制限が設けられている場合の長期の期間制限

1つの権利について長期と短期の期間制限が設けられている場合の長期の期間制限は、除斥期間と考えられている。

∵ 更新の繰り返しによりさらに長期になるのを避けるため

ex. 相続回復請求権に関する884条（長期—20年、ただし判例（最判昭23.11.6）は時効期間とする）、遺留分侵害額請求権に関する1048条（長期—10年）の長期の期間制限

もっとも、長期・短期の期間制限が設けられている場合の長期の期間制限が、全て除斥期間であると考えられているわけではない。

cf.1 債権等の消滅時効に関する166条1項、不法行為による損害賠償請求権の消滅時効に関する724条は、長期・短期ともに時効期間を定めている

cf.2 取消権の期間制限に関する126条は、長期・短期ともに除斥期間を定めている

cf.3 詐害行為取消権の期間制限に関する426条は、長期・短期ともに出訴期間を定めている

☞ **One Point** ▶ 平成29年改正前民法724条後段の長期の期間制限

平成29年改正前民法下の判例（最判平16.4.27／百選Ⅱ［第8版］〔109〕）は、改正前民法724条後段の長期の期間制限（20年）の法的性質について、これを「除斥期間」であると判示していました。しかし、この判例に対しては、不法行為の時から期間の経過によって画一的に権利が消滅するとなれば、被害者の保護に欠ける場合があるなどと強く批判されていました。

そこで、改正民法724条は、「時効によって消滅する。」（改正724柱書）と規定して、長期の期間制限（改正724②）が消滅時効であることを明文化しました。

二 権利失効の原則

権利者は、信義に反して長く権利を行使しないでいると、信義則上その権利の行使が阻止されるという原則をいう。

→消滅時効にかからない所有権に基づく物権的請求権・登記請求権等や、消滅時効や除斥期間によって権利が消滅する以前でも、権利の行使ができなくなる

消滅時効とは以下の点で異なる。

① 一定期間の権利不行使によって画一的に権利消滅の効果を結び付ける制度ではなく、具体的場面における当事者の利益状況に鑑み、相手方におい

判例 最判昭30.11.22

「解除権を有する者が、久しきに亘りこれを行使せず、相手方においてその権利はもはや行使せられないものと信頼すべき正当の事由を有するに至ったため、その後にこれを行使することが信義誠実に反すると認められるような特段の事由がある場合には、もはや右解除は許されない」。

てその権利はもはや行使されないだろうとの信頼を有するに至ったため、その後の権利行使が信義則に反すると認められるような特段の事由がある場合に、その権利行使を阻止する制度である。

② 権利の消滅に関せず、その行使を封ずる抗弁権を発生させるにすぎないと考えられている。

③ 裁判所は職権をもって顧慮すべきである。

10-2 取得時効

10-2-1 所有権の取得時効

| 一 はじめに
二 取得時効の要件
三 取得時効の効果 | **学習の指針**
取得時効とは、一定の事実状態の一定期間の継続により権利の取得（特に所有権）を認める制度をいいます。要件面については、所有の意思の推定や |

占有の継続、自然中断といった点は条文上の知識そのものが短答式試験で問われていますので、要注意です。また、占有にかかわる解釈論のうち、他主占有から自主占有への転換、占有の承継があった場合の善意・無過失の判断基準、自己物の時効取得の可否といった点は論文式試験でも問われます。

一 はじめに

今までの部分では、時効一般についての要件・効果等を検討したが、時効には取得時効（162）と消滅時効（166）があり、それぞれ要件・効果が違うので個別に検討する必要がある。本節ではこのうちの所有権の取得時効について検討する。

二 取得時効の要件

◀佐久間1・400頁以下

【取得時効の要件】

要件（概要）		要件（詳細）
一定の事実状態の存在		① 所有の意思をもった占有（自主占有） ② 平穏・公然 ③ 善意・無過失（10年の短期取得時効の場合） ④ 他人の物
一定の事実状態が一定の期間継続すること	積極	⑤ 占有の継続 善意・無過失→10年間 悪意・有過失→20年間
	消極	⑥ 完成猶予・更新事由がないこと ⑦ 自然中断（164）がないこと
当事者の援用（145）		⑧ 援用の意思表示（不確定効果説・停止条件説による）

1 「所有の意思」をもった占有（要件①について）

取得時効の成立には、「所有の意思をもって……占有」することが必要である

（162ⅠⅡ）。「所有の意思」とは、所有者として物を排他的に支配しようとする意思をいう（自己に所有権があると信じること（善意）とは異なる）。そして、所有の意思をもった占有を自主占有といい、所有の意思をもたない占有を他主占有という。

所有の意思がなければ（自主占有でなければ）、いくら占有を継続しても所有権を時効取得することはない。もっとも、後述（⇒下記(2)参照）するとおり、他主占有から自主占有へ変更する場合も認められている（185）。

所有の意思の有無は、占有者の内心の意思によってではなく、占有取得の原因である権原又は占有に関する事情によって外形的・客観的に定まる（最判昭45.6.18、最判平7.12.15）。

∵　取得時効は、永続して占有するという事実状態を権利関係にまで高めようとする社会的・公益的な制度であり、占有者の意思に基づいて権利を取得させようとする制度ではないから、占有者の主観を重視する必要はない

ex.1　自主占有の例

①　無効な売買契約に基づいて買主が土地を占有している場合の買主の占有

∵　売買という占有取得原因（権原）は、占有取得者がそれにより物の所有権を取得しようとする性質のものであり、その性質は契約が無効であっても変わりがない

②　解除条件付売買において解除条件が成就して売買契約が失効した場合の買主の占有

③　他人物売買の売主に目的物の所有権がないことを知っていた場合の買主の占有（悪意占有となるにすぎない）

ex.2　他主占有の例

賃借人・使用借人・受寄者として物を占有する場合の占有

∵　賃貸借・使用貸借・寄託という占有取得原因（権原）は、占有取得者がそれにより物の所有権を取得しようとする性質のものではない

次に、「占有」とは、自己のためにする意思をもって物を所持することをいう（180）。物の所持（事実上の支配）は、自分で現実にする必要はなく、他人を介してすることもできる（間接占有、181）。　⇒**『物権』**

(1)　「所有の意思」を否定する抗弁

186条1項は、占有者は所有の意思をもって占有するものと推定しており、したがって、取得時効の成立を争う者が所有の意思によらない占有（他主占有）であることについて証明責任を負う。では、取得時効の成立を争う者は、この推定を覆すためにどのようなことを証明すべきか。

判例（最判昭58.3.24、最判平7.12.15）は、186条1項で推定される所有の意思を否定するには、「占有者がその性質上所有の意思のないものとされる権原」（他主占有権原）を証明するか、又は「占有者が占有中、真の所有者であれば通常はとらない態度を示し、若しくは所有者であれば当然とるべき行動に出なかったなど、外形的客観的にみて占有者が他人の所有権を排斥して占有する意思を有していなかったものと解される事情」（他主占有事情）を証明する必要があるとした。

論点

◀佐久間1・402頁
LQⅠ・283頁

論文・司法Ｈ24

判例　最判平7.12.15

事案：　Aは本件土地の所有者であり、登記簿上の所有名義人であったが、Aの弟Bは、昭和30年10月、本件土地上に建物を建築し、占有を開始した。その後、同土地内で移築したり、増築を繰り返したが、Aは何ら異議を述べなかった。昭和42年4月にBから本件土地の

贈与を受けたと主張するＸが、時効により本件土地所有権を取得したとしてＡの相続人Ｙに対し、所有権移転登記手続を求めた。なお、Ｂ及びＸは、今まで所有権移転登記手続を求めず、固定資産税を負担することもなかった。

判旨：　「民法186条１項の規定は、占有者は所有の意思で占有するものと推定しており、占有者の占有が自主占有に当たらないことを理由に取得時効の成立を争う者は、右占有が所有の意思のない占有に当たることについての立証責任を負う」が、「所有の意思は、占有者の内心の意思によってではなく、占有取得の原因である権原又は占有に関する事情により外形的客観的に定められるべきものであるから、占有者の内心の意思のいかんを問わず、占有者がその性質上所有の意思のないものとされる権原に基づき占有を取得した事実が証明されるか、又は占有者が占有中、真の所有者であれば通常はとらない態度を示し、若しくは所有者であれば当然とるべき行動に出なかったなど、外形的客観的にみて占有者が他人の所有権を排斥して占有する意思を有していなかったものと解される事情（このような事情を以下「他主占有事情」という。）が証明されて初めて、その所有の意思を否定することができる」とした。その上で、他人の土地に建物を建てて居住していたＢ及びＸが、土地所有者たるＡに対して所有権移転登記を求めたことがなかったという事実や、固定資産税を負担したことがなかった事実は、他主占有事情の存否の判断において占有に関する外形的客観的な事実の一つとして意味のある場合もあるが、双方に特別な人間関係（親族関係等）が認められる場合、これらの事実は、所有者として異常な態度とはいえないこともあるから、直ちに他主占有事情ありと判断するための決定的な事実とはならないとして、本件においては、Ｂ及びＸについて他主占有事情が十分であるということはできないとした。

(2)　他主占有から自主占有への変更（185）
　　①　占有者が、自己に占有をさせた者に対して所有の意思があることを表示すること
　　②　新たな権原によりさらに所有の意思をもって占有を始めること

判例　最判平8.11.12／百選Ｉ［第８版］（67）

「他主占有者の相続人が独自の占有に基づく取得時効の成立を主張する場合において、右占有者が所有の意思に基づくものであると言い得るためには、取得時効の成立を争う相手方ではなく、占有者である当該相続人においてその事実的支配が外形的客観的に見て独自の所有の意思に基づくものと解される事情を自ら証明すべきものと解するのが相当である。けだし、右の場合には、相続人が新たな事実的支配を開始したことによって、従来の占有の性質が変更されたものであるから、右変更の事実は取得時効の成立を主張する者において立証を要するものと解すべきであり、また、この場合には、相続人の所有の意思の有無を相続という占有取得原因事実によって決することはできないからである」として、他主占有の相続人側で、所有の意思のあったことを自ら立証すべきとした。

判例　最判昭46.11.30

「占有を相続により承継したばかりでなく、新たに本件土地建物を事実上支配することによりこれに対する占有を開始したものというべく、……所有の意思があるとみられる場合においては……『新権原ニ因リ』本件土地建物の自主占有をするに至ったものと解す」べきであるとして、相続による他主占有から自主占有への転換を認めた。

2　平穏・公然（要件②について）

「平穏」とは、暴行・強迫によらないこと（強暴の反対）であり、「公然」とは、密かに隠していないこと（隠秘の反対）であるが、186条1項により推定される。

> **ex.**　強盗による占有は平穏な占有ではなく、拾った物を隠している場合は公然の占有ではない

→不動産については公然でない占有は実際上存在することは困難であり、占有の公然性が問題となるのは主に動産についてである

3　善意・無過失（要件③について）

(1)　占有の開始の時に善意・無過失であること

占有者が善意・無過失か否かにより時効期間が決せられる（162ⅠⅡ）。

占有者の善意は186条1項により推定される。他方、無過失は推定されない（最判昭46.11.11参照）。

* 　善意・無過失か否かは「占有の開始の時」に判断されるので、占有の途中で悪意になっても10年で時効取得できる。

* 　ここでの善意・無過失とは、自己に所有権があると信じ、かつ、そう信じたことについて過失がないことをいう。

(2)　占有の承継があった場合

Aが自主占有している他人の土地をBに売却して、Bがその後占有を続けた場合、Bは、自己の占有のみを主張してもよいし、Aの占有を併せて時効主張してもよい（187Ⅰ）。

187条は、相続のような包括承継にも適用される（最判昭37.5.18）。

(a)　善意・無過失の占有者から悪意の占有者が承継した場合

論点

問題の所在

占有者の承継人は前主の占有を併せて主張できるが（187Ⅰ）、この場合、占有開始時に悪意・有過失の占有者も、前主が善意・無過失であることを理由に、前主の占有開始から10年の取得時効を主張することができるのだろうか。たとえば、Aが善意・無過失で他人の物を6年間占有した後、悪意のBに譲渡し、Bがさらに5年間占有を継続した、という場合において、BはAの占有開始から10年を経過していることを理由に時効取得することができるのかが問題となる。

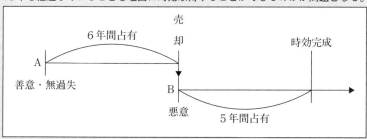

考え方のすじ道

187条1項が前主の占有を併せて主張することを認めているのは、自己固有の占有とともに、一方で前主の占有が継続するという占有の二面性に基づく
　　　↓また
187条2項が「瑕疵をも」としているのは、「瑕疵のないことは勿論のこと、瑕疵のあることもまた承継する」という趣旨と解すべき
　　　↓とすれば
同一人による占有継続の場合には占有開始時に善意・無過失であれば足りることとの均衡から、占有の承継があった場合にも、前主が善意・無過失で占有を開始すれば、承継人の善意・悪意を問わず、10年の取得時効が認められると解する

━━ アドヴァンス ━━

A　10年の取得時効肯定説（判例）
（理由）
① 同一人による占有継続の場合には、善意・無過失は占有開始時を基準に判断されることとの均衡を図るべきである。
② 187条2項が「瑕疵をも」としているのは、「瑕疵のないことは勿論のこと、瑕疵のあることもまた承継する」という趣旨と解すべきである。

B　10年の取得時効否定説
（理由）
① 187条2項の反対解釈として、「前主の占有に瑕疵がなかったこと」は、承継人の固有の占有に付着する瑕疵を治癒する効果を有するものではない。
② たった10年で真の所有者が所有権を失うことを考えると、利益衡量上、時効完成当時の占有者の占有自体善意・無過失で始まったことを要求すべきである。

> **判例** 最判昭53.3.6／百選Ⅰ【第8版】〔46〕
> 「10年の取得時効の要件としての占有者の善意・無過失の存否については占有開始の時点においてこれを判定すべきものとする民法162条2項の規定は、時効期間を通じて占有主体に変更がなく同一人により継続された占有が主張される場合について適用されるだけではなく、占有主体に変更があって承継された2個以上の占有が併せて主張される場合についてもまた適用されるものであり、後の場合にはその主張にかかる最初の占有者につきその占有開始の時点においてこれを判定すれば足りる」。

(b)　悪意の占有者から善意・無過失の占有者が承継した場合
　前主の占有も併せて主張すると、前主の悪意という瑕疵もまた承継するので（187Ⅱ）、前主の占有開始から20年の占有を要する（162Ⅰ）。
　もっとも、承継人は自己固有の占有だけを主張することもでき（187Ⅰ）、この場合には自己の占有開始から10年で時効取得が可能となる（162Ⅱ）。

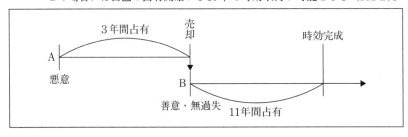

4　「他人の物」（要件④について）

(1)　自己物の時効取得

━━ 問題の所在 ━━

　BはA所有の土地をAから買い受け、引渡しを受けたが移転登記は行わなかった。そこでAは自己に登記があることを奇貨として、Cに当該土地を売却して移転登記を行った。その後Bの占有取得以来10年以上が経過した。
　この場合Bは土地所有権の取得（承継取得）をCに対抗し得ない（177）が、占有取得以来10年以上が経過しており、当該土地所有権の時効取得（162Ⅱ）を主張できないか。162条は「他人の」物と規定しており、自己の物も時効取得できるかが問題となる。

論点
◀佐久間1・403頁
LQⅠ・280頁
論文・司法H24
論文・予備R元

確かに、162条は「他人の」物としており、自己の物は取得時効の対象とならないとも思える

↓しかし

そもそも時効制度の趣旨は、永続した事実状態を尊重してこれを実体法上の権利関係に高め、また、真実の立証の困難性を救済することにある

↓とすれば

「他人の」とは例示にすぎず、たとえ自己の所有物であったとしても、永続した事実状態があれば、時効取得を認めることができると解する

アドヴァンス

A　肯定説（判例・通説）

（理由）

① 自己物であっても、その登記を経由していないために所有権の取得の立証が困難であったり、所有権の取得を第三者に対抗できないなどの場合において、取得時効による権利取得を主張できると解するのが制度本来の趣旨に合致する。

② 「他人の」と規定したのは、通常の場合において、自己物について取得時効を援用することは無意味であるからであって、自己物について取得時効の援用を許さない趣旨ではない。

B　否定説

（理由）

① 162条の文理「他人の」を重視する。

② 自己に帰属する所有権を改めて時効取得するのは論理の矛盾かつ無益である。

判例　最判昭42.7.21／百選Ⅰ[第8版]〔45〕

事案：　Aは、Bから贈与を受けた家屋・敷地を占有していたが、所有権移転登記を備えていなかった。Bは、自己の債務を担保するため、Aに贈与した家屋に抵当権を設定し、これが実行された結果、Cが競落し、所有権取得登記を具備した。その後、CはAに対し、家屋・敷地の明渡しを求めた。

判旨：　「民法162条所定の占有者には、権利なくして占有をした者のほか、所有権に基づいて占有をした者をも包含する」。

「けだし、取得時効は、当該物件を永続して占有するという事実状態を、一定の場合に、権利関係にまで高めようとする制度であるから、所有権に基づいて不動産を永く占有する者であっても、その登記を経由していない等のために所有権取得の立証が困難であったり、または所有権の取得を第三者に対抗することができない等の場合において、取得時効による権利取得を主張できると解することが制度本来の趣旨に合致するものというべきであり、民法162条が時効取得の対象物を他人の物としたのは、通常の場合において、自己の物について取得時効を援用することは無意味であるからにほかならないのであって、同条は、自己の物について取得時効の援用を許さない趣旨ではないからである。」

---

(2)　物の一部の時効取得

　一筆の土地の一部や、他人の土地に権限なく植え付けた樹木等、物の一部についても時効取得を認めるのが判例・通説である。

(3)　公物の時効取得の可否

　公物とは、国又は公共団体等により直接に公の目的に供用される個々の有体物をいう。公物には、官公署の建物や国公立学校の建物のように、国又は

公共団体の行政目的遂行のために供される公用物と、道路・河川・公園のように、直接一般公衆の共同使用に供される公共用物（公共用財産）がある。これらの公物は、原則として取得時効の対象とならない。

　もっとも、下記判例は、一定の場合において、公物の取得時効の成立を認めた。

> **判例** **最判昭51.12.24**
> 　公共用財産が長期間事実上公の目的に供用されることなく放置され、公共用財産としての形態、機能を全く喪失しその物の上に他人の平穏かつ公然の占有が継続したが、そのため実際上公の目的が害されることなく、その物を公共用財産として維持すべき理由がなくなった場合には黙示的に公用が廃止されたものとして、取得時効の成立を認めた。

5　占有の継続（要件⑤について）

占有は、10年ないし20年の時効期間中継続しなければならない。

→前後2つの時点で占有が行われたことが立証されれば、その間占有は継続したものと推定される（186Ⅱ、法律上の事実推定（⇒305頁参照））

6　自然中断（164）がないこと（要件⑦について）

①「占有者が任意にその占有を中止し」、又は②「他人によってその占有を奪われたとき」は、取得時効は中断する（164）。これを、自然中断という。自然中断により、取得時効の要件である「占有の継続」（要件⑤）が破られるので、それまでに経過した時効期間はなかったことになる。

→占有を失った者が再度占有を始めたとしても、その時から新たに時効の進行が開始する

ただし、上記②「他人によってその占有を奪われたとき」において、占有者が占有回収の訴え（200Ⅰ）を提起して勝訴し、現実の占有を回復すれば、占有を失っていた期間も占有が継続していたものとみなされる（203ただし書）。

7　取得時効の要件と主張・立証責任

【取得時効の要件と主張・立証責任】

要件	推定の有無	占有者に主張・立証責任があるもの	相手方に主張・立証責任があるもの
所有の意思（自主占有）（要件①）	あり（186Ⅰ）→暫定真実（⇒305頁参照）		他主占有権原・他主占有事情
平穏・公然（要件②）			強暴・隠秘
善意（要件③）			悪意
無過失（要件③）	なし	無過失の評価根拠事実	無過失の評価障害事実
占有の継続（要件⑤）	あり（186Ⅱ）→法律上の事実推定（⇒305頁参照）	前後の両時点における占有の事実	完成猶予・更新事由があること（要件⑥）自然中断（164）があること（要件⑦）
当事者の援用（要件⑧）	なし	援用権者が相手方に対し時効援用の意思表示をしたこと	

三 取得時効の効果 ⇒281頁参照

　取得時効の完成により、占有者は所有権を取得することになるが、ここでの所有権の取得とは原始取得としての性質を有するものと考えられている。原始取得とは、前主の権利を前提とせずに、これとは無関係に物権を取得することをいい、前主の権利を前提として、その権利の瑕疵や負担をも併せて承継する承継取得と対置される。たとえば、取得時効が完成すると、占有者Bは、もとの所有者Aからその所有権を引き継ぐのではなく、時効完成そのものによってBが所有権を取得するのであり、その結果としてAは反射的に所有権を失い、Aの所有権に付着していた抵当権などの負担も消滅することになる。もっとも、原始取得といっても、Bがその所有権を第三者（時効完成後の第三者）に対抗するには登記を具備しなければならないと考えられており、この点では承継取得と変わらない。

考えてみよう！ 要件事実の世界

所有権に基づく妨害排除請求権としての所有権移転登記請求（取得時効）
＜事例＞

　Xは、勤務する会社に自動車で通勤していたが、その自動車を駐車していた場所が自宅から徒歩15分もかかる月極駐車場であり、常々不便に感じていた。平成18年2月1日、Xは、Xの自宅に隣接する甲土地を駐車場として使用していたAから、甲土地を代金300万円で買い取ることに決め、同日、代金を支払い、甲土地の引渡しを受けた。それ以来、Xは、Aと同じく甲土地を駐車場として使用し続けていた。

　平成28年4月1日、Xは、Yから突然、「甲土地はもともと自分の土地だ。Aには甲土地を貸していただけだ。私に無断でXが使用してよい土地ではないのだから、直ちに甲土地を明け渡しなさい。」と告げられた。Xは、たとえ甲土地の所有名義人がYであっても、今になって甲土地の明渡しを求めてくることを理不尽に思い、同年5月1日、Yに対して、甲土地を時効取得した旨を告げた上で、同年5月5日、甲土地の所有権移転登記を求めて出訴した。

　Yは、平成28年6月5日、第1回口頭弁論期日において、「XがAから甲土地を300万円で購入したなど初耳だ。そのような事実は知らないし、Xが甲土地を駐車場として使用していたことも知らなかった。仮にXがAから甲土地を買ったのだとしたら、なぜ甲土地の登記名義を確認しなかったのだ。」などと反論した。

　■ 請求の趣旨
　　被告は、原告に対し、甲土地について、平成18年2月1日時効取得を原因とする所有権移転登記手続をせよ。
　■ 訴訟物及びその個数
　　所有権に基づく妨害排除請求権としての所有権移転登記請求権　1個
　■ 請求原因（Ｋｇ）
　　（あ）　Xは、平成18年2月1日、甲土地を駐車場として占有していた。
　　（い）　Xは、平成28年2月1日経過時、甲土地を駐車場として占有していた。
　　（う）　無過失の評価根拠事実
　　　　①　Aは、平成18年2月1日当時、甲土地を駐車場として占有していた。
　　　　②　Xは、平成18年2月1日、Aから甲土地を300万円で買った。
　　（え）　Xは、Yに対し、平成28年5月1日、甲土地を時効取得した旨伝えた。
　　（お）　甲土地について別紙登記目録記載のY名義の所有権移転登記がある。
　■ 抗弁（Ｅ－無過失の評価障害事実）
　　（カ）　平成18年2月1日当時、甲土地には、Y名義の所有権移転登記があった。

要件事実のポイント

1　＜事例＞において、Xは、甲土地の所有名義人Yに対して、甲土地の取得時効を理由とする所有権移転登記手続を求めている。これに対して、Yは、甲土地の所有者は自分

であり、Ｘには過失があったという趣旨の反論をしている。そこで、裁判所としては、Ｘの主張する権利（訴訟物）が存在するのか、それともＹの主張によってＸの主張する権利は存在しないのかどうかについて、審理・判断することとなる。

2　請求の趣旨

　　上記のとおり、＜事例＞における請求の趣旨としては、「被告は、原告に対し、甲土地について、平成18年2月1日時効取得を原因とする所有権移転登記手続をせよ。」となるが、ここでは、注目すべきポイントが4つある。

⑴　「原告に対し」

　　　＜事例＞における訴訟物は「所有権移転登記請求権」であるところ、移転登記をすべき相手方は、原告に限らず、第三者であることもあり得る。したがって、移転登記をすべき相手方が誰なのかを明らかにするため、請求の趣旨においては、「原告に対し」などと記載する。

　　　これに対して、訴訟物が「所有権移転登記抹消登記請求権」（所有権移転登記の抹消登記手続を求める場合）である場合、請求の趣旨においては、「原告に対し」などと記載しないことになっている。なぜなら、抹消登記手続を求める場合、上記のような意味での相手方は存在せず、相手方が誰なのかを明らかにする必要がないからである。

⑵　「平成18年2月1日」

　　　時効の効力は、その起算日にさかのぼる（144）。そのため、登記原因の日付は占有開始日となる。

　　　＜事例＞において、Ｘは、平成18年2月1日に甲土地の引渡しを受けていると主張しているから、Ｘによる甲土地の占有開始日である「平成18年2月1日」が起算日となり、登記原因の日付も「平成18年2月1日」となる。この点、時効期間の満了日（＜事例＞では、平成28年2月1日）を請求の趣旨に記載することのないよう、注意を要する。

⑶　「時効取得を原因とする」

　　　不動産の権利に関する登記を行うには、登記原因を記録することが求められており（不動産登記59③）、登記を申請するに当たっては、登記原因を明らかにする必要がある（同61）。したがって、不動産登記に関する請求の趣旨や判決主文では、登記原因を明らかにする。

　　　ただし、実務上、抹消登記手続を求める場合の請求の趣旨や判決主文では、登記原因を明示しないのが通例となっている。

⑷　「登記手続をせよ」

　　　仮にＹが敗訴したとしても、登記を実際に行うのは登記官であってＹではない。Ｙは、登記申請手続をする義務（登記申請という意思表示をする義務）を負うにすぎない。そのため、請求の趣旨では「登記をせよ」と記載するのではなく、上記のように「登記手続をせよ」と記載する。

3　＜事例＞における訴訟物は、「所有権に基づく妨害排除請求権としての所有権移転登記請求権　1個」となる。所有権に基づく物権的（登記）請求権が訴訟物となる場合について、詳細は別の編に譲る（⇒『**物権**』参照）。

4　短期取得時効（162Ⅱ）

　　所有権に基づく妨害排除請求権としての所有権移転登記請求権の発生要件は、①その不動産を所有していること、②その不動産について相手方名義の所有権移転登記が存在することである。**請求原因（お）**は、上記②に該当する事実の主張である。

　　＜事例＞では、ＹはＸの甲土地所有について争っているため、Ｘとしては、自己の所有権の取得原因を主張・立証する必要がある。そして、Ｘは、短期取得時効（162Ⅱ）を甲土地の所有権の取得原因として主張していることから、短期取得時効の要件事実を検討する。

⑴　162条2項は、「10年間、所有の意思をもって、平穏に、かつ、公然と他人の物を占有した者は、その占有の開始の時に、善意であり、かつ、過失がなかったときは、その所有権を取得する。」と規定している。同条項によれば、短期取得時効の条文上の要件は、次のとおりである。

　　　①　所有の意思をもって
　　　②　平穏かつ公然に

③　他人の物を

④　10年間占有したこと

⑤　占有開始時に善意（自己に所有権があるものと信じること）であり

⑥　占有開始時に無過失（自己に所有権があると信じるにつき過失がないこと）であったこと

(2)　上記①②⑤について

　　186条1項は、「占有者は、所有の意思をもって、善意で、平穏に、かつ、公然と占有をするものと推定する。」と規定している。したがって、上記④の要件に該当する事実が主張・立証されれば、186条1項が適用されることによって、Xは上記①②⑤に該当する事実を主張・立証することを要せず、逆に、Y側でその反対事実（他主占有、強暴、隠秘）を主張・立証しなければならない。

　　この186条1項のような規定は、暫定真実と呼ばれている。暫定真実とは、条文の表現上はある法律効果の発生要件であるように見えるものであっても、実は、その不存在が法律効果の発生障害要件となることを示す一つの立法技術であり、ただし書に読み替えることができるものをいう。

　　すなわち、162条2項は、186条1項と併せて読むと、「不動産を10年間占有した者は、その占有の始めに善意であることについて過失がなかったときは、その不動産の所有権を取得する。ただし、所有の意思がなかったとき、強暴若しくは隠秘に占有したものであるときは、この限りでない。」と読み替えることができる。

(3)　上記③について

　　判例（最判昭42.7.21／百選I［第8版］〔45〕）は、取得時効の対象となる物は、自己の所有物であってもよいとしている。したがって、上記③は、短期取得時効の効果発生を根拠付ける要件とはならない。

(4)　上記④について

　　186条2項は、「前後の両時点において占有をした証拠があるときは、占有は、その間継続したものと推定する。」と規定している。したがって、土地を10年間継続して占有していたことを主張・立証する必要はなく、「占有開始時」及び「10年経過時」の2つの時点において土地を占有していたことを主張・立証すれば足りる。取得時効を争う相手方としては、この2つの時点の間にXが占有していなかった時点が存在することを抗弁として主張・立証することによって、上記推定を覆す必要がある。

　　この186条2項のような規定は、法律上の事実推定と呼ばれている。法律上の事実推定とは、法が、一定の法律効果の発生の立証を容易にする目的で、「甲事実」があるときは、その法律効果を発生させる法律要件に該当する「乙事実」があると推定することをいう。＜事例＞に即すると、「甲事実」は請求原因（あ）（い）であり、「乙事実」は占有開始時点から10年間占有を継続したという事実である。

(5)　上記⑥について

　　上記⑥（占有開始時の無過失）については、推定されない。

　　無過失は、いわゆる規範的要件であり、実務上、規範的な評価を根拠付ける具体的事実（評価根拠事実）が要件事実であるとされている。取得時効を争う相手方としては、評価根拠事実と両立し、当該評価を妨げる具体的事実（評価障害事実）を主張・立証することになる（抗弁（カ）がこれに該当する事実の主張である）。

　　無過失の判定時期はあくまで占有開始時であるから、占有開始後に悪意に転じても、上記⑥の要件は満たされる。

　　なお、不動産の譲渡人が所有名義人である場合には、特段の事情がない限り、その譲受人は無過失である（大判大15.12.25）。逆に、不動産の譲渡人が所有名義人でない場合、その譲受人は、譲渡人が所有名義人でない理由を確認しなければ、無過失とはいえない（大判大5.3.24）。

(6)　まとめ

　　以上をまとめると、短期取得時効の要件事実は、条文上の要件のうち、

　(ア)　ある時点で占有していたこと

　(イ)　(ア)の時点から10年経過した時点で占有していたこと

　(ウ)　(ア)の時点に無過失（自己に所有権があると信じるにつき過失がないこと）であったこと

となる。

まず、**請求原因（あ）**が上記㋐に該当する事実の主張であり、**請求原因（い）**が上記㋑に該当する事実の主張である。なお、＜事例＞において、Ｙは「Ｘが甲土地を駐車場として使用していたことも知らなかった。」と主張してＸの占有を争っているから、Ｘとしては、**請求原因（あ）**のように、占有の具体的な態様を主張する必要がある。仮に、ＹがＸの占有について争わない場合には、**請求原因（あ）**の代わりに、「Ｘは、平成18年2月1日、甲土地を占有していた。」といった程度の摘示でも足りる。

次に、**請求原因（う）**①②が上記㋒に該当する事実の主張である。

また、時効の援用の法的性質について、不確定効果説のうち停止条件説（判例・通説）に立つと、時効の援用は、権利の得喪を確定させる実体法上の要件となるから、時効によって不利益を受ける者に対する実体法上の意思表示として理解する（詳細は、⇒274頁参照）。そうすると、上記㋐㋑㋒に加えて、

　㋓　援用権者が相手方に対し時効援用の意思表示をしたこと（145）

も短期取得時効の要件事実となる。**請求原因（え）**がこれに該当する事実の主張である。

ブロック・ダイアグラム

Ｋｇ（取得時効）

（あ）	Ｘ　Ｈ18.2.1 甲土地を駐車場として占有
（い）	Ｘ　Ｈ28.2.1経過時 甲土地を駐車場として占有
（う）	無過失の評価根拠事実 ①Ａ　（あ）の当時　甲土地を 　駐車場として占有 ②Ａ・Ｘ　Ｈ18.2.1　甲土地売 　買　代金300万円
（え）	Ｘ→Ｙ　Ｈ28.5.1　時効援用
（お）	甲土地にＹ名義の所有権移転登記

Ｅ（無過失の評価障害事実）

（カ）	無過失の評価障害事実 （あ）の当時　甲土地にＹ名義 の所有権移転登記

10-2-2　所有権以外の財産権の取得時効

	学習の指針
一　はじめに 二　取得時効の対象となる 　権利 三　賃借権の時効取得	所有権以外の財産権についても時効取得できますが、受験対策上は、所有権と比べて重要度は高くありません。ただし、賃借権の時効取得は重要論点ですので、短答式・論文式試験ともに

出題される可能性が十分にあります。

一　はじめに

民法は、所有権の取得時効について定めた後、「所有権以外の財産権」も時効によって取得されるとする（163）。

所有権の時効取得の中心的要件は「占有」であるが、所有権以外の財産権の場合はこれに代わり、「自己のためにする意思をもって……行使する」ことが要求される。これは、地上権、質権のように占有を伴う権利の場合には占有そのものであり、その他の権利では準占有（205）である。

二　取得時効の対象となる権利

1　肯定される権利

① 用益物権（地上権、永小作権、地役権）

  ex.　Aの土地を無権原のBから地役権の設定を受けて通行していたC
は、善意・無過失ならば、10年間継続して通行することにより、Aの
土地に地役権を時効取得する

  ＊　取得時効の対象となる地役権は、継続的に行使され、かつ、外形上認
識することができるものに限られる（283）。

② 不動産賃借権（⇒下記三参照）

2　否定される権利

① 直接法律の規定によって成立する権利

  →法定担保物権（留置権、先取特権）

② 一回の行使により消滅する債権や形成権（解除権、取消権等）

三　賃借権の時効取得

⟨問題の所在⟩

163条は所有権以外の財産権の時効取得を認めているが、債権については通常
継続的行使が予定されず永続する事実状態を観念し得ないため、163条にいう「財
産権」に含まれないとも考えられる。そこで、債権たる賃借権の時効取得が認め
られるかが問題となる。

たとえば、Aの土地を無権限者Bから善意・無過失で賃借し、賃料を支払って
いたCが10年間経過したという場合、Cは、賃借権の時効取得を援用すること
によりAの土地明渡請求を拒むことができるかが問題となる。

⟨考え方のすじ道⟩

そもそも時効制度は永続する事実状態を尊重しようとする制度である
   ↓よって
一回的給付を目的とし権利行使の継続性が認められない債権は「財産権」（163）
に当たらず、時効取得が認められないのが原則である
   ↓しかし
不動産賃借権は他の債権と異なり、占有を権利の不可欠の要素とし、機能におい
て地上権とほとんど異ならないものである
   ↓とすれば
不動産賃借権は163条の「財産権」に当たり、時効取得も可能であると解する
   ↓そして
①土地の継続的な用益という外形的事実（「行使する」（163））が存在し、②そ
れが賃借の意思に基づくものであることが客観的に表現されているとき（「自己
のためにする意思をもって」（163））は、163条に従い、不動産賃借権の時効取
得が可能であると解する
＊　「賃借の意思に基づくものであることが客観的に表現されている」といえる
ものとしては、賃料を継続的に支払ってきた事実などがその典型例として挙げ
られる。

⟨アドヴァンス⟩

A　否定説

債権の取得時効を否定し、債権たる賃借権も取得時効の対象とはならない。

（理由）

① 債権の時効取得を認めると、永続した事実状態からその事実状態に相応する権
利が時効主張者に与えられるにとどまらず、債務者は新たに給付義務を負担す
ることになるから、無から有を生じることになり、不当である。

② 不動産賃借権が物権化したといっても、賃借権はあくまでも債権であり、賃貸
人に対する請求を介して間接に生ずる権能として賃借人の使用権が構成される。

論点

◀佐久間1・407頁
LQI・290頁

論文・司法H29

判例 最判昭45.12.15

寺院境内地の賃貸借契約
が明治初期の法令により
無効とされる場合でも、
賃借人は、その契約に基
づいて平穏公然に土地の
占有を継続し、その間寺
院に約定賃料の支払を続
けていたときは、時効に
よって土地の賃借権を取
得することができる、と
した。

判例 最判昭52.9.29

Aの所有地上に存する建
物の賃借人Bが、Aから
土地の管理を任されてい
ると偽って空地部分をC
に賃貸した場合に、Cが
そこに建物を建築して居
住し、B及びその相続人
に賃料を支払い続けてき
た場合に、Aに対する関
係での賃借権の時効取得
を認めた。

したがって、賃借権には事実的支配がなく、そのような賃借権には直接的・事実的支配を基礎として成立する取得時効は認められない。

B 限定肯定説（判例・通説）

不動産賃借権についてのみ、取得時効の対象となる。

（理由）

① 不動産賃借権は、土地に対する事実的占有を内容にしており、土地を長期的に利用していた者がその利用権限をめぐる紛争に巻き込まれた際に、利用権限の最終的な拠り所を与えるものとして、時効による賃借権取得の主張を許容する必要がある。

② 不動産賃借権は、地上権・永小作権と同様の内容をもつものであり、これらが物権として取得時効の対象とされていることとの均衡を図る必要がある。

③ 不動産賃借権においては、賃貸人の主な給付義務は賃借人による目的不動産利用の許容であって、時効取得を許容しても、従来の事実状態を超える新たな作為義務が賃貸人に課されるわけではない。

C 肯定説

動産、不動産を問わず、賃借権の時効取得を認める。

（理由）

動産賃借権と不動産賃借権とを特に区別する必要はない。

> **判例** 最判昭44.7.8
> 土地の無断転借人から建物と転借権を譲り受けた者について、賃借権ないし転借権の時効取得を認めた。

> **判例** 最判昭43.10.8
> 「土地の継続的な用益という外形的事実が存在し、かつ、それが賃借の意思に基づくものであることが客観的に表現されているときは、民法163条に従い土地賃借権の時効取得が可能である」とした。

10-3 消滅時効

学習の指針

一 はじめに
二 消滅時効の要件
三 消滅時効の起算点
四 時効期間
五 抗弁権の永久性

消滅時効とは、一定の財産権について、権利不行使という事実状態が一定期間継続した場合に、その権利を消滅させる制度をいいます。試験対策としては、消滅時効の要件やその起算点が重要です。また、消滅時効の起算点と履行遅滞の発生時期との具体的な対比が短答式試験でよく問われます。

一 はじめに

1 意義

消滅時効とは、一定の財産権について、権利不行使という事実状態が一定期間継続した場合に、その権利を消滅させる制度をいう。

消滅時効の完成により、起算日にさかのぼって権利が消滅する（144）。

⇒281頁参照

2 消滅時効にかからない権利

以下の権利は、消滅時効にかからないと解されている。

① 所有権

消滅時効の対象となる権利は、債権（166Ⅰ）と、債権及び所有権以外の財産権（同Ⅱ、地上権・永小作権・地役権等）である。したがって、所有権は消滅時効にかからない。

∵ 所有権絶対の思想の現れ

→所有権に基づく**物権的請求権・登記請求権**も消滅時効にかからず（最判昭51.11.5）、共有物分割請求権（256）も消滅時効にかからない

* なお、他人が物を時効取得すると、その物の権利者は所有権を失うが、これは取得時効による反射的効果であり、所有権が消滅時効にかかるわけではない。

② 担保物権

担保物権は、債権を担保するために存在する権利であるため、原則として、被担保債権と独立して消滅時効にかかることはない。

cf.1 抵当権は、債務者及び抵当権設定者以外の者（抵当不動産の第三取得者等）との関係では、被担保債権から独立して20年の消滅時効にかかる（396反対解釈、大判昭15.11.26）

cf.2 抵当権は、債務者及び抵当権設定者以外の者（抵当不動産の第三取得者等）が抵当不動産について取得時効に必要な要件を具備する占有をすることにより、消滅する（397）

③ 留置権・占有権

留置権・占有権は、占有という事実状態が失われれば当然に消滅する権利（留置権につき302本文、占有権につき203本文参照）であるから、権利の不行使によって消滅時効にかかる余地はない。

④ 家族法上の権利

二 消滅時効の要件

166条1項は、「債権者が権利を行使することができることを知った時」（主観的起算点）から5年、「権利を行使することができる時」（客観的起算点）から10年で債権が時効消滅するという二元的なシステムを採用しており、いずれかの時効期間が先に経過することにより、権利は消滅する。

上記のような二元的なシステムが採用された理由は、主観的起算点から進行する消滅時効だけでは、債権者の認識がない限り、永遠に消滅時効が完成しないこととなり、妥当でないとされたためである。

◀佐久間1・409頁

【債権（166 Ⅰ）の消滅時効の要件】

要件（概要）		要件（詳細）
一定の事実状態の存在		① 権利の不行使
一定の事実状態が一定の期間継続すること	積極	② 権利の不行使の継続 →「債権者が権利を行使することができることを知った時」（主観的起算点）から5年 →「権利を行使することができる時」（客観的起算点）から10年
	消極	③ 完成猶予・更新事由がないこと
当事者の援用（145）		④ 援用の意思表示（不確定効果説・停止条件説による）

三 消滅時効の起算点

以下では、便宜上、まず債権の客観的起算点から説明する。

1 「権利を行使することができる時」（客観的起算点、166 Ⅰ②）

(1) 意義

「権利を行使することができる時」とは、権利の行使につき法律上の障害がなく、さらに権利の性質上、その権利行使が現実に期待できる時のことを

◀佐久間1・410頁

いう（最大判昭45.7.15、最判平8.3.5）。法律上の障害の典型例としては、債権に停止条件・期限が付されている場合が挙げられる。

　また、法律上の障害がなくなっても、権利の行使を現実に期待することができない場合、消滅時効は進行しない。

　たとえば、**弁済供託における供託物取戻請求権**（496 I）は、原則としていつでも供託物を取り戻すことが可能なので、供託時から時効が進行するとも思えるが、紛争が継続している場合に供託物取戻請求権を行使することは、債務免脱の効果が失われる上、相手方の主張を認めることにもなるため、現実には期待できない。判例（最大判昭45.7.15）も、供託時ではなく、紛争の解決などによって債務の不存在が確定するなど、**供託者が免責の効果を受ける必要が消滅した時**から、供託物取戻請求権の時効が進行する旨判示した。

> →単なる事実上の障害（債権者の病気・不在、権利の存在や権利を行使できることの不知といった個人的な事情）は、時効の進行を妨げない
> →法律上の障害であっても、債権者の意思によって除去できるもの（同時履行の抗弁権が付着した債権等）は、時効の進行を妨げない

(2) 確定期限の定めのある債権

　期限到来時から時効が進行する。

(3) 不確定期限の定めのある債権

　期限到来時から時効が進行する。

(4) 期限の定めのない債権

(a) 原則

　債権成立（発生）時から時効が進行する。たとえば、不当利得返還請求権（703、704）のような法定債権（法律の規定によって成立する債権）は、原則として、期限の定めのない債権となるから、不当利得返還請求権が成立した時から時効が進行する。

(b) 不法行為に基づく損害賠償請求権

　同じく法定債権である不法行為に基づく損害賠償請求権については、724条が消滅時効の起算点を特別に規定しており、「**被害者又はその法定代理人が損害及び加害者を知った時**」（主観的起算点、724①）、又は「**不法行為の時**」（客観的起算点、724②）から時効が進行する（⇒下記**四2**参照）。

(c) 債務不履行（履行不能）に基づく損害賠償請求権

　契約に基づく債務の不履行による損害賠償請求権は、本来の履行請求権の拡張ないし内容の変更であって、本来の履行請求権と法的に同一性を有すると見ることができるから、**履行不能に基づく損害賠償請求権の消滅時効は、本来の債務の履行を請求し得る時から進行を開始する**（最判平10.4.24）。

> **ex.1** 売買契約における目的物の所有権移転義務の履行不能に基づく損害賠償請求権の消滅時効は、売買契約成立時（＝本来の債務の履行を請求し得る時）から進行を開始する（最判平10.4.24参照）
> **ex.2** 契約解除に基づく原状回復義務の履行不能による損害賠償請求権の消滅時効は、契約解除の時（＝本来の債務の履行を請求し得る時）から進行を開始し、履行不能の時から進行を開始するのではない（最判昭35.11.1）
> **cf.** 安全配慮義務違反による損害賠償請求権の消滅時効は、損害が発生した時から進行を開始する（最判平6.2.22／百選I［第8版］〔44〕）

∵　安全配慮義務違反による損害賠償請求権は、本来の債務（安全配慮義務：労務者・被用者の生命・健康等の安全に配慮すべき義務）と法的に同一性を有すると見ることができない

(d)　（返還時期の定めのない）消費貸借に基づく返還請求権

契約成立時から相当期間が経過した時から時効が進行する。

∵　契約成立時から時効が進行するものとすると、時効期間までに貸主が現実に権利を行使しうる期間が時効期間よりも短くなり不公正である一方、催告をしない限り時効期間が進行しないとすると、何もしない貸主が逆に有利になり公平性を欠く

なお、貸主が催告をした場合は、催告後相当期間経過時から時効が進行する。

【消滅時効と履行遅滞】

種類			消滅時効の起算点		履行遅滞の時期
			客観的起算点	主観的起算点	
確定期限の定めのある債権			期限到来時	債権者が権利を行使することができることを知った時（166 I ①）	期限到来時（412 I）
不確定期限の定めのある債権			期限到来時		期限の到来した後に履行の請求を受けた時、又はその期限の到来したことを知った時のいずれか早い時（412 II）
期限の定めのない債権		原則	債権成立（発生）時		履行の請求を受けた時（412 III）
	例外	①　不法行為に基づく損害賠償請求権	不法行為時（724②）	被害者又はその法定代理人が損害及び加害者を知った時（724①）	不法行為時
		②　債務不履行に基づく損害賠償請求権（＊）	本来の債務の履行を請求することができる時	債権者が権利を行使することができることを知った時（166 I ①）	履行の請求を受けた時（412 III）
		③　消費貸借に基づく返還請求権	①　催告があるとき→催告後相当期間経過時 ②　催告がないとき→契約成立から相当期間経過時		催告後相当期間経過時（591 I）

＊　安全配慮義務違反による損害賠償請求権の消滅時効は、損害が発生した時から進行を開始する（最判平6.2.22／百選 I［第8版］〔44〕）。

(5)　期限の利益喪失約款付き債権

◀LQ I・296頁

問題の所在

割賦払債務（いわゆるローン払）において、1回でも弁済を怠ると直ちに残債務全額の弁済を請求し得る旨の特約（期限の利益喪失約款）が付されている場合がある。この場合において、その特約の趣旨が当然喪失約款（不履行により当然に期限の利益を失い、債権者の請求によらず直ちに残債務全額を弁済するという約款）であれば、その不履行の時から残債務全額について時効が進行することに

異論はない。
　問題は、その特約の趣旨が請求時喪失約款（不履行があると、債権者が請求により期限の利益を失わせることができるという約款）である場合、いつの時点から時効が進行するのかが問題となる。

考え方のすじ道

その不履行の時から時効が進行するのでは、かえって悪質な債務者を利することになる
　　　　　↓また
そもそも期限の利益喪失約款は、債権者の利益のためにある
　　　　　↓したがって
1回の不履行があっても、各割賦金額につき約定弁済期の到来毎に順次消滅時効が進行し、債権者が特に残債務全額の弁済を求める旨の意思表示をした場合に限り、その時から右全額について消滅時効が進行するものと解する

アドヴァンス

A　債権者意思説（判例）
　　債権者の請求により期限の利益が喪失する場合については、不履行があったとしても、各割賦金額につき約定弁済期の到来毎に順次消滅時効が進行し、債権者が特に残債務全額の弁済を求める旨の意思表示をした場合に限り、その時から右全額について消滅時効が進行する。
　（理由）
　　①　その不履行の時から時効が進行するのでは、かえって悪質な債務者を利することになる（すぐに不履行に陥るような悪質な債務者であればその分早く時効が完成する）。
　　②　そもそも、期限の利益喪失約款は債権者の利益のためにあり、債務者の不履行により債権者が残債務全額を請求しなければならないわけではない。

B　即時進行説（多数説）
　　債権者の請求により期限の利益が喪失する場合についても、その不履行の時から残債務全額について消滅時効が進行する。
　（理由）
　　①　債務者の不履行により、債権者は自由に残債務全額の弁済を請求できることになるから、法律上の障害はないはずである。
　　②　残債務全額について自由に債権を行使できる以上、期限の定めのない債権と同じように扱うべきである。
　　③　請求時喪失約款は、債権者の請求時まで債務者は履行遅滞の責任を負わないことを定めたものにすぎない。

判例 **最判昭42.6.23**
　「1回の不履行があっても、各割賦金額につき約定弁済期の到来毎に順次消滅時効が進行し、債権者が特に残債務全額の弁済を求める旨の意思表示をした場合にかぎり、その時から右全額について消滅時効が進行する」。

(6)　その他の債権

　(a)　**停止条件付き債権・解除条件付き債権**
　　　　停止条件付き債権は、条件成就時から時効が進行する。
　　　　他方、解除条件付き債権は、債権成立時から時効が進行する。

　(b)　**不作為債権**
　　　　たとえば、午後10時から翌日午前7時まではピアノを弾かないといった不作為債務については、違反行為があった時から時効が進行する。

2 「債権者が権利を行使することができることを知った時」（主観的起算点、166 I ①）

「債権者が権利を行使することができることを知った時」とは、客観的起算点の到来を債権者が知った時であり、権利行使が期待可能な程度に、当該権利行使の障害がなくなったことを債権者が知った時を意味する。

→少なくとも、①債権の発生原因となる事実と、②債務者が誰であるかを知ることが必要である

四　時効期間

◀佐久間 1・409頁以下

1　民事債権一般（原則、166 I ①②）

債権の消滅時効期間は、原則として、主観的起算点から「5年」（166 I ①）、客観的起算点から「10年」（166 I ②）である。

なお、契約等に基づく一般的な債権（一般債権）は、債権者が「権利を行使することができる時」にその権利を行使できることを認識しているのが通常であるため、「債権者が権利を行使することができることを知った時」（主観的起算点）と「権利を行使することができる時」（客観的起算点）は、基本的に一致するものと考えられている。

→履行期日を定めた売買契約に基づく目的物引渡債権・代金支払請求権の消滅時効は、履行期日の翌日から5年（166 I ①）の経過により完成する

∵　債権者は、履行期日に権利を行使できることを認識しているはずであるから、履行期日は客観的起算点であると同時に主観的起算点でもある

2　不法行為による損害賠償請求権（724）

不法行為に基づく損害賠償請求権の消滅時効期間は、「被害者又はその法定代理人が損害及び加害者を知った時」（主観的起算点、724①）から「3年」、又は「不法行為の時」（客観的起算点、724②）から「20年」である。

3　人の生命又は身体の侵害による損害賠償請求権（167、724の2）

人の生命又は身体の侵害による損害賠償請求権については、①生命・身体という法益の要保護性が高いこと、②被害者に時効の進行を阻止するための積極的な行動を求めることが期待しにくいことから、その消滅時効期間を伸長する特別の規定が置かれている。

債権の消滅時効期間は、主観的起算点から「5年」（166 I ①）、客観的起算点から「10年」（166 I ②）であるところ、人の生命又は身体の侵害による損害賠償請求権については、その客観的起算点の時効期間が「20年」に伸長されている（167）。

→主観的起算点：5年（166 I ①）、客観的起算点：20年（167）

また、不法行為に基づく損害賠償請求権の消滅時効期間は、主観的起算点から「3年」（724①）、客観的起算点から「20年」（724②）であるところ、人の生命又は身体を害する不法行為による損害賠償請求権については、その主観的起算点の時効期間が「5年」に伸長されている（724の2）。

→主観的起算点：5年（724の2）、客観的起算点：20年（724②）

したがって、人の生命又は身体の侵害による損害賠償請求権のうち、医療過誤や安全配慮義務違反による事故のように、債務不履行（415）を根拠とすることも不法行為（709）を根拠とすることも可能な場合、いずれの法律構成を採っても時効期間に違いはない。

4　定期金債権（168）

定期金債権とは、支分権の基礎となる基本権としての債権をいう。「支分権」とは、定期ごとに一定の給付を請求しうる権利をいい、「基本権」とは、支分権を発生させる源の基本的な権利をいう。**ex.**　定期的な扶養料債権

定期金債権の消滅時効期間は、「債権者が定期金の債権から生ずる金銭その他の物の給付を目的とする各債権［支分権］を行使することができることを知った時」（主観的起算点、168Ⅰ①）から「10年」、又は支分権を「行使することができる時」（客観的起算点、168Ⅰ②）から「20年」である。

> →債務者が1回でも支払えば承認（152）として更新の効力が生じるので、最後に支払のあった時から起算して10年（又は20年）の消滅時効にかかる

定期金債権の債権者は、時効の更新の証拠を得るため、いつでも、その債務者に対して承認書の交付を求めることができる（168Ⅱ）。

5　確定判決等によって確定した権利（169）

確定判決又は確定判決と同一の効力を有するものによって確定した権利については、10年より短い時効期間の定めがあるものであっても、その時効期間は、「10年」となる（169Ⅰ）。

> ∵　確定判決等により権利の存在が公に確認されたにもかかわらず、短期で再び時効にかかり、その更新のためにまた提訴しなければならないとするのは煩雑

「確定判決と同一の効力を有するもの」としては、訴え提起前の和解（民訴275Ⅰ）が成立した場合や、民事調停・家事調停において当事者間に合意が成立した場合（民調16、家事268Ⅰ）が挙げられる。

なお、判決確定当時に弁済期の到来していない債権については、期限到来時から本来の時効期間が進行する（169Ⅱ）。

6　債権及び所有権以外の財産権

債権及び所有権以外の財産権（地上権・永小作権・地役権等）の消滅時効期間は、「権利を行使することができる時」から「20年」である（166Ⅱ）。主観的起算点はなく、客観的起算点からの単一期間となっている。

7　形成権

形成権の消滅時効期間（行使期間）について、特に法律の定めがある場合（取消権に関する126条等。なお、通説はこれを除斥期間と解している。　⇒295頁参照）は、その定めに従う。

他方、法律の定めがない場合（解除権等）、判例（大判大10.3.5、最判昭56.6.16、最判昭62.10.8等）は、債権に準ずるものとして扱うとしている。したがって、166条1項により、5年ないし10年の消滅時効にかかり、債権及び所有権以外の財産権に関する166条2項は適用されない。

なお、形成権の行使の結果として生じる原状回復請求権の期間制限については、一般債権として、形成権行使時から新たに5年ないし10年の消滅時効（166Ⅰ）にかかる（大判大7.4.13参照　⇒313頁参照）。

☞ One Point ▶ 短期消滅時効の廃止

改正前民法170条から174条までの規定は、職業別の短期消滅時効を規定していました。しかし、現代的な取引類型と適合せず、時代の変化や職種の多様化等によりこれらの規定が機能しなくなったこと、債権の消滅時効期間に関する規律を単純化することから、廃止されるに至りました。

考えてみよう！　要件事実の世界

売買契約に基づく代金支払請求（消滅時効の抗弁）
＜事例＞

　Xの父Aは、平成25年3月1日に死亡し、その一人息子であるXが亡Aを相続した。X
は、亡Aから、甲土地をはじめ、様々な財産を相続したが、その相続税の支払が想定外に
高いことに困惑し、早急に相続した財産を金銭に換価して相続税を支払う必要に迫られた。
そこで、Xは、同年6月1日、Yに対して、X所有の甲土地を代金1000万円で売却し、同
土地を引き渡した。

　その後、XがYに甲土地の代金の支払を求めたところ、Yは、甲土地を購入した記憶は
ないと主張して、断固としてXの請求を拒んだ。Xは、やむなく他の財産を処分し、相続
税を支払った後、手元に残った余剰資金をもって外国に移住した。

　平成30年9月1日、Xは、仕事の関係で帰国した際、Yに売却した甲土地のことを思い
出し、弁護士に相談の上、Yに1000万円の支払を求めて出訴した。Yは、同年11月1日
の口頭弁論期日において、仮に甲土地の売買契約が成立していたとしても、その代金支払
債務は、既に時効にかかって消滅していると反論した。

＊　平成29年改正民法が適用されるものとする。

　■ **請求の趣旨**
　　被告は、原告に対し、1000万円を支払え。
　■ **訴訟物及びその個数**
　　売買契約に基づく代金支払請求権　1個
　■ **請求原因（Ｋｇ）**
　　（あ）　Xは、Yに対し、平成25年6月1日、甲土地を、代金1000万円で売っ
　　　　　た。
　■ **抗弁（Ｅ－消滅時効の抗弁）**
　　（カ）　平成30年6月1日は経過した。
　　（キ）　Yは、Xに対し、平成30年11月1日、本件売買代金債権の消滅時効を援
　　　　　用するとの意思表示をした。

【　**要件事実のポイント**　】

1　訴訟物の特定・個数

(1)　＜事例＞において、Xは、Yに対して、甲土地の売買代金1000万円の支払を求め
ている。これに対して、Yは、甲土地の代金支払請求権は時効によって消滅（166Ⅰ①）
したと主張して争っている。そこで、裁判所としては、Xの主張する権利（訴訟物）
が存在するのか、それともYの主張によってXの主張する権利は存在しないのかどう
かについて、審理・判断することとなる。

(2)　まず、＜事例＞における訴訟物は、売買契約に基づく代金支払請求権である。訴訟
物とは、裁判所による審判の対象となる一定の権利又は法律関係であるから、その権
利・法律関係が何かが特定されなければ、裁判所は審判をすることができない。また、
被告としても、どのような権利主張がされているかが分からなければ、防御すること
もできない。そこで、原告が訴えを提起するためには、訴訟物を特定しなければなら
ない。

　この点、訴訟物は、「当事者」という主体的側面と、「権利又は法律関係」という客
体的側面から把握される。これは、「当事者及び法定代理人」（主体的側面）と「請求
の趣旨及び原因」（客体的側面）が訴状の必要的記載事項（民訴133Ⅱ①②）とされ
ていることと対応している。

　次に、訴訟物の特定の仕方は、権利の性質によって異なる。

　まず、＜事例＞のような債権的請求権としての契約に基づく履行請求権は、①権利
の主体、②権利の客体、③権利の内容、④権利の発生原因によって特定される。これ
は、債権が他人に一定の給付を求める権利であることから、上記①～③が必要となる
ほか、債権は同一当事者間に同一内容のものが複数存在しうることから、上記④も必
要となる。

　他方、物権的請求権が訴訟物となるときは、上記①～③のみで特定され、上記④は
不要とされる。これは、物権は排他的性質を有しており、同一物に同一の物権は複数
存在しないという原則（一物一権主義　⇒『**物権**』）があるためである。

(3)　＜事例＞における訴訟物は、上記のとおり売買契約に基づく代金支払請求権であ

り、この権利は契約ごとに発生するものであるから、かかる訴訟物の個数も契約の個数と一致し、＜事例＞では、「売買契約に基づく代金支払請求権　1個」となる。

このように、訴訟物の個数を数えておく理由としては、民事訴訟上、訴えの併合（民訴136）や二重起訴の禁止（民訴142）が問題となる場面で訴訟物の個数が問われるからであるが、詳しくは民事訴訟法で学習する。

2　消滅時効の抗弁

⑴　抗弁とは、請求原因の主張立証によって発生する法律効果の発生を障害・消滅・阻止する事実の主張であり、被告が主張立証しなければならない事実の主張である。言い換えれば、請求原因が認められることを前提として、請求原因と両立し、かつ、請求原因が存在することによる権利・法律関係の発生を障害し、これを消滅させ、又は権利の行使を阻止する法律要件に該当する事実の主張をいう。

過去の一時点で権利の発生要件に該当する事実があり、権利が発生すれば、この権利は現在も存在するものとして扱われる（権利の継続性）。しかし、その権利の発生要件に該当する事実が認められたとしても、①その権利の発生障害要件に該当する事実、②権利の消滅要件に該当する事実、③権利の行使阻止要件に該当する事実が認められた場合には、現在において、その権利はないものとして扱われるか、又はその権利を行使することができなくなる（⇒45頁）。

⑵　消滅時効の抗弁の要件事実は、以下のとおりである。

① 権利行使可能な状態を知ったこと（166Ⅰ①）、又は権利行使可能な状態になったこと（同Ⅰ②）

② 時効期間の経過（166〜169）

③ 援用権者が相手方に対し時効援用の意思表示をしたこと（145）

＊ 上記①②に関して、改正民法166条1項は、消滅時効期間について規定する改正前民法167条を大きく変更し、主観的起算点から5年、客観的起算点から10年で債権が時効消滅するという二元的なシステムを採用しており、いずれかの時効期間が先に経過すると、時効により消滅する。

そして、契約に基づく一般的な債権（一般債権）は、債権者が「権利を行使することができる時」にその権利を行使できることを認識しているのが通常であるため、「債権者が権利を行使することができることを知った時」（主観的起算点）と「権利を行使することができる時」（客観的起算点）は、基本的に一致するものと考えられている。

本件では、売買契約に基づく代金支払請求権は、上記「契約に基づく一般的な債権」（一般債権）に当たり、売主であるＸは、権利発生時（平成25年6月1日）に代金支払請求権を行使できることを認識しているのが通常であると考えられる。したがって、平成25年6月1日が「債権者が権利を行使することができることを知った時」（主観的起算点）に当たる。そうすると、民法166条1項柱書・同項1号により、平成30年6月1日を経過した時点で「5年間」という時効期間が満了し、消滅時効が完成することになる。

ア　上記①について

上記①の要件に該当する事実については、本来、消滅時効の効果を主張する者が主張・立証すべきものであるところ、＜事例＞では、Ｘが、**請求原因 (あ)** において、売買契約の締結に当たる事実を主張していることにより、売買契約が締結された時から代金債権を行使し得る状態であったことが現れているといえる。そして、抗弁が請求原因を前提にしていることからすれば、上記①の要件に当たる事実が既に請求原因に現れている以上、Ｙが抗弁で上記①の要件に当たる事実を改めて主張する必要はない。

なお、166条1項各号は、「行使しないとき」と規定している。かかる規定ぶりからすれば、Ｘが権利を行使しなかったことについて、Ｙが主張・立証しなければならないように思えるが、147条1項1号及び同条2項が「裁判上の請求」を時効の完成猶予・更新事由として定めている以上、債権者において一定の権利行使をしたことが、時効の完成猶予・更新事由として、相手方の主張・立証責任を負う再抗弁になると解されている。

イ　上記②について

＜事例＞において、Ｘは、平成25年6月1日に売買契約が締結されたと主張して

いる。この点、売買契約が締結されれば、その売主は、買主に対して、直ちにその売買契約に基づく代金支払請求権を行使することができるから、権利を行使することができる状態になった時は平成25年6月1日からということになる。もっとも、期間計算の起算点について、140条本文は、「期間の初日は、算入しない」と規定していることから、消滅時効の期間計算は、初日ではなくその翌日からするものとされている（最判昭57.10.19）。

したがって、＜事例＞では、平成25年6月2日から時効期間を計算し、その5年後である平成30年6月1日を経過した時（到来した時ではないことに注意）に時効期間（166 I ①）が満了する。**抗弁（カ）** がこれに相当する事実の主張となる。

ウ　上記③について

時効援用の法的性質について、判例（最判昭61.3.17／百選 I［第8版］〔41〕）は、いわゆる不確定効果説のうち、停止条件説に立っている。すなわち、時効の完成によって権利の取得・消滅が一応生じるものの、その効果の発生は援用があって初めて確定し（不確定効果説）、時効の援用により時効の効果が確定的に発生する（停止条件説）。かかる見解によれば、時効の援用は、時効によって不利益を受ける者に対する実体法上の意思表示となる。**抗弁（キ）** がこれに相当する事実の主張となる。

〔3〕　なお、＜事例＞では、Xの父Aが平成25年3月1日に死亡したこと、Aの子Xが甲土地を相続したことという事実が述べられているが、Yは、「仮に甲土地の売買契約が成立していたとしても」という形で、ＸＹ間の甲土地の売買契約が認められることを前提に消滅時効の抗弁を提出していることから、Xが請求原因において、甲土地はもともとA所有であること、Aは平成25年3月1日に死亡したこと、XはAの子であることという相続に関する事実を主張・立証する必要はない。

（ブロック・ダイアグラム）

K g		E（消滅時効）	
（あ）	Ｘ・Ｙ　H25.6.1 甲土地売買 代金　1000万円	（カ）	H 30.6.1経過
		（キ）	Ｙ→Ｘ　H 30.11.1 時効援用

五　抗弁権の永久性

抗弁権の永久性とは、取消権や解除権といった形成権が抗弁権（相手方の請求権の行使に対し、その効力を失わせ、履行を拒絶する権利）として機能する場合、これらの権利は消滅時効にかからないとする理論をいう。抗弁権の永久性を認める民法上の明確な根拠はない。

抗弁権の永久性が問題となるのは、具体的には次のようなケースである。すなわち、ＹがＸの詐欺に基づいて契約を締結し、その後詐欺であると気づいたが、相手方からの債務の履行請求がないために放置していたところ、5年余りが過ぎた後にＸから履行を求められたような場合である。126条によれば、取消権は5年の期間制限に服するから、Ｙは取消権を行使できず、Ｘに対する債務の履行を拒絶することができないことになる。

しかし、このような場合において、相手方からの請求がなければ、Ｙに積極的な取消権の行使を期待することはできない。にもかかわらず、取消権の時効期間（ないし除斥期間）が経過していることを理由に、Ｙに取消権の行使を認めないとするのは酷である。また、抗弁権の行使を認めることで権利関係の現状を維持する方向にはたらくから、法律関係の安定という期間制限の趣旨にも合致する。

このような理由により、学説上、抗弁権の永久性は肯定的に解されている。上記の具体例では、Ｙは取消権の時効期間の経過にかかわらず、Ｘの請求に対して、詐欺を原因とする売買契約の取消しを主張し、履行を拒絶することができる。

> 甲は、乙所有の土地を自己の土地と誤信して10年以上その土地上に建物を建てて居住した。その後、甲は丙に当該建物を譲渡して建物所有目的での土地賃貸借契約を締結した。丙は10年間そこに居住している。乙が建物収去・土地明渡請求をした場合、丙はいかなる反論ができるか。

[問題点]

1　時効の援用権者
2　賃借権の時効取得の可否

[フローチャート]

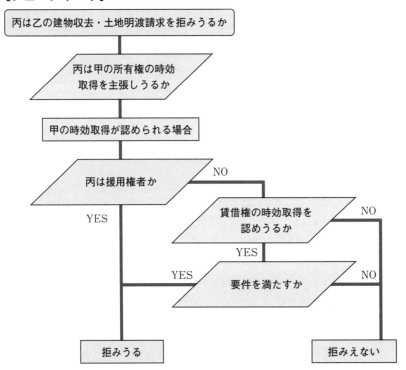

[答案構成]

一　乙は所有権に基づいて丙に建物収去・土地明渡を請求

↓しかし

丙としては、

①　土地の賃貸人甲が土地の所有権を時効取得

②　丙が土地の賃借権を時効取得

を主張して乙の請求を拒みえないか問題

二1　では、①甲は当該土地を時効取得しているのか。

→甲が無過失：甲は162条2項により土地所有権を時効取得

　　甲の誤信に過失：甲の10年以上の直接占有＋賃借人丙を通じての10年
　　　　　　　　　　　間の間接占有　→162条1項により時効取得

　2　では、甲に当該土地の所有権の取得時効が成立しているとして、これを丙
は援用できるか。

→「当事者」＝権利の取得について正当な利益を有する者（145かっこ書
参照）

→土地所有権の時効取得によって直接利益を得るのは土地の占有者甲であ
り、賃借人丙は、甲の取得時効により間接的に利益を得るにすぎない

→丙は土地所有権の取得について正当な利益を有する者には当たらず、「当
事者」に該当しないから、甲の取得時効を援用できず、乙の請求を拒め
ない

三1　では、丙は、②土地賃借権の時効取得を主張し得ないか。　　　　　　　⇒307頁

債権である賃借権が「財産権」（163）に含まれるか問題となる

→含まれる

∵①　不動産賃借権は占有を要素

②　地上権に機能的に類似

↓そして

→①　目的物の継続的な用益という外形的事実の存在

②　賃借の意思に基づくものであることが客観的に表現されている場合
には、163条に従い不動産賃借権の時効取得が可能

あてはめ：丙は、土地上の建物に居住　→①を満たす

　　　　　丙が甲に賃料を払い続けていたなどの事情があれば②を満たす

　2　あてはめ：②を満たせば丙は土地賃借権を時効取得

　　　　　　　→乙の請求を拒みうる

1 抵当不動産の第三取得者は、その抵当権の被担保債権の消滅時効を援用することができる。[司H28－5＝予H28－3]

○ 145条かっこ書参照
⇒10－1－2 三(p.278)

2 詐害行為の受益者は、詐害行為取消権を行使している債権者の被保全債権について、その消滅時効を援用することができない。[司H28－5＝予H28－3]

× 詐害行為（424）の受益者は、援用権者に含まれる（最判平10.6.22）。
⇒10－1－2 三(p.278)

3 譲渡担保権者が被担保債権の弁済期後に譲渡担保の目的物を第三者に譲渡したときは、その第三者は譲渡担保権設定者が譲渡担保権者に対し有する清算金支払請求権の消滅時効を援用することができる。[司H28－5＝予H28－3]

○ 譲渡担保権者から被担保債権の弁済期後に目的物を譲り受けた第三者は、援用権者に含まれる（最判平11.2.26）。
⇒10－1－2 三(p.278)

4 金銭債権の債権者は、債務者が無資力のときは、他の債権者が当該債務者に対して有する債権について、その消滅時効を、債権者代位権に基づいて援用することができる。[司H23－6]

○ 一般債権者は援用権者に含まれないが、債務者が無資力のときは、債権者代位権（423）に基づき、債務者の消滅時効を援用できる（最判昭43.9.26）。
⇒10－1－2 三(p.279)

5 先順位抵当権の被担保債権の消滅により後順位抵当権者に対する配当額が増加する場合、当該後順位抵当権者は、先順位抵当権の被担保債権の消滅時効を援用することができる。[司H28－5＝予H28－3]

× 後順位抵当権者は、先順位抵当権者の被担保債権の消滅時効を援用できない（最判平11.10.21／百選Ⅰ[第8版]〔42〕）。
⇒10－1－2 三(p.279)

6 建物の敷地所有権の帰属につき争いがある場合において、その敷地上の建物の賃借人は、建物の賃貸人が敷地所有権を時効取得しなければ建物賃借権を失うときは、建物の賃貸人による敷地所有権の取得時効を援用することができる。[司H28－5＝予H28－3]

× 敷地所有権を時効取得すべき者からその敷地上の建物を賃借している建物賃借人は、建物賃貸人による敷地所有権の取得時効を援用できない（最判昭44.7.15）。
⇒10－1－2 三(p.279)

7 被相続人の占有により不動産の取得時効が完成した場合、その共同相続人の一人は、自己の相続分の限度においてのみ取得時効を援用することができる。[司R元－5]

○ 最判平13.7.10参照
⇒10－1－2 四(p.280)

8 取得時効を主張する時効援用権者は、占有を開始した以後の任意の時点を時効の起算点として選択することができる。[司H20－7]

× 時効援用権者は、任意に時効の起算点を選択することは許されない（最判昭35.7.27）。
⇒10－1－3 一(p.281)

9 時効期間中に建物が第三者の不法行為により一部損傷した場合の損害賠償請求権は、その建物の所有権を時効により取得した者に帰属する。［司R元−5］

○ 時効の効力は、その起算日にさかのぼる（144）。その結果、時効によって取得された権利を時効期間中に侵害した者は、権利取得者に対して不法行為に基づく損害賠償責任を負う。
⇒10−1−3 ニ（p.281）

10 AのBに対する売買代金債権について時効期間が経過した後、Bが当該代金債務を承認した場合であっても、その債務を被担保債権とする抵当権を設定した物上保証人Cは、その債務について消滅時効を援用することができる。［司H18−21］

○ 物上保証人は「当事者」に当たる（145かっこ書参照）。そして、時効期間経過後におけるBの代金債務の承認は時効利益の放棄（146）又は時効援用権の喪失に当たるが、これらの効力は相対的であるから、物上保証人Cは、代金債務の消滅時効を援用できる。
⇒10−1−2 三（p.278）
10−1−4 三（p.282）

11 債務につき消滅時効が完成した後に、債務者が債務の承認をした以上、時効完成の事実を知らなかったときでも、以後その完成した消滅時効を援用することは許されない。［司H20−7］

○ 最大判昭41.4.20／百選Ⅰ［第8版］〔43〕参照
⇒10−1−4 四（p.283）

12 債務者が消滅時効の完成後に債権者に対して債務を承認した場合において、その後さらに消滅時効の期間が経過したときは、債務者は、その完成した消滅時効を援用することができる。［司H25−6］

○ 最判昭45.5.21参照
⇒10−1−4 四（p.284）

13 債務者兼抵当権設定者である原告が債務の不存在を理由として提起した抵当権設定登記の抹消登記手続請求訴訟において、債権者兼抵当権者である被告が請求棄却の判決を求め、被担保債権の存在を主張したとしても、その債権につき裁判上の請求に準ずる消滅時効の完成猶予の効力は生じない。［司H20−7改］

× 判例（最判昭44.11.27参照）は、裁判上の請求（147Ⅰ①）に準じるとしている。
⇒10−1−5 ニ（p.287）

14 強制競売の手続において執行力のある債務名義の正本を有する債権者がする配当要求は、強制執行に準ずるものとして、配当要求に係る債権につき時効の完成猶予の効力を生ずる。［司H22−6改］

○ 最判平11.4.27参照
⇒10−1−5 ニ（p.289）

15 目的物の引渡請求訴訟において留置権の抗弁を主張したときは、その被担保債権について裁判上の請求による時効の完成猶予及び更新の効力を生ずる。［司H30−6改］

× 判例（最大判昭38.10.30）の趣旨に照らすと、留置権の抗弁を主張しても、催告（150）としての効力を有するにすぎない。
⇒10−1−5 ニ（p.290）

16 相続財産に関しては、相続財産管理人が選任された場合でも、相続人が確定するまでの間は、時効は完成しない。［司H29−6＝予H29−3］

× 160条参照
⇒10−1−5 ニ（p.291）

17　債務者が所有する不動産に抵当権の設定登記がされ、これが存続している場合には、債務者は継続的に被担保債権に係る債務の存在を承認していることになるから、その抵当権の被担保債権については消滅時効が進行しない。［司H25−15＝予H25−7］

× 承認（152）とは、時効の利益を受ける者が、権利者に対して、権利が存在することを表示する観念の通知であり、抵当権設定登記が存続しているだけでは、債務者が承認していることにはならない。
⇒10−1−5　二(p.292)

18　時効期間が経過する前に、債務者が債権者の代理人に対し支払猶予の申入れをした場合、その債権の消滅時効は更新する。［司H27−6＝予H27−3改］

○ 支払猶予の申入れは、「承認」（152Ⅰ）に当たる。「承認」は、時効により権利を失うべき者の代理人に対してなした場合にも有効である（大判大10.2.1）。
⇒10−1−5　二(p.292)

19　時効期間が経過する前に、債権者が第三者に債権を譲渡し、債務者がその債権の譲渡について債権の譲受人に対し承諾をした場合、その債権の消滅時効は更新する。［司H27−6＝予H27−3改］

○ 債権譲渡の対抗要件としての債務者の承諾（467Ⅰ）も、「承認」（152Ⅰ）に当たる。
⇒10−1−5　二(p.292)

20　訴訟上相殺の主張がされ、受働債権につき債務の承認がされたものと認められる場合において、その後相殺の主張が撤回されたときは、承認による時効更新の効力は失われる。［司H30−6改］

× 判例（最判昭35.12.23）は、「相殺の主張が撤回されても、既に生じた承認の効力は失われるものではない」としている。
⇒10−1−5　二(p.292)

21　時効期間が経過する前に、被保佐人である債務者が保佐人の同意を得ることなくその債務を承認した場合、その債権の消滅時効は更新しない。［司H27−6＝予H27−3改］

× 152条2項、大判大7.10.9参照
⇒10−1−5　二(p.292)

22　AのBに対する債権について、連帯保証人Cが時効期間の経過前にAに対して承認したときは、時効の更新の効力は主債務者Bに対しても及ぶ。［司H18−21改］

× 時効の完成猶予又は更新は、当事者及びその承継人の間においてのみ、その効力を有する（相対効、153）。
⇒10−1−5　三(p.293)

23　物上保証人に対する担保不動産競売の申立てにより、執行裁判所が競売開始決定をし、これが債務者に送達された場合には、債権者の債務者に対する被担保債権について消滅時効の完成猶予の効力を生ずる。［司H22−6改］

○ 154条、最判昭50.11.21参照
⇒10−1−5　三(p.293)

24　時効期間が経過する前に、債務者が債権者に対し債務の承認をした場合、被担保債権について生じた消滅時効更新の効力を、その債権の物上保証人が否定することは許されない。［司H27−6＝予H27−3改］

○ 担保権の付従性に抵触し、民法396条の趣旨にも反し、許されない（最判平7.3.10参照）。
⇒10−1−5　三(p.294)

25　外形的客観的にみて占有者が他人の所有権を排斥して占有する意思を有していなかったと解される事情を証明すれば、所有の意思を否定することができる。[司H26－5＝予H26－3]

○　最判昭58.3.24参照
⇒10－2－1　二(p.297)

26　10年の取得時効を援用して所有権の取得を主張する者は、占有を開始した時及びその時から10年を経過した時の2つの時点の占有を主張・立証すれば足り、所有の意思をもって、平穏に、かつ、公然と物を占有したこと、占有の開始時に善意無過失であったことについて主張・立証する必要はない。[司H26－5＝予H26－3]

×　推定されるのは所有の意思・平穏・公然・善意(186Ⅰ)であり、無過失は推定されない(最判昭46.11.11参照)。
⇒10－2－1　二(p.299)

27　占有者がその占有開始時に目的物について他人の物であることを知らず、かつ、そのことについて過失がなくても、その後、占有継続中に他人の物であることを知った場合には、悪意の占有者として時効期間が計算される。[司H19－5]

×　善意・無過失か否かは「占有の開始の時」(162Ⅱ)に判断される。占有継続中に悪意・有過失となっても、短期時効取得の成立は妨げられない。
⇒10－2－1　二(p.299)

28　取得時効に関し、占有主体に変更があって承継された二個以上の占有が併せて主張される場合、占有者の善意無過失は、最初の占有者の占有開始時に判定される。[司R元－5改]

○　最判昭53.3.6／百選Ⅰ[第8版]〔46〕参照
⇒10－2－1　二(p.300)

29　自己の所有物を占有する者は、その物について取得時効を援用することができない。[司R元－5]

×　最判昭42.7.21／百選Ⅰ[第8版]〔45〕参照
⇒10－2－1　二(p.301)

30　土地の継続的な用益という外形的事実が存在し、かつ、それが賃借の意思に基づくことが客観的に表現されているときは、土地賃借権の時効取得が可能である。[司H20－7]

○　最判昭43.10.8参照
⇒10－2－2　三(p.308)

31　AがBから土地を買い受け、所有権移転登記をしないまま20年が経過してから、AがBに対して所有権に基づき移転登記手続を請求した場合、Bは、その登記請求権の消滅時効を援用することができる。[司H18－21]

×　所有権は消滅時効にかからない(166Ⅱ参照)。そして、所有権に基づく物権的請求権や登記請求権も消滅時効にかからない。
⇒10－3　一(p.308)

32　債務不履行による損害賠償請求権の消滅時効は、本来の債務の履行を請求することができる時から進行する。[司H19－6]

○　最判平10.4.24参照
⇒10－3　三(p.310)

33　契約解除に基づく原状回復義務が履行不能になった場合において、その履行不能による損害賠償請求権の消滅時効は、原状回復義務が履行不能になった時から進行する。[司H26－6]

×　契約解除に基づく原状回復義務の履行不能による損害賠償請求権の消滅時効は、契約解除の時から進行を開始する(最判昭35.11.1参照)。
⇒10－3　三(p.310)

34 安全配慮義務違反による損害賠償請求権の消滅時効は、損害が発生した時から進行する。［司H26－6］

○ 最判平6.2.22／百選Ⅰ［第8版］〔44〕参照
⇒10－3 三(p.310)

35 10回に分割して弁済する旨の約定がある場合において、債務者が1回でも弁済を怠ったときは債権者の請求により直ちに残債務全額を弁済すべきものとする約定があるときには、残債権全額の消滅時効は、債務者が弁済を怠った時から進行する。［司H26－6］

× 残債権全額の消滅時効は、債権者が残債務全額の弁済を求める旨の意思表示をした時から進行する（最判昭42.6.23参照）。
⇒10－3 三(p.312)

36 商行為によって生じた債権で履行遅滞になったものについて、債務者が分割弁済をする旨の民事調停が成立したときは、当該債権の時効期間は10年となる。［司H18－21］

○ 民事調停が成立した場合、当該債権は「確定判決と同一の効力を有するものによって確定した権利」（169Ⅰ）に当たる。この場合、10年より短い時効期間の定めがあるものであっても、時効期間は10年となる。
⇒10－3 四(p.314)

論点一覧表

〓〓〓〓〓〓〓〓〓〓〓〓〓〓〓〓〓〓〓〓〓〓〓〓〓〓〓〓〓〓〓〓〓〓〓

* 「問題の所在」が記載されている箇所やその他重要な論点が掲載されている箇所を一覧化しました。「考え方のすじ道」が掲載されている論点には「○」マークを付しています。

論 点 名	考え方の すじ道	該当頁
民法序説		
私権の主体		
1　「既に生まれたものとみなす」（721、886、965）の意味	○	55
2　「善意」（32 I 後段）は両当事者に必要か		74
3　婚姻と失踪宣告の取消し		74
4　32条2項ただし書と704条の関係		75
5　目的による制限（34）	○	82
6　代表権の制限を知っていた第三者の保護		86
7　「職務を行うについて」（一般法人78・197）の解釈	○	88
8　権利能力なき社団①〜財産の帰属形態		91
9　権利能力なき社団②〜不動産の登記名義	○	92
私権の客体（物）		
10　他人の所有物でも従物といえるか		105
11　従たる権利	○ ・	105
法律行為総説		
12　狭義の契約解釈（当事者が定めた事項の解釈）		115
13　慣習と任意規定の関係（民法92条と法の適用に関する通則法3条の関係）		116
法律行為の有効要件		
14　公序良俗違反の判断基準時		122
15　動機が不法な契約（動機の不法）	○	123
意思表示		
16　無過失の要否（94条2項の「善意の第三者」）	○	132
17　94条2項の「第三者」として保護されるために登記は必要か	○	134
18　「第三者」からの転得者は「第三者」（94 II）に含まれるか	○	135
19　善意の第三者からの悪意の転得者	○	136
20　虚偽表示と二重譲渡	○	137
21　虚偽表示の適用範囲（要物契約）		139
22　94条2項の類推適用（本来の意味での通謀虚偽表示が存在しない場合）	○	141
23　「その事情が法律行為の基礎とされていることが表示されていた」（95 II）の解釈		151
24　錯誤取消しと第三者保護		153
25　「善意でかつ過失がない第三者」（96 III）の意義		155
26　「第三者」（96 III）と登記の要否	○	156
27　第三者はいつまでに利害関係に入ることを要するか	○	158
28　詐欺取消後の第三者保護		159
無効と取消し		
29　取消権の期間制限（126）	○	181
30　制限行為能力者の取消権と保護者の取消権の関係	○	182
31　意思無能力無効と制限行為能力取消しの競合	○	183
代理		
32　代理の本質論		190

平成

INDEX 事項索引

■■

ヤ行

ラ行

編著者代表　　　反町　勝夫 (そりまち　かつお)

＜経歴＞

1965年東京大学経済学部卒業。株式会社電通勤務を経て、1970年公認会計士第2次試験合格。公認会計士試験受験指導を通じて開発した、経済学・経営学・会計学の論理体系思考を法律分野に導入し、新しい実務法律体系(LEC体系)を創造する。

1978年司法試験合格後、株式会社東京リーガルマインド(LEC)を創立。わが国で一般的に行われている実務法律・会計の、教育・研修システムのほとんどを考案し、今日それらは資格試験・実務研修のデファクトスタンダードになっている。2004年日本初の株式会社大学「LEC東京リーガルマインド大学[略称：LEC(れっく)大学]」創立、2005年LEC会計大学院創立。若年者の就職100％を目指してキャリア開発学という学問分野を立ち上げ、研究・教育に邁進する。現在、弁護士・弁理士・税理士・会計士補・社会保険労務士・職業訓練指導員(事務科)。株式会社東京リーガルマインド代表取締役会長。

著書に『21世紀を拓く法的思考』『司法改革―時代を先取りする「提言」―』『司法改革2―新時代を築く人々―』『各界トップが語る―改革への法的思考』『各界トップが語る―改革のプロセス』『各界トップが語る―改革の羅針盤』『各界トップが語る―改革の発進』『各界トップが語る―ここまで進んだ「改革」』『わかる！楽しい！法律』(LEC東京リーガルマインド)、『士業再生』(ダイヤモンド社)。広報誌『法律文化』編集長。そのほか、資格試験受験用テキスト(『C-Book』など)・社員研修用教材、論文・評論多数。

司法試験&予備試験対策シリーズ

C-Book　民法 I ＜総則＞ 改訂新版

| 2001年2月15日 | 第1版 | 第1刷発行 |
| 2022年3月30日 | 改訂新版 | 第1刷発行 |

編著者●株式会社　東京リーガルマインド
LEC総合研究所　司法試験部

発行所●株式会社　東京リーガルマインド
〒164-0001　東京都中野区中野4-11-10
アーバンネット中野ビル

LECコールセンター　0570-064-464
受付時間　平日9:30～20:00／土・祝10:00～19:00／日10:00～18:00
※このナビダイヤルは通話料お客様ご負担となります。

書店様専用受注センター TEL 048-999-7581 / FAX 048-999-7591
受付時間　平日9:00～17:00／土・日・祝休み

www.lec-jp.com/

印刷・製本●株式会社　サンヨー

司法試験
受験指導歴

司法試験対策の歴史はLECの歴史

LECが始めた革命的合格メソッドは、カリキュラム、テキスト、指導法、そのすべてがデファクトスタンダードとなって、多数の司法試験合格者を輩出し続けています。

1993年～2021年
LEC入門講座出身者
司法試験合格者数
5,274名

※上記の実績には、旧司法試験の合格者数も含みます。
※入門講座申込後7年以内に実施された司法試験に合格された方の人数を集計したものです。
※上記合格者数は、官報をもとに算出しているため、同姓同名の方を含む可能性があります。
※複数年度にわたり講座を受講されている方は、1人としてカウントしています。
※上記数値の集計期間（入門講座の申込期間）は、1989年3月8日～2019年3月30日です。

その理由

42年
SINCE 1979

3年連続！
大学在学中1年合格者輩出！
※コースお申込から1年後の予備試験に合格

▶ ## 一人の講師による7科目一貫指導

◆7科目をばらばらの講師から教わると、科目間のバランスや関連性に配慮されず、ともすれば講義内容に重複が生じたり、特定の分野に多くの時間が割かれて偏りが生じることになります。こうした学習では効率的な学習は望めません。そのため1人の講師が7科目一貫して教えることは重要です。

◆LECのカリキュラムでは主要講座の法律科目7科目を1人の講師が教えます。この7科目一貫指導によって短期で合格する力を身につけることが可能になるのです。

憲 民 刑 商 民訴 刑訴 行
◀――――――――▶
主要講座

▶ ## 演習（Output）も標準装備

◆早い段階から問題を実際に解いてみることは合格への近道です。分かったつもりでも、実際に解いてみると解けないことが往々にしてあります。

◆LECの全てのコースには、バランスよく演習講座（アウトプット）が標準装備されています。インプットとアウトプットを同時に行うことで、効率的に知識を吸収できるだけでなく、自然と答案作成方法が身に付くように設計されています。

Input ● Output … ≫ 合格

▶ ## 3ステップ学習／短期合格を効率的に実現

◆LECは41年にわたる指導経験から短期合格のためのカリキュラム「**3STEP学習**」（入門➡論文対策➡短答対策）を完成させました。**段階的に学習を進めることで、効率的に真の実力を身につけることができる**カリキュラムです。

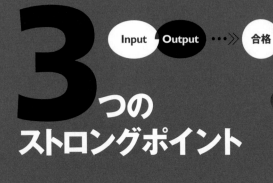
3つの
ストロングポイント

5 つの
短期合格アイテム

選ばれるLEC実績と

1979年。今から42年前、LECは、合理的かつ効果的な司法試験の受験指導を始め、今日に至るまで、実に5274名！（詳細は左の頁参照）もの司法試験合格者を輩出しています。数ある受験合格者の中で類を見ない傑出した実績を、維持し続けている理由があります。

1 カリキュラム・コース
- ● LEC体系
- ● インプット×アウトプット学習
- ● 3STEP学習

1993年から2021年までの間にLEC入門講座受講生から5,274名もの司法試験合格者が誕生しています。なぜ、このように多くの合格者を輩出しているのでしょうか。その答えが、1.LEC体系、2.INPUT×OUTPUT学習、3.3STEP学習、です。

2 テキスト
- ● セブンサミットテキスト ● 講師オリジナルテキスト
- ● 合格答案作成講座・短答合格講座オリジナルテキスト

42年の受験指導歴の中で、合格に必要な情報を蓄積し、沢山の書籍を刊行してきました。「セブンサミットテキスト」「講師オリジナルテキスト」「合格答案作成講座・短答合格講座オリジナルテキスト」には、これらの刊行物をベースに、最新判例などの情報も加えられています。記載されている情報の質と量は、自信を持ってお薦めできます。

3 専任講師陣

- ● 田中正人 LEC専任講師　　● 武山茂樹 LEC専任講師
- ● 森剛士 LEC専任講師　　● 赤木真也 LEC専任講師

受験に精通し短期合格の秘訣を知り尽くした講師陣をラインナップしております。LECでは、短期合格を果たしている講師とともにカリキュラムなどについても綿密な打ち合わせを行っています。LEC講師陣による講義は、どの講師でも合格に必要な知識を合理的に学ぶことができます。

4 受講スタイル

- ● 通学受講（教室／ Webシート／提携校通学）
- ● 通信（Web＋音声DL＋スマホ／ DVD）
- ● Zoom受講

多彩な受講スタイルで学べます。通学受講形態には、Web教材又はDVD教材が標準装備されています。一部は通学、一部はご自宅でのご受講という選択も可能です。通信受講形態では、Web教材とDVD教材のどちらかを選択できます。Web教材には音声ダウンロード機能が標準装備され、スマートフォンでのご受講も可能です。
また、2021年度春生より入門講座がZoomでご受講いただけるようになりました。

5 フォローアップ制度
- ● 司法試験マイスター
- ● 予備試験・法科大学院インフォメーションセンター
- ● 入門講座無料体験会・ガイダンス
- ● ご父母様向け情報提供サービス etc.

短期合格ができる時代になったとはいえ、司法試験は多くの忍耐と努力を要する試験です。当然大きな壁にもぶつかることがあるでしょう。そんなときに利用していただきたいのがLECのフォローアップ制度です。

2 司法試験の受験資格を取得する2つのルート
ROUTE

予備試験ルート

試験で受験資格を取得
確実性は高くはないが、
時間的経済的負担が少ないルート

予備試験とは、法科大学院に進学しない人にも法律家になる道を与えるための試験です。この試験に合格すると司法試験の受験資格を取得することができ、その後司法試験に合格すれば法律家となることができます。**時間的・経済的負担が比較的小さく、また受験資格の制限が無いので、**大学在学中に予備試験に合格し司法試験の受験資格を取得することも可能で、**法科大学院ルートより、はるかに短期間で法律家になれる可能性があります。**反面、予備試験では、法科大学院修了程度のハイレベルな法律的知識と実務能力を求められるため、これを法科大学院以外の方法で修得しなければなりません。また、難関試験であるので、司法試験の受験資格取得の確実性は、法科大学院より低いのも事実です。

法科大学院ルート

法科大学院で受験資格を取得
時間的・経済的負担は大きいが
比較的確実性の高いルート

大学卒業後、法科大学院へ進学し、法学未修者コース（3年）、又は法学既修者（2年）を修了することで司法試験の受験資格を得ることができます。さらに2020年4月より新制度「法曹コース」が始まり、大学（3年）と法科大学院（2年）の5年間、一貫教育を受けることで司法試験の受験資格を得ることができるようになりました。これらの法科大学院ルートは、**比較的確実に司法試験の受験資格を取得することができる**のが特長です。反面、法科大学院に進学する必要があるので、時間的な負担と経済的な負担は非常に大きいのも確かです。また、近年は大学院修了者の司法試験合格率は低く入学後の十分な受験対策が必要です。

ROUTE 1

予備試験には、学歴や年齢の制限はありません。大学生や高校生でも受験できます。

予備試験の合格には、法科大学院修了者と同等の、ハイレベルな法律知識と実務知識が必要です。

●受験資格 **●法律知識の要否**

法科大学院への進学には、原則として、4年制大学を卒業※していることが必要です。

※1 大学卒業以外にも飛び入学で法科大学院へ進むことも可能です。

法科大学院入試では、法学未修者コースなら法律的な知識は不要、既修者コースでも予備試験ほどハイレベルな知識は必要ありません。

4年制大学 4年間で卒業 ▸ 卒業

法曹コース 3年間で早期卒業 ▸ 卒業 ▸ 法科

ROUTE 2

ご存知のように、裁判官・弁護士・検察官といった法律家になるためには、司法試験に合格しなければなりません。しかし、司法試験は誰もが自由に出願し受験することができる試験ではなく、一定の受験資格が必要とされています。そして、法律家へのルートは、この司法試験の受験資格の取得のしかたにより、大きく2つのルートに分けられます。その一つは、法科大学院へ進学することで司法試験の受験資格を取得する法科

大学院ルート、もう一つは司法試験予備試験に合格する予備試験ルートです。従来、予備試験ルートは時間的余裕がない方向けのルートとされていましたが2020年度から導入された法曹コースでは3年間で早期卒業し法科大学院を2年で修了することで今までの法科大学院ルートよりも短期で受験資格を取得できるようになりました。いずれのルートで受験資格を取得しても最後に受験する司法試験は同じ試験です。

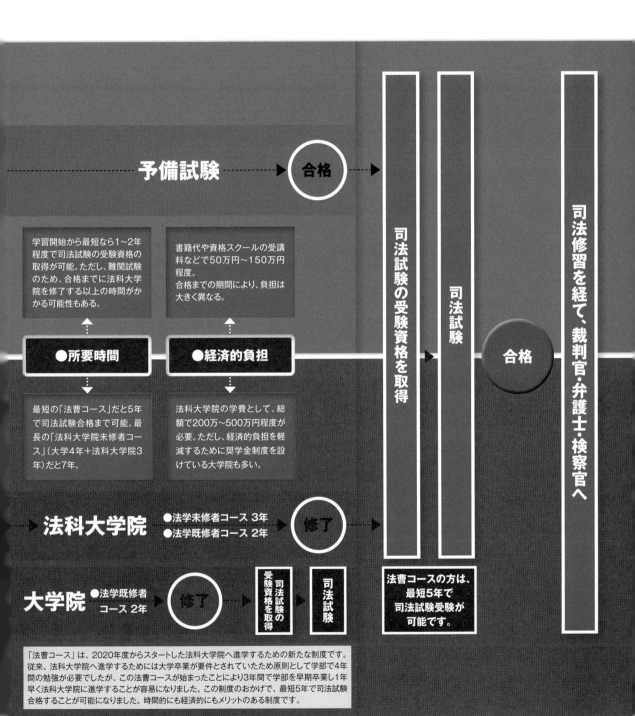

LEC司法試験講座を
もっと知るための**5**つの方法

次のアクション どうしますか?

資格・勉強方法を知る

①Webガイダンス

人気の講師陣が資格や勉強方法について解説するガイダンスをみることができます。

| LEC　司法試験　Webガイダンス | 検索 |

Webでチェックする

講座を体験

②おためしWeb受講制度

講師がたくさんいて、どの講師が自分にマッチするかわからない!LECの講義って実際どう?法律初学者でも本当に講義についていけるの?そんな不安や疑問を解消してもらうために全体構造編・民法の講義をWebで受講できます。

| LEC　司法試験　おためし | 検索 |

講師の話を聞いてみる

③無料講座説明会

全国の本校にて資格の概要や合格するための勉強法などを講義する公開講座を開催しています。ぜひ公開講座から新たな一歩を踏み出して下さい。

近くのLECに行ってみる

実際の講義で雰囲気を体感

④無料体験入学

開講日は無料で体験入学ができます。実際の教室で、講義の進め方や講師の話し方を確認でき、講義の雰囲気を体感できます。

予約不要

とりあえず話を聞いてみる

⑤受講相談

各本校では試験に精通したスタッフが試験や講座、教材などあらゆるご質問にお答えします。お気軽にお越しください。

参加無料

LEC司法試験・予備試験

書籍のご紹介

2022年版 司法試験＆予備試験 完全整理択一六法

徹底した判例と条文の整理・理解に！
逐条型テキストの究極形『完択』シリーズ。

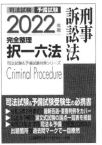

	定価
憲法	本体2,600円+税
民法	本体3,300円+税
刑法	本体2,600円+税
商法	本体3,300円+税
民事訴訟法	本体2,400円+税
刑事訴訟法	本体2,400円+税
行政法	本体2,400円+税

司法試験＆予備試験 単年度版 短答過去問題集（法律基本科目）

短答式試験（法律基本科目のみ）の問題と解説集。

	定価
令和元年	本体2,600円+税
令和2年	本体2,600円+税
令和3年	本体2,600円+税

司法試験＆予備試験 体系別短答過去問題集【第2版】

司法試験・予備試験で実施された短答式試験を体系別に収録。分かり易くコンパクトな解説で学習効率を向上させる。

	定価
憲法	本体3,200円+税
民法	本体5,000円+税
刑法	本体3,500円+税

司法試験＆予備試験 論文過去問 再現答案から出題趣旨を読み解く。※単年度

出題趣旨を制することで論文試験を制する！
各年度再現答案を収録。

	定価
令和元年	本体3,500円+税
令和2年	本体3,500円+税
令和3年	本体3,500円+税

司法試験＆予備試験 論文5年過去問 再現答案から出題趣旨を読み解く。※平成27-令和元年

	定価
憲法	本体2,900円+税
民法	本体3,500円+税
刑法	本体2,900円+税
商法	本体2,900円+税
民事訴訟法	本体2,900円+税
刑事訴訟法	本体2,900円+税
行政法	本体2,900円+税
法律実務基礎科目・一般教養科目(予備試験)	本体2,900円+税

※各書籍の版数、年度、価格は2022年1月現在のものです。

LEC Webサイト ▷▷▷ **www.lec-jp.com/**

● 情報盛りだくさん！

 資格を選ぶときも、
講座を選ぶときも、
最新情報でサポートします！

≫ 最新情報
各試験の試験日程や法改正情報、対策講座、模擬試験の最新情報を日々更新しています。

≫ 資料請求
講座案内など無料でお届けいたします。

≫ 受講・受験相談
メールでのご質問を随時受付けております。

≫ よくある質問
LECのシステムから、資格試験についてまで、よくある質問をまとめました。疑問を今すぐ解決したいなら、まずチェック！

≫ 書籍・問題集（LEC書籍部）
LECが出版している書籍・問題集・レジュメをこちらで紹介しています。

● 充実の動画コンテンツ！

 ガイダンスや講演会動画、
講義の無料試聴まで
Webで今すぐCheck！

≫ 動画視聴OK
パンフレットやWebサイトを見てもわかりづらいところを動画で説明。いつでもすぐに問題解決！

≫ Web無料試聴
講座の第1回目を動画で無料試聴！気になる講義内容をすぐに確認できます。

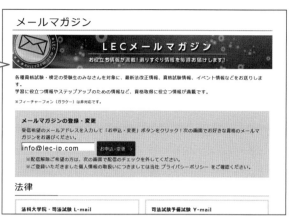

LEC 全国学校案内

＊講座のお問合せ、受講相談は最寄りのLEC各校へ

LEC本校

■北海道・東北

札　幌本校　　☎011(210)5002
〒060-0004 北海道札幌市中央区北4条西5-1　アスティ45ビル

仙　台本校　　☎022(380)7001
〒980-0022 宮城県仙台市青葉区五橋1-1-10　第二河北ビル

■関東

渋谷駅前本校　　☎03(3464)5001
〒150-0043 東京都渋谷区道玄坂2-6-17　渋東シネタワー

池　袋本校　　☎03(3984)5001
〒171-0022 東京都豊島区南池袋1-25-11　第15野萩ビル

水道橋本校　　☎03(3265)5001
〒101-0061 東京都千代田区神田三崎町2-2-15　Daiwa三崎町ビル

新宿エルタワー本校　　☎03(5325)6001
〒163-1518 東京都新宿区西新宿1-6-1　新宿エルタワー

早稲田本校　　☎03(5155)5501
〒162-0045 東京都新宿区馬場下町62　三朝庵ビル

中　野本校　　☎03(5913)6005
〒164-0001 東京都中野区中野4-11-10　アーバンネット中野ビル

立　川本校　　☎042(524)5001
〒190-0012 東京都立川市曙町1-14-13　立川MKビル

町　田本校　　☎042(709)0581
〒194-0013 東京都町田市原町田4-5-8　町田イーストビル

横　浜本校　　☎045(311)5001
〒220-0004 神奈川県横浜市西区北幸2-4-3　北幸GM21ビル

千　葉本校　　☎043(222)5009
〒260-0015 千葉県千葉市中央区富士見2-3-1　塚本大千葉ビル

大　宮本校　　☎048(740)5501
〒330-0802 埼玉県さいたま市大宮区宮町1-24　大宮GSビル

■東海

名古屋駅前本校　　☎052(586)5001
〒450-0002 愛知県名古屋市中村区名駅4-6-23　第三堀内ビル

静　岡本校　　☎054(255)5001
〒420-0857 静岡県静岡市葵区御幸町3-21　ペガサート

■北陸

富　山本校　　☎076(443)5810
〒930-0002 富山県富山市新富町2-4-25　カーニープレイス富山

■関西

梅田駅前本校　　☎06(6374)5001
〒530-0013 大阪府大阪市北区茶屋町1-27　ABC-MART梅田ビル

難波駅前本校　　☎06(6646)6911
〒542-0076 大阪府大阪市中央区難波4-7-14　難波フロントビル

京都駅前本校　　☎075(353)9531
〒600-8216 京都府京都市下京区東洞院通七条下ル2丁目
東塩小路町680-2　木村食品ビル

京　都本校　　☎075(353)2531
〒600-8413　京都府京都市下京区烏丸通仏光寺下ル
大政所町680-1 第八長谷ビル

神　戸本校　　☎078(325)0511
〒650-0021 兵庫県神戸市中央区三宮町1-1-2　三宮セントラルビル

■中国・四国

岡　山本校　　☎086(227)5001
〒700-0901 岡山県岡山市北区本町10-22　本町ビル

広　島本校　　☎082(511)7001
〒730-0011 広島県広島市中区基町11-13　合人社広島紙屋町アネクス

山　口本校　　☎083(921)8911
〒753-0814 山口県山口市吉敷下東 3-4-7　リアライズⅢ

高　松本校　　☎087(851)3411
〒760-0023 香川県高松市寿町2-4-20　高松センタービル

松　山本校　　☎089(961)1333
〒790-0003 愛媛県松山市三番町7-13-13　ミツネビルディング

■九州・沖縄

福　岡本校　　☎092(715)5001
〒810-0001 福岡県福岡市中央区天神4-4-11　天神ショッパーズ
福岡

那　覇本校　　☎098(867)5001
〒902-0067 沖縄県那覇市安里2-9-10　丸姫産業第2ビル

■EYE関西

EYE 大阪本校　　☎06(7222)3655
〒530-0013　大阪府大阪市北区茶屋町1-27　ABC-MART梅田ビル

EYE 京都本校　　☎075(353)2531
〒600-8413　京都府京都市下京区烏丸通仏光寺下ル
大政所町680-1 第八長谷ビル

QRコードから
かんたんアクセス！

LEC提携校

＊提携校はLECとは別の経営母体が運営をしております。
＊提携校は実施講座およびサービスにおいてLECと異なる部分がございます。

■ 北海道・東北

北見駅前校【提携校】　☎0157(22)6666
〒090-0041　北海道北見市北1条西1-8-1　一燈ビル　志学会内

八戸中央校【提携校】　☎0178(47)5011
〒031-0035　青森県八戸市寺横町13　第1朋友ビル　新教育センター内

弘前校【提携校】　☎0172(55)8831
〒036-8093　青森県弘前市城東中央1-5-2
まなびの森　弘前城東予備校内

秋田校【提携校】　☎018(863)9341
〒010-0964　秋田県秋田市八橋鯏沼町1-60
株式会社アキタシステムマネジメント内

■ 関東

水戸見川校【提携校】　☎029(297)6611
〒310-0912　茨城県水戸市見川2-3092-3

所沢校【提携校】　☎050(6865)6996
〒359-0037　埼玉県所沢市くすのき台3-18-4　所沢K・Sビル
合同会社LPエデュケーション内

東京駅八重洲口校【提携校】　☎03(3527)9304
〒103-0027　東京都中央区日本橋3-7-7　日本橋アーバンビル
ブランデスク内

日本橋校【提携校】　☎03(6661)1188
〒103-0025　東京都中央区日本橋茅場町2-5-6　日本橋大江戸ビル
株式会社大江戸コンサルタント内

新宿三丁目駅前校【提携校】　☎03(3527)9304
〒160-0022　東京都新宿区新宿2-6-4　KNビル　グランデスク内

■ 東海

沼津校【提携校】　☎055(928)4621
〒410-0048　静岡県沼津市新宿町3-15　萩原ビル
M-netパソコンスクール沼津校内

■ 北陸

新潟校【提携校】　☎025(240)7781
〒950-0901　新潟県新潟市中央区弁天3-2-20　弁天501ビル
株式会社大江戸コンサルタント内

金沢校【提携校】　☎076(237)3925
〒920-8217　石川県金沢市近岡町845-1　株式会社アイ・アイ・ピー金沢内

福井南校【提携校】　☎0776(35)8230
〒918-8114　福井県福井市羽水2-701　株式会社ヒューマン・デザイン内

■ 関西

和歌山駅前校【提携校】　☎073(402)2888
〒640-8342　和歌山県和歌山市友田町2-145
KEG教育センタービル　株式会社KEGキャリア・アカデミー内

■ 中国・四国

松江殿町校【提携校】　☎0852(31)1661
〒690-0887　島根県松江市殿町517　アルファステイツ殿町
山路イングリッシュスクール内

岩国駅前校【提携校】　☎0827(23)7424
〒740-0018　山口県岩国市麻里布町1-3-3　岡村ビル　英光学院内

新居浜駅前校【提携校】　☎0897(32)5356
〒792-0812　愛媛県新居浜市坂井町2-3-8　パルティフジ新居浜駅前店内

■ 九州・沖縄

佐世保駅前校【提携校】　☎0956(22)8623
〒857-0862　長崎県佐世保市白南風町5-15　智翔館内

日野校【提携校】　☎0956(48)2239
〒858-0925　長崎県佐世保市椎木町336-1　智翔館日野校内

長崎駅前校【提携校】　☎095(895)5917
〒850-0057　長崎県長崎市大黒町10-10　KoKoRoビル
minatoコワーキングスペース内

沖縄プラザハウス校【提携校】　☎098(989)5909
〒904-0023　沖縄県沖縄市久保田3-1-11
プラザハウス　フェアモール　有限会社スキップヒューマンワーク内

※上記は2022年2月1日現在のものです。

書籍の訂正情報の確認方法と
お問合せ方法のご案内

このたびは、弊社発行書籍をご購入いただき、誠にありがとうございます。
万が一誤りと思われる箇所がございましたら、以下の方法にてご確認ください。

1 訂正情報の確認方法

発行後に判明した訂正情報を順次掲載しております。
下記サイトよりご確認ください。

www.lec-jp.com/system/correct/

2 お問合せ方法

上記サイトに掲載がない場合は、下記サイトの入力フォームより
お問合せください。

http://lec.jp/system/soudan/web.html

フォームのご入力にあたりましては、「Web教材・サービスのご利用について」の
最下部の「ご質問内容」に下記事項をご記載ください。

> ・対象書籍名（○○年版、第○版の記載がある書籍は併せてご記載ください）
> ・ご指摘箇所（具体的にページ数の記載をお願いします）

お問合せ期限は、次の改訂版の発行日までとさせていただきます。
また、改訂版を発行しない書籍は、販売終了日までとさせていただきます。

※インターネットをご利用になれない場合は、下記①～⑤を記載の上、ご郵送にてお問合せください。
①書籍名、②発行年月日、③お名前、④お客様のご連絡先（郵便番号、ご住所、電話番号、FAX番号）、⑤ご指摘箇所
　送付先：〒164-0001 東京都中野区中野4-11-10 アーバンネット中野ビル
　　　　　東京リーガルマインド出版部 訂正情報係

> ・正誤のお問合せ以外の書籍の内容に関する質問は受け付けておりません。
> 　また、書籍の内容に関する解説、受験指導等は一切行っておりませんので、あらかじ
> 　めご了承ください。
> ・お電話でのお問合せは受け付けておりません。

講座・資料のお問合せ・お申込み

LECコールセンター ☎ 0570-064-464

受付時間：平日9:30～20:00/土・祝10:00～19:00/日10:00～18:00

※このナビダイヤルの通話料はお客様のご負担となります。
※このナビダイヤルは講座のお申込みや資料のご請求に関するお問合せ専用ですので、書籍の正誤に関する
　ご質問をいただいた場合、上記「②正誤のお問合せ方法」のフォームをご案内させていただきます。